LARGUONS LA CROISSANCE

Du même auteur

Ariel Français, *Le Brésil et les grands pôles économiques du nord*, Cahiers du CEPII (Centre d'études prospectives et d'informations internationales), Paris, 1980.

Ariel Français, Claude Courlet et Pierre Judet, *La semi-industrialisation*, Institut de recherche économique et de planification du développement, Université des sciences sociales de Grenoble, 1981.

Ariel Français, *El crepúsculo del Estado-Nación : Una interpretación histórica en el contexto de la globalización*, Document de débat No 47 du programme MOST, UNESCO (www.unesco.org/most), Paris, 2000.

Ariel Français, *Islam radical et nouvel ordre impérial : La menace totalitaire*, Comprendre le Moyen-Orient, L'Harmattan (Paris), 2007.

Ariel Français, *Memorias de Cuba: Logros y fracasos de la Revolución Cubana*, CreateSpace Independant Publishing Platform, 2012.

Ariel Français, *Let's Get Rid of Growth: Moving Away from Capital-led Globalization*, Our Future world, 2017.

LARGUONS LA CROISSANCE

COMMENT SORTIR DE LA MONDIALISATION CAPITALISTE

Par Ariel Français

Publié par Our Future World
ISBN-9781798210604

Imprimé en 2020 par Kindle direct publishing

*À mes enfants Carlos, Lorenza et Natacha,
pour qu'ils surmontent les catastrophes à
venir et construisent un monde meilleur*

Table des matières

Comment osez-vous ? Vous avez volé mes rêves et mon enfance avec vos paroles creuses. Les gens souffrent, les gens meurent. Des écosystèmes entiers s'effondrent, nous sommes au début d'une extinction de masse et tout ce dont vous pouvez parler, c'est de l'argent et du conte de fée d'une croissance économique éternelle.

Greta Thunberg

Sommet sur l'urgence climatique

Nations Unies, New York
23 septembre 2019

Préface à l'édition française

Lorsque j'ai achevé la rédaction de cet essai il y a de cela quatre ans l'évolution du monde était préoccupante mais elle n'était pas encore critique. Rédigé en anglais, car je voulais pouvoir toucher le plus grand nombre de gens possible, sous toutes les latitudes, ce livre prétendait remettre en question l'un des fondements les plus sacrés du monde contemporain - la croissance - tout en lançant un cri d'alarme sur les dérives de notre soi-disant civilisation et sur les perspectives mortifères qui menacent notre planète. Invité par nombre d'amis à faire traduire ce livre en français, je me suis moi-même attelé à la tâche, au demeurant intéressante mais bien moins plaisante que d'écrire.

J'ai dû parfois m'éloigner du texte original pour refléter le fond de mes pensées, car l'on ne s'exprime pas de la même façon d'une langue à une autre. Je n'ai par ailleurs pas actualisé les chiffres, car cela aurait exigé un travail à la fois long et fastidieux, et sans réelle nécessité, car le constat d'ensemble et les tendances mises en évidence dans cet ouvrage n'ont fondamentalement pas changé depuis quatre ans. En effet, qu'il s'agisse de nombres absolus, de ratios, d'écarts ou de taux, un rapide survol de l'actualité et des données chiffrées au cours des quatre dernières années   montre que, loin de s'infléchir ou même de marquer le pas, le cours des évènements et des phénomènes ne fait que s'accentuer ou empirer. Oui, nous nous enfonçons dans la crise, une crise grave et peut être sans retour si nous ne remettons pas en cause radicalement un processus de croissance et des modes de vie qui menacent la survie même de l'espèce humaine.

Pourtant, certains signes positifs apparaissent çà et là, de façon décousue, manifestations d'une prise de conscience émergente qui s'étend dans le monde mais qui reste encore très au deçà de ce qui serait souhaitable.

Au plan des constats, la croissance continue d'obséder le monde, tant nos dirigeants n'ont en tête et dans leurs discours d'autre alternative que de poursuivre un cours qui, tout en s'essoufflant, contribue chaque jour un peu plus à détruire la base de nos ressources et les conditions mêmes de notre survie. Les risques d'effondrement induits par un processus de croissance sans fin et incontrôlé avaient pourtant bien été mis en exergue par le Club de Rome dès les années 70 avec la publication du fameux rapport intitulé « Les limites de la croissance »[1], mais très vite enterrés par tous ceux qui ne se préoccupent que du très court terme et de notre insatiable quête d'expansion. Un nouveau courant de pensée s'est heureusement fait jour depuis, qui fait écho aux inquiétudes du Club de Rome et me conforte dans ma conviction qu'il est urgent d'agir et d'apporter des réponses systémiques aux catastrophes qui s'annoncent : la « collapsologie », ou l'analyse scientifique et holistique des facteurs qui pourraient désormais conduire notre monde à un effondrement, voire à un carambolage d'effondrements systémiques [2].

L'emploi, quant à lui, continue à servir de prétexte à toutes sortes de réformes entreprises ou de mesures prises pour chercher à doper la croissance, qu'il s'agisse de libéraliser davantage encore les échanges, d'assouplir la législation du travail ou bien encore d'alléger les charges sociales. Malgré cela, et à l'exception de rares pays du monde dit développé et des économies dites émergentes, l'emploi continue de stagner ou de régresser dans le monde, voire de se décomposer en une multitude de tâches mal payées et dépourvues de toute protection sociale. Le sous-emploi continue d'affecter massivement les mondes sous développé et en développement, vivant massivement d'activités traditionnelles et de boulots informels, tandis que les « emplois de merde » se multiplient dans les anciens pays industrialisés, aggravant un contexte social de plus en plus tendu. En toile de fond, l'automatisation et la robotisation menacent chaque jour un peu plus l'emploi salarié formel, une catégorie de travail en voie d'extinction, comme l'avait annoncé dès 1995 Jeremy Rifkins [3].

Les sociétés dans le monde sont de plus en plus en effervescence. Entre une classe ouvrière en voie de disparition et une nouvelle oligarchie planétaire en pleine ascension, les classes dites moyennes cherchent avec plus ou moins de bonheur à tirer leur épingle du jeu. Le débat sur les inégalités fait rage aux États Unis tandis qu'en France Thomas Piketty enfonce le clou en publiant un nouvel ouvrage sur le sujet [4]. Plus au Sud, les populations déshéritées se voient contraintes d'émigrer ou de se révolter pour tout simplement survivre. Les mécontentements grondent de partout sur la planète et les soulèvements se multiplient, avec souvent des déclencheurs fortuits comme la taxe sur le carbone dans le cas des « gilets jaunes » en France, l'augmentation du prix de l'essence en Équateur ou en Iran, le relèvement du prix du ticket de métro au Chili ou encore la taxation des appels sur WhatsApp au Liban. Apparemment disparates et sans rapports évidents entre elles, toutes ces révoltes ont cependant des points communs comme, en particulier, des pouvoirs d'achat étranglés par l'inconséquence des politiques gouvernementales et la voracité croissante des grandes entreprises, associés à un rejet brutal des élites et des systèmes politiques, tous perçus comme corrompus.

Notre planète est de plus en plus menacée par notre mode de croissance et par notre insatiable appétit de consommation, au prix de l'épuisement de nos ressources naturelles, de la détérioration de notre environnement et de la disparition d'innombrables écosystèmes et espèces naturelles. Pire encore, nous avons réussi à dérégler le climat suite à un processus de réchauffement planétaire induit par les humains et maintenant presque irréversible. Alors que nous avons franchi aveuglément la barre critique des 350 ppm de CO_2 dans l'atmosphère depuis 1990 et naviguons maintenant au-dessus des 400 ppm, tous les indicateurs sont au rouge et toutes les catastrophes prédites par la communauté scientifique mondiale se déchaînent les unes après les autres : fonte des calottes polaires et des glaciers, montée du niveau des mers, canicules et sècheresses, incendies ou inondations et phénomènes météorologiques extrêmes pour ne citer que les plus visibles. Alors qu'il n'était question dans les années 90 que de préserver le monde pour les générations futures [5] , les menaces auxquelles nous faisons désormais face ne sont ni pour nos petits-enfants ni même pour nos enfants : elles sont pour nous-mêmes, dès à présent. Et face à cela, comme le disait Jacques Chirac au Sommet pour le développement durable (2002) : « notre maison brûle et nous regardons ailleurs » ou, même encore, comme s'écriait récemment Greta Thunberg devant le Sommet sur l'urgence climatique (2019) : « tout ce dont vous pouvez parler, c'est de l'argent et du conte de fée d'une croissance économique éternelle ».

Le projet de société proposé dans cet essai - que je qualifierais de « *blue print* » en anglais - relève d'un rêve pour ainsi dire lointain. Il faudrait pourtant inverser radicalement et de toute urgence nos priorités : satisfaire les besoins des plus démunis au lieu d'attendre les retombées hypothétiques d'une croissance moribonde sur leurs conditions de vie, restaurer un monde où les humains pourraient vivre en harmonie avec la nature au lieu de détruire la base de nos ressources et de dérégler le climat, redonner naissance à des sociétés conviviales au lieu de nous enfermer dans un univers psychotique obsédé par un travail aliénant et par une consommation effrénée et retrouver une autonomie que nous avons perdue en livrant nos économies aux prédateurs du capitalisme mondialisé.

Les avancées sur ces quatre fronts sont encore timides et chaotiques. L'économie mondiale tourne toujours selon les préceptes d'un néolibéralisme dogmatique et aveugle alors qu'il faudrait mettre les économies au service des sociétés et non l'inverse. Il faudrait planifier le long terme, orienter les investissements et orchestrer le développement, toutes actions qui supposent une intervention de l'État, concept désormais banni du vocabulaire officiel et honni par les partisans de l'État minimaliste (à l'exception de la Chine, reconnaissons-le). L'intervention des gouvernements se limite désormais à jongler avec le budget, la fiscalité et les charges sociales, suivant une ligne de pente qui profite le plus souvent aux grandes fortunes. Les priorités devraient assurément porter sur la satisfaction des besoins essentiels mais dans les rapports de forces du monde actuel ceux-ci viennent toujours en queue de liste, à moins que la colère de la rue n'oblige les gouvernants à rectifier le tir. Nous savons pourtant le faire, comme je le démontre amplement dans cet ouvrage. Tout est une question de volonté politique.

Notre Terre continue d'être dévastée par un mode de croissance qui épuise les ressources naturelles, détruit les écosystèmes, extermine les espèces vivantes et urbanise sauvagement la surface de notre planète, tout en la recouvrant de déchets, rendant par ailleurs l'air irrespirable et l'eau impropre à la consommation. Pire encore, nous la réchauffons et détruisons son climat, nous exposant à des catastrophes irréversibles. Certes, les politiques environnementales continuent de progresser, mais elles exigeront des décennies avant que ne se réparent les dégâts que nous avons infligés à la nature. Quant aux politiques menées pour prévenir le réchauffement climatique elles sont d'une dérision alarmante face aux risques encourus. Tant que les États ne seront pas soumis à des normes contraignantes, limitant leurs émissions de gaz à effet de serre, et tant qu'un mécanisme de contrôle à caractère supranational ne sera pas mis en place, nous continuerons d'assister à des marchandages ubuesques entre délégations diplomatiques qui ne débouchent que sur du vide. Il en va de même de la protection des océans, des forêts tropicales et de tous les biens communs de l'humanité qui devraient être internationalisés. Mais il faudrait également, pour protéger la planète, que nous modifions nos comportements individuels et nos modes de vie collectifs, ce qui sera tout autant, sinon plus, difficile.

Transformer nos sociétés névrotiques en des sociétés conviviales est un rêve auquel tout le monde devrait pouvoir adhérer. Nous continuons pourtant à travailler comme des forçats pour ceux qui ont un emploi et à consommer comme des forcenés pour ceux reçoivent un salaire, excepté ceux - l'immense majorité - qui vivent au-dessous du seuil de pauvreté ou qui n'arrivent pas à joindre les deux bouts. Mais progrès de productivité et automatisation aidant nombre de salariés formels rejoindront les rangs du chômage et nombre de nouveaux arrivants sur le marché du travail ne trouveront plus d'emplois. Le partage du travail - sous la forme de nouvelles diminutions de la durée du travail - devrait pouvoir amortir le phénomène, mais cette option semble pour le moment reléguée aux oubliettes. Il faudra cependant tôt ou tard instituer un revenu de solidarité universel, seul moyen de sortir chacune ou chacun de l'indigence. L'idée d'une société où chaque personne vivrait au-dessus du seuil de pauvreté semble faire son chemin, mais très lentement. Dans une société de ce type, ainsi protégée et libérée de la contrainte financière, l'activité productive ou sociale et les temps de loisir prendraient un tout autre sens. Nous sommes malheureusement encore loin d'une telle perspective.

Reconstruire notre autonomie est un impératif absolu dans un monde dominé par la finance et les entreprises transnationales qui façonnent les économies et les échanges internationaux en fonction de leurs ambitions d'expansion et de leur appât du gain. Cela supposerait un renversement des politiques d'ouverture et d'exposition à tous vents des économies nationales aux appétits de ces prédateurs mondiaux par le biais de politiques et de mesures règlementaires donnant la préférence aux acteurs locaux. Cela passerait par tout un éventail de mesures donnant la préférence à l'économie de proximité, à l'économie circulaire, à l'économie sociale et solidaire, à la promotion des petites et moyennes entreprises et aux initiatives locales, notamment, explorées entre autres dans le présent ouvrage. Dans ce domaine en général, et en dépit du dynamisme du coopérativisme et des organisations associatives dans nombre de pays, tout comme des initiatives florissant localement dans nombre de régions, beaucoup reste à faire pour retrouver une autonomie économique et sociale qui nous a été dérobée.

Face à ces immenses problèmes et aux timides avancées réalisées ces toutes dernières années qu'avons-nous fait ? La réponse est : peu de chose ou presque rien, face à l'amplitude des enjeux. Et la raison principale de cela est d'ordre politique et non pas économique, comme voudraient nous le faire croire les maîtres de l'ordre en place. Par conséquent, édifier un monde nouveau, un monde qui soit meilleur, passe nécessairement par la case politique.

L'idéologie, tant décriée par certains et même discréditée par l'usage qui en a été fait, est la clé du problème. Karl Marx l'avait compris en son temps et Thomas Piketty vient de le réaffirmer récemment. L'idéologie est le logiciel que le système capitaliste a planté dans nos têtes et grâce auquel il prospère dans le monde. Par conséquent, changer « *le système* » et transformer l'ordre des choses passe nécessairement par un affrontement idéologique visant à démystifier l'idéologie dominante. Le terme « antisystème » est devenu très à la mode dernièrement pour qualifier commodément tous les rejets et les révoltes que provoque « *le système* », sans définir pour autant ce dernier. En fait « *le système* » c'est bien le capitalisme et tout ce qui tourne autour de lui, que personne n'ose plus dénoncer tant la propagande du monde occidental a cherché à dénigrer toute alternative au capitalisme. J'emploie souvent ce terme à propos, et peut être même de façon abusive, pour bien faire comprendre de quoi il s'agit et pour appeler tous les acteurs qui s'opposent au « *système* » - intellectuels, activistes et militants de mouvements associatifs - à le combattre. Sur ce terrain des progrès spectaculaires ont été réalisés, notamment au plan des luttes contre le dérèglement climatique avec, entre autres, les manifestations gigantesques de jeunes répondant à l'appel de Greta Thunberg, la mise en accusation de l'État français pour inaction dans l'« Affaire du siècle »[6] et une prise de conscience universelle de l'opinion publique qu'il devient urgent d'agir.

L'urgence de la situation appellerait des réponses de nature politique mais la démocratie représentative et les appareils gouvernementaux sont grippés, tant au plan de leur fonctionnement qu'au plan de leurs finalités. Il conviendrait en tout premier lieu de « réinventer la démocratie », une démocratie dont nous avons encore les idéaux à l'esprit mais qui s'est embourbée dans les lutte partisanes et dans les querelles idéologiques d'antan. La démocratie représentative ne répond plus aux aspirations populaires et les appareils gouvernementaux ne font que satisfaire les exigences d'un capitalisme mondialisé, soit par osmose idéologique soit par soumission fonctionnelle, quand ils ne sont pas purement et simplement gangrénés par la corruption. D'où une désaffection croissante à l'égard de la vie politique, d'où un abstentionnisme en augmentation constante dans le monde, quand les gens ne manifestent pas massivement dans les rues pour conspuer la classe politique et « les élites » au pouvoir. La réponse dans ce domaine devrait consister en plus de démocratie participative, comme le réclament nombre de citoyens et comme cela semble se dessiner dans des pays comme la France. Après le traumatisme des « gilets jaunes », des revendications populaires comme le referendum d'initiative citoyenne (RIC) ou des initiatives gouvernementales en réponse aux exigences populaires comme « le grand débat » ou la « convention citoyenne pour le climat » dessinent de nouvelles perspectives politiques.

Les modes de gouvernance politique devraient également changer, pour garantir plus de sagesse et plus de consensus dans les processus de prises de décision. Les mécanismes gouvernementaux reposent presque partout et à différents niveaux sur des individus et le choix des gouvernants se réduit le plus souvent à des combats de coqs attisés par des *tweets* et mis en scène par les médias qui transforment les processus électoraux en grands spectacles télévisés. La collégialité, gage de sagesse et de tempérance, comme celle qui règne Suisse, devrait s'étendre à l'ensemble du monde. Cela devrait aller de pair avec l'octroi d'une plus grande autonomie à toutes les communautés qui y aspirent et se voient frustrées dans leurs attentes. Cela devrait se doubler par ailleurs de transferts délibérés de souveraineté en la faveur d'organes supranationaux, représentatifs des peuples de notre Terre, partout où la préservation des biens communs de l'humanité et la sauvegarde de notre planète sont en jeu. De ce point de vue, force est de constater que nous n'allons pas dans la bonne direction. Les aspirations à plus d'autonomie sont généralement brisées par la répression ou par le sang, d'un côté, tandis que l'extrême personnalisation du pouvoir s'accompagne de plus en plus de l'arrivée au pouvoir de démagogues populistes, aux vues étroites et imprévisibles, de l'autre côté.

Il conviendrait enfin de promouvoir plus de justice sur Terre, en travaillant à l'avènement d'un monde plus équitable, ce qui suppose des transferts de ressources significatifs tant à l'intérieur des sociétés qu'entre nations riches et nations aspirant à moins de misère. Cela suppose de profondes réformes au plan de la fiscalité et des priorités budgétaires, tout comme le placement sous tutelle internationale d'un système financier mondial incontrôlé et imprévisible. Cela suppose par ailleurs une profonde transformation du système d'aide internationale, tant sur le plan de l'assistance humanitaire que dans le domaine des programmes de développement. Dans tous ces domaines, aucun changement notoire n'est actuellement perceptible alors que des mesures radicales, comme la taxation des transactions financières - qui pourrait constituer une source de financement considérable pour l'aide au développement - en sont toujours au point mort. En somme, rien ne bouge sensiblement au plan des systèmes fiscaux et des mécanismes de redistribution des revenus et des richesses dans le monde, ce qui est motif à préoccupation .

Au total, nous faisons face à d'immenses problèmes et à des enjeux considérables en ce début du vingt et unième siècle, auxquels il conviendrait de répondre de toute urgence. L'objet de ce livre, destiné à un grand public et pas seulement à des spécialistes, a pour ambition d'esquisser des éléments de réponse à ces problèmes et à ces enjeux. Je le lance comme une bouteille à la mer, dans l'espoir que d'autres se saisiront de ses idées et les répandront sur la place publique.

Introduction

Ce livre porte certes sur la croissance, l'emploi et le développement. Mais il va bien au-delà parce qu'il traite de notre façon de vivre et de l'avenir de l'humanité. Nous sommes à un tournant de l'histoire de l'humanité et, plus encore, à un tournant de la vie sur notre planète. Depuis le seizième siècle - un très court laps de temps, en fait, par rapport à l'existence de l'univers et l'avènement de l'homme sur la terre - le monde occidental et, par la suite, le monde entier n'ont cessé de poursuivre toujours plus de richesse, toujours plus d'échanges, toujours plus de production et toujours plus consommation. La croissance est devenue une divinité, vénérée par les peuples et servie par les gouvernements.

Avant l'avènement de la croissance notre terre était intacte et les êtres humains étaient différents. L'empreinte de l'homme sur la terre et sur la nature était discrète et au pire sublime lorsqu'elle se manifestait par l'édification de palais et de cathédrales. Les gens vivaient en plus grande harmonie avec leur environnement et se sentaient en paix dans leur esprit, même s'ils devaient lutter pour leur vie et combattre toutes les sortes d'ennemis. Les femmes et les hommes vivaient au rythme des saisons et toute leur vie était une succession d'événements ponctués par des cérémonies, de la naissance à la mort. La spiritualité était partout, dans la communion avec la nature, dans l'invocation des divinités ou pour d'autres, plus tard, dans le dialogue avec un seul Dieu.

La vie était certes dure et épuisante d'un point de vue matériel et la survie une lutte constante contre des ennemis et la nature sauvage, mais au total les gens vivaient en plus grande harmonie, entre eux et avec leur environnement naturel.

Avec l'avènement de la croissance le monde a radicalement changé. Certes, les changements n'ont pris place que graduellement depuis le seizième siècle, mais nous avons assisté à une accélération du changement au cours du dix-neuvième siècle et ce processus est devenu lui-même exponentiel au cours du vingtième siècle. Le capitalisme et l'appropriation privée sont définitivement à la source de ce processus, ainsi que les progrès de la science et de la technologie et le cours de la mondialisation qui a accompagné leur expansion. Cela a profondément affecté nos vies et la façon dont l'humanité évolue. L'accès à la consommation de masse et aux technologies innovantes s'est considérablement développé, mais de façon inégale. L'éducation, la santé et la culture ont progressé considérablement, mais elles n'ont pas profité à tous. Les transports et les communications sont en train de révolutionner le monde, mais aussi de le déstabiliser. D'un autre côté, nous détruisons de plus en plus nos ressources naturelles et notre environnement tandis que nous dépendons excessivement de processus biologiques et de technologies de pointe incontrôlés. La spiritualité a été balayée, remplacée par une culture de masse élaborée par les médias et des divertissements de basse catégorie. Nous sommes tous soumis aux desseins du capital qui sont de commercialiser chaque chose, partout et à tout moment et d'accumuler la richesse et le pouvoir entre les mains d'une poignée de gens.

Au point où nous en sommes, en ce jour, nous sommes tous dépendants du capitalisme et de la croissance. Le capitalisme est devenu universel après la chute du mur de Berlin et l'effondrement de l'ex-URSS. Même la République populaire de Chine est devenue un pilier de ce nouveau système mondial et les pays qui se réclament encore du communisme ne sont plus maintenant qu'une poignée. La croissance est devenue le but ultime de toute l'humanité, même si quelques-uns osent la remettre en question. En fait, la croissance est ce qui nourrit les aspirations de l'immense majorité des peuples et des sociétés, afin d'accumuler plus de richesses pour les plus riches, de consommer plus de biens pour les classes moyennes et de surmonter la misère pour les plus pauvres. Cette croyance collective, profondément ancrée dans l'esprit de chacun, est quotidiennement renforcée par les médias de masse qui répètent stupidement ce que les prêtres du système dominant et les spécialistes de la communication leurs enjoignent de dire. Même les gouvernements et les technocrates croient profondément en la croissance, car personne ne cherche d'alternatives ou n'ose mettre en doute la finalité du « *croître* », à l'exception d'une infime minorité.

Les gouvernements en général et la classe politique, en particulier, ont une énorme responsabilité quant à la façon dont cette question est abordée. Ils croient tous, ou feignent de croire, que la croissance est l'ultime remède pour rendre les gens heureux (à l'exception de très peu de dirigeants, je dois le reconnaître). Ils proclament tous que la croissance apportera richesse et bonheur dans chaque foyer, même le plus pauvre. Ils croient dur comme fer que la croissance contribuera à créer un emploi pour chacun et que la seule façon de résoudre le problème du chômage massif qui a émergé au cours des dernières décennies serait de relancer la croissance (et c'est ce sur quoi porte, entre autres, ce livre). Ils ont tous tendance à formuler des réponses linéaires ou de cause à effet, alors que des analyses de systèmes et des approches holistiques devraient être méthodiquement développées dans le monde fini et complexe où nous vivons de nos jours [7]. Ils réagissent tous à ce qu'ils voient immédiatement derrière leur pare-brise et sont incapables de prévoir et de planifier au-delà du très court terme. Ils sont tous aveugles et prisonniers de grilles d'analyse mentales héritées des siècles passés et incapables de lire et d'interpréter la réalité actuelle. Cela est dramatiquement triste et inquiétant pour l'humanité, mais c'est ce qui prévaut malheureusement aujourd'hui.

Les intellectuels ont une énorme responsabilité envers l'humanité aujourd'hui. Dans chaque période de l'Histoire il y a eu des gens capables de décrypter la réalité et de formuler des réponses aux grands défis de leur temps. Nous sommes, comme je l'ai dit, à un tournant de l'évolution de l'humanité. Trouver des solutions aux problèmes que nous découvrons aujourd'hui et auxquels nous aurons à faire face demain est tout simplement une question de vie ou de mort pour le monde et pour les peuples de cette Terre. Nous traversons une crise sociale, économique, culturelle et écologique colossale, crise qui a commencé dans les années 1970 et a culminé en 2008. Il ne s'agit pas d'une de ces crises simples et périodiques du capitalisme, comme la plupart des gouvernements ont tendance à croire (ou font semblant de croire). Il s'agit là d'une crise systémique globale qui doit être abordée de manière holistique, en utilisant toutes les approches et tous les outils dont nous disposons (et pas exclusivement les outils économiques, qui ont dramatiquement échoué jusqu'ici pour être excessivement limités). La bonne nouvelle, d'un autre côté, c'est que nous avons presque complété le diagnostic d'ensemble. Nous savons grossièrement ce qui s'est passé depuis les années 70 et ce qui va mal en ce moment même. Mais nous avons encore désespérément besoin de concevoir les alternatives.

Je ne me fais aucune illusion quant à la sagesse des gouvernements et quant à la volonté des peuples de changer leurs aspirations ou de modifier leurs modes de vie. La plupart des gouvernements sont aveugles aujourd'hui, car ils tendent uniquement à satisfaire les attentes immédiates, ignorant la crise titanesque à laquelle nous devrons faire face demain. Les privilégiés dans le monde ne cherchent qu'à accroître davantage leur richesse et leur pouvoir au prix d'une gigantesque crise à venir à laquelle ils espèrent échapper individuellement. Leur mot d'ordre est : " *Après nous, le déluge !*". Les classes moyennes du vieux monde industrialisé rêvent toujours de reprise de la croissance et de la consommation comme dans les décennies passées tandis que les nouvelles classes moyennes des économies émergentes sont impatientes de consommer et de se fondre dans des modes de vie pareils à ceux qui prévalent dans le monde occidental. Pour l'immense masse des peuples pauvres et misérables autour du monde, enfin, la consommation et la croissance constituent un rêve très lointain qu'ils aimeraient bien réaliser un jour, mais que leur interdit le système en place.

Les changements dans les modes de vie et dans les aspirations n'émergeront pas spontanément. Ils seront forcés par les événements. Lorsque l'eau douce commencera à manquer, lorsque l'air commencera à être irrespirable, lorsque les ordures envahiront les terres et les océans, quand les mers submergeront les côtes, lorsque les inondations et les sécheresses frapperont les récoltes et quand beaucoup de gens commenceront à être affamés, parmi beaucoup d'autres fléaux à venir, alors et seulement alors les peuples réaliseront que le temps est venu de changer leurs aspirations et leurs modes de vie et les gouvernements se sentiront obligés d'agir. Cependant, alors que nous fonçons dans le mur, nous ne devons pas attendre le choc final pour concevoir des alternatives. Les solutions pour surmonter la crise colossale qui émerge en conséquence de nos aspirations et de nos modes de vie doivent être identifiées et conçues dès à présent. C'est pourquoi il est impératif de prévoir les dangers qui s'approchent et de formuler des réponses en termes de voies alternatives. Certains penseurs éminents, comme le sociologue et philosophe français Edgar Morin, se sont engagés vers cette approche globale, mais d'autres doivent également y contribuer mondialement [8].

Le but de ce livre est d'enterrer le mythe de la croissance, de mettre l'économie au service de l'humanité et d'esquisser les voies menant à un autre monde. Ce faisant, il est fondamental de comprendre les faits et les tendances dans leurs perspectives historiques et géographiques respectives. L'économie, en général, et la croissance en particulier, ne sont pas respectivement une science abstraite et un phénomène externe sans liens avec les activités humaines et la lutte pour le pouvoir. L'histoire, la géographie et les idéologies (oui, les idéologies) sont essentiels pour comprendre ce que nous sommes et où nous nous situons, alors que les classes dirigeantes tendent à les discréditer ou, pire, à les ré-écrire à leur avantage exclusif. Enfin, le message fondamental de ce livre est que nous devons passer d'une économie et d'une société qui considèrent l'accumulation des biens et de la richesse comme notre objectif suprême à une société et à une économie qui voient la satisfaction des besoins humains comme notre objectif ultime.

La première partie de ce livre s'intitule : "*L'impasse*". Elle commence par l'analyse du processus d'insatiable croissance qui s'est fait jour dans le monde occidental et qui s'est répandu dans le reste du monde du fait d'une mondialisation promue par le capital, un processus qui ne peut plus se poursuivre indéfiniment car nous n'avons qu'une seule planète et que nos ressources sont limitées (*Chapitre 1 –La mort d'un mythe*). Elle se poursuit par l'analyse de la problématique de l'emploi dans le monde entier, qui devient chaque jour plus critique car le capital détruit le travail partout et sous toutes ses formes et que les politiques de l'emploi, accrochées à l'illusion de la croissance, ont tendance à être chaque jour moins efficaces (*Chapitre 2 - La décomposition de l'emploi*). Le chapitre suivant est consacré à l'examen des inégalités sociales dans le monde qui se caractérisent par la persistance d'une pauvreté massive, par la volatilité des classe moyennes et par l'émergence d'une toute petite mais immensément riche oligarchie mondiale, un processus qui générera sans aucun doute des tensions croissantes (*Chapitre 3 - La montée des troubles*). Le dernier chapitre de cette première partie nous alerte sur le redoutable cataclysme qui prend forme sous nos yeux suite à l'inconséquente destruction de notre environnement naturel et à notre dérèglement inconsidéré du climat, qui menacent tous deux notre propre survie en tant qu'espèce humaine (*Chapitre 4 - Le désastre qui s'annonce*).

La deuxième partie de ce livre a pour titre : « *Inversons les priorités* ». Elle commence par un chapitre critiquant fortement la pensée économique dominante qui subordonne l'ensemble des activités humaines à la croissance alors qu'au contraire l'économie devrait être au service de la société. Ce chapitre préconise aussi d'accorder la priorité à la satisfaction des besoins essentiels et explique comment cela pourrait être réalisé (*Chapitre 5 - Répondons aux besoins fondamentaux*). Cette partie continue avec ce qui devrait être la deuxième de nos toutes premières priorités, à savoir le sauvetage de l'environnement, expliquant comment cela pourrait être fait, et énonçant les politiques nécessaires pour arrêter le processus de réchauffement climatique (*Chapitre 6 – Restaurons notre environnement*). Le chapitre suivant traite de la convivialité - un état que l'humanité a perdu en s'embarquant dans la folle quête d'une consommation sans cesse croissante - ce qui exigerait une relation différente avec le travail et plus de temps pour profiter de la vie (*Chapitre 7 - Redécouvrons la convivialité*). Le dernier chapitre de cette partie porte sur l'autonomie économique, un impératif pour échapper au joug des grandes entreprises transnationales sur nos vies quotidiennes et construire des économies centrées sur les besoins humains plutôt que sur la rapacité de ces entreprises (*Chapitre 8 - Reconstruisons notre autonomie*).

La troisième partie de ce livre a pour titre : "*Édifions un nouveau monde*". Elle commence par l'impératif de la lutte contre l'idéologie dominante qui se loge dans l'esprit de chacun et qui nous empêche de concevoir d'autres façons de nous comporter et de vivre en société, un combat dans lequel les intellectuels progressistes et les militants engagés devraient jouer un rôle de premier plan (*Chapitre 9 - Démystifions l'idéologie dominante*). Elle continue sur une exigence majeure, qui est de réinventer la démocratie, vu que nos systèmes politiques et que la classe politique sont largement soumis aux ordres du capital, alors que les citoyens devraient avoir un mot final et décisif sur la façon dont nos sociétés sont construites et gouvernées (*Chapitre 10 - Réinventons la démocratie*). Dans le chapitre suivant, le thème de la sagesse est débattu, car nous ne pouvons pas construire des sociétés justes et démocratiques si nous n'imprégnions pas nos institutions de mécanismes conduisant à une sage gouvernance (*Chapitre 11 - Gouvernons avec sagesse*). Le dernier chapitre traite des façons de construire des sociétés justes au moyen de mesures budgétaires et financières appropriées et par le biais de nouveaux mécanismes de redistribution au sein et entre les nations (*Chapitre 12 - Édifions des sociétés équitables*).

Bien que tout soit lié et interdépendant, j'ai délibérément laissé de côté les problèmes relatifs aux relations internationales, aux rapports de force et à la guerre. Il est clair que la paix à l'intérieur et entre les nations a beaucoup à voir avec leur stabilité interne, leurs richesses et leurs aspirations. Même s'ils déclinent - comme je le rappellerai plus loin - les États-nations restent encore d'importants acteurs sur la scène internationale. De nouveaux protagonistes comme les entreprises transnationales et une oligarchie mondiale émergente construisent certes un nouvel ordre mondial, mais ils ont encore besoin des États pour gouverner les gens, gérer les tensions et imposer la paix sociale. Les États soutiennent les finalités de ces forces montantes tout en poursuivant en en même temps des ambitions nationales ou en recourant encore à la guerre comme exutoire aux conflits sociaux. La croissance est certes liée à la paix intérieure et entre les nations tandis que, inversement, la crise économique et la récession peuvent conduire au chômage massif et à la détresse sociale, qui peuvent à leur tour nourrir la montée du nationalisme et du bellicisme. Tous ces facteurs sont interdépendants et doivent être pris en compte dans l'appréhension globale du monde. Toutefois, cela aurait été trop ambitieux de les traiter tous dans ce livre, qui se concentre sur la croissance, sa fonction dans nos sociétés et son futur essaim de problèmes.

En écrivant ce livre et en articulant son contenu j'ai bâti sur les connaissances et sur les acquis accumulés tout au long de mes trente-cinq années de d'expérience professionnelle dans les domaines de la planification du développement puis de l'aide au développement, comme jeune fonctionnaire français - au début - puis comme haut fonctionnaire des Nations Unies - par la suite - en sus de travaux de recherche entrepris de ma propre initiative [9]. Comme fils de diplomate j'ai parcouru le monde, confronté depuis ma naissance à toutes sortes de coutumes et de cultures. Comme adolescent épris d'aventures j'ai exploré de nombreuses régions sauvages, pratiquant l'auto-stop, voyageant en quatrième classe (oui, cela existait à l'époque !), dormant à même le sol ou sous des huttes et conversant avec les plus humbles. En tant qu'étudiant j'ai approfondi toutes les matières conduisant à la maîtrise des sciences politiques, un ensemble de sciences qui sont indispensables pour comprendre le monde et la façon de l'améliorer. En tant que jeune fonctionnaire, j'ai servi comme chargé de mission au Commissariat général du plan (l'organe français chargé à l'époque de la planification du développement) - impliqué dans les politiques industrielles, de l'emploi et de l'aménagement du territoire - ce qui m'a conduit plus tard à servir au Brésil en qualité de conseiller technique en matière de développement industriel et d'aménagement du territoire. Après cela, je me suis penché une année durant sur les processus de développement des nouveaux pays industrialisés, en qualité de chercheur invité au Centre d'études prospectives et d'informations internationales (CEPII). Comme professionnel aguerri par l'expérience j'ai rejoint l'Organisation des Nations Unies au service, sur le terrain, du Programme des Nations Unies pour le développement (PNUD) et assumé des responsabilités croissantes en tant que Représentant résident du PNUD et Coordonnateur résident des Nations Unies dans les régions d'Afrique, d'Amérique latine et des États arabes. J'ai également servi à Genève en tant que Directeur adjoint et

Directeur *ad interim* du Bureau européen du PNUD, ce qui m'a conduit à me familiariser avec la diplomatie multilatérale et les négociations internationales sur les droits de l'homme, les affaires humanitaires et les questions environnementales. La plupart de mes observations, constatations et conclusions personnelles au cours de cette trajectoire professionnelle sont consignées dans ce livre.

Lors de la conception de ce livre je n'ai pas inséré délibérément des tableaux statistiques, des graphiques et des bibliographies (d'autres le feront mieux pour défendre ou au contraire pour contester mes affirmations). Mon but était de partager le fruit de plusieurs années de réflexion sur les différentes questions abordées dans cet ouvrage et non de rédiger une thèse ou un travail scientifique à leur sujet. En outre, bien que Français de nationalité et attaché à ma langue maternelle (une langue qui était universelle à l'époque des *Lumières*) j'ai choisi d'écrire la version originale de ce livre en anglais, partant du fait que cette langue s'est imposée aujourd'hui - que nous le voulions ou non – comme la *lingua franca* de notre planète mondialisée. Ce faisant, mon but était d'atteindre et d'alerter le maximum de gens dans le monde. J'ai également jugé nécessaire, après la rédaction de la première ébauche de ce livre, de consolider mes conclusions préliminaires en revisitant toutes mes affirmations, en vérifiant leur pertinence et en relativisant mes assertions là où cela me semblait nécessaire. Ce faisant, j'ai entrepris une série de recherches thématiques complémentaires et approfondies sur les questions qui appelaient des clarifications ou des vérifications, à travers des lectures et des analyses sur les questions abordées dans ce livre. J'ai découvert en cette occasion que beaucoup de mes vues et conclusions préliminaires étaient semblables à celles d'auteurs réputés dans leurs domaines respectifs, telles que par exemple les remarquables analyses de Jeremy Rifkin sur l'inéluctable déclin du salariat[10] . J'ai également soumis mon texte révisé à un groupe restreint d'amis et d'anciens collègues - y compris à des membres de ma famille possédant une expérience pertinente sur certains sujets - pour qu'ils examinent mes analyses, passent au crible mes affirmations et formulent des suggestions afin de perfectionner l'ouvrage, un exercice qui a permis d'améliorer considérablement mes analyses et qui a sensiblement enrichi le texte final (voir la section « Remerciements » en fin d'ouvrage pour la liste de leurs noms).

Certaines personnes considéreront ce livre comme excessif dans la façon dont je condamne le capitalisme, dont je prophétise des tragédies et dont je critique la classe politique, mais je l'ai fait à propos. Nous avons besoin d'une thérapie de choc pour briser le ghetto idéologique dans lequel « *le système* » nous tient tous prisonniers (j'expliquerai plus loin ce que j'entends par « *système* »). Nous avons besoin d'un électrochoc pour ouvrir nos cerveaux à une réalité qui mène à une série de crises qui se renforcent mutuellement et échapper aux « sirènes » de l'ordre dominant qui nient les problèmes et dont le chant nous conduit tout droit sur des falaises mortelles. Oui, nous fonçons tout droit dans le mur et cela doit être hurlé de toutes parts ! Nous ne pouvons plus accepter des déclarations simplistes et des explications apaisantes, taillées sur mesure, pour nous réduire au silence. Le danger est devant nous et nous devons y faire face. Nous ne pouvons accepter davantage le train-train quotidien des déclarations et des propositions alors que la croissance se délite inéluctablement, que l'emploi diminue inexorablement, que les inégalités croissent de façon alarmante et qu'un désastre écologique majeure se profile à l'horizon.

Le système capitaliste est globalement responsable de la manière dont nous croissons et dont nous nous développons, anéantissant la nature et notre environnement et détruisant nos sociétés. Le capitalisme s'est imposé comme l'unique système pour diriger le monde et les peuples, en particulier depuis la chute du mur de Berlin. Les idiots crieront que le socialisme a échoué dans la construction d'un monde meilleur et que sa forme pervertie, le communisme [11], a conduit des millions et même des milliards d'êtres humains à la pénurie économique et à la privation de liberté (ce qui est en grande partie vrai). Mais ils n'ont pas compris que la voie à suivre pour un monde meilleur n'est pas de choisir entre le « capitalisme » et le soi-disant « communisme », entre les deux faces du même enfer, mais plutôt de concevoir un monde où l'économie serait mise au service du peuple et non l'inverse comme cela est le cas en ce moment. Le défi à cet égard n'est pas de concevoir une troisième voie hybride qui bâtirait sur ces deux tentatives manquées de construire l'avenir, mais plutôt de concevoir un projet totalement nouveau pour l'humanité, qui considèrerait l'accomplissement humain comme notre but ultime.

Je suis également très critique à l'égard de la classe politique que je connais plutôt bien, pour en avoir fait partie dans mes jeunes années [12] et pour avoir approché nombre de leaders politiques au cours ma vie professionnelle [13] . Mes critiques s'étendent aussi à tous les professionnels qui servent « *le système* » d'une façon ou d'une autre, soumettant les gens à l'idéologie dominante et empêchant l'émergence de solutions alternatives. Au point où nous en sommes, la classe politique en général et les leaders politiques en particulier refusent de faire face à la réalité qui s'annonce, se cachant derrière des réponses à court terme et des palliatifs indolores (pas tous les responsables politiques, heureusement). Les économistes néoclassiques sont enfermés dans une bulle abstraite qui les empêche d'aborder les vrais problèmes, lorsqu'ils ne servent pas servilement l'ordre dominant (pas tous les économistes, heureusement). Enfin, les intellectuels de renom, les leaders d'opinion et les professionnels de la communication sont essentiellement préoccupés par leur propre image et par la façon dont ils servent « *le système* » (pas toutes, heureusement).

Ce livre n'est pas destiné à des spécialistes ni à des chercheurs - même si j'espère qu'ils pourront l'apprécier - mais plutôt au grand public. Il est fondamental que les questions d'une importance cruciale pour l'avenir soient comprises de tous et de ne pas confiner le débat et les discussions sur les solutions à des cercles d'experts fermés. « Notre avenir commun » est l'affaire de tous et chaque citoyen devrait être impliqué, avoir son mot à dire et participer à son édification. C'est pourquoi j'ai évité autant que possible le *jargon* qui est couramment utilisé dans les sphères d'experts, à l'aide d'un style et de mots qui peuvent être compris de tous. C'est également la raison pour laquelle j'ai ajouté de nombreuses notes en bas de page expliquant, définissant ou clarifiant des concepts, des processus et des institutions qui ne sont pas familiers à tous. Je ne prétends pas avoir toutes les réponses et encore moins « *la* » réponse à toutes les questions abordées dans ce livre. Je tiens simplement à offrir une modeste et j'espère utile contribution à la formulation de stratégies alternatives et à l'avènement d'un monde meilleur. L'ambition de cet ouvrage est d'esquisser tout cela. Il devrait contribuer à une plus large réflexion, à une réflexion diablement nécessaire pour faire face au désastre qui s'annonce et le surmonter grâce à l'édification d'un monde meilleur.

Première Partie

L'IMPASSE

"Toute personne croyant qu'une crois-
sance économique exponentielle peut se pour-
suivre indéfiniment sur une planète finie ne
peut être qu'un fou ou un économiste."

Kenneth E. Bouldin
Philosophe et économiste

Chapitre 1 – La mort d'un mythe

La croissance est de tous les mots magiques le plus puissant de notre temps, car la croissance devrait tout résoudre. Elle devrait nous donner tout ce dont nous avons besoin et même le superflu, offrir un emploi à chacun, satisfaire nos besoins collectifs, éradiquer la pauvreté et apporter le bonheur dans chaque foyer. Mais c'est aussi le plus grand de tous les mythes de notre époque, car la croissance ne conduit pas nécessairement au développement et encore moins au bonheur. Au contraire, la croissance épuise de plus en plus nos ressources et notre environnement, enrichit quelques-uns et appauvrit la multitude, mettant les peuples sous stress et détruisant les cultures et, enfin et surtout, ne créant pas ces emplois tant attendus, tout en excluant un nombre croissant de personnes de la société. De plus, le modèle que l'Occident a généré n'est pas reproductible ni exportable au reste du monde. Ce modèle n'est proprement pas durable [14] . Nous sommes tous maintenant confrontés une incontournable impasse.

La croissance fait figure pour chacun de concept évident, car elle a littéralement envahi notre vie au jour le jour. La croissance est en effet partout et elle est inévitablement exprimée en chiffres. Lorsque vous regardez la télévision, écoutez les nouvelles, lisez les journaux ou prêtez attention à une déclaration, la croissance est toujours là. Qui plus est, vous trouverez difficilement une phrase ou une déclaration où la croissance n'est pas mentionnée et   soutenue par des chiffres et des ratios, tels que : « l'économie a augmenté de 1,6 % », « la production de voitures a augmenté de 2,6 % » ou bien encore « l'extraction du pétrole est de 3,0 % plus élevée ». Les chiffres peuvent même être exprimés en termes négatifs, étant donné qu'une réduction est une autre façon pour nous d'aborder la même question : à savoir la croissance. Les augmentations et les réductions sont les deux faces de la même pièce de monnaie, les tendances indiquant des hauts et des bas, mais toujours dans l'espoir qu'elles finiront par croître. La seule chose dont nos sociétés ont une sainte horreur aujourd'hui c'est la stagnation. Tout doit bouger, partout et chaque fois que cela est possible. La magie de la croissance et de ses nombres est par conséquent partout autour de nous, dès le tout début de la journée, lorsque vous ouvrez votre poste de radio, jusqu'à très tard dans la nuit, si vous écoutez la dernière émission de télévision. En fait, la croissance est là, 24 heures par jour et 7 jours par semaine, autour de nous, car les marchés ne se reposent plus de nos jours et parce que les valeurs et les indices boursiers bougent constamment.

Cependant, si vous allez au-delà des rituels et de la magie du mot vous trouverez rapidement que la croissance n'est pas un concept évident du tout. En fait, le mot « croissance » n'a envahi notre langage qu'après la Seconde Guerre mondiale. Pendant des millénaires, le monde a évolué sans le moindre de sens de ce que signifie « croissance ». Au cours de la préhistoire, dans le monde antique, durant le Moyen Âge et même dans les temps modernes, la croissance relevait d'un concept qui n'existait pas dans les sociétés en question. Le problème en ces temps-là et était essentiellement de survivre, non de croître. Les sociétés étaient relativement statiques en ces temps et dépendaient essentiellement de la démographie et de l'approvisionnement alimentaire. Elles étaient périodiquement affectées par les crises, comme les guerres, les famines et les épidémies, et marginalement touchées par les avancées technologiques mais, au total, la question clé était la survie et non pas la croissance. La croissance, cependant, n'est pas surgie du néant dans nos sociétés. Mais cela s'est manifesté sous la forme d'un très long, lent et discret processus au cours des siècles, qui n'est seulement devenu visible et évident qu'après la Seconde Guerre mondiale.

La croissance est un concept éminemment trompeur

Cependant, avant d'aborder la question centrale de la croissance, il nous faut tout d'abord clarifier son contenu et sa signification, car le concept est éminemment trompeur. La croissance aujourd'hui est l'une des expressions les plus fourre-tout du monde : pour l'agriculteur elle signifie plus de récoltes, pour l'employé plus de salaire, pour le PDG d'une entreprise plus de profits, pour le trader d'une banque plus de bénéfices, pour le politicien plus de voix et ainsi de suite. Le mot « plus » semble être le commun dénominateur du concept et il peut être mesuré de différentes et nombreuses façons (par exemple, en tonnes métriques, en barils, en unités, en argent, etc.). Cependant, d'un point de vue économique, une norme et une définition communes ont été données à ce concept par les économistes et les statisticiens avec le développement des systèmes de comptabilité nationaux au cours des soixante dernières années : la croissance mesure l'augmentation du PIB (produit intérieur brut), exprimé en termes monétaires, au cours d'une période donnée [15]. En d'autres termes, le PIB mesure la production d'un pays - son activité dans un sens - mais pas sa richesse accumulée (par exemple, les infrastructures, le patrimoine national, le capital humain, etc.) et moins encore son niveau de bonheur. Il néglige un grand nombre d'activités « non-productives » et non rémunérées (par exemple le travail domestique, les activités caritatives, le bénévolat, etc.). En outre, il ne prend pas en compte les nuisances environnementales et les incidences négatives de la croissance (l'épuisement des ressources naturelles, la pollution, le stress subi par les gens, etc.). Le PIB est un simple indicateur conventionnel qui ne reflète qu'un aspect, seulement, de l'ensemble du processus de développement et qui peut avoir des effets pervers sur le plan de la formulation de politiques.

La plupart des économistes et des statisticiens utilisent aujourd'hui le PIB comme un « proxy » [16] de la richesse, du bien-être et du progrès et mesurent la performance d'un pays à travers son PIB par habitant, comme nous le rappelle Dominique Meda dans « La mystique de la croissance » [17], tout en préconisant l'élaboration d'indicateurs complémentaires et alternatifs pour évaluer le progrès et formuler des politiques. Comme Dominique Meda le souligne dans son livre : « *Le PIB est devenu l'indicateur majeur de mesure du progrès dans nos sociétés. Chaque jour, les médias rappellent que sans croissance du PIB il ne peut y avoir ni croissance des revenus, ni diminution du chômage. Chaque jour, les sociétés occidentales prient pour le retour de la croissance. Et pourtant, cet indicateur n'est capable de signaler ni les périls auxquels nous sommes confrontés, ni les facteurs de progrès et les ressources qui comptent pour l'inscription de nos sociétés dans la durée. Pis, il nous pousse dans le mur, il nous rend aveugles, il nous trompe.* »

Pour la population en général, l'idée de croissance est le plus souvent associée à l'accumulation de biens et d'argent, car notre monde est devenu de plus en plus matérialiste au cours du siècle passé. Néanmoins, la croissance ne signifie pas nécessairement progrès, développement ou bien-être, comme nous l'analyserons plus loin. Elle signifie également plus de nuisances environnementales, plus de gaspillage et plus de destruction de nos ressources globales comme le rappelle Jean Gadrey, dans « Adieu à la croissance » [18], où l'auteur souligne que « *la croissance n'est pas la solution, mais plutôt le problème* ». Malgré cela, et au total, la croissance est aujourd'hui considérée comme la baguette magique qui ouvre les portes de la consommation et du bonheur au monde entier : un Saint Graal glorifié par les économistes et vénéré par les politiciens, un veau d'or adoré par les peuples, même si tous savent ou soupçonnent qu'elle est porteuse d'un ensemble de nuisances, qu'elle ne peut pas engendrer le bonheur et qu'elle ne peut pas continuer de progresser indéfiniment.

La croissance ne signifie pas développement, même si elle peut aider ou contribuer développement. Il existe une abondante littérature sur le sujet qui a été élaborée grâce aux les rapports sur le développement humain [19] et qui démontre que la croissance et le développement sont complémentaires et se renforcent mutuellement s'ils sont correctement orchestrés. Cependant, la croissance à elle seule n'engendre jamais le développement si elle n'est pas correctement utilisée et dirigée vers cette fin. Et c'est pourquoi le concept est si trompeur : non seulement parce que c'est un concept ambigu - et il l'est en effet - mais parce qu'il est délibérément utilisé comme justification pour toutes sortes de fins qui n'ont rien à voir avec le bien-être de la multitude, mais plutôt avec le profit et l'accumulation des richesses entre les mains de quelques-uns. La croissance est sans conteste un concept idéologique qui sert ce dernier objectif, un concept qui est cultivé par la grande variété de cercles et d'institutions qui servent le capitalisme, allant de la Banque mondiale au Forum économique mondial [20] . C'est pourquoi il convient de dénoncer le contenu idéologique de la croissance et le distinguer clairement des dimensions économiques et sociales de celle-ci.

L'avènement de la croissance est étroitement lié à la montée du capitalisme

L'avènement de la croissance en tant que concept et en tant que moteur du progrès économique est étroitement lié à la montée du capitalisme et à l'expansion de l'Occident à partir de la Renaissance, un processus qui a pris corps en Europe et qui s'est par la suite étendu à l'ensemble de la planète [21] . Les facteurs qui ont contribué à ce moment-là à l'émergence du capitalisme sont aujourd'hui bien connus : la montée de la bourgeoisie (une classe sociale dédiée à la création et à l'accumulation de richesse), l'élimination des tabous éthiques qui encadraient les sociétés chrétiennes (comme l'interdiction du profit et de prêts portant intérêt, avant l'avènement du protestantisme) [22] , les progrès scientifiques et techniques (comme dans les instruments de navigation, la construction navale, l'imprimerie, etc.) et les grandes découvertes du seizième siècle, suivies par la conquête d'autres continents (les Amériques tout d'abord, mais aussi de plus « vieux » continents comme l'Asie et l'Afrique).

Depuis le seizième siècle le capitalisme n'a pas cessé de se renforcer et de se répandre dans le monde entier. J'identifierais personnellement quatre phases fondamentales dans ce processus exponentiel : la phase de l'expansion commerciale (entre les 16ème et 18ème siècles), la phase de la révolution industrielle (au cours du 19ème et de la première moitié du 20ème siècle), la phase de l'Etat providence (sur la deuxième moitié du 20ème siècle) et l'actuelle phase de mondialisation sauvage (à partir de la fin du 20ème siècle). Les dates de début et de fin de chacune de ces phases peuvent différer selon les interprétations, car il y a chevauchement la plupart du temps entre les périodes concernées [23] . Toutefois, des traits dominants caractérisent chacune de ces phases. Chaque phase est généralement associée à de nouvelles découvertes scientifiques et au développement de technologies innovantes. Chacune correspond à certaines formes d'organisation de la société et de l'État. Chacune porte en soi des avancées importantes au plan du développement, mais comporte aussi de profondes souffrances au plan social et des affrontements armés entre nations.

Si nous analysons rétrospectivement cette évolution sur le long terme nous pourrions dire grossièrement qu'elle a consisté en un processus dirigé par l'Ouest, centré sur les intérêts du monde occidental, qui a atteint son zénith vers le milieu du vingtième siècle et qui est en train de se métamorphoser avec les tentatives du capitalisme d'élargir encore plus les frontières de la production et de la consommation à l'ensemble de la planète [24] . Ma thèse, à ce propos, est que la croissance a consisté en un processus d'origine occidentale promu par le capitalisme, un acteur de plus en plus abstrait et dépersonnalisé, mettant en jeu un mélange complexe d'individus, d'intérêts et d'institutions [25] . Ma thèse, de surcroît, est que ce processus a atteint son apothéose vers le milieu du vingtième siècle avec l'avènement de l'État-providence, un modèle qui ne peut être reproduit ou étendu au reste du monde. Ma thèse, en outre, est que la croissance a atteint ses limites au plan des ressources de base et de ses frontières socio-économiques et en tant que moteur susceptible de promouvoir la richesse et le bien-être social ; et que toutes les tentatives de faire tourner ce moteur et d'étendre le processus à l'ensemble de la planète ne fera que ruiner notre avenir commun.

Le processus de croissance entre les seizième et dix-huitième siècles a été un processus lent mais régulier conduit par l'Europe de l'Ouest et alimenté par les politiques mercantiles et coloniales promues par les monarchies et leurs alliés, les bourgeoisies. Les progrès scientifiques et les innovations technologiques ont joué un rôle important dans ce processus, de pair avec l'ouverture de nouvelles routes maritimes et la « découverte » du continent américain. Des sociétés financières et commerciales se développèrent, telles que les compagnies des Indes, pour le commerce des épices, tandis que des colonies s'établirent dans les Amériques pour exploiter les ressources naturelles et les cultures exotiques. Les alliances entre les monarchies et les bourgeoisies jouèrent un rôle déterminant dans ce processus d'ensemble jusqu'à l'avènement des Lumières et la révolution industrielle qui suivit.

À partir du début du dix-neuvième siècle le processus de croissance s'accéléra soudainement avec l'avènement de la révolution industrielle, un processus financé et promu par les bourgeoisies nationales, qui s'est développé jusqu'au milieu du vingtième siècle, avec des hauts et des bas associés aux crises financières (et à la grande dépression économique des années 1930 en particulier) et à deux confrontations militaires majeures (la première et la deuxième guerre

44

mondiale). Les Lumières qui avaient progressé tout au long du dix-huitième siècle mirent fin à l'ancienne alliance entre les monarchies absolues et les bourgeoisies montantes, ces dernières s'emparant du pouvoir en Europe et dans les Amériques, créant de nouveaux États-nations et, pour certaines d'entre elles, de nouveaux empires coloniaux. Les progrès scientifiques et les innovations technologiques se développèrent à un rythme accéléré, changeant radicalement la façon dont les biens étaient fabriqués, tandis que les transports et les communications connaissaient une révolution. La révolution industrielle se développa dans un contexte de violentes confrontations sociales entre une classe ouvrière émergente et la bourgeoisie dirigeante (y compris l'avènement de l'Union soviétique après l'effondrement de l'ancien Empire russe) et de grands conflits à caractère nationaliste conduisant aux deux guerres mondiales. Bien que centrée sur le monde occidental, la révolution industrielle s'étendit à l'Asie où le Japon entreprit la révolution dite du Meiji vers la fin du dix-neuvième siècle.

La croissance dans l'après-guerre a été un phénomène exceptionnel qui ne saurait être transposé au reste du monde

Après la Seconde guerre mondiale la croissance a repris à un rythme sans précédent dans les pays occidentaux et au Japon, suite aux efforts de reconstruction, mais aussi à la conclusion par les forces socio-politiques antagonistes d'un pacte tacite pour assurer la croissance et le bien-être de tous (une sorte de « compromis historique » entre les classes dirigeantes et les classes populaires). Ce pacte non écrit s'établît sur trois piliers fondamentaux : des salaires élevés pour les travailleurs (en accord avec la vision de Henry Ford [26]), une organisation scientifique du travail systématique (conformément aux préceptes de Frederik Taylor [27]) et une large implication de l'État dans la sécurité sociale et les politiques de bien-être social (dans le cas du Japon, les grandes sociétés privées jouèrent ce rôle). Cette nouvelle phase, qui coïncide avec l'apogée de l'État providence, a duré jusqu'au premier choc pétrolier de 1973, et est considérée par la plupart des économistes comme l'âge d'or de la croissance. Pendant toute cette période, la plupart des pays d'Europe occidentale ont connu un taux de croissance annuel de l'ordre de 5,0 %, tout en réalisant le plein emploi et en ignorant l'inflation [28]. A cette époque, l'Europe occidentale rattrapa les États-Unis, qui avaient connu des taux de croissance élevés depuis le dix-neuvième siècle (avec encore un 4,0 % de croissance annuelle moyenne après la Seconde guerre mondiale) et atteint les plus hauts niveaux de vie au monde en termes de consommation. Le Japon a également cru à un rythme impressionnant de 9,0 % par an pendant la période en question.

C'est à cette époque que les classes moyennes émergentes devinrent la colonne vertébrale des sociétés occidentales et que la consommation de masse fut prodiguée à de vastes segments de leurs populations, tandis que l'État offrait la sécurité sociale à tous et assurait une distribution équitable des revenus pour chacun. Le processus de croissance occidental devint, à ce moment-là, *le modèle* pour le reste du monde. L'Union soviétique, qui avait émergé de la révolution bolchevique (1917), connut également une croissance soutenue (environ 5,0 % par an), mais celle-ci prit la forme d'un processus orienté vers le développement l'industrie lourde, sans incidences de quelque ordre que ce soit sur les attentes des consommateurs. Des taux de croissance également élevés furent enregistrés dans le reste du monde, mais pour de nombreux pays la forte pression démographique effaça leurs retombées en termes de revenus par tête.

Au total, la phase de l'État-providence a prévalu pendant près de trente ans dans le monde occidental, qui devint en ces temps-là le phare et le modèle pour le reste de la planète. Ceci fut, de mon point de vue, le produit d'une conjonction exceptionnelle et historique d'une série de facteurs, non transposable au reste du monde : l'accès à des ressources naturelles abondantes et bon marché, l'existence ou la reconstruction d'installations industrielles et d' infrastructures de base, la prévalence de faibles taux de croissance démographiques, la présence de populations instruites et en bonne santé, la mise en œuvre de politiques équitables de distribution des revenus et l'existence de mécanismes de sécurité sociale pour tous. Une part croissante des populations concernées atteint le stade de la consommation de masse, parce que les employés recevaient une juste part des revenus distribués, parce que les gens étaient socialement protégés et parce que les ressources naturelles - l'énergie en particulier - étaient bon marché et abondantes. Je considèrerais ce modèle et cette période comme exceptionnels dans le cours de l'Histoire, un processus qui ne saurait se répéter dans d'autres parties du monde.

A partir 1973 le fascinant moteur qui conduisit à des taux de croissance soutenus et des niveaux de vie élevés dans le monde occidental commença à se gripper [29] . Il y a trois raisons majeures à cela, je dirais, et d'autres facteurs, bien sûr, mais je mettrai en évidence ces trois facteurs comme étant les plus importants de mon propre point de vue. Tout d'abord, les ressources naturelles et l'énergie en particulier deviennent à partir de ces années de plus en plus rares et chères sur le long terme (j'exclue de cette affirmation les mouvements spéculatifs à court terme, périodiques ou erratiques, tels que ceux qui affectent régulièrement les cours du pétrole). Deuxièmement, les marchés de consommation dans les économies avancées sont de plus en plus saturés (c'est en particulier le cas pour les principaux biens de consommation tels que l'automobile, les produits électrodomestiques, etc.). Et, troisièmement, la relation capital/travail est de plus en plus défavorable envers une juste distribution des revenus (en raison de la propension croissante du système capitaliste à promouvoir des processus automatisés plutôt que d'embaucher de la main-d'œuvre, d'une part, et de la pression croissante exercée par les actionnaires pour percevoir des rendements financiers élevés, d'autre part, comme je le soulignerai plus loin). En conséquence, le « contrat implicite » qui garantissait la paix sociale et la prospérité à travers une juste distribution des revenus dans un contexte de ressources naturelles abondantes et bon marché ne pouvait plus tenir la route et devait être révoqué par l'*establishment* capitaliste, ouvrant la voie à la mondialisation sauvage.

Nos ressources naturelles, jadis abondantes et bon marché, déclinent inexorablement

La phase de mondialisation sauvage qui a débuté en 1973 est dictée par l'inévitable déclin de nos ressources naturelles, autrefois abondantes et bon marché, d'une part, et par la détermination des forces qui impulsent le capitalisme à réorganiser ses activités axées sur le profit à l'échelle du monde, d'autre part. Elle ouvre une nouvelle ère dans la façon dont les économies évoluent, les sociétés changent et le capitalisme fonctionne. Il est encore difficile pour nous de comprendre toutes les causes du processus et de prévoir où elles nous mènent, puisque nous sommes au beau milieu du cyclone. Mais il y a déjà des signes clairs de ce qui s'achève en ce moment même et de ce qui émerge lentement de la tourmente.

Ce qui s'achève en ce moment même, c'est un monde où les ressources étaient pratiquement illimitées par rapport à la population. Pour un monde où la population s'élevait 231 millions de personnes en l'an 1 de notre ère, 268 millions en l'an 1000, 438 millions en l'an 1500 et même 1.042 millions en 1820, les ressources naturelles non renouvelables étaient virtuellement illimitées. Mais pour un monde où la population est passé de 2,5 milliards de personnes en 1950 à 3,9 milliards en 1973, 6,1 milliards en 2001 et qui est maintenant au-dessus des 7,0 milliards de personnes, multipliée donc par trois au cours d'une seule vie, les ressources non renouvelables sont de plus en plus rares. Comme le stock de ressources non renouvelables est par définition limité à ce que la terre contient et peut offrir [30] le ratio d'une quelconque ressource non renouvelable par habitant décroît constamment et continuera inévitablement de diminuer, même si la population mondiale atteint un pic (ce qui suppose que les taux de fécondité continuent de diminuer). En outre, l'épuisement des ressources naturelles non renouvelables s'accélérera aussi longtemps que de nouvelles couches de la population mondiale auront accès à des normes de consommation occidentales.

Il y a en effet des limites physiques et naturelles à l'augmentation indéfinie de la consommation, en supposant que l'obstacle des revenus soit par ailleurs surmonté. Imaginez seulement ce qui se passerait si le ratio actuel des États Unis de 814 voitures pour mille habitants pouvait être extrapolé à une population mondiale de 9,3 milliards d'habitants en 2050 [31], débouchant alors sur quelques 7,6 milliards de voitures en circulation sur l'ensemble de notre planète, à supposer qu'une hypothèse aussi improbable puisse se matérialiser ! Cependant, les ressources naturelles non renouvelables continueront de diminuer alors que les ressources naturelles renouvelables à notre disposition telles que les terres, les forêts, la faune, la pêche, l'eau douce et même l'air non contaminé seront de plus en plus menacées et rares en raison de nos pratiques prédatrices.

Les ressources minérales en général et les énergies fossiles en particulier, qui étaient encore relativement abondantes et bon marché il y a un demi-siècle, deviennent de plus en plus rares face à l'escalade de la demande de l'industrie et des autres utilisateurs, exigeant aujourd'hui des investissements toujours plus élevés, technologiquement sophistiqués et coûteux pour leur exploitation (le cas le plus illustratif est celui l'industrie pétrolière, qui exige aujourd'hui des forages *off-shore* chaque fois plus couteux dans des régions chaque fois moins accessibles pour assurer l'approvisionnement en or noir). En conséquence, et sur le long terme, le coût marginal d'extraction des ressources minérales et de la production d'énergie en particulier ne cessera d'augmenter, à moins que des sources alternatives moins chères et non-nuisibles puissent être exploitées à très grande échelle, ce qui reste pour le moment purement hypothétique [32]. À l'heure actuelle, tous les acteurs économiques cherchent désespérément des ressources minérales et des énergies fossiles qui deviennent de plus en plus rares et coûteuses, sans considération aucune pour d'autres modes d'organisation de nos sociétés et de nos économies sur le long terme.

En ce qui concerne l'énergie, en particulier, 1973 marque une rupture brutale avec l'ancien modèle de production d'énergie à bon marché et de consommation de masse qui prévalait en Occident. La multiplication par cinq du prix du pétrole a ouvert cette année-là une ère où les coûts de l'énergie seront de plus en plus élevés. En fait, le baril de pétrole brut est passé de 2,3 US dollars en octobre 1973 à 11,6 US dollars en janvier 1974 suite à la décision prise par l'Organisation des pays exportateurs de pétrole (OPEP) d'augmenter le prix du baril [33]. Avec le deuxième choc pétrolier de 1979, le prix du baril a bondi à nouveau de 13 US dollars en 1978 à 30,0 US dollars en 1981 [34]. En 2008, le prix du baril de pétrole a atteint un niveau record avec 144 US dollars le baril, un prix reflétant l'augmentation de la demande des pays émergents, et en particulier de la Chine, avant que les prix ne s'effondrent à 35,0 US dollars le baril à la fin de cette année-là dans le contexte de la crise financière. Le prix du baril de pétrole a fluctué depuis lors, atteignant 114,0 US dollars en 2011 et redescendant à 35,0 US dollars à la fin de 2015 du fait de l'essor de l'huile de schiste aux États-Unis et du ralentissement de la croissance en Chine. Mais, encore une fois, il s'agit là d'un recul conjoncturel qui ne reflète en rien l'inexorable déclin à long terme de la ressource.

Analysés sur le long terme et en termes réels, les prix du pétrole montrent un profil d'augmentation manifeste, clairement lié aux coûts de l'extraction et à une demande croissante dans le monde. En fait, les compagnies pétrolières se voient dans l'obligation de forer dans des régions chaque fois plus sauvages (par exemple, dans l'Arctique bientôt) et chaque fois plus profond, exigeant des processus et des technologies chaque fois plus coûteux et destructeurs de l'environnement. Par ailleurs, les économies émergentes demandent de plus en plus de pétrole et en influencent chaque fois plus les prix (la Chine en particulier). Comme nous atteindrons tôt ou tard le « pic pétrolier » [35], les prix du pétrole continueront inévitablement de grimper sur le long terme tandis que les réserves de pétrole diminueront constamment, un processus qui engendrera sans aucun doute de multiples tensions dans le monde.

Le stress sur le pétrole, le gaz, le charbon et d'autres sources conventionnelles d'énergie fossile est également en train de s'étendre à toutes les autres ressources minérales, même si cela est moins manifeste et visible. La plupart des acteurs économiques dans leurs domaines respectifs ne perçoivent que les fluctuations de prix et les mouvements spéculatifs sur le très court terme, mais ne sont pas vraiment conscients de l'inévitable déclin à long terme de ces ressources et de l'inéluctable augmentation de leurs coûts. Ce processus est déjà en cours pour les métaux (cuivre, or, argent, zinc, etc.), pour le combustible nucléaire (uranium) et pour d'autres ressources minérales (phosphates et beaucoup d'autres). Même les sources alternatives d'énergie (telles que les panneaux solaires et les éoliennes) ou la consommation à grande échelle d'appareils électroniques (tels que les *smartphones* ou les écrans plats) sont très dépendants de ressources minérales rares et en déclin (par exemple : le coltan, les terres rares, etc.). Au total, nous nous dirigeons inexorablement vers le « pic de tout » [36] , qui signera la fin de la société de consommation.

La principale préoccupation des pays industrialisés en rapport avec les chocs pétroliers se concentra à cette époque sur leur impact inflationniste et sur les déséquilibres qu'ils causèrent à leurs comptes extérieurs. Ils réagirent sur la base de politiques déflationnistes tout en promouvant des politiques d'économie d'énergie à plus long terme, y compris des mesures d'économie d'énergie et des stratégies de substitution d'énergies. Cela provoqua une contraction de l'activité économique après 1973 - avec des taux de croissance du PIB fluctuant à des niveaux bien inférieurs - et une forte hausse du chômage dans la plupart des pays industrialisés. De fait, la croissance est devenue sensiblement plus lente et terne dans tous les pays industrialisés depuis le premier choc pétrolier.

Les acteurs économiques et les protagonistes du monde des affaires, d'autre part, réagirent en comprimant le coûts du travail, en freinant les salaires et en réduisant l'emploi, un processus qui n'a pas cessé de s'étendre depuis. En conséquence : le travail (en tant que facteur de production) et les salaires (en tant que coût de production) n'ont cessé de diminuer au profit de mécanismes de production alternatifs à forte intensité de capital et de processus d'automatisation (sauf pour les activités à forte intensité de main d'œuvre, qui sont relocalisées vers les régions du monde à bas salaires). Comme nous l'analyserons pleinement dans le prochain chapitre : la croissance, même soutenue, est incapable de créer de l'emploi, une réalité que tous les gouvernements tendent à ignorer complètement.

La machine capitaliste refaçonne sauvagement notre planète

La deuxième grande tendance qui s'est faite jour depuis les années 70 est celle du repositionnement et de la restructuration sauvages de la machine capitaliste. Confrontés à la saturation relative des marchés de consommation occidentaux, à la croissance bridée des économies occidentales et au blocage d'ensemble du processus de croissance endogène dans les pays occidentaux, tous les acteurs du monde capitaliste ont œuvré à la déréglementation systématique des économies occidentales et au repositionnement mondial du capital. L'État-providence fut alors désigné comme le mal personnifié et la déréglementation absolue comme la solution au problème. L'idéologie néolibérale a été le principal vecteur de cette réorientation stratégique vers une économie mondiale incontrôlée [37] . Nous avons été témoins, depuis, d'une reconfiguration mondiale des affaires et des activités appelée « mondialisation » (« *globalization* » en anglais) par ces mêmes acteurs qui en faisaient la promotion et témoins, en même temps, de la mise en place d'un mécanisme mondial de gouvernance capitaliste décrit par certains auteurs comme étant l'« Empire » [38] .

Le premier pas vers une dérégulation mondiale commença en 1971 avec la mise à mort de la convertibilité du dollar en or et l'effondrement subséquent du système des parités fixes [39] , qui s'unirent au choc pétrolier de 1973 et à l'afflux consécutif des pétrodollars dans le système bancaire occidental. C'est à ce moment-là que les marchés financiers commencèrent à émerger en tant que tels, stimulés par une série de mesures de déréglementation et par des flux croissants de capitaux internationaux, créant en cette occasion de nouveaux produits financiers et de nouvelles pratiques (produits dérivés, titrisation, etc.). Cependant, ce processus atteignit son zénith, postérieurement, lorsque le gouvernement Thatcher promulgua en 1986 une série de mesures surnommées le Big Bang pour déréglementer totalement le fonctionnement du marché boursier de Londres. Depuis, la sphère financière n'a pas cessé de s'étendre dans le monde au détriment de l'économie réelle.

Le deuxième pas vers une dérégulation mondiale remonte aux années 80, lorsque la première ministre Thatcher au Royaume-Uni et le président Reagan aux États-Unis prirent des mesures radicales pour déréguler l'économie à grande échelle à travers la mise en œuvre de leurs politiques néolibérales. Le but était essentiellement de réduire le rôle de l'État à ses fonctions les plus élémentaires, en éliminant toutes ses fonctions à caractère économique et social, ce qui entraînerait des privatisations à grande échelle, une diminution systématique des impôts, des coupes dans les prestations sociales et une compression des salaires. Ce faisant, la première ministre Thatcher et le président Reagan n'étaient pas les vrais promoteurs de la vision selon laquelle le capitalisme devrait désormais fonctionner dans une économie mondialisée. Ils n'étaient que les exécutants d'un processus beaucoup plus vaste promu par les entreprises transnationales, préconisé par les tenants du néolibéralisme et relayé par les lobbies et les médias qui servent le capital (j'y reviendrai). De nombreux autres pays se lancèrent également dans le cours de la dérégulation tout au long des années 80 ; même des pays comme la France, qui avait pourtant promu des nationalisations à grande échelle lors de l'élection du président Mitterrand (1980) et qui s'engagea paradoxalement dans un vaste processus de libéralisation financière au cours des années suivantes.

A ce cours, qui mine les États-nations de l'intérieur, nous devrions ajouter la poursuite dans le monde du processus de libéralisation dans le domaine des échanges commerciaux et des flux de capitaux. Ce processus, à l'origine promu par les États-Unis après la Seconde guerre mondiale avec les négociations du GATT [40], s'est transformé en un mécanisme permanent visant à éliminer toutes les restrictions tarifaires et non tarifaires par l'intermédiaire de la nouvelle Organisation mondiale du commerce [41], qui est devenue un forum permanent de négociations pour la libéralisation du commerce. La philosophie qui meut cette organisation part du principe que la libéralisation du commerce est, par nature, bonne pour la croissance et pour les peuples, quelles que soient ses formes et quel que soit son coût. Quant aux flux de capitaux, le processus de dérégulation interne résultant des politiques néolibérales a permis une circulation sans limites des capitaux dans le monde entier et un repositionnement global de ces derniers sans aucune considération pour les priorités de développement nationales et pour les attentes sociales des populations [42]. Le résultat global de ce cours a été la possibilité offerte aux capitaux de se déplacer à leur guise dans le monde et d'exploiter les marchés mondialement, sur la base de stratégies exclusivement transnationales.

Ces changements de politiques sont conformes avec la manière dont le capitalisme et les entreprises géantes fonctionnent aujourd'hui dans le monde. Comme le soulignent Michael Hardt et Antonio Negri dans « Empire » [43], les grandes entreprises fonctionnent désormais comme des réseaux mondiaux, avec des stratégies, des modes de gestion, des formes de production et des unités logistiques disséminées dans le monde entier et avec des accords et des ententes transfrontaliers avec les clients et les entreprises partenaires qui répondent aux avantages qu'elles tirent de leur positionnement géographique en termes de coût de la main d'œuvre, d' impôts et ainsi de suite. Leur structure productive et technologique est telle qu'elles peuvent tout aussi bien exploiter des installations automatisées perfectionnées dans les pays développés ou en développement. Leur configuration juridique, financière et fiscale est telle qu'elles échappent largement aux mécanismes de contrôle des États-nations, abusant de localisation fictives dans ce que l'on appelle les paradis fiscaux. A l'autre extrême, les ateliers de misère qui exploitent la main-d'œuvre bon marché ne sont plus la prérogative exclusive des soi-disant pays en développement. Vous pouvez également les trouver dans les sous-sols des mégalopoles des économies les plus avancées, où ils emploient des travailleurs immigrés illégaux dans les pires conditions de travail (tout comme au dix-neuvième siècle, lorsque les usines faisaient appel aux migrants ruraux pauvres). En d'autres termes, des types d'unités de production, des niveaux de technologie et des formes d'organisation du travail très différents coexistent désormais aujourd'hui dans toutes les parties du monde, que ce soit dans les économies avancées ou les sous-développées. Par conséquent, la dichotomie traditionnelle entre « Centre » et « Périphérie », « Nord » et « Sud », s'estompe de plus en plus [44].

Une caractéristique importante de ce processus est le manque de pertinence croissant des statistiques nationales et des catégories de développement classiques. Nous continuons à utiliser les catégories conventionnelles pour explorer grossièrement les tendances à peu près partout dans le monde, car nous n'avons pas d'alternatives viables (c.-à-d. les États, les groupements économiques régionaux, les pays sous-développés et en développement, les économies industrielles avancées, le Nord et le Sud et le Centre et la Périphérie). Mais il faut avoir à l'esprit, comme Michael Hardt et Antonio Negri le soulignent également [45], que les catégories mentionnées plus haut ne reflètent plus la réalité d'un monde où toutes les situations ont tendance à coexister sous le même toit. Ce que l'on appelle « pays en développement » peuvent héberger des usines sophistiquées faisant appel à des technologies automatisées tandis que les économies soi-disant avancées peuvent cacher des ateliers rudimentaires utilisant des travailleurs migrants bon marchés, comme je l'ai mentionné plus haut. Dans le même ordre d'idées, d'imposantes tours et des quartiers fermées (*gated communities* en anglais) côtoient de plus en plus des bidonvilles misérables et insalubres dans le monde entier, comme nous l'analyserons plus loin. En d'autres termes, tout est en train de devenir de plus en plus enchevêtré, par-delà les frontières et les concepts, une réalité que les statistiques nationales ne peuvent plus saisir [46].

Le système capitaliste s'acharne à étendre ses frontières au monde entier

Au total, nous pourrions dire que l'ère de la mondialisation sauvage dont nous sommes aujourd'hui les témoins est une période historique au cours de laquelle l'ensemble du système capitaliste s'acharne à élargir ses frontières en éliminant les contraintes imposées par l'État providence et en exploitant dans le monde entier toutes les potentialités du marché, projetant les limites de la consommation vers de nouvelles sphères et vers de nouvelles populations, et poussant le système économique dans son ensemble vers ses extrêmes limites physiques, humaines et financières [47]. Ce cours contribue également au déclin de l'État-nation, un cours provoqué par l'abandon ou le bridage de la plupart des instruments de régulation internes et externes (le crédit, les impôts, le budget, les droits de douane, la législation, etc.), suite à l'offensive néolibérale et avec la complicité des classes dirigeantes [48].

Dans le monde occidental, le capitalisme se démène pour maintenir à flot les marchés existants grâce à la compression des coûts de production (main-d'œuvre en particulier) et grâce à la relocalisation de larges segments de ses industries dans les pays à bas salaires. Dans les soi-disant économies émergentes le capitalisme investit massivement, avec la complicité des gouvernements respectifs et avec la connivence des entrepreneurs autochtones, donnant naissance à nouveaux marchés avec la montée de nouvelles classes moyennes (le Brésil et les « dragons asiatiques » dans le passé, la Chine et les « tigres asiatiques » à l'heure actuelle et probablement l'Inde dans l'avenir). Dans le reste du monde nous avons encore une grande variété de situations héritées du passé, allant de la gestion et de l'appropriation oligarchiques de l'économie (la Russie et de nombreux États de l'ex-URSS) à un *mix* de politiques de développement à dimensions nationalistes ou influencées par le néolibéralisme (pays d'Amérique latine), alors que de grandes parties du monde restent pour part ou totalement exclues du processus de croissance et de développement (parts de l'Asie et Afrique subsaharienne, à l'exception de l'Afrique du Sud). Enfin, les pays exportateurs de pétrole continuent d'exploiter et d'épuiser leurs ressources nationales, avec un impact très limité sur le bien-être de leurs populations (Moyen-Orient et Afrique du Nord en particulier).

Le basculement du processus de croissance vers l'Asie orientale - et de la Chine en particulier - a été l'un des traits les plus visibles de ce changement au cours des trois dernières décennies. La Chine, en particulier, a fréquemment connu des taux de croissance annuels à deux chiffres au cours de cette période, avec des pics atteignant 14,0 à 15,0 % de croissance certaines années [49]. Le centre de gravité du capitalisme mondial est définitivement en train de se déplacer vers l'Asie [50] mais cela ne veut pas dire que les pays asiatiques, et la Chine en particulier, remplaceront l'Europe de l'Ouest et les États-Unis comme les gouvernants de l'économie mondiale. Cela signifie seulement que les principaux acteurs du capitalisme mondial, qui n'ont plus d'allégeances nationales et qui exigent des marchés sans cesse en expansion, concentreront de plus en plus leurs activités dans cette partie du monde. Les principaux acteurs du capitalisme actuel considèrent en effet cette partie du monde comme étant la plus prometteuse en termes d'opportunités d'affaires et la Chine comme étant le plus grand marché susceptible d'être exploité dans la région. L'Inde offre également d'importantes perspectives [51] mais son décollage économique reste problématique et gravement entravé par beaucoup de barrières socio-économiques et culturelles.

Toutefois, il n'est pas sûr du tout que cette progression spectaculaire se poursuive régulièrement car les taux de croissance tendent naturellement à baisser avec la maturation du processus de croissance et la saturation des marchés. En outre, la poursuite de ce processus exigerait que l'on intègre toujours plus de couches des populations respectives dans les classes moyennes - ce qui n'est pas acquis sous l'angle de la distribution des revenus - et, en même temps, que l'on accède à des volumes croissants de ressources naturelles qui deviennent notoirement plus rares et coûteuses dans le monde. Qui plus est, la destruction de l'environnement et la croissance des nuisances environnementales - telles que la pollution - affectent de plus en plus les populations concernées. De fait, la Chine en particulier et les pays de l'Asie orientale en général se heurteront tôt ou tard aux limites d'un processus de croissance qui ne peut indéfiniment se poursuivre. Ces pays ne constituent pas une alternative aux marchés déclinants occidentaux, qui stagnent de nos jours et qui ne peuvent survivre commercialement que grâce à des injections répétées de crédits et à l'inquiétante progression de la dette [52] . Aussi, la bouée de sauvetage de l'Asie orientale n'autorise qu'une pause dans l'insolvable équation de la croissance des marchés, qui met en jeu la croissance de la population, l'épuisement des ressources naturelles, le déclin de l'emploi et la récession des revenus, parmi plusieurs facteurs critiques.

Au total, l'économie continuera de croître dans certaines parties du monde, et peut-être même à des taux élevés dans un certain nombre de pays, mais avec de plus en plus de difficultés pour accéder aux ressources et des menaces galopantes à l'encontre de notre environnement global. En outre, ce processus de croissance est et restera dans son ensemble profondément asymétrique : il signifie, d'un côté, chômage et stagnation, ou récession, pour la plupart des économies autrefois avancées et expansion, d'un autre coté, de nouveaux marchés et de nouveaux groupes de consommateurs dans certains pays émergents, tandis que l'injustice et les inégalités sociales ne cesseront de se développer sur toute la planète. Il conduit aussi à une sorte de standardisation de nos sociétés sur la base de profils extrêmement inéquitables, avec un tout petit groupe de personnes extrêmement riches concentrant une part croissante de la richesse, d'un côté, et des classes moyennes à géométrie variable et sans protection dans la plupart des pays, de l'autre côté, plus une immense partie de la population mondiale totalement exclue du processus de croissance et livrée à la pauvreté à l'extérieur de ce schéma. Cela signifie, en outre, des tensions croissantes entre peuples et entre individus pour accéder à des ressources naturelles rares et en voie d'épuisement. Cela signifie, enfin, l'instauration possible de systèmes politiques répressifs pour contrôler les populations si nous n'agissons pas à temps pour prévenir un tel scénario extrême. En conclusion, la croissance nous a carrément conduit vers une impasse et il est urgent de nous acheminer vers d'autres voies.

> *« Depuis ses débuts, la civilisation a pour une large part été structurée autour du concept du travail (...). Maintenant, pour la première fois, le travail humain est en voie d'être systématiquement éliminé du processus de production. Dans moins d'un siècle, le travail en « masse » dans le secteur du marché aura probablement disparu dans pratiquement tous les pays industrialisés du monde. »*

Jeremy Rifkin
La fin du travail (1995)

Chapitre 2 - La décomposition de l'emploi

L'un des plus graves problèmes auxquels nous sommes aujourd'hui confrontés est l'emploi. L'emploi est devenu dans nos sociétés une exigence majeure et a reçu le statut de droit fondamental. En fait, cette exigence et le droit qui en découle se sont matérialisés dans toutes les économies avancées du temps l'État providence. On pourrait même dire que le plein emploi a presque été réalisé dans les pays occidentaux vers la fin des années 60 et a été considéré alors comme une condition durable et un droit inaliénable. Cependant l'emploi, et le plein emploi en particulier, sont des concepts très récents qui n'ont pas existé pendant des millénaires et qui sont encore inexistants dans ce qui reste des sociétés traditionnelles. L'emploi, comme nous le concevons aujourd'hui, n'a cessé de se développer depuis la révolution industrielle, englobant tous les secteurs d'activité, mais il ne peut plus être considéré comme la condition normale du vivre en société, car il est condamné à se décomposer inéluctablement.

De fait, il y a une énorme confusion entre emploi et activité dans nos esprits de nos jours. L'activité a toujours existé depuis que les humains sont sur terre, embrassant toutes sortes de tâches. Dans les sociétés primitives la chasse et la pêche constituaient les activités de survie de base confiées aux hommes alors que les femmes consacraient leur temps à la cueillette, à la cuisine, à l'habillement et à l'éducation des enfants. Dans différentes parties du monde sous-développé les gens survivent encore grâce à de telles activités, bien que la destruction des ressources naturelles affecte de plus en plus leur potentiel de subsistance. Dans les sociétés antiques une structure hiérarchisée des activités vit le jour, avec les guerriers et les prêtres occupant les plus hauts échelons de la hiérarchie sociale, les artisans et les commerçants les échelons intermédiaires et les paysans les échelons inférieurs, tandis que l'esclavage se développait largement pour servir les besoins des puissants et des riches. Plus tard ces fonctions de base se diversifièrent davantage avec l'avènement des monarchies et de la noblesse, la structuration des églises et la configuration des guildes marchandes et artisanales, alors que les paysans restaient au bas de la pyramide sociale travaillant pour se nourrir eux-mêmes et payer tribut aux seigneurs. Au total, et jusqu'aux temps modernes, les gens étaient tous « actifs », mais aucun n'était « employé » [53].

L'emploi est un concept occidental et des temps modernes

Le développement du concept d'emploi, étroitement lié à l'assujettissement au gain salarial, est un phénomène des temps modernes. Il est intimement lié à l'avènement de la bourgeoisie comme nouvelle classe dirigeante et des employés salariés comme nouvelle classe ouvrière. Ces changements furent le produit des révolutions qui amenèrent les bourgeoisies au pouvoir à partir du 17ème siècle, mais aussi de la révolution industrielle qui se développa postérieurement dans le courant du dix-neuvième siècle. L'emploi de travailleurs salariés s'étendit massivement avec l'exode rural à partir du dix-neuvième siècle et avec la croissance des industries au cours des dix-neuvième et vingtième siècles. Comme résultat de ces mutations l'emploi de personnes salariées se développa dans tout le monde occidental, tout au cours des deux siècles passés, jusqu'à ce qu'il atteigne un point où le statut de salarié deviendrait la condition même de la majeure partie de la population. De fait, le paysannat disparut pratiquement en Occident, tandis que l'emploi dans l'industrie et les activités de services se développa massivement. Bien sûr, il existe toujours d'importants segments de la population qui ne sauraient être considérés comme des salariés, tels que les agriculteurs, les artisans, les commerçants, les petits entrepreneurs et les professions libérales, mais l'immense majorité de la population est aujourd'hui employée, soit dans des entreprises privées ou publiques, soit dans des administrations publiques. L'emploi salarié est ainsi devenu la règle pour presque tout le monde et chacun s'attend à avoir un emploi pour faire partie de la société.

La condition des employés salariés s'est considérablement améliorée depuis le dix-neuvième siècle, époque où les possesseurs de mines et les propriétaires d'usines exploitaient outrageusement les mineurs et les ouvriers. L'emploi indiscriminé d'enfants, des journées de travail excessivement longues, l'absence de jours et de temps de repos, des conditions de travail épuisantes, aucune protection du travail ni de sécurité sociale et de très bas salaires constituaient les dénominateurs communs de la classe ouvrière. Depuis, les conditions de travail, les salaires et la sécurité sociale en général se sont considérablement améliorés comme résultat des revendications sociales et des luttes sociales, la plupart soutenues par les syndicats et les partis travaillistes, socialistes et communistes. Les entreprises privées et le capital en général ont répondu aux revendications des travailleurs en termes de salaires et de conditions de travail, alors que l'État augmentait ses interventions pour   réglementer le travail, contrôler les salaires et de promouvoir des systèmes de sécurité sociale. Suite de cette évolution, les salariés se sont vu octroyer une sécurité de l'emploi et des prestations sociales, quel que soit leur secteur d'activité et quel que soit leur statut. Dans le monde occidental, par conséquent, et dans les autres pays industrialisés, tout autant [54] , chacun ou chacune s'attend à avoir un emploi au cours de sa vie active et à être couvert par la sécurité sociale jusqu'à son décès, même si l'économie stagne ou recule ; une expectative encore inexistante dans le reste du monde.

Dans le reste du monde - je veux dire dans les pays émergents, dans les pays sous-développés et dans ceux qui se situent entre les deux - l'emploi salarié et la sécurité sociale demeurent encore un rêve lointain pour la majeure partie de la population. Dans la plupart de ces pays, les taux d'activité dans l'emploi formel sont nettement plus bas et l'emploi formel en tant que tel est encore très limité [55] . De plus, de vastes segments de la population sont sans emploi ou sous-employés, particulièrement les jeunes qui constituent la plus grande partie de la population. Cela ne signifie pas que ces segments soient inactifs, puisqu'une partie importante de la population vit de petits boulots ou d'occupations marginales dans l'économie dite informelle [56] , peut cultiver des légumes et élever des porcs ou des poulets dans les arrière-cours ou même survivre de ce que la nature peut encore offrir (chasse, pêche et cueillette, là où les ressources ne sont pas déjà épuisées). Cependant, être employé par une entreprise privée ou par une entité publique n'est pas la règle mais plutôt l'exception pour la majeure partie de ces populations, même dans des pays comme la Chine, devenue récemment la deuxième plus grande économie au monde. Dans tous ces pays, avoir un emploi et être formellement employé reste un rêve pour la plupart des gens.

En raison de ce qui précède, obtenir un emploi est devenu comme un droit dans les économies avancées, alors qu'il ne reste qu'une aspiration dans la grande majorité des autres pays. Dans les deux cas, cependant, les gens attendent de leurs gouvernements respectifs qu'ils prennent les mesures nécessaires pour garantir un emploi à chacun, un droit ou un rêve qui devient de plus en plus volatil dans le contexte actuel de dépression ou de crise économique. La croissance, comme nous l'analyserons plus loin, ne crée pas nécessairement de l'emploi. La croissance a conduit au plein emploi dans les économies occidentales, dans les années 50 et les années 60, mais cela a été le fruit d'une exceptionnelle combinaison de circonstances qui ne sont pas susceptibles de se reproduire dans un monde où les ressources naturelles deviennent de plus en plus rares et la répartition des revenus de plus en plus inégale [57] . L'âge d'or des ressources naturelles bon marché et du compromis social entre forces antagonistes est maintenant clos. L'État-providence a disparu et ce qu'il en reste est systématiquement évincé par le capital mondialisé. En outre, toutes les grandes entreprises aujourd'hui ont un objectif commun, qui est de se débarrasser du travail ou de couper les salaires partout où cela s'avère possible. Le plein emploi est définitivement devenu un rêve du passé tandis que l'emploi, tel que nous l'avons connu dans l'âge d'or de la croissance, rétrécit irrémédiablement dans le monde entier.

L'emploi est de plus en plus tributaire des rendements financiers

L'affirmation qui précède pourrait paraître surprenante ou même discutable pour nombre d'économistes, mais elle est malheureusement démontrée par ce dont nous sommes de plus en plus témoins dans le monde réel. Dans la réalité, l'emploi n'est pas une variable abstraite associée à la croissance en termes macro-économiques, ni une heureuse rencontre entre l'offre et la demande en termes micro-économiques, mais plutôt une variable de coût bien concrète que les entreprises cherchent à contenir ou même à éliminer partout où cela s'avère possible. Alors que la gestion des ressources humaines était un élément majeur de la stratégie de développement des entreprises jusqu'à la fin des années 80 elle est devenue maintenant une simple variable de dépenses qui doit être réduite à tout prix. Ceci est étroitement lié à la croissante « *financiarisation* » de nos économies [58]. Ce concept, qui n'a cessé de se développer dans la littérature économique au cours des dernières années, reflète le contrôle croissant exercé par le capital financier sur les activités productives et sur ce qui est désormais perçu comme « *l'économie réelle* ». De fait, les grandes entreprises ont de plus en plus cherché des ressources extérieures pour leur développement sur les marchés financiers alors qu'elles avaient l'habitude de compter sur leurs propres ressources et sur le système bancaire pour financer leurs investissements. En conséquence, les grandes entreprises sont devenues totalement dépendantes des marchés financiers et des objectifs du capital financier, qui sont de rechercher le plus haut rendement possible sur le très court terme.

Dans ce contexte, l'emploi est devenu de plus en plus dépendant des attentes du capital financier, qui comprend une série d'acteurs et d'institutions allant des grandes banques aux fonds communs de placement (y compris des groupes financiers, des fonds de pension, des compagnies d'assurance, des fonds spéculatifs et autres opérateurs financiers, tous actifs sur les marchés financiers). Tous ces acteurs attendent des taux de rendement élevés et ont tous tendance à contrôler les stratégies des entreprises industrielles et commerciales à cet effet. Les investisseurs institutionnels, qui comprennent les fonds communs de placement en particulier, tendent à exiger, comme règle générale, un taux de rendement de l'ordre de 15,0 % de la part des entreprises et à pratiquer des politiques extrêmement agressives à cet effet à travers leurs gestionnaires de fonds (les taux de rendement exigés peuvent même être deux fois plus élevés !). Ce contrôle est la plupart du temps exercé de manière interne par les plus gros actionnaires et leurs représentants, au moyen de politiques visant à maximiser les profits financiers à court terme par opposition aux perspectives de développement à plus long terme. Les actionnaires ont fréquemment recours à des pratiques tendant à enrôler les plus hauts dirigeants d'entreprises, et les directeurs généraux en particulier, dans une quête sans fin de profits grâce à l'octroi d'options d'achat d'actions généreuses, au paiement de salaires outrageants et à la concession de privilèges de séparation pharamineux. En conséquence, les hauts responsables sont de moins en moins engagés dans le développement à long terme de leurs entreprises et de plus en plus soucieux des profits et des gains que celles-ci peuvent servir à leurs actionnaires, gains qui peuvent considérablement et rapidement augmenter en coupant leur personnel.

Les réductions de personnel ne sont pas traitées de façon uniforme - tous azimuts - mais plutôt dans les secteurs ou dans les filiales qui sont considérés comme moins rentables (rentabilité mesurée en taux de rendements à court terme, plutôt qu'en perspectives de croissance des activités à long terme). Ces réductions sont sans humour appelées « plans sociaux » dans des pays comme la France, ce qui suggère l'inverse de ce qu'elles signifient réellement, à savoir des plans pour se débarrasser du personnel. Le licenciement massif est ainsi devenu un moyen d'accroitre considérablement les bénéfices sur le très court terme, une pratique qui s'est développée outrageusement de nos jours. Cependant, la restructuration des groupes industriels ou commerciaux et de leurs filiales n'est pas un processus exclusivement interne. La restructuration est souvent imposée par des acteurs extérieurs, lorsque des groupes ou des entreprises prennent le contrôle d'autres groupes et entreprises et imposent des plans se traduisant par la fermeture de certains secteurs, départements ou usines (ce que l'on appelle : offres publiques d'achat à caractère offensif).

La rationalité derrière ces pratiques prédatrices découle la plupart du temps de l'intention de ses auteurs de constituer des groupes ou des entreprises plus performants, performance mesurée en termes de stricte rentabilité financière. L'objectif n'est pas de garantir la viabilité économique à long terme ni la croissance des parts de marché des groupes ou des entreprises concernées, et encore moins de garantir des emplois durables pour les employés qui échappent aux compressions de personnel, mais plutôt d'engranger des profits qui se refléteront sur les marchés boursiers et qui profiteront aux actionnaires. Cependant, la prise de contrôle d'une autre entreprise peut aussi avoir un but exclusivement destructif : celui d'éliminer un concurrent. Elle peut même avoir une dimension purement prédatrice lorsqu'un fonds spéculatif prend le contrôle d'une entreprise ou d'un groupe pour les démanteler, vendre tout ce qui est négociable et se débarrasser du reste. L'emploi est totalement négligé du point de vue des détenteurs du capital et de plus en plus traité comme une variable marginale dans la stratégie d'expansion des firmes ; une tendance qui a un impact considérable et durable sur l'emploi dans son ensemble.

Cependant, aussi longtemps que les ouvriers et les employés seront nécessaires pour faire tourner les usines, les entreprises commerciales ou les sociétés de services, il aura toujours besoin de main-d'œuvre. Le « monde idéal » où les manufactures, les usines, les entrepôts, les magasins et autres installations productives et de services fonctionneraient tous sans ouvriers et sans employés n'est pas encore advenu pour le capital (bien qu'il se profile à l'horizon). Même ainsi, le capital mondialisé a trouvé aujourd'hui les moyens de réduire considérablement les contraintes liées au travail salarié, soit par le biais de la relocalisation mondiale de ses activités, soit grâce à l'automatisation systématique de ses chaînes de production.

Le processus de relocalisation mondiale des activités déplace massivement des emplois vers l'est de l'Asie

La relocalisation est devenue aujourd'hui une tendance majeure et une dimension de tout premier plan des stratégies d'entreprise. Les grandes entreprises et même les entreprises plus modestes ont tendance à délocaliser une partie, voire toutes leurs activités de production dans des lieux, des régions ou des pays où le coût de la main d'œuvre est moins cher [59] . Ceci est devenu possible grâce à la libre circulation - sans limites - des marchandises et des capitaux à l'échelle du monde, suite aux politiques néolibérales et aux mesures de déréglementation prises à partir des années 70, comme je le soulignais plus haut. Les gouvernements ont non seulement accepté le démantèlement de toutes les anciennes barrières de protection douanières et financières, mais aussi promu un tel processus à travers l'ouverture continue de leurs économies. Ils sont pleinement responsables des retombées de ce processus, bien qu'ils clament ou prétendent le contraire. La relocalisation est également devenue possible avec l'avènement de la révolution numérique qui a permis aux firmes transnationales d'opérer mondialement, choisissant des emplacements stratégiques pour leurs activités respectives et fonctionnant comme des réseaux intégrés au-dessus et par-delà les frontières [60] . En conséquence, ces firmes ont systématiquement et de plus en plus cherché des localisations où elles pourraient réduire leurs coûts ou se soustraire aux impôts et à la règlementation, déplaçant une partie ou l'ensemble de leurs activités vers des lieux, des régions ou des pays où les salaires sont plus bas, les charges sociales moins élevées, les impôts moins lourds [61] et les règlements moins exigeants.

Ce processus s'est développé au sein même de l'Europe - dans l'Union européenne en particulier - où les usines sont transférées de leurs emplacements d'origine vers des pays à salaires moins élevés (p. ex. les usines automobiles situées en France et en Allemagne relocalisées dans des pays d'Europe de l'Est). Des économies périphériques comme le Maroc en Afrique du Nord tirent également parti de ces relocalisations (p. ex. usines automobiles, centres d'appel et de traitement de données, etc.). Aux États-Unis, depuis les années 70, de nombreuses entreprises ont profité de la proximité du Mexique - où les salaires et les charges sociales sont significativement plus bas - pour déplacer une partie de leur production par-delà la frontière (les fameuses « *maquiladoras* », en particulier, qui opèrent tout au long de la frontière entre les États-Unis et le Mexique). Cependant, les déplacements les plus massifs et les plus impressionnants ont eu lieu en direction de la Chine, transformant l'économie de cette dernière en ce qui est appelé « le plus grand atelier du monde ».

La Chine est aujourd'hui l'exemple plus emblématique de la relocalisation et de la restructuration mondiales des activités productives. Des salaires bon marché et de faibles charges sociales ont enclenché les transferts massifs d'activités qui se sont produits au cours des deux dernières décennies, en symbiose avec la conversion non avouée de ce pays prétendument communiste au capitalisme et avec la large ouverture de son économie à l'investissement étranger et aux *joint-ventures*. Bien que la relocalisation physique d'usines spécifiques n'ait pas pris place de façon aussi visible que dans d'autres parties du monde, des transferts massifs d'activités ont eu lieu grâce à la migration croissante de lignes de production des économies occidentales en direction de la Chine, particulièrement de la part des États-Unis et des autres pays industrialisés avancés. Ces transferts ont affecté la plupart des industries traditionnelles, à commencer par les secteurs du cuir et de l'habillement, en s'étendant par la suite à de nombreux autres secteurs, particulièrement dans le domaine de la fabrication des biens de consommation de masse. En conséquence, vous trouverez difficilement aujourd'hui en Europe ou aux États-Unis, ou même dans le reste du monde, un produit de consommation de masse qui n'ait pas été fabriqué en Chine. Bien que le label « *made in China* » reste encore associé dans l'esprit des gens à la fabrication de produits bon marchés et d'usage courant, il recouvre de plus en plus des produits chaque fois plus sophistiqués, car la Chine absorbe et développe de façon croissante des technologies toujours plus avancées, tout particulièrement dans les domaines de l'informatique et l'électronique. Au total, une immense part de la production industrielle mondiale s'est déplacée physiquement en Chine, principalement par le biais de *joint ventures*.

La relocalisation physique d'usines existantes et la migration moins visible de nouvelles lignes de production ou de nouvelles opportunités de fabrication d'un pays à l'autre, ou d'une région à l'autre, ont profondément changé le visage des industries dans le monde tout comme leur localisation dans le monde entier. De plus, les principaux groupes contrôlant la grande distribution et les réseaux de supermarchés ont systématiquement tiré parti de cette nouvelle configuration géographique pour promouvoir des circuits de distribution mondiaux tout comme des politiques de prix et des normes de consommation mondiales (p. ex. Wall Mart, Carrefour, etc.). En conséquence, nous assistons aujourd'hui une standardisation des normes de consommation dans l'ensemble du monde (pour ces segments de la population qui peuvent se permettre d'acheter), quel que soit le niveau de développement des pays respectifs. Quant à la production et au marketing, ils sont désormais gérés à une échelle mondiale, ce qui a un impact direct sur les économies et les sociétés respectives selon leurs positions sur le nouvel échiquier économique mondial. En outre, beaucoup d'entreprises industrielles et de prestataires de services tendent maintenant à délocaliser part de leurs unités de recherche, de logistique ou de services dans des pays où une main d'œuvre à haut niveau d'éducation et faiblement rémunérée peut être engagée. Des pays comme l'Inde tirent systématiquement parti de leurs atouts en main d'œuvre dans des domaines tels que les centres d'appels, les installations de traitement de données et ainsi de suite. En conséquence, le processus de relocalisation n'affecte pas seulement les activités manufacturières des économies avancées mais aussi leurs services et leurs activités de recherche, secteurs qui étaient censés prendre la relève des activités manufacturières et fournir l'essentiel des emplois futures.

Dans certains cas, l'impact de la relocalisation est visible et mesurable, lorsqu'une usine est physiquement déplacée d'un pays à un autre, avec les pertes d'emplois correspondantes d'un côté et les créations d'emplois parallèles de l'autre. Mais la plupart du temps, le processus de relocalisation et de transfert n'est ni visible ni mesurable lorsque des pays industrialisés perdent continuellement des emplois et manquent de nouvelles opportunités de développement, alors que de nouveaux emplois sont créés dans les pays gratifiés par les transferts de production et les nouveaux plans d'expansion. En d'autres termes, le problème en termes d'emplois n'est pas tant la relocalisation physique d'usines spécifiques d'un endroit à un autre sinon le transfert massif d'opportunités de production et d'expansion d'un pays à un autre ou d'une région à une autre. De plus, le processus n'affecte plus seulement la production matérielle en soi, mais également un nombre croissant de fonctions et de services dans les économies avancées, avec les pertes correspondantes de postes de travail et d'opportunités d'emploi. Les analystes et les décideurs politiques ont jusqu'à présent sous-estimé, voire ignoré cette importante dimension du processus de relocalisation découlant des stratégies globales d'expansion des entreprises et des décisions d'investissement qui leur sont liées.

En conséquence, les pays industrialisés avancés ont perdu des millions d'emplois alors que certaines économies émergentes gratifiées par les transferts massifs de production - la Chine en particulier - ont gagné des millions d'emplois, un processus qui est mis en évidence par les pertes constantes d'emplois d'un côté et par la progression constante d'emplois de l'autre côté, quelle que soit la conjoncture économique et l'impact des crises économiques et financières subies au cours des trois dernières décennies [62] . De nombreux économistes et analystes considèrent cette évolution comme positive, avançant qu'elle contribue à la croissance d'autres pays ou régions et à l'émergence de classes moyennes consommatrices, comme dans les anciennes économies avancées. Cependant, « *croissance* » ne signifie pas nécessairement « *développement* » et encore moins « *emplois durables* » car les transferts de production et de capacités d'expansion auxquels nous nous référons plus haut changent constamment et sont par nature extrêmement volatiles. La croissance à laquelle nous assistons aujourd'hui dans certaines parties du monde est plus le résultat de transferts successifs de productions et d'opportunités d'expansion dans une économie ouverte au monde entier que le produit d'un processus de développement endogène. De tels transferts d'activités productives peuvent très facilement se reproduire, des premiers pays bénéficiaires vers d'autres pays offrant des salaires encore plus bas et des coûts sociaux encore moins élevés et qui se soucient encore moins de la protection des travailleurs et de la conservation de l'environnement [63].

Au total, le processus de relocalisation des activités industrielles et de services a permis l'exportation des modes d'exploitation qui prévalaient dans le monde industriel vers de nouvelles terres, contribuant à l'émergence d'une nouvelle division internationale du travail. Le travail manuel n'est presque plus présent dans les usines des pays industrialisés ou des économies avancées (sauf sous la forme de processus de production plus sophistiqués faisant appel à l'automation et aux technologies avancées). Le travail manuel est maintenant lourdement concentré dans les usines des économies dites émergentes (avec la Chine en tête) et dans d'autres parties de ce que l'on appelle le monde en développement (dans tous les pays accueillant des ateliers pour l'assemblage ou la fabrication). En fait, le travail manuel n'a pas disparu de la surface de Terre. Il s'est seulement déplacé vers d'autres parties du monde où les sociétés exploitent la main-d'œuvre souvent aussi agressivement qu'en Europe au cours du dix-neuvième siècle.

La réingénierie et l'automation détruisent l'emploi partout

La relocalisation, cependant, n'est pas la seule réponse élaborée par le capital pour échapper aux contraintes de main-d'œuvre. Outre la relocalisation, l'automation systématique et la robotisation des processus productifs constituent la principale alternative trouvée par les entreprises pour se débarrasser du coût de la main-d'œuvre et de ses contraintes. Le but à cet égard n'est pas tant de réduire les salaires et charges sociales que de se libérer des législations du travail et des contraintes liées au travail. L'automation et la robotisation peuvent engendrer des économies en termes de salaires et de charges sociales [64], mais elles ont des avantages additionnels critiques pour les entreprises : les usines et les installations productives peuvent fonctionner avec un nombre réduit de travailleurs et sans les anciennes contraintes de salaires et de travail. De fait, les machines ne peuvent tomber enceintes, revendiquer de meilleurs salaires et des avantages sociaux ou faire grève. En outre, l'automation et la robotisation permettent d'énormes gains de productivité puisque les machines et les installations peuvent tourner 24 heures sur 24 et 7 jours sur 7 et puisque leur production d'ensemble peut être considérablement plus élevée. L'automation et la robotisation sont ainsi devenues une autoroute pour l'exécution et l'expansion de la production dans tous les pays industrialisés et même dans les économies émergentes. Toutes les entreprises tendent à préférer des installations technologiquement avancées, à forte intensité de capital, plutôt que des formules de production à forte intensité de main-d'œuvre [65]. Cette préférence pour l'investissement à forte intensité de capital par opposition à l'accroissement de la main-d'œuvre érode la relation capital/travail au détriment du travail et a de conséquences tragiques pour la création d'emplois et la distribution de salaires, comme nous l'analyserons plus loin. Au total, les énormes gains de productivité auxquels nous assistons aujourd'hui à travers le monde ont des conséquences fatales en termes d'emploi et de distribution des revenus.

De plus, ce mouvement d'ensemble vers des processus de production à forte intensité de capital - avec des technologies chaque fois plus sophistiquées - est alimenté par la fascination qu'exerce le progrès scientifique et le développement technologique sur nos sociétés supposément avancées. Les gouvernements, les technocrates, les entrepreneurs, les gestionnaires, les banquiers, les journalistes et le public en général croient dur comme fer que la science résoudra tous nos problèmes et que les technologies nous fourniront les instruments nécessaires pour dominer la nature et accroitre notre bonheur. Par conséquent, le mouvement d'ensemble vers l'automatisation, qui implique l'utilisation croissante de robots et d'appareils programmés pour exécuter des tâches standardisées et l'utilisation croissante de programmes informatisés pour exécuter un nombre croissant de processus et d'opérations dans nos sociétés n'est pas seulement promu par les entreprises industrielles mais également par les administrations publiques et par une gamme considérable d'opérateurs privés dans toutes les secteurs marchands et non-marchands. L'automation et des systèmes de production technologiquement avancés ont déjà envahi les secteurs de l'agriculture et de l'industrie. Qui plus est, l'automation et les technologies de traitement avancées se répandent dans tous les autres domaines, y compris dans le secteur dit tertiaire (ou des services), qui était censé fournir l'essentiel de l'emploi dans l'avenir, lorsque très peu de gens exploiteraient des fermes ou travailleraient dans des installations industrielles. Ce processus concerne toutes les activités de service, y compris les transports et les communications, le commerce de gros et de détail, les finances et l'assurance et ainsi de suite. De fait, les poinçonneurs de tickets ont disparu des métros, les téléphonistes se sont évaporées des centres téléphoniques, les secrétaires s'éclipsent des bureaux, les distributeurs de billets automatiques remplacent les guichetiers des banques, les systèmes informatisés expulsent le personnel au sol des aéroports, les robots remplaceront bientôt les travailleurs dans les entrepôts, tandis que les caissiers ou les caissières seront bientôt remplacés par des machines de paiement automatisées dans les supermarchés, pour ne citer que quelques exemples.

Cependant, la quête de niveaux de plus en plus élevés de productivité et d'économies correspondantes dans le domaine de la main-d'œuvre ne se matérialise pas seulement par le biais de l'automatisation et de la robotisation. Elle prend corps également grâce au recours systématique et généralisé à la « *réingénierie* » de toutes les tâches, un processus lié à l'expansion dans tous les secteurs des technologies de l'information et de la communication (TIC) et des programmes et applications développés dans leur sillage.

Comme Jeremy Rifkin le souligne dans « La fin du travail » [66] : « *Bien qu'encore en gestation, la troisième révolution industrielle a conduit à la mise au rebut de dizaines*

*de millions de travailleurs dans les secteurs agricole, indus-
triel et des services. Les nouvelles technologies ont pavé la
voie à une refonte du système économique mondial autour
des hautes technologies avec un déclin simultané de la
main-d'œuvre mondiale nécessaire à la production des
biens et services. Pourtant, l'actuelle vague de réingénierie
et d'automation n'est que le tout début d'une transformation
technologique qui est destinée à accélérer considérablement
la productivité dans les années à venir tout en faisant qu'un
nombre croissant de travailleurs deviennent superflus et
inutiles pour l'économie mondiale.»* En outre, ce processus
n'affectera pas seulement la catégorie des cols bleus et celle
des cols blancs, mais aussi toutes sortes de professions, y
compris les juristes, les comptables, les médecins, les artistes
et ainsi de suite. En fait, la réingénierie et l'automatisation
touchera chaque catégorie socio-professionnelle dans le
monde entier et aucun secteur, quel qu'il soit, ne sera épar-
gné.

Comme souligné de surcroît par Jean-Michel Treille
dans « La révolution numérique » [67] : « *Dans un avenir
proche, la poursuite de l'intégration des systèmes informa-
tiques d'entreprise ou d'administration et les possibilités du
big data pour continuer à rationaliser les coûts réduiront
encore fortement les besoins globaux en nombre de personnes, d'autant que se confirme le recours croissant aux
robots, parfois dotés d'intelligence artificielle, pour assurer
les tâches non seulement physiques aussi relationnelles
ou intellectuelles* ».

L'impact global des processus de relocalisation,
d'automation et de réingénierie sur l'emploi et sur la distribution des revenus est aujourd'hui catastrophique et s'aggra-
vera inévitablement avec la consolidation de cette tendance.
L'emploi salarié rétrécit et continuera inexorablement de rétrécir dans toutes les économies avancées avec la poursuite
de ce processus, quelle que soit la conjoncture économique
[68]. Les économies émergentes tirent pour l'instant profit du
processus de relocalisation mondial des activités en termes

de créations d'emplois mais, tôt ou tard, le processus d'automatisation les frappera à leur tour, dès qu'elles s'aligneront sur le modèle standardisé de production promu par le capitalisme mondialisé. Quant au monde dit en développement, la prédominance en son sein du secteur informel restera la règle, même si une partie du processus de relocalisation favorise quelques territoires ou pays offrant une main-d'œuvre bon marché.

Malgré tout, de nouveaux types d'emplois se développent dans le sillage de l'automation tandis que de nouveaux types d'activités apparaissent avec l'expansion des nouvelles technologies [69]. Ces technologies exigent habituellement des compétences et des niveaux d'éducation plus élevés pour leur développement et leur commercialisation, mais pas toujours ni partout. La forte et rapide expansion des branches « *high-tech* » en particulier requiert de solides niveaux éducation pour le travail conceptuel en amont mais aussi, en même temps, des compétences relativement élémentaires pour l'assemblage des composants électroniques et autres tâches connexes en aval. À cet égard, les économies émergentes offriront de plus en plus de main-d'œuvre hautement qualifiée et développeront des technologies sophistiquées, ce qui signifie que les économies avancées n'auront plus d'avantages décisif sur ces dernières. Au total, le développement des nouvelles technologies crée certes des emplois supplémentaires mais ni au rythme ni à l'échelle requis pour compenser les pertes globales d'emploi dans les économies avancées et encore moins pour faire face à l'accroissement naturel de la population en âge de travailler dans le reste du monde [70]. Une fois de plus, le secteur tertiaire et même le secteur baptisé par certains de « quaternaire » [71] ne formeront définitivement pas l'Eldorado que les économistes « *politiquement corrects* » (j'entends par là les économistes qui ne jurent que par l'évangile de l'ordre capitaliste) promirent dans le passé. Les économies dans leur ensemble ne créeront plus les emplois dramatiquement nécessaires, non seulement pour résorber le chômage là où il existe, mais aussi pour fournir du travail à l'immense masse de jeunes entrant sur le marché du travail.

La croissance économique ne crée plus d'emplois comme par le passé

La croissance, là où elle a lieu, ne crée plus d'emplois comme par le passé, mais plutôt de moins en moins d'emplois. Ceci est illustré par l'impact chaque fois plus réduit de la croissance sur la création d'emplois. Certains pays comme l'Inde, par exemple, ont même connu des taux de croissance significativement élevés de leur PNB au cours des dernières années sans même créer d'emplois [72]. De fait, *l'intensité en emplois* de la croissance (ou encore l'élasticité de l'emploi par rapport au PNB) [73] a considérablement diminué au cours des dernières années, ce qui signifie que la croissance crée de moins en moins d'emplois. L'Organisation internationale du travail souligne à cet égard que [74] : *"Au cours des années récentes il y a eu une relation déclinante entre croissance économique et croissance de l'emploi, ce qui signifie que la croissance ne se traduit plus automatiquement par de nouveaux emplois"*.

De fait, tous les indicateurs liés à l'emploi montrent un déclin dans la capacité des économies à créer suffisamment d'emplois pour leurs populations. Le taux d'emploi total par rapport à la population a chuté dans le monde de 61,5 % en 2000 à 59,5 % 2010, une baisse d'environ deux points à l'échelle mondiale. Il en va de même pour le taux d'activité de la force de travail qui est passé de 65,5 % à 63,5 % au cours de la même période [75]. Globalement, le chômage a été estimé en 2014 à 201 millions de personnes dans le monde, avec un taux de chômage mondial de l'ordre de 6,0 % [76]. Toutefois, ce chiffre ne concerne que l'estimation des demandeurs d'emplois, qui ne sont que la pointe de l'iceberg, excluant donc tous ceux qui ne sont pas enregistrés comme tels, y compris les travailleurs découragés (ceux qui ne participent pas à la force de travail, mais qui auraient aimé travailler) et les masses de gens sous-employés que l'on trouve dans les pays sous-développés et les pays en développement.

Suite aux contre coups des deux chocs pétroliers - en particulier dans les années 80 et dans les années 90 - le chômage n'a pas cessé de croître dans les plus grands pays industrialisés (à l'exception du Japon), pour atteindre des taux proches de, ou au-dessus de 10,0 % de la population active. Après une phase de rémission au tournant du siècle, le chômage a de nouveau grimpé en flèche à la suite de la crise économique et financière de 2008, atteignant même, dans les années suivantes, le quart de l'ensemble de la population active dans certains pays [77] . De plus, les segments les plus jeunes de la population en âge de travailler furent gravement touchés [78] . Les économies émergentes, après avoir été gratifiées par la création d'une grande quantité d'emplois au cours des deux dernières décennies éprouvent maintenant de plus en plus de difficultés pour créer des emplois additionnels et faire face au large sous-emploi de leurs populations. Quant aux pays en développement et aux pays sous-développés, la situation qui les caractérisent est et restera fort probablement encore le sous-emploi massif de leurs populations en rapide croissance.

Le chômage a certes des caractéristiques différentes dans ces groupes respectifs de pays tandis que les statistiques et les définitions sont fréquemment l'objet de polémiques pour leur interprétation [79] . Néanmoins, quelles que soient les définitions, la situation mondiale et les tendances actuelles montrent clairement une carence et une déliquescence de l'emploi pour tous dans le monde. Dans les économies avancées, l'État fournit encore quelque aide aux chômeurs tandis que beaucoup d'autres personnes sont contraintes d'accepter des activités de courte durée ou des emplois temporaires ou encore des bas salaires pour rester en activité. Dans le reste du monde, ceux qui perdent leur emploi, ou ne peuvent en obtenir un, sont obligés de survivre dans le secteur informel ou dépendent de la solidarité familiale (ou pire encore, sont portés à la criminalité et la délinquance).

Les politiques macro-économiques ont échoué à résoudre le problème chômage

Jusqu'ici, la réponse des gouvernements au défi mondial du chômage a été de compter presque exclusivement sur la croissance, y compris au lendemain de la crise mondiale de 2008. La croissance est incessamment invoquée dans les litanies des gouvernements occidentaux pour surmonter le dramatique désastre du chômage qui a frappé leurs sociétés respectives. Au même moment, les gouvernements des économies émergentes comptent encore sur la croissance pour créer de l'emploi pour la fraction croissante de leur population en âge de travailler, mais le processus de croissance se ralentit maintenant et les résultats en termes d'emplois sont nettement inférieurs aux attentes. Quant aux gouvernements des pays en développement et des pays sous-développés, ils se voient constamment dire par les institutions financières internationales que les réformes économiques et la bonne gouvernance sont les remèdes clé pour la croissance et l'emploi ; mais la croissance, lorsqu'elle a lieu, n'engendre pas nécessairement du développement et de l'emploi et se situe dans tous les cas sensiblement au deçà des exigences de leur population croissantes en âge de travailler. Néanmoins, derrière les litanies, les déclarations politiques et les engagements publics, deux sortes de politiques macro-économiques ont été jusqu'à présent suivies pour relancer la croissance et créer des emplois, mais aucune d'elles n'a dans les faits réussi. Ces politiques macro-économiques ont consisté à encourager la demande, d'un côté, et à promouvoir l'offre, de l'autre.

Avec la crise mondiale de 2008, un regain d'attention a été accordé à l'approche keynésienne [80] , consistant à stimuler la demande par le biais d'un *mix* de politiques appropriées, principalement par le biais des dépenses budgétaires et de l'assouplissement du crédit. Mais le résultat de ces tentatives a été jusqu'à présent très au-dessous des attentes car les conditions pour le succès d'une telle approche ne peuvent plus être réunies [81] :

En premier lieu, de nombreux gouvernements ont abandonné les outils requis pour mener ces politiques, qui sont maintenant dans les mains d'institutions internationales ou supranationales qui poursuivent des objectifs indépendants ou même divergents. C'est le cas en particulier des États membres de l'Union européenne, qui sont liés par des règles et des mécanismes qu'ils ne maîtrisent plus et par des politiques largement influencées par l'idéologie néolibérale [82]. Mais c'est aussi le cas pour tous les pays endettés, qui doivent endurer les politiques d'ajustement structurel et les mesures d'austérité dictées par le FMI, les pays créanciers et les institutions financières [83].

En second lieu, la plupart des économies du monde sont maintenant largement ouvertes sur l'extérieur, même si de nombreuses restrictions non tarifaires demeurent en place. Par conséquent, toute tentative tendant à stimuler la demande interne induit des déficits commerciaux alors que l'impact sur la production nationale se révèle simultanément décevant. C'est comme si l'on faisait tourner « *un climatiseur en plein air* ». Comme il n'y a plus de frontières commerciales, toute tentative nationale de relance des dépenses profite virtuellement au reste de la planète.

En troisième lieu, stimuler la demande ne crée pas nécessairement des emplois, car les entreprises peuvent préférer augmenter leur production par le biais de leurs capacités installées et de leur personnel place ou même investir dans des programmes à forte intensité de capital plutôt que de recruter de nouveaux salariés. En conséquence, la création d'emplois, s'il y en a une, est toujours moins que proportionnelle comparée à l'augmentation de la production ou tout au plus marginale (comme mentionné plus haut, les taux de création d'emplois sont significativement inferieurs aux taux de croissance, avec une élasticité en déclin continu). Comme souligné plus haut, la préférence des entreprises pour des formules à forte intensité de capital et pour des processus automatisés ruine toutes les perspectives d'emploi. Au total, les politiques et les mesures keynésienne de relance de la demande ne fonctionnent plus, car les gouvernements n'ont plus la détermination ni la capacité de les mettre en œuvre tandis les entreprises réagissent de leur coté en termes d'économies de main-d'œuvre et de programmes à forte intensité de capital.

L'alternative macroéconomique promue par les cercles néolibéraux et par les institutions qui subissent leur influence (tels que les institutions de Bretton Woods, l'OCDE et autres organisations connexes) consiste à stimuler l'offre, partant de l'hypothèse - en soi contestable - que l'offre supplémentaire trouvera nécessairement des débouchés et induira de la croissance. Mais stimuler l'offre suppose que cette dernière rencontre une demande effective, ce qui suppose à son tour la présence d'un environnement économique d'ensemble favorable (ce qui n'est pas le cas de nos jours car la plupart des gouvernements pratiquent des économies budgétaires et des mesures d'austérité qui ont des effets dépressifs sur l'activité économique d'ensemble). Cela suppose également que l'offre additionnelle n'ait pas à se confronter avec des offres concurrentes similaires dans le monde, mais trouve sa propre « *niche* », ce qui n'est pas évident dans un monde où toutes les économies avancées et émergentes tendent à se concurrencer sur les mêmes marchés, alors que le reste du monde reste privé de ressources et sujet à la dépendance. Cela suppose enfin que cette offre supplémentaire engendre de nouveaux emplois ce qui, à nouveau, n'est pas évident compte tenu de la tendance des entreprises, mise en évidence plus haut, à préférer des investissements fortement capitalistiques et l'automatisation.

Pour atteindre un tel objectif les gouvernements sont invités, si ce n'est forcés par la doctrine dominante, à mettre en œuvre des politiques budgétaires et de réformes législatives visant à réduire les impôts et les charges sociales des entreprises et à promouvoir davantage de « *flexibilité du travail* », ce qui est une façon élégante d'étiqueter des mesures ayant pour objet de licencier plus facilement les gens, de réduire la protection du travail et de payer des salaires amoindris. Toutes ces politiques et toutes ces mesures visent prétendument à accroître la compétitivité de chaque pays, comme si un pays n'était rien d'autre qu'un simple concurrent face à d'autres concurrents dans l'arène de l'économie mondiale. Elles assument que, si un pays est plus « *compétitif* » que les autres, ce pays gagnera des parts de marché dans l'économie mondiale, croîtra plus rapidement et générera de nouveaux emplois, comme si une nation n'était d'autre qu'une simple firme privée. Mais elles oublient complètement de dire ou, mieux, cachent à propos le fait que si un pays gagne des parts de marché, cela se fait aux dépens des autres. Les gains de parts marchés et les surplus d'exportations des uns engendreront des pertes de marchés et d'exportations pour les autres, et non le supposé « cercle vertueux » tant loué par les économistes « *politiquement corrects* » (ceux vénérant la doctrine dominante) lorsqu'il est question de commerce international [84] . Au total, et globalement, la bonne fortune des uns provoquera le malheur des autres. Nous sommes là en présence d'une vision purement prédatrice de l'économie, qui transpose les pratiques rapaces qui prévalent dans le monde des affaires et assume que les nations doivent se comporter exactement de la même façon que les entreprises. Cette vision suppose implicitement qu'il doit y avoir des " *gagnants"* et des *"perdants"* dans l'économie mondiale, tout comme dans l'univers des affaires et même dans la société, justifiant ainsi une quête sans fin d'avantages comparatifs en termes de niveaux d'imposition, de montants salariaux, de charges sociales et de législations environnementales. Une telle vision invite au dumping fiscal, salarial et environnemental généralisé à l'échelle mondiale. Cette approche profite incontestablement aux entreprises car elle allège leurs coûts et accroit leurs profits, mais pas aux pays et encore moins à leurs populations, qui ne bénéficient en rien des supposées créations d'emplois.

A côté de ces deux voies principales - la relance de la demande et la promotion de l'offre - une troisième approche macro-économique a été timidement expérimentée en

France par le gouvernement socialiste, à la fin des années 90, à savoir : la réduction de la durée légale du travail. L'hypothèse macro-économique était, et reste toujours, que le travail peut être plus équitablement partagé entre les gens dans une économie qu'il ne l'est aujourd'hui. De fait, le travail est partout très inégalement réparti entre les gens. Certaines personnes travaillent de manière intense pendant ou au-delà de la durée légale du travail, en heures, jours et jours fériés. D'autres ne travaillent que quelques heures par jour ou par semaine et ne reçoivent que de très bas salaires. D'autres encore ne travaillent pas du tout car ils n'ont pu trouver un emploi ou parce qu'ils ont été licenciés. De plus, certains économistes soulignent que les gains considérables de productivité ont été réalisés au cours du siècle passé et que beaucoup moins d'heures de travail sont maintenant globalement nécessaires dans une économie donnée pour produire la même quantité de biens et de services ou, alternativement, pour accroître la production [85]. Par conséquent, tout le monde devrait se voir octroyer la possibilité de travailler, ce qui signifie que la durée légale du travail devrait être réduite et que les heures de travail devraient être plus équitablement réparties à cet effet.

En raison de ce qui précède, et en termes macro-économiques, les gouvernements devraient prendre des mesures pour réduire significativement la durée moyenne du travail, obligeant les entreprises à embaucher plus de personnes qui travailleraient moins longtemps pour un niveau donné de production. Cette politique connue en France comme la réduction de la durée hebdomadaire du travail - ou « les 35 heures par semaine » - a été mise en œuvre avec un certain succès à la fin des années 90 [86]. La durée légale du travail a été réduite à 35 heures par semaine et 350.000 nouveaux emplois ont été créés comme résultat direct de cette politique. Cependant, les employeurs s'opposèrent avec véhémence à la mesure sous prétexte qu'elle induisait des contraintes et des désajustements et obtinrent des amendements successifs de la part du gouvernement qui vidèrent la politique de son contenu. L'expérience était prometteuse, mais son résultat fut décevant. Elle prouva que dans l'environnement capitaliste en vigueur les entreprises sont par principe hostiles à toute initiative restreignant la façon dont elles gèrent la main-d'œuvre et rejettent inévitablement les mesures macro-économiques visant à partager le travail de façon plus harmonieuse. Cependant, elle a également prouvé que d'autres politiques sont possibles et que d'autres voies sont ouvertes pour une redistribution et réorganisation radicale du travail dans nos sociétés, comme nous le préconisons plus loin.

La conclusion générale sur la problématique de l'emploi, telle qu'elle se présente aujourd'hui, c'est que nous ne retrouverons jamais le plein emploi dans les économies avancées, tandis que l'emploi formel ne répondra qu'en partie aux besoins d'emploi des populations des économies émergentes et restera un rêve inaccessible pour le reste du monde. Le travail et l'emploi, comme nous les avons connus dans le monde industrialisé de l'après-guerre, sont en voie d'être systématiquement évincés des entreprises tandis que les politiques macro-économiques visant à relancer la croissance et à créer des emplois sont devenus totalement obsolètes. Cela appelle une révision radicale de la manière dont nous la concevons l'activité dans nos sociétés et de la façon dont nos économies sont organisées, comme je l'analyserai dans la deuxième partie de ce livre.

« Les 1 % les plus riches font tous leurs efforts pour maintenir des sociétés inégalitaires. »

Joseph Stiglitz

Ancien Chef économiste de la Banque mondiale

Déclaration au cours d'une interview (sept. 2015)

Chapitre 3 - La montée des troubles

Il y a de cela une cinquantaine d'années la plupart des gouvernements croyaient que la croissance et le développement amèneraient finalement le monde à un âge d'or, que croissance mettrait nécessairement fin à la rareté et que le développement s'en suivrait inévitablement. Cette croyance était communément partagée par l'Ouest et par l'Est, par le présumé « monde libre » et par les pays prétendument « socialistes », par les systèmes économiques et sociaux opposés et concurrents qui dirigeaient le monde du temps de la « guerre froide », en dépit de leurs différences et de leur prétention à détenir la vérité. Le reste du monde, appelé « tiers monde » en ces temps, partageait également la même conviction, inoculée par leurs mentors respectifs.

La croissance et le développement se sont inégalement répandus au cours des dernières décennies

L'image du monde à laquelle nous sommes confrontés, après un demi-siècle de croissance inégale, est assez inquiétante aujourd'hui. Ce que l'on appelle le monde occidental affronte en ce moment une croissance rampante associée à de graves perturbations financières qui ont provoqué une crise majeure en 2008 et au cours des   années suivantes. Le chômage, déjà élevé dans la plupart des économies concernées, est monté en flèche et les gouvernements se démènent pour relancer la croissance et contenir en même temps leurs dettes, ce qu'ils sont incapables de faire. En conséquence, la vulnérabilité sociale et l'exclusion sociale ont considérablement augmenté et prennent aujourd'hui des dimensions alarmantes dans l'Ouest. Les États-Unis semblent obtenir de meilleurs résultats en termes de croissance relative et de créations d'emplois, bien qu'avec de faibles taux et de pauvres résultats qualitatifs, associés à un endettement sans fin. Dans l'Union européenne, la situation est pire car les pays se sont engagés dans des politiques budgétaires restrictives et des mesures d'austérité qui dépriment la demande et exacerbent la crise sociale, tout particulièrement dans le sud de l'Europe où le chômage a atteint des niveaux dramatiques. Dans cette partie du monde, il n'y a ni signes ni perspectives d'une reprise économique durable et encore moins d'un retour   au processus de croissance connu dans le passé.

L'ancien « camp socialiste » s'est désintégré avec l'implosion de l'ex l'URSS, à la fin des années 80, libérant un immense espace pour l'expansion du capitalisme dans le monde. La Russie récupère lentement, après une chute abyssale de son PNB dans les années 90 qui a appauvri une grande partie de sa population tout en permettant, au même moment, l'émergence d'une poignée d'oligarques extrêmement riches sur les ruines de son ancien empire industriel. La Russie a d'importants atouts dans le domaine des ressources naturelles et de l'énergie, mais la pauvreté, la vulnérabilité sociale et l'injustice sociale sont désormais des questions clé à traiter. Les autres anciennes républiques soviétiques ont suivi des voies semblables et sont aujourd'hui confrontées à des problèmes identiques, quoi que sous différentes formes et à différentes échelles. Les pays d'Europe centrale et orientale ont également été frappés par la désintégration du COMECON [87] et subissent également un processus de redressement, beaucoup d'entre eux encore confrontés à de graves problèmes sociaux. Au total, la croissance n'a pas encore donné jour aux promesses qu'elle était supposée matérialiser dans cette partie du monde et il n'y a pas de perspectives de changements importantes dans un proche avenir.

Dans le reste du monde une évolution extrêmement contrastée s'est faite jour, avec un petit groupe d'économies dites émergentes, d'une part, et le gros des pays supposément en développement et sous-développés, d'autre part [88]. Une vaste littérature a vu le jour autour des BRICS [89], un groupe de pays et une catégorie plutôt politique qui n'a pas de consistance économique, sociale et culturelle de quelque nature que ce soit, hormis le fait que les cinq pays constitutifs de ce groupe sont tous considérés comme « émergents » sur le plan économique et que, sur le terrain politique, ils cherchent à influencer les processus de prise de décisions économiques et financiers au plan international. En réalité, il n'y a aucune similitude ni caractéristiques communes entre le Brésil, la Russie, l'Inde, la Chine et l'Afrique du Sud du point de vue économique, social et culturel, raison pour laquelle je préfère l'approche géographique régionale traditionnelle pour analyser les processus de croissance et de développement qui se déroulent en dehors de l'Europe et de l'Amérique du Nord.

L'Asie est sans doute la région la plus prometteuse du point de vue de l'expansion du capital, car elle s'éveille d'une léthargie multi-centenaire et que le centre de gravité de la machine capitaliste se déplace maintenant vers ce continent. Cependant, il y a des différences considérables au sein de la région, entre un pays d'industrialisation relativement ancienne comme le Japon, une économie émergente déjà presque au premier rang mondial comme la Chine, un géant économique endormi tel que l'Inde et un pays moyenâgeux ravagé par la guerre comme l'Afghanistan. Néanmoins, l'Asie constitue en soi, par-delà les frontières et les régimes politiques, une région économique articulée autour de deux pôles - la Chine et le Japon - et une multitude d'économies associées regroupant les "Dragons" [90] , les "Tigres" [91] et autres pays d'Asie du Sud Est. L'une des caractéristiques de ce groupe de pays est l'émergence ou le développement potentiel d'une classe moyenne, dont la vocation est de former la colonne vertébrale de la société de consommation. D'un autre coté l'Inde, un géant démographique et une économie potentiellement de premier plan, doit encore faire face à la pauvreté de masse et à de nombreux obstacles culturels, en dépit de son avance technologique et de sa classe moyenne émergente très instruite. Au total, le développement soutenu d'une classe moyenne et l'élimination d'une pauvreté persistante sont les défis socio-économiques communs de ce continent, comme nous l'analyserons plus loin.

Les trois autres régions supposément en développement dans le monde présentent des caractéristiques très différentes. Le continent africain au Sud du Sahara se démène encore pour s'éloigner de la pauvreté de masse critique et des confrontations ethniques endémiques. En dépit d'une littérature occidentale sur-optimiste, prétendant dans les informations et dans les publications que le continent décolle en raison de la croissance économique soutenue observée dans certains pays [92] , la croissance et le développement restent encore un rêve très lointain. Nous trouvons certes des taux de croissance soutenus dans un certain nombre de pays d'Afrique subsaharienne et quelques « *success stories* » pour les étayer (c.à.d. des exemples de réussite tels que la Banque mondiale aime les publier dans ses rapports), mais la réalité d'ensemble pour ce sous-continent reste un sous-développement critique, associé à un dénuement en masse et à une vulnérabilité extrême. L'immense majorité des populations vit toujours de l'agriculture de subsistance, travaille dans le secteur informel ou survit de ce que la nature peut encore leur offrir. L'agriculture vivrière, en particulier, permet difficilement à une large partie de la population de survivre, alors que le gros de la production agricole est dépendant d'intérêts extérieurs, liés à l'exportation, ce qui donne l'illusion statistique d'un processus de croissance endogène. Le même type d'illusion se reproduit dans les secteurs contrôlés par les grandes entreprises transnationales, où les énormes ressources minérales et pétrolières exploitées par ces compagnies contribuent également au mirage statistique d'un processus de croissance endogène, alors que les « élites nationales » (en fait quelques familles ethniques contrôlant le pouvoir) sont les seules bénéficiaires de ses retombées. Enfin, la désertification et la dégradation de l'environnement expulsent de plus en plus de gens de leurs terres et les transforment en misérables et vulnérables migrants. Au total, l'Afrique subsaharienne reste un sous-continent totalement dépendant d'intérêts étrangers, où la richesse des ressources naturelles est sans aucun scrupule exploitée par un petit groupe d'entreprises transnationales (et plus récemment par de nouveaux acteurs comme la Chine), où la majeure partie de la population vit dans le dénuement le plus total et où une petite « élite » corrompue, faite de dirigeants politiques et de leurs proches parents, prélève sur le passage des redevances ; un système néocolonial, comme tel, dénoncé par quelques activistes courageux [93].

Entre l'Afrique subsaharienne et l'Asie, la région appelée Moyen-Orient et l'Afrique du Nord (MENA) montre des visages contrastés. Dans les pays exportateurs de pétrole les États et les monarchies exploitent jusqu'à leurs extrêmes limites les champs de pétrole et de gaz qu'ils possèdent. Mais cette richesse exprimée en taux de croissance et en revenu par habitant est condamnée à disparaître, car elle n'est qu'une rente reposant sur des ressources déclinantes. Selon les régimes politiques, cette rente a été capitalisée en investissements financiers ou en infrastructures, mais aussi dilapidée en dépenses militaires ou ostentatoires. L'impact sur le bien-être des populations a été inégal, suivant la taille des populations et les politiques de distribution des revenus. Dans les pays non exportateurs de pétrole, le cours a été significativement différent. Les économies en question sont encore fondamentalement traditionnelles, avec une grande part de la population vivant toujours de l'agriculture, de l'artisanat et du commerce de détail dans les bazars. L'industrie et les services sont encore négligés alors que le secteur informel joue toujours un rôle important. Bien que beaucoup de ces pays aient connu des taux de croissance soutenus au cours des années passées, ces derniers n'ont jamais été suffisamment élevés pour créer les emplois nécessaires face à une population en âge de travailler en rapide expansion. Le chômage massif chez les jeunes et la persistance d'une pauvreté endémique ont déclenché, en particulier, les récentes révolutions dites « du printemps arabes » [94].

Finalement, le sous-continent Latino-Américain occupe une place à part, suite à son émancipation et à l'exploitation régulière de ses ressources naturelles au cours des siècles passés. Du fait d'un processus d'industrialisation relativement plus ancien, induit par les politiques de substitution des importations après la Seconde Guerre mondiale et relayé par des stratégies d'exportations à partir des années 1980 [95], le sous-continent possède aujourd'hui des économies relativement bien équilibrées où l'agriculture, l'industrie et les services contribuent dans des proportions variées aux processus de croissance et de développement dans leur ensemble. En conséquence, des classes moyennes ont vu le jour relativement plus tôt dans cette partie du monde en développement, avec des habitudes de consommation et des modes de vie tout à fait semblables à ceux qui prévalent dans le monde occidental. Cependant, il existe encore un écart considérable, en termes de revenus et d'opportunités, entre ces classe moyennes et le reste des populations (en particulier les populations autochtones). Une grande partie de ces populations travaillent dans le secteur informel et s'avèrent, par conséquent, très vulnérables. En outre, de nombreux segments de ces populations sont pauvres, et certains très pauvres, vivant dans des conditions extrêmement dures tout en étant privées de la plupart des droits humains. Le défi majeur dans cette région du monde reste d'éradiquer la misère et d'offrir à l'ensemble des populations des conditions de vie décentes.

Il était nécessaire, pour introduire ce chapitre, de souligner les spécificités économiques et sociales propres à chaque région du monde, afin de les avoir à l'esprit lorsque l'on analyse les enjeux sociaux mondiaux auxquels nous sommes aujourd'hui confrontés. Ces caractéristiques régionales pourraient paraître d'ordre trop général pour être en mesure de saisir la réalité des choses, mais il est essentiel, de mon point de vue, d'avoir l'image d'ensemble à l'esprit (la « *big picture* » en anglais), au lieu de se perdre dans trop de détails et de nuances où la plupart des analystes tendent généralement à s'égarer.

Les tendances mondiales suggèrent une escalade des inégalités et de l'insécurité sur l'ensemble de la planète

Globalement, les enjeux sociaux auxquels nous sommes aujourd'hui confrontés sont de trois ordres :

Premièrement, la persistance voire l'aggravation de la pauvreté, à la fois dans les pays dits en développement et dans le monde soi-disant développé.

Deuxièmement, le déclin des classes moyennes dans les pays occidentaux et la montée parallèle de nouvelles classes moyennes dans les pays d'extrême Orient, avec leurs implications sociales respectives.

Troisièmement, l'émergence d'un tout petit groupe d'individus, à la fois très riches et exclusifs, qui tendent à monopoliser le pouvoir et à abuser de leur condition pour exploiter le monde à leur seul profit.

Les tendances associées à cette évolution d'ensemble se renforcent mutuellement. Elles engendrent des inégalités croissantes et des troubles sociaux dans le monde entier et déclencheront en retour, de ce fait, des mesures de surveillance à grande échelle et des politiques de répression aveugles de la part des gouvernements.

Commençons par la pauvreté (je préfère le terme misère, à mes yeux plus parlant) qui une des plus grandes infamies à laquelle nous soyons confrontés et un des concepts les plus ambigus que l'on puisse trouver dans la littérature sur l'économie et le développement. La pauvreté est une infamie parce qu'elle se répand partout, en dépit de l'accroissement de notre richesse globale et en dépit de toutes les proclamations faites continuellement par les analystes et les institutions qui servent l'ordre établi. Cependant, la pauvreté est également ambiguë par ce que le terme couvre indistinctement tous types de problèmes et de situations et peut donc être trompeur quand l'on s'attèle à analyser la question.

La principale critique que j'émets quant à la façon dont la pauvreté a été traitée jusqu'à ce jour est que sa lecture est fortement biaisée par l'approche monétaire promue par la Banque mondiale et par son idéologie dominée par le marché [96] . Pour la Banque mondiale, la pauvreté se résume en l'absence de ressources financières et peut être commodément mesurée, dès lors, en dollars par tête d'habitant. Cette approche considère implicitement l'ensemble de la population mondiale comme de simples consommateurs (ou consommateurs potentiels) et ignore totalement la façon dont beaucoup de populations indigentes vivent réellement ou, dans la réalité, survivent. Être un pauvre du monde, du point de vue de la Banque mondiale, se réduit au fait d'avoir à vivre avec moins d'un dollar par jour [97], et c'est tout ! La pauvreté, cependant, est un phénomène beaucoup plus complexe et couvre des situations aux multiples facettes, comme le

Programme des Nations Unies pour le développement (PNUD) l'a analysé dans des études successives et dans ses rapports sur le développement humain [98] . Le PNUD a entre autres mis au point des modalités alternatives pour mesurer la pauvreté avec l'élaboration de son indice de pauvreté humaine (IPH) [99] . La Banque mondiale a néanmoins développé des approches plus approfondies et plus nuancées, englobant même des facteurs non quantitatifs, tels que les handicaps découlant de l' « absence de voix » et de l' « absence de pouvoir » qui affectent les pauvres et les empêchent de sortir du piège de la pauvreté [100] . Toutefois, la règle d'or aujourd'hui pour mesurer la pauvreté, en discuter dans les forums internationaux et fixer des objectifs comme dans les Objectifs du Millénaire pour le développement (OMD) reste l'approche du « un dollar par jour ».

Mais que signifie la norme du « un dollar par jour » et toutes les mesures qui s'y rapportent ? Dans la jungle ou dans le désert absolument rien, dans le Sahel ou sur une île lointaine presque rien, dans une région rurale pauvre à peine quelque chose et dans un environnement industriel ou urbain pratiquement tout. Le critère de l'argent n'a de signification et de sens que pour les gens qui en dépendent pour vivre. Pour ceux dans le monde qui vivent encore de la pêche, de la chasse et de la collecte et pour la masse des gens qui vivent en fait de la culture d'un petit lopin de terre, de l'élevage de quelques animaux et de la fabrication artisanale de quelques ustensiles et, souvent, de toutes ces activités sous des combinaisons différentes, l'argent est relativement ou totalement marginal. Beaucoup de ces gens sont dans la réalité « pauvres », mais d'une façon très différente. A l'autre extrême, pour ceux qui sont obligés de vivre dans un environnement urbain ou dans les banlieues des grandes villes, l'argent est tout car il n'est pas possible, de quelque manière que ce soit, de survivre sans argent. En d'autres termes, la norme monétaire n'a de sens que pour les personnes vivant dans un environnement où elles sont obligées de détenir et de gagner de l'argent pour vivre ou survivre, ce qui n'a lieu que dans les économies avancées et dans ces régions du monde en développement où l'argent fait partie du cycle de la production et de la consommation. L'argent mesure, dans notre économie mondiale dirigée par le capitalisme, le degré suivant lequel les populations sont intégrées dans une société de consommation en voie de mondialisation. Il mesure, *in fine*, jusqu' à quel point les peuples sont absorbés par et contribuent au marché mondial, qui est ce qui intéresse en définitive les firmes mondiales et les institutions qui les servent.

Néanmoins, l'approche du « un dollar par jour » peut s'avérer utile pour saisir les tendances ou indiquer des écarts à l'intérieur des pays, ou entre des pays, pour peu que l'on prenne en considération toutes ses limites. La première limite, comme souligné plus haut, est qu'elle ne peut être valable que dans des situations où l'argent est devenu un instrument essentiel pour vivre ou survivre. La seconde limite a trait à la norme elle-même, qui reste un seuil arbitraire pour définir et mesurer la pauvreté : Pourquoi un dollar, deux dollars ou même trois dollars par jour, comme dans les plus récentes publications de la Banque ? La norme est supposée refléter le plus faible niveau de revenu requis pour survivre dans un échantillon des pays les plus pauvres du monde [101]. Mais elle ne mesure que l'extrême pauvreté, sur la base de cet échantillon, et laisse de côté les milliards de pauvres qui sont obligés de vivre au-dessus des lignes de pauvreté d'un, deux ou trois dollars par jour, qui restent des lignes conventionnelles totalement abstraites. Cette norme n'est attrayante que pour les économistes qui n'ont jamais mis les pieds dans le monde en développement et qui souhaitent se distraire avec des chiffres et des modèles abstraits. La troisième limite a trait à la méthodologie elle-même [102], qui manque de transparence et de fiabilité, y compris lorsque des comparaisons sont faites à « parité de pouvoir d'achat (PPP)" [103].

L'éradication de la pauvreté est une approche fallacieuse façonnée de toutes pièces pour promouvoir les marchés

Selon les rapports fondés sur l'approche du « un dollar par jour », la pauvreté absolue *aurait* considérablement diminué dans le monde. Comme visé dans le premier objectif du millénaire pour le développement (OMD) [104] , la proportion de personnes vivant avec moins d'un dollar par jour dans le monde aurait diminué de moitié en 2010, portant le nombre de personnes extrêmement pauvres de 1,926 millions de personnes en 1990 à 1,751 millions de personnes en 1999 et 1,011 millions de personnes en 2011. Toutefois, ces taux et ces chiffres sont trompeurs, car le seuil de pauvreté utilisé est arbitrairement faible et fondé sur des critères de comparaison discutables, raison pour laquelle la Banque mondiale a récemment modifié ses seuils à des niveaux plus élevés (maintenant « $ 1,90 par jour » et « $ 3,10 par jour » pour les comparaisons internationales). En utilisant des seuils plus élevés que la norme du « un dollar par jour » et d'autres critères de parités de pouvoir d'achat (PPA) les comparaisons conduisent à des tendances et à des conclusions significativement différentes. Sur la base des « trois dollars par jour », par exemple, les taux de pauvreté sont souvent deux fois plus élevés que ceux obtenus sur la base des « deux dollars par jour » [105] . En outre, l'utilisation d'autres méthodologies, telles que l'indice de pauvreté multidimensionnelle (IPM) élaboré par le PNUD, mène à des niveaux et à des dimensions de la pauvreté très différents [106]. De fait, l'approche du « un dollar par jour » est hautement discutable et donne une perception totalement déformée de l'étendue de la pauvreté dans le monde.

Cependant, la critique la plus acerbe que l'on puisse formuler contre l'approche du « un dollar par jour » (maintenant ajustée aux normes du « $ 1,90 par jour » et du « $ 3,10 par jour » dans le dernier rapport de la Banque mondiale), et ses multiples applications, réside dans le message foncièrement ambigu qu'elle adresse aux médias et au grand public. Elle laisse entendre que nous sommes sur le point d'éradiquer la pauvreté et que les recettes à cette fin sont la liberté du commerce et la libre circulation des capitaux sur la totalité de la planète, des marchés libres et non obstrués par les États et des politiques néolibérales visant à « libérer les forces du marché ». Dans la réalité, et mesurée en termes monétaires, la pauvreté n'a jamais diminué de façon homogène dans le monde, en termes relatifs, ni diminué partout, en termes absolus.

Les plus grandes « progrès » - si l'on choisit de les mesurer en termes monétaires - ont été réalisés dans l'Est et le Sud de l'Asie - et en Chine en particulier - où le déplacement massif de la machine capitaliste mondiale a créé des millions d'emplois, déplacé des millions de personnes des zones rurales vers les zones urbaines, enrôlé des millions de nouveaux consommateurs et donné naissance à une classe moyenne émergente au cours des trois dernières décennies [107]. Dans l'Asie du Sud, cependant, le processus de relocalisation mondial suivi par le capital n'a pas engendré le même cours. L'Inde, en particulier, n'a pas créé d'emplois supplémentaires et n'a pas réussi à sortir de la pauvreté les mêmes masses de gens que la Chine, en dépit de taux de croissance remarquables au cours des deux dernières décennies [108]. L'Inde, au contraire, est le pays qui accueille le plus grand nombre de personnes extrêmement pauvres dans le monde [109]. Au total, le processus de croissance chinois déforme lourdement les chiffres et les analyses portant sur la pauvreté, donnant la fausse impression que la pauvreté a considérablement diminué en Asie (et plus largement dans le monde), alors que la misère affecte encore la majeure partie de la population dans cette partie du monde.

La situation dans d'autres régions « en développement » n'est pas moins choquante du simple point de vue monétaire. Dans l'Afrique subsaharienne, en particulier, l'extrême pauvreté est un phénomène massif lorsqu'elle est mesurée en termes monétaires et un drame encore pire lorsqu'elle est mesurée en termes de faim et de mortalité. Sur la base des « deux dollar par jour », la région est celle où l'extrême pauvreté aurait le moins régressé [110] et où le nombre absolu de personnes extrêmement pauvres aurait même augmenté en termes absolus [111]. Mesurée à travers la norme des « trois dollars par jour » la pauvreté en Afrique subsaharienne atteint des niveaux dramatiquement élevés [112]. La pauvreté a en apparence régressé en Amérique latine, mais elle est encore endémique et beaucoup plus élevée si on la mesure sur la base des « trois dollars par jour » [113] . Par conséquent, prétendre que la croissance, le commerce et les marchés conduisent le monde vers la prospérité globale et sortent les peuples de la trappe de la pauvreté figure parmi les plus grandes mystifications promues par les *think tanks* et les institutions qui servent le capitalisme.

A l'autre extrême, les pays dits développés et les économies avancées sont confrontés à un processus d'appauvrissement rampant et depuis peu en voie d'accélération. Les ajustements économiques qui devaient être menés après les premiers chocs pétroliers des années 70 ont considérablement freiné le processus de croissance tout en restreignant la distribution des revenus dans les pays concernés. Le capital migre de plus en plus vers les marchés de l'Asie orientale et dans les usines de fabrication chinoises, tout en restreignant l'emploi dans les anciens pays industrialisés. Les économies occidentales ont été maintenus en vie grâce à la perfusion constante de crédits tout en ayant à faire face à des niveaux d'endettement croissants. Comme conséquence de la crise mondiale de 2008, le chômage a grimpé en flèche et la pauvreté a atteint des niveaux records dans toutes les anciennes économies avancées. La pauvreté est ainsi devenue un vrai problème dans toutes ces économies, mesurée en termes monétaires, mais aussi à travers une série d'autres indicateurs tels que les nombres de chômeurs et de personnes assistées, de personnes sans abri, de personnes indigentes, de gens obligés de s'alimenter dans des soupes populaires et ainsi de suite. La pauvreté n'est plus une exclusivité du tiers monde ou du monde en développement. Elle est devenue un problème universel, avec des formes et des souffrances sensiblement différentes dans les régions respectivement développées et en développement.

En dépit des déclarations contraires la misère est encore largement répandue dans le monde

Comme souligné, plus haut, l'estimation de la pauvreté sous sa forme purement monétaire est largement biaisée et incomplète. En réalité, l'éradication de la pauvreté devrait être mesurée à l'aune de la satisfaction des besoins fondamentaux, qui devrait devenir notre objectif ultime, comme préconisé dans la deuxième partie de ce livre. Dès lors, le but suprême en termes de développement ne devrait pas consister à croître, à distribuer de l'argent et à transformer chaque individu en consommateur, mais plutôt à satisfaire tous les besoins de base (en d'autres termes ne plus considérer la satisfaction des besoins essentiels comme un simple sous-produit de la croissance, mais bien comme l'objectif ultime, *en soi,* du développement). Le problème clé, ici, c'est la non-satisfaction des besoins fondamentaux plutôt que l'absence d'instruments monétaires. Analysée sous cet angle, la pauvreté - dans le sens de non-satisfaction des besoins fondamentaux - est un problème immense et une source d'humiliation constante dans le monde entier, dans le Sud tout comme dans le Nord.

La pauvreté, le dénuement et la détresse prennent - sous l'angle des besoins essentiels et plus seulement monétaires - des dimensions alternatives très concrètes qui peuvent être mesurées par le biais d'un large éventail d'indicateurs [114] . Les besoins de base sont des exigences relativement simples, quoique leur satisfaction puisse être mesurée à travers un large spectre d'instruments sophistiqués. Les trois besoins de base le plus critiques sont : un apport suffisant d'aliments et d'eau fraîche, un logement sûr et sain et des vêtements adéquats. Viennent ensuite trois besoins de développement fondamentaux, qui sont : être en bonne santé, recevoir une éducation et, j'ajouterais, avoir accès à l'énergie, aux transports et aux communications. À partir de ce stade, les gens peuvent s'épanouir grâce aux échanges culturels et a une authentique participation sociale, comme nous l'analyserons dans la deuxième partie de ce livre. Il serait trop long et il ne serait pas approprié de dresser ici un tableau complet de l'état du monde pour ce qui est des besoins de base. Les rapports sur le développement de la Banque mondiale et les rapports sur le développement humain du PNUD contiennent à cet égard une masse de chiffres, de ratios, de graphiques et d'analyses que l'on peut aisément consulter. Rappelons seulement quelques données, à ce stade, pour prendre conscience de l'ampleur du problème [115].

Pour ce qui est de l'alimentation et de l'eau potable, la situation reste catastrophique dans de nombreuses régions du monde, en dépit de progrès constants au cours des dernières décennies. Quelques 940 millions de personnes sont encore sous-alimentées [116] sur terre, représentant 13,0 % de la population mondiale (et beaucoup plus de personnes encore souffrent de malnutrition). En Asie du Sud et en Afrique subsaharienne les taux de sous-nutrition atteignent respectivement 16,0 et 19,0 % des populations respectives. En outre, la malnutrition des enfants [117] affecte respectivement 47,0 et 38,0 % des enfants en Asie du Sud et en Afrique subsaharienne. En ce qui concerne l'eau potable le tableau est également sombre. Quelques 650 millions de personnes, représentant 9,0 % de la population mondiale, n'ont pas encore accès, sous quelque forme que ce soit, à une quelconque source d'eau potable améliorée [118]. Le taux de non-accès à des sources d'eau potable améliorées atteint même les 32,0 % de la population dans l'Afrique subsaharienne.

En ce qui concerne le logement et l'assainissement la situation reste calamiteuse dans de nombreuses régions du monde. Quelques 1,6 milliards de personnes vivent dans des logements inadéquats et 1,0 milliard d'entre elles vivent dans des implantations sauvages. Le nombre de personnes sans domicile fixe s'élève à 100 millions de personnes dans le monde (dont un nombre estimé entre 1,6 et 3,0 millions de personnes dans le pays prétendument le plus avancé : les États-Unis). Quant à l'accès à des installations sanitaires améliorées, la situation est encore pire. Quelques 2,3 milliards de personnes, représentant 32,0 % de la population mondiale, n'ont pas accès à des installations sanitaires améliorées[119]. Les taux de non-accès à des installations sanitaires améliorées atteignent même 55,0 % en Asie du Sud et 70,0 % en Afrique subsaharienne.

Les vêtements peuvent être rudimentaires sous les tropiques mais sont vitaux dans les régions froides et indispensables dans les climats tempérés. En tout état de cause, disposer de vêtements et de chaussures est une nécessité et fait part de la dignité humaine. À cet égard, beaucoup de gens ne possèdent pas de vêtements adéquats dans le monde, même si l'on n'a pas d'indicateurs appropriés pour illustrer le problème à l'échelle mondiale. Cependant, la télévision, les photos et les journaux nous rappellent tous les jours qu'un nombre considérable de personnes vivent encore en haillons et nu pieds dans le monde.

La santé est une condition nécessaire pour être en bonne forme physique et pour exercer des activités. Beaucoup reste à faire, à cet égard, en dépit des progrès spectaculaires enregistrés au cours des dernières décennies. L'espérance de vie a considérablement augmenté dans le monde grâce à l'amélioration de l'hygiène et à la médecine préventive. L'espérance de vie ajustée sur la santé [120] atteint maintenant 64 ans pour les femmes et 60 ans pour les hommes en moyenne dans le monde, mais quand même seulement 58 ans et 55 ans respectivement en Asie du Sud et 52 ans et 49 ans respectivement en Afrique subsaharienne. En dépit des progrès réalisés au cours des dernières décennies, le taux de mortalité infantile des moins de cinq ans est encore en moyenne 43 enfants pour 1.000 naissances vivantes dans le monde et aussi élevé que 53 enfants et 83 enfants pour 1.000 naissances vivantes en Asie du Sud et en Afrique subsaharienne, respectivement. Quant à la mortalité maternelle le ratio est encore de 210 femmes pour 100.000 naissances vivantes en moyenne dans le monde et aussi haut que 510 femmes pour 100.000 naissances vivantes en Afrique subsaharienne.

L'éducation est nécessaire pour développer et enrichir notre potentiel intellectuel, notre capacité de communiquer avec les autres et pour mener la plupart de nos activités. S'agissant de l'éducation, beaucoup de progrès ont été accomplis en ce qui concerne l'alphabétisation, avec un taux d'alphabétisation des adultes [121] de 81,0 % à l'heure actuelle dans le monde. Néanmoins, 37,0 % des adultes sont encore analphabètes en Asie du Sud et 41,0 % en Afrique subsaharienne. La population avec au moins quelques années d'études secondaires [122] atteint désormais en moyenne 64,0 % dans le monde, mais n'est toujours que de 55,0 % en Amérique latine, 41,0 % dans les États arabes, 38,0 % en Asie du Sud et 28,0 % en Afrique subsaharienne.

L'Énergie, les transports et les communications sont les moyens qui nous permettent d'accéder aux niveaux supérieurs d'organisation, de productivité et de bien-être dans nos sociétés, pour peu qu'ils soient sagement utilisés et convenablement développés. Je reviendrai sur cette question et l'analyserai plus en détail dans la deuxième partie de ce livre.

La conclusion d'ensemble s'agissant de la pauvreté et du dénuement, c'est que ces deux plaies sont encore largement répandues dans le monde, dans le Nord tout comme dans le Sud (sous différentes formes et différents aspects) et qu'ils s'aggravent même sur de nombreuses parties de la planète et pour beaucoup segments de la population mondiale. Les gens pauvres et misérables sont légions partout, mais tout particulièrement en Asie du Sud et en Afrique subsaharienne. La pauvreté n'est pas seulement une affaire d'argent et de misérabilisme, mais aussi une question de dénuement et de justice par-dessus tout. La Banque mondiale, et tous les agents qui soutiennent et promeuvent le système capitaliste, nous bercent à l'aide de déclarations annonçant l'éradication de la pauvreté et glorifiant les exploits des marchés. Cependant, ces protagonistes ne parviennent pas à reconnaître et encore moins à résoudre les dimensions de plus en plus explosives du problème. La population continue de croître à un rythme élevé en Asie du Sud, en Afrique du Nord, au Moyen-Orient et en Afrique subsaharienne, exacerbant le problème du dénuement. Ces régions sont parmi les plus vulnérables du monde en termes d'épuisement des ressources naturelles, de catastrophes naturelles, de troubles civils et de guerres intestines, sans parler de l'impact à venir du dérèglement climatique.

Il serait naïf de croire que ces problèmes resteront concentrés et isolés dans ces régions. Leurs populations se déplaceront massivement vers d'autres régions et continents en conséquence de la misère, des catastrophes naturelles, des guerres et d'autres plaies, comme elles ont déjà commencé à le faire. D'immenses migrations prendront donc place au moment même où le chômage massif et l'exclusion sociale frapperont un nombre croissant de personnes dans les pays riches. Des Problèmes de coexistence sociale et culturelle entre migrants et populations locales se matérialiseront inévitablement. Ils concerneront d'abord les classes les moins aisées, comme cela est déjà le cas aujourd'hui, car ce sont les plus exposés à la coexistence sociale en termes d'habitat et de voisinage. Mais ils concerneront également les classes moyennes, qui sont de plus en plus menacées par l'insécurité sociale et par la régression de leur statut social. Cela engendrera de plus en plus de tensions sociales, religieuses, ethniques et politiques dans les pays riches, comme cela a déjà commencé à se préciser, y compris une montée spectaculaire des mouvements d'extrême droite. Nous sommes tous assis sur une bombe à retardement qui explosera tôt ou tard.

Les classes moyennes se métamorphosent et deviennent de plus en plus vulnérables

La manière dont évoluent les classes moyennes influencera directement l'équation d'ensemble sur les équilibres et les troubles sociaux. Les classes moyennes dans le monde occidental et au Japon constituent encore la colonne vertébrale des économies modernes et le noyau de la société de consommation. Dans cette partie du monde le paysannat et, ensuite, la classe ouvrière ont fondu au profit des classes moyennes. Les classes moyennes sont devenues le noyau central des populations et tendent à effacer les vieilles distinctions telles que : les paysans, les travailleurs, la petite et la haute bourgeoisie, qui caractérisaient encore nos sociétés un siècle en arrière. Les classes moyennes sont caractérisées par leur mode de vie et leurs habitudes de consommation qui sont en train de devenir les mêmes dans le monde entier, puisqu' qu'ils sont façonnés par les firmes mondiales et par les produits matériels et immatériels que celles-ci produisent et vendent partout sur la planète. Les classes moyennes sont à la fois le cœur et le moteur de la société de consommation, une société dirigée et façonné par les firmes mondiales.

Les classes moyennes, cependant, ne sont plus une prérogative exclusive du monde occidental. Les classes moyennes se développent dans les économies dites émergentes, une tendance célébrée quotidiennement comme un triomphe par tous les médias qui servent le capitalisme. The Economist - l'un des journaux les plus influents de l'ordre néolibéral, avec le Financial Times - a annoncé en 2009 que plus de la moitié de la population mondiale appartient désormais à la classe moyenne du fait de la croissance des économies émergentes et prédit que les classes moyennes continueraient de croître de manière explosive, particulièrement en Asie. Des *think tanks* et des centres de recherche influents au service de l'économie capitaliste mondiale ont souligné que la demande mondiale se déplacerait des pays occidentaux vers les pays orientaux et préconisé que les politiques de développement devraient désormais se concentrer sur les classes moyennes émergentes [123].

Cependant, et comme déjà souligné plus haut, l'émergence de ces classes moyennes est un phénomène largement confiné et étroitement lié au repositionnement du capital sur la planète. Les classes moyennes émergentes se développent uniquement dans ces parties du monde où le capital se relocalise massivement, ce qui prend place en Asie de l'Est principalement et ailleurs marginalement. L'émergence de ces nouvelles classes moyennes est certes le produit d'un processus de croissance endogène qui a conduit au décollage économique des pays de l'Est et du Sud Est asiatique. Cependant, il est encore plus lié à la façon dont le capital mondial a ciblé cette région et à la façon suivant laquelle il accélère sa présence dans cette partie du monde. Par conséquent, l'émergence des classes moyennes de l'Asie orientale n'est pas le produit de ce que les *économistes politiquement corrects* appellent un « cercle vertueux », mais plutôt le résultat du repositionnement du capital mondial sur les marchés mondiaux.

Une définition claire des classes moyennes serait nécessaire pour bien comprendre ce qui se passe en ce moment. Ce que nous avons habituellement à l'esprit sous la dénomination de « classes moyennes » ce sont les couches sociales qui se sont développées dans le monde occidental, entre une classe ouvrière déclinante et une classe possédante mutante, comme développé dans d'autres chapitres de ce livre. Le concept est apparu aux États-Unis et s'est développé par la suite en Europe de l'Ouest, dans le contexte de l'État-providence. Il s'agit tout d'abord d'un concept sociologique qui n'a pas de définition unique et universelle et qui peut se subdiviser en plusieurs catégories (c.-à-d. la distinction entre classes moyennes inférieures et supérieures, selon leurs revenus et leurs modes de vie).

Les classes moyennes dans les sociétés occidentales et dans le contexte de l'État-providence sont des couches de populations qui ont accédé à un certain niveau de revenu et de confort matériel et qui se caractérisent selon la manière dont elles consomment et selon leur façon de vivre. Les ménages de la classe moyenne possèdent typiquement une maison ou un appartement, disposent d'une ou deux voitures, font leurs achats dans des centres commerciaux et des supermarchés, envoient leurs enfants dans des écoles réputées et jouissent de différentes formes de loisirs. La plupart des gens appartenant aux classes moyennes sont salariés et tous ont la perception commune d'appartenir au même groupe social. Ils constituent la colonne vertébrale des économies modernes, mais une colonne vertébrale en voie de déclin du fait de la régression de la condition salariale et des problèmes sociaux qu'ils doivent affronter dans de nombreux pays (c.-à-d. le chômage, les politiques d'austérité, etc.).

Sous leur angle économique les classes moyennes sont par-dessus tout des consommateurs, raison pour laquelle les entreprises les scrutent et les ciblent constamment pour la promotion et la vente de leurs produits. Il n'existe pas de définitions des classes moyennes du point de vue économique, mais il existe des variables qui peuvent être associées à leurs façons de vivre et de consommer, qui consistent principalement en leurs niveaux de revenu et en leurs niveaux de consommation, associés à leurs finalités (p. ex. le logement, la consommation de services, la nourriture, les transports, etc.). Alors que la croissance et la consommation tendent à stagner dans les pays occidentaux beaucoup d'entreprises et de *think tanks* économiques examinent maintenant la possibilité pour les économies émergentes de prendre la relève en termes de croissance et pour les classes moyennes émergentes de prendre le relai sur le plan de la consommation.

Cependant, la mesure des classes moyennes en termes de revenus et de consommation est aussi arbitraire et discutable que la mesure des pauvres. Pour certains économistes, les classes moyennes sont définies sur la base de critères propres aux pays riches et pour d'autres sur la base de critères propres aux pays en développement. Pour la première catégorie, par exemple, la classe moyenne mondiale dans le monde serait composée de ménages ayant un revenu par tête compris entre 10 et 100 dollars par jour, en termes de « PPP » (sur la base de cette définition, l'Asie compterait maintenant près du quart de la classe moyenne mondiale) [124]. Pour la deuxième catégorie, par exemple, les classes moyennes dans le monde en développement seraient composées de ménages ayant une consommation par tête comprise entre 2 et 13 dollars par jour, en termes de « PPP » (sur la base de cette définition la moitié de la population du monde en développement appartiendrait à la classe moyenne en 2005) [125]. Certaines institutions, même, comme la Banque africaine de développement, voient toute personne dont le revenu serait supérieur à 2 dollars par jour comme faisant partie de la classe moyenne, « *considérant toute personne qui n'est pas affamée comme appartenant à la classe moyenne* » [126] !

De fait, les classes moyennes émergent en Asie, principalement dans les pays de l'Est et du Sud Est asiatique, et particulièrement en Chine. Cela commença avec le décollage des « Dragons » dans les années 70 et se poursuivit avec la croissance de la Chine à partir des années 80, suivie par la montée des « Tigres » et autres pays d'Asie du Sud Est à partir des années 90. Il y a également une classe moyenne montante en Inde, mais cette classe est perdue au milieu d'une multitude de gens pauvres, de sorte qu'elle est presque invisible et ne joue encore qu'un rôle marginal comme un marché potentiel. L'émergence de ces masses de nouveaux consommateurs est extrêmement attrayante pour les grandes entreprises, qui sont à la recherche de marchés en expansion alors que les marchés traditionnels dans les économies autrefois avancées stagnent, voire déclinent. Cela est particulièrement visible dans l'industrie automobile, avec la ruée des entreprises occidentales et japonaises vers le marché chinois au travers d'ententes de type *joint-venture* avec des entreprises locales.

Les habitudes de consommation et les modes de vie occidentaux s'étendent donc rapidement dans l'Asie orientale, avec leurs dommages collatéraux dévastateurs en termes de gaspillage d'énergie, de pollution et de détérioration de l'environnement. Il semble extrêmement difficile, voire impossible de contrôler cette tendance, du fait que toutes les populations concernées sont impatientes de rattraper le modèle de consommation occidental, ou bien en rêvent encore. Par opposition à d'autres régions, ces populations semblent être plus réceptives à, ou plus attirées par les normes de consommation occidentales. Les gouvernements de ces pays sont donc poussés vers une expansion du modèle occidental, même s'ils sont conscients de ses dangereuses retombées pour l'environnement et les ressources naturelles. Ceci est particulièrement vrai pour la Chine, aujourd'hui, qui est confrontée au dilemme suivant : poursuivre une croissance effrénée, pour qu'une part croissante de la population accède au statut de classe moyenne, ou changer son mode de développement, pour prévenir une catastrophe écologique majeure dans l'avenir. Cependant, la poursuite d'un tel processus, à la fois de croissance économique et de développement de la classe moyenne, est problématique. Il suppose qu'un pays comme la Chine continue de croître à un rythme aussi élevé que par le passé, ce qui est douteux. Il suppose également que la Chine soit en mesure d'accéder à des ressources minérales et énergétiques sans cesse croissantes et de contrôler des niveaux de pollution toujours plus élevés, ce qui est également douteux. Le degré de vulnérabilité de cette nouvelle classe moyenne à une contraction de l'activité économique est par ailleurs élevé car une grande partie de celle-ci vit juste au-dessus de la ligne de pauvreté [127] .

Comme souligné plus haut, l'émergence des nouvelles classes moyennes est un phénomène essentiellement visible dans les pays de l'Asie de l'Est et du Sud Est. Dans la région Moyen-Orient et Afrique du Nord (MENA) les classes moyennes telles qu'on les trouve en Occident et maintenant en Asie sont presque inexistantes. Entre les pauvres et les riches, il n'y a qu'une bourgeoisie commerçante, fréquemment associée à ce que j'appellerais l'économie du bazar. Les dimensions « modernes » de l'économie et de la société, telles qu'elles se sont développées en Occident et telles qu'elles émergent en Asie, sont encore très largement négligeables, tandis que la richesse reste captée un par un très petit cercle de gens riches, vivant pour la plupart de la rente pétrolière. Dans cette région le modèle occidental et la société de consommation ont des difficultés à s'étendre, une expansion également contenue par des facteurs culturels et religieux (l'Islam) [128] .

Les classes moyennes sont presque inexistantes en Afrique subsaharienne. Les conditions de vie et les modes de vie sont les mêmes qu'il y a des milliers d'années, tandis que la « modernité » ne se trouve que dans les quelques villes et capitales qui se trouvent sur le continent. Cette partie de l'Afrique est encore essentiellement rurale et sous-développée, à l'exception notable de l'Afrique du Sud. Les richesses contenues dans les mines, les champs pétroliers et les plantations sont totalement exportées, à l'exception de la partie captée par une petite minorité de privilégiés sous la forme de redevances ou des pots-de-vin (les dirigeants politiques et leurs proches). Les Africains vivant comme des Occidentaux sont très rares et les Africains souhaitant suivre le modèle occidental le sont encore plus [129].

Les classes moyennes de l'Amérique latine forment une catégorie à part dans le monde d'aujourd'hui [130]. Leur émergence est presque contemporaine de celles du monde occidental, bien que postérieure en raison d'un processus d'industrialisation plus tardif. Le défi pour les gouvernements de cette région est de pouvoir intégrer un nombre croissant de pauvres dans les classes moyennes, mais cela n'est pas possible car il y a une multitude d'obstacles économiques, sociaux et culturels. En outre, les classes moyennes sont par nature vulnérables, tout comme leurs cousines du monde occidental et tout comme celles qui émergent sur le continent asiatique. Elles ont été frappées par des crises financières successives, comme au Mexique, en Argentine ou au Brésil, et leur durabilité est fragile car elle dépend fortement de l'endettement et de la spéculation.

Au total, le principal problème que rencontrent les classes moyennes dans le monde se résument à la volatilité et à la vulnérabilité. Les classes moyennes sont particulièrement vulnérables aujourd'hui parce qu'elles ne sont qu'un simple sous-produit de la mondialisation capitaliste. Partout où le capital débarque et croît, des classes moyennes émergent et se développent dans son sillage. Mais partout où le capital met la clé sous la porte et se replie, les classes moyennes refluent et régressent. Ceci est devenue très visible avec la crise mondiale de 2008, mais le processus était déjà en marche avant même la crise. Le ralentissement progressif de la croissance dans les pays industrialisés depuis le choc pétrolier de 1973 et les crises financières successives qui ont frappé l'Amérique latine et l'Asie dans les années 90 puis toutes les économies avancées à partir de 2008 ont sévèrement affecté les classes moyennes dans l'ensemble du monde et pourraient très bien affecter les classes moyennes émergentes de l'Asie orientale demain. En raison de ces crises, beaucoup de gens de la classe moyenne ont été poussés à, ou sont retournés dans la trappe de la pauvreté, en dépit des mesures de protection prises et les systèmes mis en place par les gouvernements dans leurs pays respectifs.

Il résulte de ce qui précède que la pauvreté, le dénuement et la détresse affectent maintenant de larges pans sociaux des pays supposément développés. De nombreuses économies autrefois avancées doivent aujourd'hui faire face à des taux de chômage de 10,0 % ou plus, avec des pics aussi élevés que 25,0 % dans Europe du Sud (Espagne et Grèce). Les services pour l'emploi sont dans l'impossibilité de trouver du travail pour les jeunes et pour les seniors, comme en témoigne l'augmentation des taux de chômage pour ces catégories. Le nombre de jeunes sans emploi, n'étudiant pas et ne suivant pas une formation a augmenté partout, atteignant des niveaux aussi élevés que 20,0 % et plus dans plusieurs pays (Espagne, Grèce et Italie en particulier). Les services pour l'emploi sont en outre incapables de réinsérer une part croissante de ceux qui ont perdu leur emploi et qui sont entrés dans la catégorie des chômeurs de longue durée. À cet égard, le nombre d'adultes vivant dans des ménages dépourvus d'emploi a considérablement augmenté dans la plupart des économies autrefois avancées [131]. En outre, les systèmes de protection sociaux ne sont plus aujourd'hui en mesure de soutenir financièrement les chômeurs au-delà d'un, voire maximum deux ans. De plus, la crise des « *sub primes* » aux États Unis [132] et la perte d'un revenu régulier en Europe, notamment en Espagne, ont poussé une part importante de la population dans la catégorie des sans-abris. Au total, d'innombrables personnes ont perdu leurs revenus, ont été expulsées de leurs maisons et sont devenus indigentes. Lorsque les personnes deviennent indigentes elles doivent faire face à des situations de détresse considérables, telles que trouver un abri, pouvoir se chauffer, manger et s'habiller. Beaucoup de gens tombent dans la misère et beaucoup se suicident.

Une nouvelle oligarchie planétaire se développe dans le monde entier et devient immensément riche

Cependant la misère et le dénuement ne constituent pas le lot de tout le monde. A l'autre extrême de l'échelle sociale une poignée de gens met la main sur une part croissante de la richesse mondiale et exercent de plus en plus de pouvoir sur les sociétés. Ce cours a commencé dans les années 80, dans le sillage des politiques de libéralisation, de privatisation et de coercition mises en œuvre par les gouvernements néo-conservateurs au profit exclusif d'un petit groupe de privilégiés [133] . Ce groupe ne forme pas encore une « classe », au sens où Karl Marx l'aurait définie au dix-neuvième siècle [134] , puisqu'il n'a pas encore atteint le stade où il constituerait un groupe cohérent et fermé, détenant le pouvoir et se reproduisant de lui-même. Je l'appellerais plutôt la « *nouvelle oligarchie planétaire* », comme je l'ai fait dans un essai antérieur [135] . La « nouvelle oligarchie planétaire » comprend selon moi tous les individus qui sont les bénéficiaires directs et indirects de la mondialisation capitaliste, dans la foulée de la propagation des nouvelles technologies de pointe et du développement de la société numérique, tous soudés par les mêmes intérêts sans être cependant encore pleinement conscients d'appartenir à une nouvelle classe dominante, en tant que telle.

Les bénéficiaires directs du nouvel ordre mondial sont - tout au faîte de la pyramide sociale - un très petit groupe de gens et cercle très exclusif de personnes qui contrôlent les actifs du monde et possèdent une part considérable de la richesse mondiale [136] . Ce groupe, connu sous l'appellation des « milliardaires », n'a cessé de croître depuis les années 1980 et d'accaparer une part croissante de la richesse du monde. Il y avait 269 milliardaires en 1990, 470 en 2000, 1.011 en 2010 et 1.826 en 2015 ! Et la valeur totale nette des avoirs détenus par ce groupe s'élevait à 542 milliards de dollars en 1990, 898 milliards de dollars en 2000, 3,6 billions de dollars en 2010 et 7,0 billions de dollars en 2015 ! Parmi les pays en tête de liste dans le classement des milliardaires figuraient, en 1990, les États-Unis au premier rang avec 99 milliardaires, suivis par le Japon avec 40 et par l'Allemagne avec 38. Vingt-cinq ans plus tard, les États-Unis étaient toujours en tête avec 536 milliardaires (dont 131 résidant en

Californie), suivis par la Chine avec 213, l'Allemagne avec 103, l'Inde avec 90 et la Russie avec 88 [137]. Il convient de noter que, sur les 1.826 milliardaires, en 2015, 1.191 étaient des nouveaux riches contre 635 milliardaires ayant partiellement ou totalement hérité de leur richesse, une illustration très significative de la propagation de l'économie immatérielle et spéculative.

Proches de ce club très exclusif et très sélect de milliardaires figurent les hauts dirigeants des très grandes entreprises (couramment désignés comme CEO ou *Chief Executive Officers* dans le monde anglo-saxon) à qui les actionnaires de ces entreprises octroient des privilèges exorbitants (actionnaires qui ont tout intérêt à récompenser ceux qui rendent leur capital si lucratif). Ce faisant, les actionnaires de ces grandes compagnies ne se réduisent pas au groupe très puissant et très riche des milliardaires (ci-dessus désignés), mais comprennent aussi des établissements financiers, et - à travers eux - les hauts dirigeants de ces établissements qui ont également accès à la richesse et au pouvoir grâce à leurs postes de direction (présidents et hauts dirigeants de banques, de fonds et autres établissements financiers). Les hauts dirigeants des grandes entreprises et les chefs des grandes banques et des établissements financiers reçoivent tous des rémunérations scandaleuses, des centaines de fois fréquemment plus élevées que la moyenne de leurs employés, voire plus [138]. De plus ils se voient octroyer des faveurs indécentes sous la forme de « *golden handshakes* » (indemnités de départ), de primes, de récompenses sous forme d'actions, d'indemnités de retraites et ainsi de suite, en plus d'avantages en nature tels que la mise à disposition de limousines et de jets privés, l'utilisation de luxueuses demeures, l'octroi d'indemnités de voyage et de représentation et autres avantages de toutes sortes [139].

Les milliardaires et les chefs des très grandes entreprises sont ceux qui contrôlent les marchés financiers et sont ceux qui sont les vrais détenteurs du pouvoir dans cette nouvelle économie mondialisée. Ils n'appartiennent pas au même groupe, *stricto sensu,* mais ils sont très proches les uns des autres car ils ont la même vision du monde, partagent la même idéologie, fréquentent les mêmes clubs sociaux et jouissent du même style de vie. En fait, tous ces gens font partie de ce même cercle restreint et combinent fréquemment en son sein différentes positions socio-professionnelles, tout en profitant de privilèges et d'avantages exorbitants en termes de demeures imposantes sur toute la planète, de jets privés, de yachts onéreux , de bijoux tape à l'œil et de modes de vie dispendieux. De plus, ils fréquentent les mêmes hôtels luxueux et les mêmes clubs exclusifs, s'accouplent entre eux et forment leurs enfants dans les mêmes écoles. Ils forment un cercle très exclusif d'individus privilégiés : Pas encore, mais presque, une nouvelle classe dirigeante.

Les bénéficiaires indirects du processus de mondialisation économique et social sont tous ceux qui servent le nouvel ordre planétaire et qui sont récompensés à ce titre. Ce groupe de gens comprend trois catégories de professionnels hautement qualifiés : ceux qui servent les grandes entreprises et les institutions financières, ceux qui protègent les intérêts de l'oligarchie mondiale et ceux qui font la promotion du nouvel ordre socio-économique. J'appellerais ceux qui appartiennent à la première catégorie les « laquais », ceux qui appartiennent la deuxième les « chiens de garde » et ceux qui appartiennent à la troisième les « prêtres ». Parmi les « laquais » nous trouvons les dirigeants (les *managers,* dirions-nous en anglais) des grandes entreprises et des grandes institutions financières, mais également des professionnels hautement spécialisés tels que les *traders,* largement connus pour les bonus scandaleux qu'ils reçoivent au titre des transactions qu'ils réalisent. La catégorie des « chiens de garde » comprend tous ceux qui conseillent les grandes entreprises et les grandes institutions financières en matière juridique, financière et fiscale (la plupart de ces professionnels sont des avocats et des spécialistes de la finance, travaillant habituellement dans des cabinets spécialisés ou des firmes, telles que des bureaux d'avocats et des cabinets d'audit, des groupes de consultants et d'autres firmes à objectifs similaires). Dans la catégorie des « prêtres » nous trouvons un large éventail de professions œuvrant à la protection du nouvel ordre socio-économique et à la promotion de l'idéologie qui lui sert de support (cette catégorie de professionnels comprend des chercheurs sur le terrain des sciences économiques et sociales, des spécialistes de la communication, des publicistes, des journalistes et d'autres professionnels, travaillant dans des fondations, des agences, des firmes ou des médias). Toutes ces gens se dédient à la promotion du nouvel ordre mondial et en sont récompensés, en retour, en termes de rémunérations et d'autres avantages.

Pour être complet, le tableau des bénéficiaires indirects de cette nouvelle hiérarchie sociale devrait aussi comprendre ceux que les Français appellent ironiquement les « *pipole* » (pour « *personnes* » en anglais), signifiant ici les célébrités, les stars et autres vedettes qui alimentent périodiquement les couvertures des tabloïdes, les shows de télévision et autres manifestations médiatiques. Ces gens sont le pur produit de la société de consommation et des excès permis par le système capitaliste en termes de rémunérations scandaleuses, de modes de vie extravagants, de luxe excentrique et d'autres extravagances. Cela couvre, entre autres, le monde du cinéma (popularisé par Hollywood, les Oscars, etc.), du show-business, de la mode et des sports (y compris les stars du football et d'autres sports). Ils vivent essentiellement de l'industrie du divertissement et de la publicité, qui toutes deux distribuent des rémunérations scandaleuses. Bien entendu, tous les comédiens, chanteurs, acteurs et autres artistes ne deviennent pas millionnaires, mais part d'entre eux peuvent cultiver des modes de vie extravagants, qui façonnent l'image d'ensemble de ce segment de la société. Ils jouent un rôle central dans le fonctionnement de l'interminable cycle de la production-consommation. Ils sont les miroirs de la société de consommation, des miroirs qui alimentent toutes sortes de frustrations et de rêves dans l'esprit des gens ordinaires. Je les appellerais les « illusionnistes », un groupe de parasites qui vit du show et de la publicité.

La « classe politique » et les « hauts fonctionnaires » occupent une place à part dans la nouvelle configuration du pouvoir socio-économique, tout en maintenant avec les cercles dominants des relations de plus en plus ambiguës et même incestueuses. Les « politiciens » sont toujours censés exprimer et mettre en œuvre la volonté du peuple, alors que les fonctionnaires sont toujours censés servir l'État et les politiques arrêtées par la majorité dans les systèmes politiques démocratiques. Les politiciens ne forment pas une « classe » à proprement parler (bien qu'il soit commode de les identifier comme tels), mais ils tendent à se reproduire entre eux dans une bulle hermétique et à s'éloigner des préoccupations des gens, même lorsqu'ils défendent individuellement des intérêts et des idéologies tout à fait distincts. Les « hauts fonctionnaires » sont censés servir l'intérêt général, mais ils sont de plus en plus influencés et guidés par les intérêts des grandes entreprises et par l'idéologie dominante. Au total, le système socio-politique tend à servir le nouvel ordre mondial défini et impulsé par le processus de mondialisation. De plus en plus de politiciens et de hauts fonctionnaires travaillent pour cet ordre d'une manière plus ou moins consciente. La façon dont l'idéologie néolibérale et les politiques néoconservatrices ont prospéré dans le monde entier depuis les années 80 illustre bien cette tendance, dans les arènes politiques nationales tout comme dans les forums et les institutions internationales. En fait beaucoup de politiciens et de hauts fonctionnaires servent maintenant le nouvel ordre socio-économique mondial et font maintenant partie de celui-ci. Beaucoup d'entre eux courtisent les cercles socio-économiques dominants et même migrent vers cette dernière catégorie.

L'injustice sociale et l'accaparement des richesses minent le monde

Comme résultat de ce processus, nous assistons à une fracturation croissante de nos sociétés dans l'ensemble du monde : entre ceux - l'immense majorité - qui restent ou deviennent extrêmement pauvres et ceux - une poignée d'individus - qui deviennent de plus en plus et immensément riches. Entre ces deux catégories, les classes moyennes représentent encore une part importante des sociétés, mais cette fraction est de plus en plus menacée par la façon dont le capital mondialisé fonctionne. Dans les vieux pays industrialisés, notamment en Europe et aux États-Unis, les classes moyennes rétrécissent et nourrissent le rang des pauvres en raison du déclin de la croissance et des politiques d'austérité. Dans beaucoup de nouveaux pays industrialisés, comme en Amérique latine, les classes moyennes éprouvent également des difficultés croissantes dans le contexte d'un processus de partage des revenus de plus en plus tendu. Les classes moyennes gonflent   en Asie orientale en raison du processus mondial de relocalisation du capital, mais leur croissance atteindra bientôt des limites en termes de ressources disponibles et de distribution de revenus. La fracture sociale croissante et l'érosion continue des classes moyennes sont dictées depuis les années 80 par un mouvement de ciseaux imposé par la demande des marchés financiers, d'une coté, et par les politiques d'austérité, de l'autre. Les marchés financiers en général, et les actionnaires en particulier, exigent des rendements financiers de plus en plus élevés [140], qui induisent une détérioration continue de la relation capital/travail en faveur du capital. En conséquence, la rémunération du travail et la part des salaires dans la valeur ajoutée ont constamment diminué dans de nombreux pays au cours des dernières décennies [141]. D'un autre côté, les mesures fiscales mises en œuvre au cours de la même période dans le sillage des politiques néoconservatrices ont outrageusement profité aux riches par le biais de réductions d'impôt et d'exemptions fiscales sans cesse croissantes.

Le résultat de ce processus d'ensemble c'est un écart croissant et préoccupant entre l'immense majorité de la population dans le monde et une poignée de gens extrêmement riches et privilégiés. Les disparités sociales et les inégalités ont augmenté dans le monde entier comme en témoignent une multitude d'études et des statistiques au cours des dernières années. Globalement, et sur une longue période, l'indice de Gini [142] utilisé par la Banque mondiale pour mesurer et suivre l'équité en termes de revenus montre une tendance croissante en termes d'inégalités pour des pays comme la France, l'Espagne et les États-Unis dans le monde occidental. Dans les pays de l'OCDE, en tant que groupe, les revenus des 10 % les plus riches est maintenant presque dix fois plus élevé que le revenu des 10 % les plus pauvres (contre sept fois dans les années 80) [143] . Dans le reste du monde, les inégalités de revenus (mesurées par l'indice de Gini) ont diminué dans des pays comme la Russie et le Brésil, mais elles ont significativement augmenté dans des pays comme l'Inde et l'Afrique du Sud et considérablement augmenté dans le cas de la Chine.

Cependant, l'écart social est beaucoup plus important et inquiétant à l'échelle mondiale lorsqu'il est mesuré en termes de richesse (c.-à-d. le patrimoine immobilier et financier). Les disparités sociales et les inégalités ont considérablement augmenté dans le monde en termes de richesse. A côté du club très select des milliardaires, les millionnaires sont également en forte hausse avec un total de 16,3 millions de ménages dans le monde en 2013 (dont 7,3 millions aux États-Unis et 2,4 millions en Chine), un processus étroitement lié à la croissance des marchés financiers [144] . Mesuré en termes de richesse accumulée dans le monde (c.-à-d. l'immobilier et le patrimoine financier) les 1 % les plus riches de la planète possédaient 48,0 % des richesses du monde en 2014 (contre 44,0 % en 2009), alors que le 80,0 % de la population mondiale possédait seulement 5,5 % de la richesse du monde en 2014 [145] . Aux États-Unis, en particulier, les 3,0 % les plus riches concentraient 54,4 % de la richesse totale en 2013 (contre 44,8 % en 1989), tandis que les 90,0 % les moins riches ne détenaient que 24,7 % de la richesse totale en 2013 (contre 33,2 % en 1989) [146] .

Toutefois, les questions soulevées par cette situation ne concernent pas seulement la justice sociale, mais aussi la viabilité économique et sociale de nos sociétés elles-mêmes. Combien de temps et jusqu'où ce cours se poursuivra sans détruire les fondements mêmes de nos économies et de nos sociétés ? Combien de temps et combien de gens supporteront et accepteront qu'une poignée d'individus privilégiés détienne une part croissante de la richesse mondiale et mène un train de vie qui est outrageant pour l'immense majorité des démunis ? Nous ne le savons pas encore, mais la question est d'ores et déjà posée. Le fait que 1,0 % des habitants les plus riches de la planète possède 48,0 % de la richesse du monde est en soi une insulte pour les centaines de millions de personnes qui souffrent de faim dans le monde. Le fait qu'une société privée offre en ce moment des billets pour de futurs voyages particuliers vers la lune au prix de 1,5 milliard de dollars pour deux personnes est une offense pour les millions d'enfants qui meurent de malnutrition chaque année [147] . Plus l'écart s'agrandira entre une poignée de privilégiés et le reste de la population mondiale, plus la situation deviendra insupportable. Cet écart est constamment projeté par la publicité, par la télévision et par les médias qui exhibent dans les zones les plus reculées de notre planète des modèles de consommation et des incitations au luxe qui sont hors d'atteinte pour l'immensité des gens, rendant intolérable la concentration de la richesse entre les mains de quelques-uns. La nouvelle oligarchie planétaire et les institutions qui la servent en sont de plus en plus conscientes. C'est pour cette raison même que les milliardaires les plus en vue allouent part de leur fortune à des organismes de bienfaisance et à des fondations œuvrant pour le développement [148] . C'est également pour cette raison que la question des inégalités dans le monde a été portée à l'attention du Forum économique mondial de Davos en janvier 2015 [149] . C'est pour cette raison également que « Le capital au 21ème siècle », publié par Thomas Piketty [150] en 2013 (ouvrage portant sur l'augmentation continue des inégalités), a eu un tel succès aux États-Unis et a reçu une telle attention de la part de journaux lus par les cercles dirigeants, tels que le Financial Times [151] . Le dénuement et la régression sociale à l'échelle mondiale ne sont plus une simple question de compassion et de charité pour les quelques privilégiés qui jouissent du statut de milliardaire ou une même une question de pure assistance pour les gouvernements confrontés à l'expansion continue de la misère. La question est en train de devenir une affaire de survie pure et simple pour l'ordre dirigeant, confronté à la montée universelle des troubles sociaux.

Les troubles politiques et sociaux se transforment en un problème universel et mondial

L'agitation sociale qui s'étend de nos jours sur toute la planète, en particulier depuis la grande crise de 2008, est un phénomène universel aux multiples facettes. Ce phénomène n'a ni visage ni dimension unique, mais plutôt la forme d'une succession et d'une accumulation de crises partout dans le monde, qui n'ont ni causes visibles ou simples, ni rapports apparents entre elles. Il reflète tout à la fois des exigences sociales émanant des pauvres, des manifestations conduites par les classes moyennes, des insatisfactions formulées à l'encontre des autorités, des mécontentements exprimés contre les employeurs, la détérioration délibérée d'infrastructures, des affrontements avec les forces de l'ordre, des pillages, des vols, des émeutes et autres formes de protestations. Le facteur qui les déclenche peut consister en une crise alimentaire comme en 2008 [152], en des accidents causés par des conditions de travail dangereuses comme dans l'industrie de la confection au Bangladesh, en des augmentations de tarifs des transport comme au Brésil, en des émeutes dans des banlieues provoquées par des interventions de la police comme en France en 2005 [153] ou en des manifestations de masse contre des mesures d'austérité prises par les gouvernements, comme en Grèce ou en Espagne. Comme souligné plus haut, il n'y a ni causes communes ni traits communs entre ces événements qui surgissent dans l'actualité tout au long de l'année. Cependant, il y a un mécontentement sous-jacent, profond et commun, à l'égard des gouvernements et plus généralement vis-à-vis du « *système* » dans son ensemble, un mécontentement qui est exacerbé par la perception des injustices qui s'étendent continuellement et par la prise de conscience des disparités que ce système génère.

La coexistence sociale dans un même espace géographique ou physique est en train de devenir un problème majeur dans le monde entier. Les pauvres dans le monde sous-développé abandonnent les zones rurales où ils ne peuvent plus survivre ou dont ils sont expulsés par les grands projets d'entreprises privées. Les banlieues des villes du monde sous-développé reçoivent un flux ininterrompu de ruraux miséreux qui échouent dans leurs taudis malsains. Les centres urbains du Sud croissent maintenant à un rythme accéléré et sont totalement incapables d'offrir aux nouveaux arrivants un minimum de conditions de vie décentes. Le chômage, le sous-emploi et de la criminalité constituent l'univers quotidien de ces populations déplacées, qui se tournent vers le Nord et vers les pays industrialisés pour échapper à leur présente détresse. Le Nord est par conséquent en train de devenir la principale destination de ce flux croissant de personnes forcées de quitter leur pays dans l'espoir d'améliorer leurs conditions de vie.

Les migrants forcent les portes des États-Unis, qui ne sont pas en mesure d'arrêter ce flux ininterrompu de personnes à la recherche d'une meilleure vie, souvent au prix de leur propre vie. De nombreux migrants d'Amérique centrale et du Sud meurent en chemin ou sont séquestrés par des réseaux criminels en tentant d'atteindre les États-Unis, mais beaucoup d'autres réussissent à traverser la frontière malgré l'immense barrière qui a été mise en place tout au long de la frontière et malgré tous les contrôles de police. La même chose se passe maintenant en Europe où un nombre incalculable de migrants en provenance d'Afrique, du Moyen-Orient et d'Asie forcent les portes pour entrer dans ce qu'ils perçoivent comme un Eldorado. Certains d'entre eux sont d'authentiques réfugiés fuyant des conflits comme ceux qui flagellent le Moyen-Orient (en particulier l'Afghanistan, l'Iraq, la Syrie, etc.). D'autres sont des migrants socio-économiques à la recherche d'un meilleur avenir et provenant de différentes parties du monde et particulièrement de l'Afrique subsaharienne. Nombre d'entre eux tendent à partager maintenant ces deux caractéristiques. Tous ces migrants tentent de rejoindre l'Europe en traversant l'Atlantique ou la Méditerranée sur des bateaux de fortune ou endommagés fournis par des trafiquants d'êtres humains et beaucoup d'entre eux échouent en Espagne, en Italie ou en Grèce et terminent dans des camps d'internement, lorsqu'ils ne se noient pas en mer ou ne sont pas jetés par-dessus bord par les trafiquants. Plus d'un million de personnes ont forcé les frontières européennes à la recherche de meilleures perspectives d'existence ou de sécurité en 2015, formant une des grandes migrations de notre temps et provoquant une crise majeure en Europe [154] .

Les crises de réfugiés dans le monde et la migration incontrôlée d'un nombre croissant de personnes provenant du Sud posent en ce moment des problèmes de plus en plus aigus pour les pays destinataires tout en mettant en danger la coexistence intercommunautaire et interraciale. Alors que l'immigration régulière peut être une source de richesse pour les économies et de diversité pour les cultures, l'immigration irrégulière pose d'énormes problèmes d'intégration et de coexistence dans les pays où elle a lieu, selon le degré d'ouverture des sociétés d'accueil. Les migrants ont tendance à se concentrer dans des lieux où ils peuvent trouver des parents ou des compatriotes, former des communautés distinctes avec leurs propres traditions et religions au sein même des nations qui les accueillent, développer des activités informelles, marginales et parfois illicites pour survivre et se rassembler dans des logements pauvres et insalubres pour trouver abri. Les ressortissants des pays d'accueil tolèrent de moins en moins les flux migratoires, supportent de moins en moins de la coexistence sociale et culturelle avec les communautés immigrées, blâment les migrants pour le chômage et la criminalité et fuient les zones où les migrants s'installent.

Au total, les migrations irrégulières et incontrôlées causent des tensions sociales, culturelles et religieuses entre migrants et nationaux, qui alimentent toutes sortes d'extrémismes - allant de l'islamisme radical au néonazisme - et le progrès des partis politiques d'extrême droite. La vraie solution à ce problème consisterait en des programme développement cohérents et massifs en faveur des pays et des sous-régions d'émigration financés par les pays riches pour permettre aux populations de rester dans leurs propres pays et leur offrir sur place la perspective d'une vie meilleure et des conditions de vie décentes. Malheureusement, le gros des efforts déployés par le Nord consiste maintenant à sécuriser les frontières, à expulser les migrants et à lutter contre l'immigration irrégulière, tout en élaborant des politiques nationales visant à sécuriser tous les espaces, à réprimer la petite délinquance, à lutter contre le terrorisme et à contrôler les populations.

Ce mouvement d'ensemble vers des systèmes politiques répressifs - obsédés par l'insécurité et le terrorisme - et vers des sociétés de plus en plus contrôlées par le biais d'une myriade de mécanismes de surveillance ne constitue pas seulement une réaction à l'immigration incontrôlée et aux tensions sociales qu'elle induit dans les pays. Il constitue de plus en plus, également, la réponse politique élaborée par l'ordre régnant pour faire face à l'agitation sociale que le processus de mondialisation et les politiques néoconservatrices engendrent dans le monde entier. D'un côté, l'extrémisme monte et la désobéissance collective grandit partout alors que, de l'autre côté, la nouvelle oligarchie mondiale et les forces qui la servent se démènent pour mettre en œuvre des politiques et mettre en place des mécanismes pour contrôler les gens. L'extrémisme, et l'islam radical en particulier, ont très opportunément atterri le 11 septembre 2001 [155] pour remplacer la « menace communiste », comme je l'ai démontré dans mon premier essai intitulé « Islam radical et nouvel ordre impérial » [156] . L'Islam radical et le terrorisme sont certes un sous-produit du processus de mondialisation : « *la face obscure et cachée de la mondialisation* », comme je les ai nommés pour qualifier le rejet violent, individuel ou collectif, de la société de consommation occidentale. Cependant, l'Islam radical et le terrorisme se sont aussi révélés être

une opportunité pour tous ceux qui ont peur du mécontentement des masses à l'échelle mondiale, mécontentement induit par les processus et les politiques qu'ils promeuvent ;
pour tous ceux qui sont convaincus, non sans raisons, que
l'agitation sociale croissante puisse un jour se transformer en
affrontements ouverts et sanglants, et peut-être même en un
chaos social et politique qui pourrait renverser « *le système* »
et les priver de leurs privilèges. En somme, l'islam radical et
le terrorisme donnent de plus en plus de raisons et de pré-
textes à l'ordre dominant pour réprimer tous les mécontents
du monde.

De fait, le mécontentement global et la désobéissance collective croissent partout. Il n'existe plus une seule
journée où les gens n'expriment leur mécontentement d'une
manière ou d'une autre dans toutes les parties du monde :
mécontentement d'avoir faim, mécontentement de ne pas
avoir un toit, mécontentement d'avoir été licencié, mécontentement d'être au chômage, mécontentement pour le
manque d'argent requis pour vivre décemment, mécontentement d'être empoisonné par des usines, mécontentement
d'être réprimé par la police, mécontentement d'être méprisé
par les riches et ignoré par ceux qui détiennent le pouvoir et
ainsi de suite. Les gens manifestent, par conséquent, font des
sit-in, occupent des lieux ou des bâtiments symboliques, tels
que Wall Street, et même se suicident sur la place publique.
La réponse à ces types de revendications est presque toujours
agressive et disproportionnée : des forces de police lourdement équipés et fortement armées sont la plupart du temps
mobilisées pour réprimer les mouvements ou les actions. Le
dialogue et le compromis sont de moins en moins présents.
Le dialogue et le compromis font défaut, d'une part, car la
« classe politique » est de plus en plus autiste et coupée de la
population et parce que les gouvernements sont prisonniers
d'intérêts et d'idéologies qui servent l'oligarchie planétaire.
D'autre part, les gens ne croient plus aux systèmes politiques
et ne font plus confiance à la « classe politique ». Ils se sentent obligés de manifester dans les rues, ce qui mène à la

faillite des systèmes démocratiques. De fait, la démocratie est en faillite et doit être entièrement reconstruite (je reviendrai sur ce point dans la troisième partie de ce livre).

Comme résultat de ce processus, les politiques sécuritaires et de surveillance ont proliféré sur l'ensemble de la planète au cours des quinze dernières années. Vous ne pouvez plus prendre l'avion sans être méticuleusement fouillé et à plusieurs reprises scanné, prendre votre voiture sans être périodiquement bloqué et contrôlé et même marcher dans la rue sans être interpelé ou contrôlé. Des caméras de surveillance sont partout : sur les autoroutes, dans les rues, dans les entrées, dans les halls, dans les magasins, dans les supermarchés, dans les couloirs, bref partout. Vos *e-mails*, vos conversations privées, vos photos et vos vidéos, vos *chats* avec vos parents et vos amis, vos messages sur les réseaux sociaux et, en bref, toutes vos communications à travers les lignes de téléphone classiques, les réseaux cellulaires et l'Internet sont espionnées par un réseau tentaculaire de collecte de données auquel participent l'armée, la police et les services de renseignement. La National Security Agency (NSA) aux États-Unis est le prototype le plus connu et le plus sophistiqué de cette dérive sécuritaire, mais il n'est pas le seul dans son genre puisque presque tous les gouvernements surveillent maintenant la vie privée de leurs citoyens sous prétexte ou sous excuse de lutter contre le terrorisme [157]. Au total, un immense dispositif de surveillance de masse et de contrôle des individus s'est mis en place dans le monde entier depuis le 11 septembre 2001, auquel personne ne peut échapper désormais. Toutefois, les politiques et les systèmes actuellement développés pour contrôler les gens n'empêcheront ni l'expression de mécontentements massifs ni des révoltes sur l'ensemble de la planète. De telles révoltes sont par nature inorganisées et imprévisibles et ne peuvent donc être prévenues et empêchées par l'immense dispositif de surveillance et de contrôle. Elles se développeront et proliféreront selon toute vraisemblance, aussi longtemps que le processus actuel de mondialisation et que les politiques néoconservatrices dureront et deviendront, en outre, plus graves et plus amples dès que le désastre écologique qui s'annonce éclatera. Des troubles sociaux, des soulèvements et des insurrections se développeront très probablement dans le sillage de celui-ci si rien n'est fait pour changer radicalement notre mode de développement.

> *« Le vaisseau spatial Terre est propulsé par quatre moteurs incontrôlés : la science, la technique, l'économie, le profit, chacun d'eux étant alimenté par une soif insatiable : la soif de connaissance (science), la soif de puissance (technique), la soif de possession, la soif de richesse. »*

Edgar Morin

La voie (2011)

Chapitre 4 - Le désastre qui s'annonce

Lorsque les historiens étudieront notre époque, dans l'avenir, ils ne comprendront pas pourquoi les gouvernements ont ignoré tant d'avertissements sur le devenir notre planète ni pourquoi les peuples se sont acharnés à courir derrière une chimère - j'entends par là la croissance - ce qui mènerait inévitablement à un désastre. Car la question à laquelle nous sommes aujourd'hui confrontés n'est pas de savoir si nous allons ou non faire face à un désastre, mais de saisir à quel point le désastre qui s'annonce sera dévastateur.

Le désastre qui s'annonce n'est pas pour un avenir lointain ni abstrait, mais pour un horizon d'une ou deux décennies, peut-être de quelques années ou même pour demain. En fait, ce désastre a déjà commencé à nous frapper, même si nous ne le percevons pas comme tel et même si nous saisissons à peine certaines de ses multiples dimensions. En 1987, la Commission mondiale sur l'environnement et le développement (CMED), convoquée quatre ans plus tôt par l'Organisation des Nations Unies, publiait son fameux rapport intitulé « Notre avenir à tous » [158] , dans lequel elle déclarait que notre processus de développement devrait se transformer en un « *développement qui réponde aux besoins des générations actuelles sans compromettre la capacité des générations futures à satisfaire leurs propres besoins* ». De fait, les risques associés à un processus de croissance insoutenable n'étaient encore perçus à l'époque que comme un danger lointain et abstrait. Néanmoins, de fausses attentes, des politiques inappropriées et des comportements néfastes ont continué de prévaloir, transformant les risques lointains en un danger immédiat. Le désastre, en fait, n'est plus pour les générations à venir, mais pour nous tous, dès à présent !

La population mondiale a plus que doublé au cours d'une simple vie alors que les ressources diminuent inexorablement

Nous avons tous été témoins de la détérioration rapide de notre environnement au cours des dernières décennies et, pour ceux de ma génération, nous avons vu la dégradation visible de la nature et des écosystèmes, alors qu'au même moment la population mondiale faisait plus que doubler et que les espèces vivantes rétrocédaient à un rythme accéléré. Je me souviens, quant à moi, du temps où la vie abondait sous les mers, avec partout des coraux et des poissons multicolores, alors que les fonds marins se transforment aujourd'hui progressivement en décharges publiques, couverts de plastiques et de cannettes, de plus en plus privés de vie et de couleurs. Je me souviens aussi de la beauté fascinante des jungles en Afrique et en Amérique Latine, débordantes de flore et peuplées d'espèces sauvages, qui sont aujourd'hui fauchées et détruites par les humains pour construire des routes, édifier des barrages, exploiter des mines, implanter des derricks, étendre des plantations et construire des villes au détriment des espèces vivantes (le même processus est en cours en Asie).

Certains pourraient dire que je suis un détracteur, romantique et nostalgique, du « progrès » et que le progrès - qui signifie croissance pour eux - est nécessaire pour sortir la majeure partie de la population mondiale de la pauvreté. J'admettrais volontiers que je suis un incorrigible idéaliste et nostalgique de la nature sauvage, mais je suis en total désaccord avec cette perception du progrès. L'osmose profonde avec la nature a été depuis des millénaires une dimension essentielle du bien-être humain et même de la spiritualité. Détruire cette dimension constitue une agression contre notre propre essence. La nature et les milieux sauvage sont fondamentaux pour notre équilibre physique et spirituel. Ce n'est pas là une question de romantisme, quoique le romantisme fasse partie de notre capacité d'ensemble à pouvoir nous approcher du bonheur. D'un point de vue strictement matérialiste la nature et les milieux sauvages ne sont pas moins essentiels, car ils offrent encore les conditions de survie dont dépend une grande partie des pauvres dans le monde. Détruire la nature non seulement nous prive de ressources pour toutes sortes de produits - allant de la nourriture aux médicaments - mais oblige aussi les populations les plus vulnérables du monde à trouver d'autres moyens de survie à la marge des grandes exploitations et dans les bidonvilles.

La perception que les gens ont de l'écologie en général, et des écologistes en particulier, est fortement biaisée de nos jours par l'image que les grandes entreprises, les lobbies, les agences de communication et les médias diffusent partout de façon quotidienne. Être écologiste ou s'affirmer comme « vert » sont décrits comme le produit d'une attitude réactionnaire et d'un comportement rétrograde par opposition aux « progrès » et aux avancées infinies que la science et la technologie offrent aujourd'hui. Le « vert », cependant, revêt un caractère positif et populaire aux yeux des grandes entreprises quand il s'agit d'affaires, de la promotion d'énergies nouvelles ou du développement de nouvelles lignes de production respectueuses de l'environnement. La défense de la nature et le développement de produits soucieux de l'environnement sont devenus un argument de vente promu par les agences de publicité tant que cela n'affecte pas la manière dont les entreprises exploitent les ressources naturelles et font des profits.

Néanmoins, les mouvements écologistes et les partis politiques qualifiés de « verts », y compris les personnes sensibles à la détérioration de l'environnement, sont aujourd'hui perçus comme les ennemis d'un monde axé sur la croissance et dominé par les transnationales. L'image de l'écologiste diffusée par la propagande des entreprises à travers les médias et les agences de communication est au mieux celle d'un amoureux des espèces en voie de disparition et au pire celle d'un dangereux terroriste. D'un côté la dérision est utilisée pour projeter l'image de personnes émotives, soucieuses de la protection des bébés phoques, des gorilles et des éléphants, peintes comme des sortes de hippies des temps modernes, sensibles à la survie d'espèces en voie de disparition. Mais, d'un autre côté, la crainte est inoculée dans le corps social et exploitée méthodiquement en vue de criminaliser l'image et le comportement d' activistes engagés dans des actions provocatrices visant à attirer l'attention des gens sur l'extension incontrôlée des OGM [159] , sur les risques liés à l'usage de l'énergie nucléaire, sur l'extermination des baleines ou sur l'expansion de l'industrie pétrolière dans l'Arctique, tous présentés comme de dangereux terroristes, voire des pirates (tels que l'équipage de l' Artic Sunrise, de Greenpeace , en septembre 2013, pour sa tentative de sensibiliser les gens à propos des activités de forage de Gazprom dans l'Arctique). La criminalisation systématique de toutes les initiatives attentatoires aux profits des grandes entreprises mondiales, de pair avec la popularisation de l'image du « *terroriste* », sont devenus la forme la plus courante de la propagande d'entreprise diffusée pour discréditer les activistes environnementaux, une pratique relayée par les médias et par l'industrie hollywoodienne, comme je l'analyserai dans la troisième partie de ce livre.

Aujourd'hui, les gens sont très confus quant aux perspectives possibles d'un cataclysme à venir. Ils sont témoins de la dégradation constante de notre environnement et sentent confusément que nous ne pouvons pas continuer à épuiser indéfiniment nos ressources naturelles. Ils sentent également que ce processus ne pourra se poursuivre indéfiniment et que quelque chose se produira ou devra être fait dans l'avenir. Mais ils sont également réticents à changer leurs comportements - pour ces consommateurs gratifiés par leur condition socio-économique ou ceux-là ne désirant pas changer leurs aspirations - mais également pour tous ces gens - la grande majorité - qui n'ont jamais goûté aux addictions de la consommation. Ils croient également que la science et la technologie résoudront tout, comme le répètent inlassablement les grandes entreprises et les médias. Je reconnais personnellement que les chances de modifier ces attitudes sont très limitées, même si nous faisons de notre mieux pour changer nos aspirations et nos comportements. Néanmoins le changement des comportements ne surviendra pas spontanément, mais sera plus probablement imposé par le désastre qui s'annonce (en fait par les catastrophes multiples et interconnectées qui se produiront vraisemblablement dans les années à venir).

Les gouvernements sont aveugles et refusent d'admettre que notre maison brûle

L'attitude générale et l'inaction de nos gouvernements face à ce péril imminent est impardonnable et, j'oserais ajouter, criminelle. Ils savent tous que le problème est là et qu'il est nécessaire d'agir. Mais ils sont incapables de le faire ou refusent de l'envisager, parce que nous avons un immense problème de « gouvernance » (une expression pratique et à la mode, je l'admets, développée au cours des dernières années par de nombreux économistes pour recommander des mesures dans des domaines où ils sont la plupart du temps incompétents, à savoir : les domaines touchant aux processus de décision politique).

J'essayerai de trouver des réponses à ce problème dans la troisième partie de cet ouvrage, mais je me contenterai pour le moment de souligner, à ce stade, les principales caractéristiques de ce problème de « gouvernance » :

En premier lieu, nous avons des constitutions et des systèmes politiques hérités du dix-huitième siècle, et même plus tôt, qui sont totalement incapables de canaliser les aspirations fondamentales des citoyens et de les convertir en des politiques claires et consensuelles. Les classes politiques associés à ces systèmes ont tendance à reproduire les vieux schémas mentaux, à se référer à des grilles idéologiques obsolètes et à s'accrocher au pouvoir.

En deuxième lieu, les gouvernements et les dirigeants politiques sont obsédés par les problèmes immédiats et par les tendances de la conjoncture. L'immense majorité d'entre eux n'a aucune vision de quelque ordre que ce soit, ni aucun courage et capacité à anticiper les événements et à planifier l'avenir. Ils sont vissés sur leurs sièges de conducteurs et incapables de voir par-delà leurs parebrises.

En troisième lieu, les gouvernements sont totalement soumis à, ou influencés par les intérêts des grandes entreprises et par leurs innombrables lobbies. Les processus de prise de décisions reflètent toujours les intérêts des grandes entreprises et de la nouvelle classe privilégiée qui s'est développée dans le sillage de la mondialisation. Quelles que soient les circonstances et le problème, les décisions politiques reflètent toujours en fin de course les exigences des intérêts dominants, comme un pendule qui retourne toujours à sa position d'équilibre.

En raison de ce qui précède, et malgré les avertissements répétés de la communauté scientifique, rien n'a été fait, ou très peu, pour prévenir les catastrophes à venir.

La première alerte vint du Club de Rome [160] avec la publication en 1972 d'un fameux rapport intitulé « Les limites de la croissance », une étude confiée au Massachussetts Institute of Technology (MIT) pour explorer les conséquences possibles à long terme d'un processus de croissance incontrôlé, tel que nous pouvions déjà en être témoins à cette époque [161]. L'étude présentait un certain nombre de scenarios porteurs d'interrogations pour l'avenir de notre monde, élaborés sur la base d'un modèle informatique de dynamique des systèmes pour simuler les interactions de cinq sous-systèmes économiques mondiaux, à savoir : la population, la production alimentaire, la production industrielle, la pollution et la consommation des ressources naturelles non renouvelables. Il avertit dès cette époque en des termes alarmants que la croissance deviendrait insoutenable au cours du vingt-et-unième siècle. Le rapport sur « Les limites de la croissance » coïncida avec les premiers signaux envoyés par la crise pétrolière de 1973, qui n'était pas encore perçue à l'époque comme un symptôme du déclin inexorable de nos ressources énergétiques, mais qui donna jour néanmoins aux premières initiatives pour promouvoir les économies et les substitutions d'énergie. Ce rapport coïncida également avec la Conférence des Nations Unies sur l'environnement (Stockholm, 1972), qui constitua la première grande conférence tenue pour discuter des questions de durabilité à l'échelle mondiale [162].

Cependant, rien de vraiment nouveau n'arriva avant 1987, lorsque le rapport de la Commission mondiale sur l'environnement et le développement [163] fut publié, attirant à nouveau l'attention sur la non-durabilité de notre mode de croissance. Le rapport fournit alors un diagnostic complet de l'état de l'environnement et sensibilisa le monde sur l'accélération des processus de détérioration de l'environnement et de destruction des ressources naturelles. Ceci ouvrit la voie au Sommet de la Terre (Rio de Janeiro, 1992) qui posa les fondements d'un développement mondial durable. Le Sommet de la Terre adopta la Déclaration de Rio sur l'environnement et le développement (contenant 27 principes de développement durable) et l'Agenda 21 (arrêtant des actions en matière de développement durable, de conservation et de gestion des ressources naturelles, etc.). Trois instruments clé pour la gouvernance de l'environnement furent créés : la Convention-cadre des Nations Unies sur le changement climatique (CCNUCC), la Convention sur la diversité biologique (CDB) et un énoncé de Principes sur les forêts.

Le Sommet de la Terre de 1992 peut être considéré comme la première tentative réelle d'aborder globalement la question du développement durable ou, en d'autres termes, la question de la non-viabilité de l'ensemble de notre mode de croissance. Il matérialise le premier effort entrepris pour sensibiliser les chefs d'État et de gouvernement et pour les engager à soutenir collectivement un ordre du jour mondial en vue de protéger la Terre. L'ordre du jour adopté lors du Sommet a joué un rôle déterminant dans l'élaboration d'une approche mondiale pour faire face aux principales menaces qui furent alors identifiées. Outre des politiques et des stratégies visant à préserver l'environnement dans toutes sortes de domaines, deux grandes conventions furent signées et mises en œuvre dans les années suivantes : celle qui porte sur le changement climatique (CCNUCC) et celle qui vise à protéger la biodiversité (CDB). Néanmoins, et en dépit de tous ces efforts, très peu de choses ont été faites pour prévenir concrètement le désastre qui s'annonce. Comme le déclarait le président français Jacques Chirac, dix ans plus tard, lors du Sommet mondial pour le développement durable

(Johannesburg, 2002) : " *Notre maison brûle et nous regardons ailleurs* ".

Les limites de la croissance sont chaque jour plus proches tandis que l'urbanisation sauvage génère des risques croissants

Protéger notre environnement, préserver nos ressources naturelles et sensibiliser les décideurs sur la façon dont nous détruisons notre planète n'a pas débouché jusqu'à présent sur un mode de développement plus sain et plus durable. De plus, la menace du changement climatique s'est transformée en un danger majeur pour l'avenir de l'humanité, en dépit des avertissements répétés émis par la communauté scientifique et les multiples conférences tenues sous les auspices des Nations Unies. Le développement devient chaque fois plus insoutenable et les perspectives de survie de l'homme de moins en moins garanties suite de notre mode de croissance à caractère malsain. Vingt ans après la publication des « Limites de la croissance » (à savoir, en 1992) les auteurs de l'étude nous mettaient une nouvelle fois en garde dans un nouveau livre intitulé « Au-delà des limites », signalant que dans de nombreux domaines nous avions déjà dépassé nos limites (« *overshot* »). Dans leur « Mise à jour après 30 ans » [164] (à savoir, en 2002) les mêmes auteurs nous mettaient à nouveau en garde en signalant que l'humanité était dans un état de dangereux dépassement (« overshot »).

La plupart des scénarios présentés dans « Les limites de la croissance» se traduisent par un *dépassement* et par un *effondrement* des capacités de notre système suite à l'épuisement des ressources, aux pénuries alimentaires, au déclin industriel ou à une combinaison de ces ou d'autres facteurs. Dans le scénario *tendanciel* la croissance s'arrêterait et régresserait brusquement au cours des premières décennies du vingt-et-unième siècle, suite à l'orientation du capital vers l'extraction de ressources naturelles de plus difficiles à obtenir, ce qui conduirait à désinvestissement dans le secteur industriel et à un déclin dans les autres secteurs. Aux alentours de 2030 la population atteindrait un pic et commencerait à décliner, suite à la pénurie d'aliments et à la dégradation de la santé [165]. Au total, et comme déjà souligné dans le chapitre 1, nous sommes dans une impasse, car la croissance ne peut se poursuivre indéfiniment [166].

Le plus grand obstacle sur la voie d'un processus de développement à caractère sain et durable reste évidemment la croissance de la population. Comme souligné dans le chapitre 1, la population mondiale a cru de manière exponentielle, avec doublement tous les 240 ans vers 1650, tous les 100 ans vers 1900 et tous les 45 ans à présent. Nous avons aujourd'hui 7,2 milliards d'habitants dans le monde et nous allons très probablement atteindre les 9,3 milliards d'habitants vers 2050, en dépit de la baisse des taux de fécondité. La majeure partie de l'augmentation projetée devrait avoir lieu dans quelques pays à taux de fécondité élevés, principalement en Afrique, ou dans des pays déjà dotés de larges populations [167]. En dépit des politiques et des mesures mises en œuvre dans le monde pour ralentir la croissance de la population aucun ralentissement significatif n'est à prévoir dans les prochaines décennies en raison des attitudes et des comportements sociaux et des mauvaises conditions économiques qui prévalent dans une grande partie du monde en développement. Entre 2015 et 2050, la moitié de la croissance démographique mondiale devrait se concentrer dans neuf pays dont l'Inde, le Nigéria, le Pakistan, la République démocratique du Congo et l'Éthiopie. La Chine et l'Inde devraient rester les deux pays les plus peuplés du monde, avec plus d'un milliard d'habitants, mais l'Inde devrait dépasser la Chine vers 2022 et le Nigeria les États-Unis vers 2050.

En plus de la croissance démographique, l'exode rural et l'urbanisation sont en train de changer radicalement la face de la Terre. L'exode rural qui résulte de l'extension des grandes propriétés, de la marginalisation de l'agriculture traditionnelle, de facteurs climatiques et de l'attraction exercée par les villes dépeuple les zones rurales et contribue à l'expansion continue des zones urbaines. Aujourd'hui 54,0 % de la population mondiale vit en milieu urbain contre 30,0 % en 1950. Les projections tendent maintenant vers un taux d'urbanisation de 66,0 % en 2050 [168] . Les régions les plus urbanisées incluent à présent l'Amérique du Nord (82,0 %), l'Amérique Latine (80,0 %) et l'Europe (73,0 %), mais vers 2050 l'Afrique et l'Asie devraient atteindre des taux d'urbanisation de 56,0 % et de 64,0 % respectivement. En termes absolus, la population urbaine dans le monde est passée de 746 millions de personnes en 1950 à 3,9 milliards de personnes en 2014 et les projections indiquent que 2,5 milliards de personnes de plus vivront dans des zones urbaines vers 2050, dont près de 90,0 % de cette augmentation concentrée en Asie et en Afrique. Trois pays - l'Inde, la Chine et le Nigeria - devraient être responsables à eux seuls de 37,0 % de la croissance projetée entre 2015 et 2050.

Le développement exponentiel de l'urbanisation, de pair avec l'industrialisation, engendre des situations de plus en plus insoutenables pour les personnes qui vivent dans les zones concernées. Il y a aujourd'hui dix mégalopoles de plus de 10 millions d'habitants dans le monde, dont Tokyo (38 millions d'habitants), Delhi (25 millions), Shanghai (23 millions), Mexico City, Mumbai et Sao Paulo (autour de 21 millions chacune). Vers la fin de 2030, les projections indiquent que le monde aura quelques quarante et une méga-villes de plus de 10 millions d'habitants, dont   Tokyo (37 millions d'habitants) et Delhi (36 millions). Cependant, les agglomérations urbaines appelées à croître le plus rapidement devraient être des conurbations de moins d'un million d'habitants situées en Asie et en Afrique [169] . Offrir un logement adéquat, un accès à l'eau potable, un assainissement approprié, de l'éducation et de la santé à toutes ces gens est déjà un défi quotidien, pour ne pas dire un cauchemar, pour les pays les plus pauvres. Cette situation, combinée au chômage et à la criminalité, crée un cocktail explosif, principalement dans les bidonvilles environnants où les populations les plus pauvres sont condamnées à survivre.

La pollution engendrée par l'homme empoisonne l'atmosphère, la terre, l'eau et les océans

Alors que l'asphalte, le béton, l'acier, le verre, le plastique et d'autres matériaux de construction envahissent la Terre [170] , la pollution empoisonne l'ensemble de notre planète. La pollution contamine l'atmosphère, comme nous l'avons déjà souligné, mais aussi la terre et l'eau. L'air est de plus en plus contaminé par les industries, les transports et les logements qui dépendent lourdement de nos jours du pétrole et de ses dérivés pour fonctionner (fabrication, transport, chauffage, etc.). Au cours des deux siècles passés, la combustion de pétrole, de charbon, de gaz et la transformation industrielle de toutes sortes de produits et de matériaux n'ont cessé de détériorer l'atmosphère à travers l'émission de tous types de gaz et de substances qui détériorent l'air (dioxyde de carbone, monoxyde de carbone, dioxyde de soufre, métaux, produits chimiques, particules, etc.). L'utilisation à grande échelle des voitures et autres moyens de transport basés sur le moteur à combustion ont encore davantage empoisonné l'atmosphère au cours du vingtième siècle (dioxyde de carbone, gaz toxiques et particules principalement). Un nombre croissant de grandes villes souffrent de la contamination de l'air, comme Londres (le « smog ») et Paris (les particules) en Europe, Mexico en Amérique Latine, Delhi et Pékin en Asie et beaucoup d'autres. Des règlementations ont été mises en place pour contrôler le trafic et les émissions en vue de réduire les rejets de particules qui affectent gravement la santé (maladies respiratoires, en particulier). Cependant, le plus intangible et invisible danger reste l'émission massive et constante de dioxyde de carbone, qui génère du gaz à effet de serre qui pourrait totalement détruire notre système climatique dans l'avenir, comme nous l'analyserons plus loin.

Ce faisant, la terre est contaminée par trois principales sources : l'agriculture, l'industrie et les habitats humains. L'utilisation massive d'engrais et de pesticides a contribué de manière significative à la dite « *Révolution verte* » vers la fin du vingtième siècle, mais l'usage excessif et la mauvaise utilisation de ces substances détériore aussi considérablement l'environnement. Suite à leur usage excessif et inapproprié les sols se dégradent, les eaux se contaminent et la faune comme la flore se voient menacées. L'industrie est aussi une source majeure de contamination pour la terre : directement, avec le rejet permanent de déchets minéraux, chimiques, radioactifs et organiques dans la nature et indirectement avec l'accumulation de tous types de déchets issus du cycle « *production-consommation-destruction* » (y compris les voitures usagées, les appareils ménagers hors d'usage, les emballages plastiques, etc.). L'accumulation de déchets est également étroitement corrélée avec l'extension des habitats humains qui génèrent de grandes quantités de déchets et d'ordures provenant des activités humaines. L'accumulation des déchets et des ordures est devenue un problème social majeur dans de nombreuses zones métropolitaines car elle engendre d'énormes problèmes sanitaires et de santé lorsqu'elle n'est pas correctement maîtrisée.

La pollution de l'eau est de nos jours une autre source importante de préoccupation. Les rivières sont de plus en plus contaminées en dépit des politiques formulées et des mesures adoptées au cours du siècle passé. Les industries et les habitats humains sont sans aucun doute responsables de la grande quantité d'effluents non traités qui contamine l'eau, y compris l'évacuation d'eaux usées par les installations industrielles, le rejet d'eaux d'égout non traitées dans les zones urbaines et ainsi de suite. La pollution non seulement tue la vie dans les rivières et réduit les stocks de pêche, mais engendre également une pénurie d'eau potable ainsi que des problèmes sanitaires et de santé, particulièrement pour les gens pauvres qui dépendent des rivières pour accéder à l'eau potable. Dans certaines parties du monde, la contamination des rivières et des fleuves a atteint des niveaux critiques, comme dans le Gange, en Inde. Cependant, le même phénomène se répand également dans les baies maritimes partout dans le monde. L'eau de mer est de nos jours gravement polluée dans toutes les régions où l'industrie et les habitats humains se sont concentrés. C'est particulièrement vrai pour les baies situées au bord des grandes zones métropolitaines, comme la baie de Guanabara à Rio de Janeiro, au Brésil. Cependant, la pollution ne se développe pas seulement le long des côtes. Elle touche aussi la haute mer, qui est de plus en plus affectée par le dégazage et le naufrage des pétroliers, par les fuites des plates-formes pétrolières, par l'accumulation d'emballages plastiques dans certaines parties des océans (le dit « *sixième continent* » au milieu du Pacifique) et ainsi de suite.

Les ressources naturelles sont exploitées au-delà de leur capacité de régénération

L'expansion sans fin de nos villes et de nos mégalopoles, l'épuisement continu de nos ressources naturelles, la destruction incessante de nos écosystèmes et l'élimination croissante de nos espèces naturelles mettent aujourd'hui en péril la simple survie de notre planète. La déforestation, en particulier, prend une dimension alarmante dans le monde [171], tout particulièrement dans les régions où les forêts sont détruites à grande échelle entraînant des émissions massives de gaz à effet de serre. Lorsque les forêts diminuent, leur fonction en tant que puits de carbone diminue d'autant [172]. C'est le cas en particulier des forêts tropicales qui sont de plus en plus menacées par le processus d'industrialisation et d'urbanisation. En tête de liste nous avons la forêt amazonienne qui est de plus en plus menacée et détruite par la construction de routes et de barrages, le forage de puits de pétrole, le développement de grandes plantations, l'implantation de colonies de peuplement et ainsi de suite [173]. Toutefois, il existe beaucoup d'autres forêts tropicales dans le monde qui ne sont pas aussi grandes que la forêt amazonienne mais qui jouent également un rôle important pour l'ensemble de l'équilibre écologique de la planète. C'est le cas des forêts d'Asie du Sud-Est qui sont en particulier menacées par le développement de la culture du palmier à huile (c.-à-d. l'Indonésie, etc.) et des forets de l'Afrique subsaharienne qui offrent un habitat à de nombreuses espèces vivantes. Toutes ces forêts sont les « poumons de la Terre », dans le sens où elles contribuent à notre équilibre écologique d'ensemble. La disparition progressive des forêts, qui provoque également la destruction simultanée de la faune, de la flore et de la biodiversité - d'une grande valeur pour l'humanité - constituent une menace globale pour l'ensemble du monde.

La désertification engendrée par l'homme et les sécheresses liées à l'activité humaine affectent aussi une part croissante de la planète. De plus, la désertification et les sécheresses sont très vraisemblablement susceptibles d'être exacerbées par le réchauffement global et le changement climatique qui en résulte. Le processus de désertification et la récurrence des sécheresses dans de nombreuses régions du monde sont le produit de transformations complexes mettant en jeu l'excessive pression exercée par les humains sur l'environnement à travers les cultures et le surpâturage, la déforestation et l'usage de l'eau par-delà les capacités de régénération, de pair avec l'incidence des précipitations, le changement des régimes climatiques et ainsi de suite. La désertification se combine aux sécheresses et affecte gravement le continent africain, tout particulièrement la zone du Sahel où le désert progresse à un rythme accéléré et où les rivières et les lacs tendent à disparaitre (le lac Tchad en particulier).Toutefois, ce processus ne se limite pas à l'Afrique car il s'étend sur le continent américain (le long de la cordillère des Andes et en Californie vers le nord), sur le continent asiatique (extension du désert de Gobi en Mongolie) et en Australie. De plus, les sécheresses menacent également les pays tempérés d'Europe en conséquence du réchauffement de la planète. Le sud de la France, par exemple, souffre de plus en plus de sécheresse.

La gestion des ressources en eau devient de plus en plus une question cruciale suite à la pression croissante exercée par les humains sur les ressources et suite à la détérioration continue des eaux. Les ressources en eau douce, d'un côté, sont d'une part limitées et régressent par ailleurs sous l'effet de la fonte des glaciers, de l'irrégularité ou de l'insuffisance des pluies, de l'épuisement des eaux souterraines et d'autres facteurs connexes. D'un autre côté, et comme souligné plus haut, les eaux sont de plus en plus contaminées. La demande croissante d'eau douce engendrée par la consommation humaine ainsi que par l'activité industrielle et, par-dessus tout, les usages agricoles créent de plus en plus de tensions entre l'offre et la demande [174] . Ce « *stress hydrique* » affecte déjà économiquement et socialement des régions entières comme la Californie en Amérique du Nord ou la Palestine au Proche-Orient et engendrera très probablement des tensions socio-politiques et même des conflits armés dans différentes parties du monde (l'usage du réservoir d'eau que recèle l'Himalaya pourraient devenir une sérieuse cause d'affrontement entre l'Inde et la Chine dans les décennies à venir). Entre-temps, le stress hydrique affecte aussi gravement la nature et la faune, comme déjà souligné plus haut.

Des dizaines de milliers d'espèces vivantes sont en train de disparaitre de la surface de la planète

La relation entre l'homme et la nature en général, et avec la faune en particulier, qui fut harmonieuse pendant des millions d'années, se détériore à présent à un rythme accéléré. Les humains chassaient et pêchaient pour satisfaire leurs besoins ; et c'est tout. De nos jours ils broient la nature de deux façons : en premier lieu, en détruisant les habitats naturels de toutes les autres espèces vivantes et, en deuxième lieu, en exterminant directement un nombre croissant d'espèces. La mécanisation de l'agriculture, l'expansion de l'industrie, l'extension de l'habitat urbain et la pollution de l'environnement détruisent continuellement l'habitat naturel de milliers d'espèces dont la survie est menacée [175] . Lorsque les espèces vivantes perdent leur habitat naturel elles meurent et disparaissent tout simplement ; un processus qui s'est accéléré au cours des dernières décennies [176] . L'extermination directe et incontrôlée menace également un nombre croissant d'espèces sauvages, allant des baleines aux éléphants, en passant par les phoques et les requins. La chasse et la pêche commerciales ainsi que le trafic d'animaux (peaux et cornes) constituent également une menace majeure pour la survie de nombreuses espèces vivantes (p. ex., l'ivoire et la traite des fourrures). La pêche industrielle affecte aussi gravement nos ressources piscicoles car les stocks sont exploités au-delà de la capacité de régénération des ressources (par exemple la morue, l'aiglefin, le thon, le saumon, le homard, le poulpe, etc.).

Cependant, et par-delà les espèces menacées, c'est toute la biodiversité de notre planète qui est en danger aujourd'hui. Les ressources biologiques sont une richesse aussi importante et sensible que les ressources minérales. Nous ne sommes pas conscients de cela car ce capital semble éternellement renouvelable, ce qui n'est plus le cas. Dans beaucoup de domaines cette richesse est en train de fondre, comme dans les forêts tropicales où de nombreuses flores et espèces vivantes sont en train de disparaitre, privant par exemple les industries pharmaceutiques de substances importantes pour l'élaboration de médicaments. La destruction de la biodiversité découlant de la progression de notre soi-disant civilisation nous prive d'immenses possibilités dans le domaine de la médecine et dans bien d'autres domaines. Elle détruit en outre l'habitat naturel de millions d'espèces vivantes et débouche sur la destruction de notre environnement dans son ensemble, un environnement fait d'une combinaison complexe de vie, d'éléments et de forces qui peuvent être mis en danger si nous n'en prenons pas soin correctement.

En raison de ce nous venons de décrire nous détruisons à un rythme accéléré la Terre et les ressources qui nous maintiennent en vie. Nous anéantissons en fait notre capital environnemental et nous scions la branche sur laquelle nous sommes tous assis. Nous n'épuisons pas seulement nos ressources non renouvelables, mais nous exploitons aussi nos ressources renouvelables au-delà de leur capacité de régénération. Pour suivre et pour illustrer ce danger le Fonds mondial pour la nature (WWF) a élaboré un indicateur qui mesure l'empreinte écologique des humains sur notre biocapacité [177]. Les résultats des mesures correspondantes sont alarmants : notre demande en ressources écologiques renouvelables et en biens et services qui en dépendent est maintenant équivalente à plus de 1,5 planètes Terre [178]. Depuis les années 1990, nous avons atteint le seuil du « *dépassement* » dès le neuvième mois de l'année. Nous exigeons plus de ressources renouvelables et de séquestration de CO_2 que la planète ne peut en fournir sur une année entière ! Cependant, ceci est une moyenne. Les contributions au *dépassement* écologique global varient selon les pays. En fait, si nous vivions tous selon le mode de vie typique d'un citoyen des États-Unis nous aurions besoin de 3,9 planètes pour satisfaire notre demande, ce qui illustre une fois de plus qu'il serait insensé d'extrapoler le mode de consommation occidental au reste du monde. Comme le souligne le Fonds mondial pour la nature : les conséquences de tout cela ce sont des stocks de ressources déclinants et une accumulation de déchets plus rapide que leur rythme d'absorption ou de recyclage, comme l'accroissement de la concentration de carbone dans l'atmosphère qui est désormais responsable de 53,0 % du total de notre empreinte écologique.

Au total, nous seulement nous détruisons nos ressources et la nature, non seulement nous contaminons et dégradons notre environnement, non seulement nous exterminons des dizaines de milliers d'espèces vivantes et édifions un monde insoutenable , mais nous jouons aussi aux apprentis sorciers en réchauffant notre atmosphère, en déréglant nos régimes climatiques et en donnant corps à une série de catastrophes récurrentes qui frapperont et tueront des millions de personnes dans les années à venir et déclencheront des troubles généralisés sur l'ensemble de la planète.

*Le dérèglement climatique est une menace mondiale
qui deviendra bientôt totalement hors de contrôle*

Le dérèglement climatique est un problème mondial complexe mettant en jeu une large gamme de facteurs, tous liés entre eux et pour la plupart d'entre eux liés à l'activité humaine. L'influence de l'homme sur le climat - la dimension *anthropique* du phénomène - a pendant longtemps été niée par la plupart des acteurs économiques et même par certains éminents scientifiques dont l'intégrité intellectuelle pourrait être mise en doute. Les grandes entreprises du secteur de l'énergie ainsi que les lobbies qui les servent se sont montrés extrêmement agressifs à cet égard, diffusant l'idée selon laquelle le changement climatique serait un phénomène naturel ou même qu'il n'existerait pas du tout [179] ! Les gouvernements de leur côté ont adopté une attitude laxiste, plus préoccupés par les retombées sur la croissance des mesures nécessaires pour contenir les gaz à effet de serre que par les catastrophes que le réchauffement global produira inévitablement tôt ou tard.

Le changement climatique est devenu un thème extrêmement conflictuel sur les terrains socio-politiques et socio-économiques, mais aussi sur la scène internationale. D'une part, les grandes entreprises sont réticentes si ce n'est franchement opposés aux mesures visant à contrôler les émissions de gaz à effet de serre. Cela va des entreprises extrayant le pétrole, le gaz et le charbon, directement responsables d'émissions de gaz à effet de serre, à un large éventail d'activités industrielles concernées par la réglementation des gaz à effet de serre, telles que, par exemple, l'industrie automobile. Le changement climatique soulève même l'opposition de secteurs tels que l'immobilier, quand l'aménagement du territoire et les règlements tiennent compte de risques tels que l'augmentation du niveau des mers et contrecarrent leurs ambitions commerciales. D'un autre côté, les pays en développement sont réticents à prendre des mesures de contrôle des émissions de gaz à effet qui limiteraient leur croissance, faisant valoir que les pays industrialisés sont les plus gros émetteurs de gaz à effet de serre, que ces derniers ont une responsabilité historique à assumer à cet égard et qu'ils devraient supporter la majeure partie du fardeau. De plus, les classes moyennes en expansion des pays émergents veulent également accéder rapidement à la consommation de masse, ce qui constitue un important facteur de pression sur les gouvernements concernés. À cet égard, la pression démographique de grands pays émergents tels que la Chine et l'Inde accroîtra par elle-même de façon significative les émissions de gaz à effet de serre. Au total, la réticence des acteurs économiques à vouloir freiner les émissions de gaz à effet de serre dans les pays d'industrialisation ancienne combinée à la demande croissante d'énergie et de marchandises dont sont porteuses les économies émergentes et leurs classes moyennes en expansion exacerbe la dégradation continue de notre système climatique.

Le changement climatique évolue à un rythme accéléré, comme en témoignent les rapports successifs du Groupe d'experts intergouvernemental sur l'évolution du climat (GIEC) [180]. Dans son premier rapport, en 1990, le GIEC affirmait que les activités humaines augmentaient les gaz à effet de serre dans l'atmosphère et que, si rien n'était fait pour corriger cette tendance, la moyenne de la température globale sur Terre pourrait croitre de 3 ° C et le niveau des mers augmenter de 65 cm d'ici la fin du vingt-et-unième siècle (par rapport à la période préindustrielle). Depuis lors, le GIEC a publié quatre nouveaux rapports (un tous les six ans en moyenne), qui réaffirment scientifiquement l'occurrence du changement climatique et confirment de manière catégorique la nature *anthropique* (liée aux activités humaines) du phénomène [181].

Chaque rapport du GIEC a été soumis à la Conférence des Parties (*Conférence Of Parties* ou COP en anglais) de la Convention-cadre des Nations Unies sur le changement climatique (CCNUCC) et chacun a débouché sur des conclusions, des recommandations et des initiatives à ce niveau. En 1992, en particulier, le premier rapport a servi de base pour l'adoption de la Convention cadre (CCNUCC), qui constitue depuis l'instrument international de base pour évaluer et traiter la question du changement climatique. En 1997, le deuxième rapport a servi de référence pour la négociation et l'approbation du Protocole de Kyoto, qui a fixé pour la première fois des limites aux émissions de gaz à effet de serre [182]. Le troisième rapport a confirmé en 2001 le phénomène du réchauffement de la planète et a attiré pour la première fois largement l'attention des médias et de l'opinion publique. Le quatrième rapport a servi de base aux négociations de la COP 15 à Copenhague (2009), qui n'a pas réussi à faire émerger un nouvel accord universel sur le changement climatique, suite aux divergences entre pays industrialisés et pays en développement, mais a néanmoins débouché sur un consensus pour limiter le réchauffement de la planète à 2 °C par rapport à l'ère préindustrielle. Le cinquième rapport, enfin, a servi de base aux négociations de la COP 21 tenue à Paris (2015), qui a débouché sur un accord universel pour contrôler le changement climatique, avec des objectifs ambitieux, mais dénués de tout engagement contraignant, comme nous l'analyserons plus loin.

Les gaz à effet de serre, comme nous le savons tous aujourd'hui, retiennent dans l'atmosphère une partie du rayonnement infrarouge provenant du soleil et réémis par la surface de la Terre, contribuant ainsi au réchauffement des terres et des océans. Les principaux gaz à effet de serre émis par l'activité humaine sont essentiellement le dioxyde de carbone (CO_2), le méthane (CH_4) et le protoxyde d'azote [183]. Le dioxyde de carbone et les émissions de méthane, en particulier, ont respectivement augmenté de 56,0 et de 17,0 % entre 1990 et 2011. Les principaux émetteurs de ces gaz sont les États-Unis et la Chine [184].

Au point où nous en sommes et sur la base des constatations du cinquième rapport du GIEC : « *Le réchauffement du système climatique est sans équivoque, et depuis les années 1950 nombre de changements observés sont sans précédent depuis des décennies voire des millénaires. L'atmosphère et l'océan se sont réchauffés, les quantités de neige et de glace ont diminué, le niveau de la mer s'est élevé, et les concentrations de gaz à effet de serre ont augmenté ».* Le rapport précise en outre que : « *Chacune des trois dernières décennies a été successivement plus chaude à la surface de la Terre que n'importe quelle décennie depuis 1850 »* (la moyenne mondiale de la température terrestre et océanique indique un réchauffement de 0,85°C au cours de la période allant de 1880 à 2012). Il précise également que : « Au *cours des deux dernières décennies, les couvertures de glace du Groenland et de l'Antarctique ont perdu de la masse, les glaciers ont continué de rétrécir dans le monde entier ».* Et il précise en outre que : " *Au cours de la période allant de 1901 à 2010, le niveau moyen mondial de la mer s'est élevé de 19 centimètres ".* En outre, il précise que : « *La concentration atmosphérique de dioxyde de carbone, de méthane et de protoxyde d'azote a cru à des niveaux sans précédent au cours des 800.000 années passées. Les concentrations de dioxyde de carbone ont augmenté de 40 % depuis l'ère préindustrielle, principalement en en raison des émissions de combustibles fossiles et accessoirement du fait des émissions résultant de l'usage net des terres. L'océan a absorbé environ 30 % des émissions anthropiques de dioxyde de carbone émise, provoquant l'acidification des océans ».*

Le cinquième rapport du GIEC avertit en outre que : « *La poursuite des émissions de gaz à effet de serre provoquera un réchauffement et des changements supplémentaires dans toutes les composantes du système climatique »* et souligne que : « *Limiter le changement climatique exigera des réductions substantielles d'émissions de gaz à effet de serre ».* Il nous met en garde à ce sujet en précisant que : « *La température mondiale à la surface pour la fin du 21 ᵉ siècle dépassera vraisemblablement de 1,5° C celles de 1850 à 1900 dans tous les scénarios RCP [185] , sauf dans le RCP 2.6 »* (elle pourrait même dépasser de 4,8 °C d'ici la fin du siècle si nous n'agissons pas maintenant !). Il nous avertit également que : « *Le contraste dans les précipitations entre régions humides et sèches et entre saisons humides et sèches augmentera* ». De plus, il nous met en garde en signalant que : « *L'océan mondial continuera de se réchauffer au cours du 21ᵉ siècle. La chaleur pénétrera de la surface jusqu'au fond de l'océan et affectera la circulation océanique* » tandis qu'« *Il est probable que la couverture de glace de la mer Arctique continue de se rétrécir et de s'amincir* ». Le rapport nous alerte aussi sur le fait que : « *Le niveau global de la mer continuera de monter au cours du 21ᵉ siècle* " (le niveau moyen mondial des mers pourrait même augmenter de 82 centimètres d'ici la fin du siècle par rapport au niveau de 1986-2005 si nous n'agissons pas radicalement contre le réchauffement climatique). Il ajoute en plus que : « *La plupart des dimensions du changement climatique persisteront pendant de nombreux siècles, même si les émissions de CO2 sont arrêtées* ».

Ce qui est en jeu, aujourd'hui, c'est la survie même de l'espèce humaine

En fait, et par-delà les formulations extrêmement, excessivement prudentes et diplomatiques du GIEC, ce qui est en jeu aujourd'hui ce n'est rien de moins que la survie de notre espèce et de notre monde si rien n'est fait pour réduire radicalement les émissions de gaz à effet de serre. Il faut noter que même si les émissions de gaz à effet de serre étaient totalement stoppées cela n'empêcherait pas le réchauffement global car les gaz à effet de serre continueront de se concentrer dans l'atmosphère au-delà du moment où les émissions s'arrêteraient (nous sommes face à un phénomène d'inertie). En outre, il y a un stade de concentration au-delà duquel le système climatique deviendra totalement incontrôlable et imprévisible, sans aucun moyen de le restaurer. Certains experts estiment que nous avons déjà dépassé ce stade [186]. Par conséquent, la question qui se pose maintenant n'est pas de savoir si le réchauffement climatique aura lieu ou non, mais plutôt de mesurer jusqu'à quel point et combien le réchauffement climatique sera dévastateur demain [187] .

Au total, il faut s'attendre à ce que le réchauffement mondial change considérablement les régimes climatiques, apportant sécheresse ou inondations dans de nombreuses régions du monde et multipliant les phénomènes météorologiques extrêmes comme les pluies torrentielles, les tempêtes, les tornades, les ouragans et ainsi de suite. L'inondation des côtes et la hausse du niveau de la mer menacera des centaines de millions de personnes vivant le long des littoraux de faible élévation (par exemple, la côte des Pays-Bas en Europe, les littoraux de l'Inde et du Bangladesh en Asie, etc., tout comme les grands deltas dans le monde) et sur les petites îles (par exemple, de nombreux États insulaires du Pacifique et des Caraïbes pourraient tout simplement disparaître de la surface du globe). Il faut s'attendre à ce que les activités agricoles, y compris les récoltes et le bétail, soient gravement affectées, ainsi que les activités liées à la pêche [188] . Les pénuries d'aliments et d'eau devraient augmenter ainsi que les problèmes liés à la santé, touchant d'abord les populations les plus vulnérables. Les écosystèmes seront en péril ainsi que de nombreuses espèces vivantes. Aucune région dans le monde ne sera épargnée bien que les pauvres et les populations vulnérables seront les plus exposés. Les émeutes et les affrontements civils se multiplieront très probablement tandis que les guerres pour le contrôle des ressources se développeront très vraisemblablement. Une nouvelle catégorie de réfugiés émergera et se déversera sur le monde : les réfugiés climatiques, qui créeront de nouvelles tensions dans les régions vers lesquelles ils fuiront.

Le désastre qui s'annonce est assurément en route et il a même commencé si nous déchiffrons correctement les nouvelles. De fait, il n'y a plus de jours sans températures extrêmes ou évènements météorologiques extrêmes dans le monde, plus de jours sans inondations et glissements de terrains, plus de jours sans tempêtes ou cyclones et plus de jours sans un nombre croissant de personnes directement ou indirectement frappées par ces calamités. L'année 2015 illustre cette tendance, montrant les types de catastrophes auxquels nous aurons de plus en plus à faire face dans un très proche avenir [189] : globalement, la température sur la Terre est la plus élevée jamais enregistrée depuis 1861 et le monde se situe maintenant à un degré Celsius au-dessus de la moyenne de l'ère préindustrielle. La température dans l'Arctique est de 2,8 °C au-dessus de sa moyenne au début du vingtième siècle. La masse des océans est toujours en expansion et le niveau moyen des océans a cru de 7 centimètres depuis 1993. La montée des océans est encore plus forte dans l'Océan Indien et dans le Pacifique, menaçant des millions de gens le long des côtes et sur les îles. Pendant ce temps-là, la calotte polaire et les glaciers continuent de fondre, alors que les sécheresses affectent chaque année des régions de plus en plus vastes (14,0 % de la surface du globe en 2015 contre 8,0 % en 2014), les feux de forêts prolifèrent, les pluies torrentielles gagnent en intensité provoquant des inondations, des glissements de terrain et d'autres catastrophes. Globalement, le taux de concentration de CO2 a atteint un niveau de 400 ppm en 2015, qui est de 50 ppm au-dessus de la limite critique établie par la communauté scientifique pour échapper à un changement climatique incontrôlé (c.-à-d. 350 parties par million).

L'opinion publique est maintenant largement sensibilisée sur la question du dérèglement climatique et les gouvernements ont commencé à aborder le sujet mondialement de façon plus proactive. Toutefois, nous sommes très loin de ce dont nous aurions besoin, à savoir : un plan mondial qui s'imposerait à tous les États et des mesures contraignantes pour éliminer les émissions de gaz à effet de serre et limiter la concentration de ces gaz dans l'atmosphère. L'accord universel conclu à Paris lors de la COP21 (2015) est sans aucun doute un succès psychologique pour tous ceux qui se sont battus pour que cette question soit traitée de toute urgence, mais il reste très loin de ce qui devrait être obligatoirement entrepris sur une base d'extrême urgence.

Grâce à l'accord de Paris les 195 États présents à la réunion de la COP 21 ont convenu de contenir le réchauffement climatique mondial bien au-dessous de 2º C et de limiter, « *si possible* », l'augmentation mondiale de la température à 1,5ºC (ceci comme concession symbolique et diplomatique aux petits États insulaires, considérée en fait comme irréaliste dans le contexte actuel des émissions de gaz à effet de serre). Presque tous les pays se sont engagés à réduire leurs émissions suivant différents volumes et selon un calendrier rendus publics lors de la conférence. Ils ont en outre convenu de réviser tous les cinq ans leurs contributions et d'entreprendre un dialogue pour la mise en œuvre de l'accord à partir de 2018. Cependant, tous ces engagements ne sont que de simples déclarations d'intentions non sanctionnées par un quelconque mécanisme. En outre, telles qu'elles se présentent en ce moment, les 187 contributions nationales annoncées lors de la conférence sont très loin de ce qui serait nécessaire pour faire face au danger à venir. Agrégées, telles qu'elles, l'ensemble de ces contributions conduiraient, en fait, à une augmentation mondiale des émissions de gaz à effet de serre d'environ 20,0 % entre 2010 et 2030 et amèneraient le monde vers un réchauffement global estimé à 3º C (alors que le GIEC recommandait une réduction des émissions allant de 40,0 % à 70,0 % avant 2050 pour atteindre un état de carbone neutre d'ici à la fin du siècle) ! De plus, ces contributions volontaires ne constituent pas des engagements formels, mais de simples intentions. L'accord n'entrera en vigueur qu'en 2020, quand 55 pays représentant au moins 55,0 % des émissions mondiales l'auront ratifié ou approuvé, alors que les contributions ne seront révisées qu'en 2025 et que les pays auront la possibilité de se retirer de l'accord avec seulement trois ans de préavis. Au total, nous sommes très loin du Protocole de Kyoto qui contenait des engagements contraignants, mais mourut face l'hostilité des principaux émetteurs de gaz à effet de serre (c.-à-d. La Chine, l'Inde et les États-Unis surtout).

Au stade où nous en sommes, une grande messe a été célébrée à la COP 21, pleine d'intentions généreuses, mais sans aucun engagement contraignant, sous quelque forme que ce soit, pour contenir sérieusement et drastiquement les émissions de gaz à effet de serre [190] . Les gouvernements sont retournés à leurs affaires courantes et à leurs agendas habituels, fermant les yeux sur l'inéluctable catastrophe qui se profile à l'horizon. Cette attitude, ce comportement, est plus qu'irresponsable : il est tout simplement criminel. L'accord de Paris représente certes un progrès vers la formulation d'une réponse universelle au réchauffement planétaire et à la destruction du climat, mais il restera lettre morte sans une pression colossale de la part de l'opinion publique et des organisations non gouvernementales, conscients eux du danger. Les gouvernements restent encore excessivement prisonniers de l'idéologie de la croissance et trop soumis à la pression des intérêts économiques pour prendre des mesures radicales. Seuls un processus sans concessions et une approche mondiale supranationale peuvent résoudre ce problème, comme j'y reviendrai dans la partie II de ce livre. En attendant, il est impératif de maintenir les gouvernements sous pression pour éviter un cataclysme majeur.

Deuxième partie

INVERSONS LES PRIORITÉS

> *« Toute personne a droit à un niveau de vie suffisant pour assurer sa santé, son bien-être et ceux de sa famille, notamment pour l'alimentation, l'habillement, le logement, les soins médicaux ainsi que pour les services sociaux nécessaires ; elle a droit à la sécurité en cas de chômage, de maladie, d'invalidité, de veuvage, de vieillesse ou dans les autres cas de perte de ses moyens de subsistance par suite de circonstances indépendantes de sa volonté. »*

> Déclaration universelle des droits de l'homme (Article 25)

Chapitre 5 - Répondons aux besoins fondamentaux

Comme nous l'avons maintes fois souligné dans les chapitres précédents, nous devons changer radicalement la trajectoire du vaisseau Terre si nous ne voulons pas qu'il s'écrase dans un proche avenir. Comme à bord du Titanic, nous écoutons tous négligemment l'orchestre pendant que le navire se dirige inexorablement vers sa fin. Si nous ne nous réveillons pas à temps et si nous ne changeons pas de cap nous coulerons tous avec lui. Nous devons reconsidérer notre route, nos buts et nos finalités. Nous devons revoir nos priorités ou, mieux encore, nous devons les *inverser*. Au lieu de poursuivre une croissance sans fin nous devrions nous concentrer sur les besoins humains. Au lieu de détruire notre planète, nous devrions au contraire le préserver. Au lieu de nous épuiser au travail nous devrions rebâtir des sociétés conviviales. Au lieu de soumettre nos économies à des prédateurs mondiaux nous devrions reconstruire notre autonomie.

Satisfaire les besoins humains est un vieux rêve qui s'est matérialisé bien au-delà du nécessaire pour les personnes les plus riches de la planète, qui est devenu une réalité pour les classes moyennes en général et que le capitalisme a promis de réaliser pour le reste de l'humanité. L'idée défendue par les cercles d'influence et acceptée par la plupart des gens était d'accroître *la taille du gâteau* pour que tout le monde reçoive une part de celui-ci, de telle sorte que les riches puissent en tirer avantage mais que les pauvres puissent au moins satisfaire leurs besoins les plus élémentaires [191]. La substance même de cette alchimie c'était la *croissance* et la croissance a réellement joué ce rôle dans la deuxième moitié du vingtième siècle, quand tout semblait encore possible en ce temps-là. Grâce à la croissance de nombreux pays sont devenus plus riches, de nombreux gouvernements ont investi dans les infrastructures, l'éducation et la santé, de nombreuses entreprises ont promu des innovations et de nouvelles lignes de production et beaucoup de gens ont accédé à la consommation de masse. Grace à la croissance également de nombreux gouvernements ont promu l'emploi et financé des systèmes de sécurité sociale de façon à ce que tout le monde puisse participer à l'activité économique et que personne ne soit laissé de côté du point de vue social.

Malheureusement pour les pauvres, et très vraisemblablement pour les classes moyennes, ce rêve est sur le point de s'achever car le monde, les ressources, les systèmes économiques et sociaux et l'humanité ne peuvent plus continuer de croître sans mettre en danger notre planète et notre survie même en tant qu'espèce humaine. Comme je l'ai analysé dans la première partie de ce livre, la croissance se trouve dans une impasse, car les conditions qui l'ont rendue possible vers le milieu du vingtième siècle n'existent plus. De plus, la croissance ne crée plus les emplois requis pour occuper pleinement une population en âge de travailler, en constante augmentation, ni les revenus associés au travail salarié. En outre, la croissance profite à une petite minorité qui s'enrichit sans cesse aux dépens du reste de l'humanité. Et finalement, mais surtout, la croissance détruit notre environnement et menace la Terre. Comme nous l'avons conclu dans la première partie de cet ouvrage, cela ne peut plus durer indéfiniment et cela se terminera tôt ou tard !

Laisser tomber la croissance ou, mieux, la larguer carrément ne devrait pas être seulement une exigence incontournable mais aussi un objectif impératif pour tous ceux qui se battent pour un monde meilleur. Jusqu'à présent aucun gouvernement, aucune grande entreprise, aucun cercle majeur d'influence ou même aucun intellectuel de renom n'a osé envisager cela et ni même lancé des initiatives à cet effet. Tous croient, dur comme fer, que la croissance est vitale pour promouvoir le développement économique et social, pour offrir un emploi à chacun, pour assurer l'éducation et la santé pour tous et pour protéger les plus défavorisés, quel que soit le régime politique, l'état de développement et le contexte culturel. Se débarrasser de la croissance exigerait définitivement une révolution culturelle car la croissance est rivée dans leurs cerveaux, tout comme le serait une drogue. Ils sont tous accros à la croissance car aucun d'eux ne saurait imaginer d'autres façons de résoudre nos problèmes, même s'ils sentent que la drogue n'agit plus comme avant. Cependant, pour changer la façon dont nous abordons le développement et notre quête du bonheur nous devons radicalement inverser les priorités, ce qui signifie donner la priorité aux besoins essentiels, à l'environnement, à la convivialité et à l'autonomie au lieu de les considérer comme de simples sous-produits du processus de croissance ou encore des aspirations purement exogènes.

Au stade où nous en sommes, le développement et le bien-être sont universellement considérés comme de simples sous-produits du processus de croissance : le développement et le bien-être sont perçus comme de simples retombées de l'activité économique et, inversement, seuls la croissance et l'activité économique pourraient engendrer le développement et le bien-être. Selon la pensée dominante, nous devons d'abord augmenter notre PIB et la taille de notre gâteau pour prétendre avoir plus d'hôpitaux, des enfant mieux instruits, moins de personnes confrontées à des difficultés et ainsi de suite. L'idée dominante derrière tout cela c'est qu'il faut promouvoir la croissance, d'abord et par-dessus tout, pour servir l'économie et distribuer l'excédent par la suite, une idée tout à fait conforme avec ce que le capitalisme cherche dans le monde entier. Selon cette vision, les sociétés devraient avant tout promouvoir la croissance et accorder la priorité à l'économie pour satisfaire leurs besoins grâce aux retombées que la croissance économique est censée leur apporter. Les États devraient en conséquence créer « l'environnement favorable » requis pour promouvoir la croissance et utiliser part des gains que les marchés génèrent pour faire face à la demande sociale.

Cette vision myope et bornée de nos sociétés et sur la façon dont elles devraient fonctionner subordonne tout progrès social à la croissance et à la gestion obsessionnelle de l'économie. Presque personne ne conçoit aujourd'hui que nos sociétés puissent être d'abord et avant tout organisées et développées sur la base de lignes et de priorités socio-politiques et que la façon dont fonctionnent nos économies devrait être totalement subordonnée à cet objectif global. Permettez-moi de souligner et de marteler une fois plus ce que je veux dire ici même : *les économies devraient servir les sociétés et non l'inverse.* Les économies devraient être structurées en fonction des objectifs et des priorités socio-politiques fixés par les sociétés respectives. Les économies ne devraient être que de simples instruments au service des sociétés, efficaces certes, mais rien de plus que de simples instruments. Pour simplifier la chose : *l'économie devrait servir les humains et non les humains l'économie.*

Cependant, donner la priorité aux objectifs socio-politiques et subordonner l'économie à ces objectifs ne signifie pas pour autant ignorer ou rejeter la croissance en tant que telle. La croissance se produira inévitablement dans des secteurs ou des domaines où des priorités seraient fixées et suivies. Si « un toit pour chacun » devenait une toute première priorité dans le monde, par exemple, la construction de logements se développerait inévitablement, de concert avec tous les secteurs et les activités associés à la construction de logements. Dans le domaine de l'environnement, par exemple, si les énergies renouvelables devaient être promues de toute urgence et à grande échelle toutes les activités et les secteurs industriels connexes monteraient en flèche. Inversement, si transport fondé sur la possession d'un véhicule privé ne devait plus constituer une dimension structurelle clé de nos sociétés, l'industrie des voitures privées régresserait inéluctablement. Dans le même esprit, si l'utilisation du pétrole et du gaz devait être abandonnée pour prévenir le dérèglement climatique toute l'industrie pétrolière devrait disparaître.

La croissance économique ou la décroissance se produiront inévitablement dans différents secteurs et dans différentes régions. Nous pourrions même être les témoins d'une stagnation (Oh l'horrible mot, de nos jours !) dans certains domaines, secteurs ou économies, ce qui ne serait en rien quelque chose de mal. Si les activités nuisibles pour le climat, l'environnement et l'humanité devaient régresser, alors que d'autres resteraient utiles pour le bien être de notre planète et pour le progrès de l'humanité, nous pourrions très bien connaitre une situation de croissance nulle (ou de *croissance zéro*), ce qui encore une fois ne serait en rien mal si le résultat s'avérait être positif pour tous. Il est fort probable que l'activité économique d'ensemble des économies dites avancées stagne ou même régresse si un déclin des activités nuisibles et une régression de la consommation de masse étaient envisagés, mais cela ne signifierait pas autant que les gens vivent moins bien (au contraire, les gens vivraient fort probablement mieux). Dans le monde en développement, l'immense effort pour satisfaire tous les besoins essentiels et promouvoir une vie meilleure induira très probablement des taux de croissance élevés s'il est poursuivi. Au total, les activités devraient partout croître, stagner ou régresser, selon les changements et les exigences. La croissance et la régression ne devraient donc être considérées que pour ce qu'elles sont : de simples indicateurs d'activité et rien d'autre. Mais la croissance en soi ne devrait plus être le but suprême de nos économies et de nos sociétés. Nous devrions nous débarrasser de ce genre d'obsession !

La satisfaction des besoins fondamentaux devrait devenir notre toute première priorité

Une fois admis que l'économie doive être un outil au service de la société, et rien de plus, viennent alors les objectifs universels que nous devrions nous fixer et la façon de les matérialiser. Ce qui nous vient d'abord de toute évidence à l'esprit c'est la satisfaction des besoins fondamentaux, en commençant par les plus indispensables à la vie et en finissant par le plus sophistiqués, à savoir : des aliments et de l'eau potable pour tous, un logement adéquat et de l'assainissement pour tous, des vêtements appropriés pour tous et l'éducation et la santé pour tous. À cette liste il nous faudrait ajouter trois besoins transversaux, qui ne sont pas des besoins fondamentaux, *stricto sensu,* mais des éléments nécessaires au développement harmonieux d'une société et au bon fonctionnement d'une économie : des infrastructures énergétiques, de moyens transports et des systèmes de communications adéquats.

Pour atteindre ces objectifs majeurs - objectifs que je qualifierais d'*universels* - des cibles devraient être définies et des indicateurs élaborés et suivis, comme cela fut le cas méthodiquement pour la mise en œuvre des Objectifs du millénaire pour le développement (2000-2015), qui eurent pour objet d'exhorter les gouvernements à s'attaquer à certains grands enjeux du développement tout en les laissant libres de mettre en œuvre des politiques à cet effet. Plus récemment, le Programme de développement durable à l'horizon 2030 a remplacé le cadre d'action précèdent, retenant 17 objectifs de développement durable à atteindre en 2030 (beaucoup d'entre eux en rapport avec les besoins fondamentaux tels que définis plus haut et chacun d'eux subdivisé en un grand nombre de cibles à atteindre) [192] . Bien qu'un peu trop ambitieux et pas assez focalisé (trop de cibles retenues de mon point de vue) le Programme de développement durable à l'horizon 2030 constitue un cadre de référence utile pour nous concentrer sur les besoins les plus critiques.

En prenant donc comme base le Programme de développement durable à l'horizon 2030 et les besoins universels fondamentaux tels que définis plus haut, des cibles devraient être arrêtées au niveau des pays et développés au niveau infranational (c.-à-d. au niveau des régions et d'autres subdivisions connexes, des villes, des zones urbaines voire des villages selon les cas) [193] . De telles cibles devraient être faciles à fixer et il devrait être aisé d'en assurer le suivi car un énorme travail a d'ores et déjà été accompli aux niveaux mondial et national pour les circonscrire ; de même, les statistiques nationales et mondiales ont déjà fait l'objet des développements requis pour mesurer ces cibles et en assurer le suivi grâce aux indicateurs s'y rapportant [194] .

Prenons, à titre d'illustration, les cibles les plus couramment retenues et leurs jeux d'indicateurs pour certains des grands objectifs universels proposés plus haut [195] :

L'objectif universel dénommé « *des aliments pour tous* », exigerait que l'on atteigne un ensemble de cibles connexes tels qu'un apport minimum de calories par personne, un apport minimum de protéines par personne et ainsi de suite, mesurés à travers une série d'indicateurs tels que le nombre ou de la proportion de personnes souffrant de sous-nutrition, le nombre d'enfants affectés par l'insuffisance pondérale, etc.

L'objectif universel dénommé « *de l'eau potable pour tous* » requerrait que chaque foyer ait un accès effectif et facile à l'eau potable et sa réalisation pourrait être mesurée à travers des indicateurs tels que le nombre ou la proportion de villages ou de communautés de base équipés d'installations pour le stockage et la distribution de l'eau, de foyers connectés au réseau d'approvisionnement en eau, de quantité d'eau potable disponible par personne, etc.

L'objectif universel dénommé « *l'assainissement pour tous* » exigerait que des installations sanitaires adéquates soient disponibles dans chaque foyer, ce qui requerrait que l'on atteigne des cibles en termes de systèmes d'évacuation et de traitement des eaux usées, de collecte et de traitement des ordures, etc., avec leurs indicateurs respectifs.

Et ainsi de suite pour les autres objectifs que je qualifie ici d'universels.

En fait, le Programme de développement durable à l'horizon 2030 identifie d'ores et déjà de telles cibles, mesurables à travers une large gamme d'indicateurs précédemment développés dans le sillage des Objectifs du millénaire pour le développement.

Certains des objectifs universels proposés plus haut, tels que : « *un logement pour tous* » ou « *des vêtements pour tous* » exigeraient nécessairement des normes géographiques ajustées, car le climat et la géographie ne sont évidemment pas les mêmes pour tout le monde. Les exigences en termes d'habitat et d'habillement sont totalement différents, par exemple, dans une région polaire ou froide, dans une contrée tempérée et dans une zone tropicale. Par conséquent les normes dans les domaines correspondants devraient être formulées au niveau national, voire infranational, pour répondre aux contraintes climatiques et géographiques, mais aussi pour refléter les coutumes et la culture des populations concernées.

A l'opposé, des objectifs universels tels que « *la santé pour tous* » et « *l'éducation pour tous* » devraient être poursuivis sur la base de normes identiques, dans le monde entier, car il n'y aurait pas de raison d'établir une quelconque discrimination entre les populations ou entre groupes au sein de celles-ci selon leur situation géographique, leur culture, leurs traditions, leur religion, leur sexe ou même leur état de développement. Une large palette de cibles et d'indicateurs existe déjà dans ces deux domaines et une abondante littérature est également disponible à cet égard. Parmi les multiples cibles visées dans les domaines en question figurent l'augmentation de l'espérance de vie, l'éradication de l'analphabétisme et l'accroissement des taux de scolarisation dans l'enseignement primaire et secondaire, pour ne citer que les plus connus.

Les besoins transversaux identifiés plus haut, comme « *des infrastructures énergétiques, de moyens transports et des systèmes de communications adéquats* », exigeraient nécessairement des approches spécifiques aux différents niveaux infranationaux car ils sont étroitement liés aux caractéristiques des habitats humains. Ces exigences sont étroitement liées à la façon dont nous concevons et administrons les territoires et les habitats humains. Les cibles dans ce domaine devraient tenir compte de la façon dont nous souhaitons être associés à notre environnement économique, social, culturel et naturel. Des normes à caractère universel ne sauraient donc être fixés dans ce domaine, à l'exception de l'accès universel à l'électricité et, autant que possible, l'accès universel à l'Internet et aux réseaux de téléphonie mobile. On pourrait imaginer une cible telle que chaque individu disposant d'un *smartphone* et d'une connexion au réseaux mondiaux de communication [196] , pour peu que les téléphones intelligents deviennent plus durables et endurables afin de prévenir l'épuisement de matières premières rares et de ne pas contribuer davantage à la pollution électronique.

Mais, encore une fois, l'objet de cet ouvrage n'est pas de fournir un catalogue de recettes pour satisfaire tous les besoins fondamentaux, ni d'élaborer une liste exhaustive des objectifs, des cibles et des indicateurs à cet effet. L'idée ici est de montrer tout simplement que d'autres priorités pourraient être définies plutôt que la simple quête de croissance et l'utilisation ou la distribution du surplus [197] . L'idée ici est également d'identifier les moyens et les méthodologies nécessaires pour réaliser ces objectifs universels.

Au total, définir des objectifs, des cibles et des indicateurs pour les besoins humains fondamentaux au niveau mondial, régional, national et infranational est une tâche relativement facile. Nous savons comment le faire et comment évaluer les résultats. Cependant, ce que nous n'avons pas réussi à faire jusqu'à présent c'est de mettre en œuvre effectivement les politiques et les mesures qui conduiraient à des progrès significatifs et tangibles dans les domaines que nous venons de survoler. La question clé, ici, c'est la *volonté politique* de la part des gouvernements et la possibilité pour les citoyens d'exiger des résultats, dans les pays développés comme dans les pays en développement. Rien ne changera vraiment s'il n'existe pas de volonté politique ferme et si les citoyens n'exigent pas des changements radicaux (nous y reviendrons plus tard). Quant aux instruments et aux méthodologies nécessaires pour atteindre ces objectifs et leurs cibles connexes nous savons aussi comment en faire usage, bien qu'aucun pays n'y recoure de façon rigoureuse et systématique.

Le « *policy mix* » requis pour réaliser mondialement les objectifs majeurs proposés plus haut devrait s'appuyer sur une combinaison pertinente de politiques, d'instruments et de méthodologies. Un tel *policy mix* n'est en aucun cas nouveau. Il a été largement utilisé au lendemain de la Seconde Guerre mondiale pour reconstruire les économies dévastées par la guerre dans des pays comme la France, où il a été mis en œuvre avec grand succès [198]. Malheureusement la France, et les pays qui ont connu un processus similaire, ont aujourd'hui complètement oublié cet exploit et ont abandonné toute ambition de construire l'avenir, laissant cette tâche aux caprices des marchés et à l'avidité du monde des affaires. Le tsunami idéologique qui a frappé nos dirigeants depuis les années 80 a totalement effacé la mémoire de cette période et toute volonté d'orienter le processus de développement en fonction d'objectifs politiques. Cependant, nous savons que cela a été fait, que cela est encore possible et faisable. Cependant, l'objectif ne devrait pas consister à reproduire l'expérience des années d'après-guerre - une période tout à fait différente de celle à laquelle nous faisons face aujourd'hui et un environnement économique totalement différent de celui que le monde en développement connait aujourd'hui - mais plutôt de tirer profit des outils et des méthodologies développés avec grand succès à cette époque. De fait, nous savons comment gérer efficacement une économie mixte et atteindre les priorités les plus pointues à travers une planification appropriée. Ce savoir est pertinent tant pour les pays développés que pour les pays en développement, pour peu qu'il soit adapté aux problèmes spécifiques auxquels ils font face aujourd'hui.

Le cadre pertinent pour satisfaire nos besoins fondamentaux devrait être celui d'une économie mixte

Le premier ingrédient requis pour satisfaire nos besoins fondamentaux s'appelle une « *économie mixte* ». Pourquoi une économie mixte ? Parce qu'une économie de marché pure et incontrôlée ignorerait totalement les besoins humains et parce pourvoir aux besoins fondamentaux exige une forte implication de la société en termes d'investissements publics et de dépenses sociales. Une économie mixte, cependant, est une économie où les mécanismes du marché jouent un rôle de lubrifiant pour orienter l'offre au jour le jour en fonction de la demande courante, mais où la société, également, demande et fournit une série de services fondamentaux. D'un côté, nous avons des acteurs du secteur privé qui poursuivent leurs propres intérêts commerciaux et financiers tout en fournissant des produits et des services nécessaires à la société. Mais d'un autre côté, nous avons des acteurs publics et semi-publics qui fournissent des services nécessaires à la société en fonction des besoins et des priorités définies par cette dernière.

Les frontières entre les secteurs public et privé ne sont pas définies une fois pour toutes, mais sont très tributaires des priorités fixées par les gouvernements et derrière eux, supposément, par les citoyens. En fait, et idéalement, chaque communauté, société ou nation, dans le monde développé comme dans le monde en développement, devrait décider quels services devraient être fournis par le secteur public ou par des acteurs semi-publics, et de quelle façon ils devraient être fournis. Ceci est *un choix politique* et une décision politique, qui n'a rien à voir avec une quelconque prétendue loi économique ou un quelconque processus de prise de décision économique [199].

La taille et la texture du secteur public dépend beaucoup de ce qu'une communauté, une société ou une nation donnée attend de lui. Théoriquement, il peut s'étendre de tout (une économie détenue et dirigée à 100% par la puissance publique) à rien du tout (une économie détenue à 100 % par le secteur privé et entièrement orientée par le marché). Dans la pratique cependant, aucune économie n'est aujourd'hui totalement privée et orientée par le marché tandis que les tentatives de construire des économies possédées et dirigées a 100 % par la puissance publique dans les pays dits socialistes ou communistes ont toutes échoué. Toutes les économies sont aujourd'hui plus ou moins mixtes et la taille du secteur public dépend beaucoup de ce qu'une communauté, société ou nation attend de ce dernier. Dans un pays comme la France, par exemple, le secteur public a joué un rôle fondamental dans la reconstruction de son économie après la Seconde Guerre mondiale. Il s'étendait à tous les secteurs stratégiques de l'époque, y compris aux ressources minérales, à l'eau et à l'énergie, aux transports et aux communications, au secteur financier et, bien sûr, à la santé et à l'éducation. Dans des pays où le secteur privé a toujours joué un rôle prédominant, comme aux États-Unis, le secteur public est également devenu un acteur majeur dans certains domaines avec des entités telles que la Tennessee Valley Authority (TVA) dans les années 30, l'Atomic Energy Commission (AEC) dans les années 50 ou la National Aeronautics and Space Administration (NASA) à partir des années 60. Dans des pays du monde en développement ou émergents comme au Mexique, par exemple, les grandes entreprises publiques jouent un rôle clé dans le processus de développement d'ensemble (p. ex. Petroleos Mexicanos, Comisión Federal de Electrecidad, etc.).

Toutefois, il y a un ensemble de services qui ne devraient pas être laissés à la discrétion du secteur privé, car ils ne constituent pas de simples marchandises ou des services soumis à une demande solvable, mais bien des exigences fondamentales devant être satisfaites par la communauté, la société ou la nation. C'est le cas en particulier des services de santé et d'éducation, parce que l'implication de la puissance publique est le seul moyen d'assurer un accès universel à tous et de garantir l'égalité de traitement entre tous. Les institutions privées dans ces secteurs peuvent jouer un rôle supplétif mais la société ne devrait pas leur permettre de devenir des acteurs prédominants, car cela compromettrait gravement les réalisations et les ambitions sociales. À cet égard, l'élargissement rampant du secteur privé aux dépens du secteur public est une préoccupation majeure dans le monde, appelant contrôle étroit et surveillance. Dans le même esprit, beaucoup de services ayant pour objet de servir la population devraient être contrôlés et gérés par des moyens publics appropriés chaque fois qu'ils concernent ou pourraient avoir une incidence sur l'égalité d'accès des populations concernées ou sur la qualité des prestations qui leurs sont destinées. C'est le cas en particulier de l'approvisionnement en eau, de l'assainissement et dans certains cas des moyens de transport et de communication, chaque fois que ces secteurs cherchent exclusivement des profits aux dépens d'un accès égal et abordable aux services concernés.

Le mythe de la prétendue inefficacité du secteur public est également, dans une très large mesure, une question idéologique, totalement biaisée par la façon dont l'idéologie néolibérale a lavé nos cerveaux tout au long des dernières décennies. La prétendue inefficacité du secteur public est un conte récurrent, essentiellement promu par les *think tanks* et par les médias qui servent les grandes entreprises et par tous ceux qui souhaitent étendre le secteur privé et promouvoir l'ordre néolibéral. Une analyse sérieuse et non partisane de la façon dont le secteur public fonctionne aujourd'hui ou a fonctionné tout au long de la deuxième moitié du vingtième siècle montre sans équivoque que le secteur public peut travailler de façon aussi efficace que le secteur privé. Prenant une fois de plus l'exemple de la France, il est largement admis que les entreprises des secteurs public et semi-public et que les institutions publiques ont joué un rôle clé dans le redressement économique du pays depuis les années 50 (en fait, elles furent tellement performantes que leur privatisation ultérieure et contestée a doté la France des plus beaux fleurons de son secteur privé) [200] . Certes, des mécanismes de surveillance et de contrôle sont nécessaires pour éviter que le secteur public ne se transforme en une énorme bureaucratie congestionnée, entravée par une corruption endémique (en particulier dans monde sous ou en développement, où la tentation existe toujours d'utiliser le secteur public comme un expédient pour réduire le chômage ou placer des parents et des clients sur des postes publiques).

De fait, la recherche et la maximisation du profit ne sont pas les déterminants exclusifs de l'efficacité. La satisfaction optimale des besoins de la communauté, de la société ou de la nation au meilleur coût possible peut également conduire à une grande efficacité. Les entreprises privées ne sont pas par définition efficaces et les entités publiques par nature inefficaces. Ce cliché, largement popularisé par les médias qui servent l'ordre néolibéral, est foncièrement faux au regard de la réalité. En fait les entités publiques [201] peuvent être aussi efficace que les entités privées tant qu'elles atteignent leurs objectifs de la manière la plus efficace. Elles peuvent mobiliser des ressources humaines, du capital et des moyens technologiques aussi efficacement que des entités privées et faire usage d' outils modernes et de techniques de gestion aussi efficacement que le secteur privé. La seule différence, c'est que les entités publiques ne sont pas motivées par la quête du profit, mais par la satisfaction des besoins de la communauté, de la société ou la nation, ce qui implique parfois des charges et des contraintes que le secteur privé ignore ou dont il ne se soucie guère [202] . Comme examiné en détail par Christian Comeliau [203] : la taille et le rôle de « l'économie non marchande » - c'est-à-dire de cette partie de l'économie qui n'est pas guidée par des considérations de marché mais par des considérations d'intérêt général ou des choix politiques - est le résultat de choix collectifs déterminés par les citoyens. L'« économie non-marchande » peut et doit être aussi efficace que l' « économie marchande ». Ces deux segments de l'économie doivent être gouvernés par la même rationalité en termes d'efficacité, quoique sur des bases différentes (conformité avec les exigences du marché pour le segment de l'économie marchande et conformité avec les exigences de la collectivité pour le segment de l'économie non-marchande). Par conséquent les entreprises privées n'ont pas, par nature, le monopole de l'efficacité. L'efficacité dépend totalement de la manière dont sont gérés les entités productives ou de service, dans le secteur privé tout comme dans le secteur public. De fait, les entreprises privées et les entités publiques utilisent les mêmes types d'instruments de planification et de programmation lorsqu'elles veulent atteindre efficacement leurs objectifs. Toutes deux utilisent une approche de « *pilotage sur objectifs* » [204] . C'est juste une question de gestion tant que les choix sont clairs et que les coûts impliqués sont entièrement transparents.

La planification du développement devrait viser à satisfaire les besoins fondamentaux

Le deuxième ingrédient du *policy mix* requis pour satisfaire les besoins fondamentaux dans le monde serait un ensemble d'outils et de méthodologies efficaces pour la planification même du processus de développement et pour l'aménagement des territoires en rapport avec ce dernier. De fait, le fonctionnement spontané des marchés ne mènera jamais à la satisfaction universelle des besoins fondamentaux. Les marchés n'ont jamais contribué à cela et ils ne permettront jamais d'atteindre cette finalité car ils sont par nature des mécanismes destinés à satisfaire des demandes solvables, en d'autres termes les besoins d'individus ou d'entités qui sont en mesure de payer les biens et les services offerts par des acteurs privés, biens que, par définition, les pauvres n'ont pas les moyens de s'offrir. Il y avait l'espoir que la croissance puisse, grâce à la redistribution de son excédent, satisfaire les besoins les plus élémentaires dans le monde, mais nous avons vu que cela n'est pas possible et que cela ne se produira jamais. La seule façon de résoudre ce problème serait une approche proactive à travers laquelle les communautés, les sociétés, les nations et leurs gouvernements et, *in fine,* les citoyens s'organiseraient et géreraient leurs économies et leurs espaces géographiques respectifs pour atteindre cette finalité. C'est ce que l'on appelle *la planification du développement.*

La planification en tant que telle n'est pas une méthodologie nouvelle ni exceptionnelle. Elle est largement et couramment utilisées de nos jours par les administrations publiques et par de grandes entreprises dans le monde [205]. Cependant, la planification du développement fait appel à des techniques qui ont été largement utilisés et développés au cours de la seconde moitié du vingtième siècle mais qui ont été abandonnées à partir des années 80. Elles ont été largement développées dans les pays industrialisés, comme la France, mais également largement utilisées dans des pays du monde en développement comme l'Inde en Asie, le Brésil en Amérique Latine ou le Sénégal en Afrique, pour ne citer que quelques exemples. La planification du développement et la planification régionale constitueraient certes la réponse à notre ambition de satisfaire les besoins fondamentaux dans le monde, mais pas n'importe quelle forme de planification ni n'importe quelle manière de la mettre en œuvre. Nous devons fouiller dans le vaste capital d'expérience que nous avons accumulé au cours de la seconde moitié du vingtième siècle, quand la planification était reconnue dans le monde entier comme un moyen efficace d'organiser l'avenir et d'orienter les activités vers des objectifs et des but convenus. Nous devons identifier les meilleurs instruments et méthodologies qui soient encore pertinents pour atteindre notre but. À cet égard, l'expérience française en matière de développement et d'aménagement du territoire pourrait être d'une grande aide pour matérialiser cette ambition [206].

La planification du développement, cela va de soi, ne saurait résoudre tous les problèmes et ne saurait même de mon point de vue s'appliquer à certains secteurs, notamment les secteurs où seuls les *mécanismes du marché* [207] peuvent satisfaire la demande. Je pense, en particulier, aux biens de consommation qui ne peuvent être gérés que dans un environnement de marché, à travers la confrontation de l'offre et la demande. La planification dans ces secteurs est non seulement inefficace mais aussi nuisible car elle peut engendrer des pénuries ou des surplus de biens lorsque ces derniers sont confrontés à la demande réelle. À cet égard, les systèmes de planification et les mécanismes développés dans le passé par les pays soi-disant socialistes, ou dits communistes, engendraient de graves désajustements dans ces pays parce qu'ils prétendaient insérer toutes les activités productives dans des plans quinquennaux et des plans annuels, ce qui débouchait sur une pénurie récurrente de biens de consommation et sur la prolifération de marchés noirs [208]. C'est pour cette raison même que toutes les économies centralement planifiées ont échoué au plan de la satisfaction besoins de consommation et, au-delà, des attentes des populations à cet égard [209].

La planification, d'autre part, ne peut plus être considérée comme un exercice global, couvrant l'ensemble de l'économie et toutes les dimensions sociales, comme cela était dans le passé [210]. Le monde évolue à un rythme accéléré et devient de plus en plus imprévisible, ce qui rend tout exercice de prévision globale et de programmation associée très peu fiable. Par conséquent, le type de planification auquel je me réfère n'est pas celui du plan quinquennal du type Gosplan [211] qui fixait des objectifs de développement sectoriels à cinq ans assortis d'objectifs annuels de production physique (une méthodologie exportée vers la plupart des pays associés au COMECON pendant la guerre froide). Mais ce n'est pas, non plus, le type de planification du genre plan indicatif à cinq ans que France a développé au lendemain de la Seconde Guerre mondiale, qui servit aussi de modèle pour les systèmes dits de *planification indicative* développés par d'autres pays d'Amérique Latine, d'Asie et plus tard d'Afrique.

Les plans de développement économique et social quinquennaux que la France mit en œuvre [212] cherchaient notamment à circonscrire le cadre de croissance économique d'ensemble pour les cinq années à venir, à fixer dans ce cadre des objectifs spécifiques pour le développement des différents secteurs et pour le financement des infrastructures publiques et à formuler des politiques et des mécanismes de financement pour leur exécution. Ce type de planification perdit de sa pertinence lorsque l'environnement économique international devint en grande partie imprévisible à partir des années 70. La bonne réponse en ce temps-là aurait été d'élaborer des plans stratégiques de développement à long terme, assortis de cibles à moyen terme, afin de façonner l'avenir, de réduire les incertitudes et de poursuivre des objectifs majeurs, mais aucun gouvernement ne le tentât et l'idée même de planifier l'avenir et d'atteindre des objectifs majeurs fut jetée aux orties. Cependant, tous les outils et méthodologies nécessaires pour réaliser une telle ambition existent toujours et sont même couramment utilisés par la plupart des entités publiques et privées pour arrêter des choix dans leurs domaines respectifs [213].

Le genre de planification à laquelle je pense pour la satisfaction des besoins fondamentaux dans le monde serait plutôt du type de planification stratégique, avec des objectifs à long terme et des cibles à atteindre à moyen terme ; à mettre en œuvre partout selon les priorités nationales et infranationales. Cette approche de *planification stratégique à long terme* ne s'appliquerait pas à l'ensemble du processus de développement économique et social en tant que tel, comme c'était le cas autrefois (à savoir : pour un pays dans son ensemble, pour une région spécifique, etc.), mais dans des domaines précis et pour les cibles spécifiques considérées comme prioritaires dans le cadre des besoins fondamentaux recensés plus haut. Le processus de planification consisterait ainsi à sélectionner quelques objectifs majeurs à long terme (disons à un horizon de quinze ans), à atteindre sur la base d'un nombre limité de cibles critiques à moyen terme (disons tous les cinq ans), grâce à la mise en œuvre de politiques pertinentes et au financement des investissements requis (sur une base annuelle). La mise en œuvre du plan ferait très probablement l'objet d'ajustements annuels, et d'un recalage tous les cinq ans, mais elle ne dépendrait pas de la conjoncture économique ni d'autres aléas car les priorités politiques sous-jacentes resteraient inchangées.

Prenons ici un exemple : pour atteindre la cible suivant laquelle toutes les filles et tous les garçons auraient suivi, sur un pied d'égalité, un cycle complet d'enseignement primaire et secondaire gratuit et de qualité d'ici à 2030 (qui permettait de matérialiser l'objectif mondial d'éducation de qualité convenu dans le Programme de développement durable à l'horizon 2030) un pays donné aurait à retenir cette même cible dans son plan de développement à long terme et à la matérialiser à travers ses plans développement quinquennaux (qui constituent habituellement le cadre temporel la plus courant et le plus pertinent pour la planification du développement). À cette fin, ledit pays aurait à programmer l'extension ou le remodelage de son infrastructure éducative en termes d'écoles et d'installations connexes, à former ou à recycler le nombre nécessaire d'enseignants et autres membres du personnel éducatif, à évaluer et à réviser les programmes scolaires, à introduire des réformes et des innovations et ainsi de suite. Ces initiatives exigeraient à leur tour des investissements pour l'infrastructure physique, les crédits pour la formation du personnel, des fonds pour réaliser des études, discuter ou évaluer les réformes, etc., à budgétiser dans les budgets annuels pour l'éducation.

Une telle cible, toutefois, revêtirait nécessairement des dimensions géographiques et exigerait par conséquent des mesures en termes d'aménagement du territoire et de développement urbain. Cette même cible exigerait donc des plans pour le développement ou le remodelage de l'infrastructure scolaire en conformité avec les objectifs et les cibles établis pour le développement des provinces, des États et autres subdivisions administratives infranationale, tenant par ailleurs compte de la mutation spatiale des habitats humains, de la transformation des types d'habitat, de l'expansion ou de la restructuration des infrastructures de transport et de communication et ainsi de suite. Sous l'angle de la géographique et de l'aménagement de l'espace physique d'autres entités s'impliqueraient nécessairement, comme le États fédérés, les autorités provinciales, les gouvernements locaux et ainsi de suite. Dans de nombreuses situations, par conséquent, l'établissement de cibles à caractère mondial, national et infranational demanderait des efforts non seulement en termes de planification du développement mais aussi en termes d'aménagement du territoire et de planification urbaine.

Comme mis en évidence, ci-dessus, la poursuite d'objectifs mondiaux et la matérialisation de cibles en rapport avec les besoins fondamentaux universels exigeraient également la mises en œuvre de plans de développement régionaux et urbains si nous décidons d'aller de l'avant dans cette direction. A cet égard, il existe également une grande quantité de connaissances et d'expériences qui pourraient être exploitées dans le monde allant des politiques métropolitaines et des plans de développement régionaux - comme au Brésil - aux schémas de développement international de bassins fluviaux - comme pour les régions traversées par le fleuve Sénégal en Afrique ou par le Mékong en Asie du Sud - sans oublier les plans de développent intégré régionaux et urbains - comme pour l'ensemble du territoire français sous l'impulsion de la DATAR [214] . Toutes ces expériences, avec lesquelles je suis familier [215] , émanent d'institutions, de techniques et de méthodologies qui sont encore largement utilisées dans le monde. Une fois de plus, tout ce capital de connaissances et d'outils est à notre disposition et il n'y aurait rien de nouveau à inventer dans ce domaine. Mettre en œuvre des méthodologies de planification du développement et de planification régionale pour la réalisation de nos objectifs universels devrait être chose facile, pour peu qu'il y ait une détermination politique claire de la part des gouvernements et une forte exigence politique de la part des citoyens pour atteindre de tels objectifs.

Des stratégies pertinentes devraient être formulées pour satisfaire les besoins fondamentaux

Le troisième ingrédient du *policy mix* requis pour satisfaire les besoins fondamentaux dans le monde serait la mise en œuvre de stratégies pertinentes pour atteindre les objectifs fixés. Cependant, cela ne pourrait consister en une approche du genre « *taille unique* » (« *one size fits all* » en anglais). Les pays développés devraient très probablement donner la priorité à la consolidation de leurs acquis sociaux tandis que les pays en développement et les pays sous-développés devraient sans aucun doute mettre l'accent sur la satisfaction des besoins les plus essentiels. À cet égard, trois considérations majeures devraient être prises en compte lors de la conception de ces stratégies :

En premier lieu, ces stratégies devraient tenir compte du niveau de développement déjà atteint par les pays et les régions concernés. Dans la plupart des pays développés atteindre les objectifs fixés ne serait pas un problème car la plupart des cibles arrêtées à cet effet ont déjà été atteintes ou sont en passe de l'être. Le problème dans ces pays serait plutôt de consolider les acquis et de prévenir une régression sociale qui est déjà en marche. A l'opposé, la réalisation des objectifs fixés serait une priorité absolue pour les pays les moins avancés, exigeant des investissements substantiels et des efforts importants pour atteindre les cibles retenues. Entre les deux, de nombreux pays connaitraient encore des situations mixtes, exigeant par conséquent des approches ajustées.

En deuxième lieu, les mesures envisagées devraient être ajustées aux enjeux et aux caractéristiques des secteurs concernés. L'objectif : « *de la nourriture pour tous* », par exemple, exigerait une approche holistique et la mobilisation d'un large éventail d'instruments, car il s'agit là d'une question complexe qui exige une approche pluridisciplinaire sous de nombreux angles. L'objectif : « *la santé pour tous* » n'exigerait, au contraire, que des investissements et de la formation, car les besoins dans ce secteur en termes d'infrastructures, de personnels, de politiques et de planification sont bien connus. L'objectif : « *des vêtements pour tous* » exigerait uniquement des politiques fiscales et d'allocation de revenus, car il ne serait pas opportun de se lancer dans des formules de distribution physique.

En troisième lieu, le *policy mix* adopté spécifiquement par chaque pays devrait refléter les priorités établies par son gouvernement et, *in fine,* par ses citoyens en termes d'importance relative, d'urgence et de timing. Il pourrait fort bien comporter des dimensions économiques et sociales, mais aussi culturelles. Par exemple, les pays développés pourraient très bien donner priorité à l'habitat et à l'environnement, car les problèmes s'y rapportant sont des questions brûlantes dans le contexte de leurs sociétés. Les pays les moins avancés au contraire pourraient très bien donner priorité aux besoins les plus essentiels, tels que l'alimentation, l'eau et l'assainissement, puisque ces questions revêtent un caractère critique pour le bien-être de leurs populations.

Suivent ici quelques idées de base sur les stratégies qui pourraient être développés dans les secteurs respectifs. Le but ici n'est pas, une fois de plus, d'offrir un inventaire exhaustif des politiques et des mesures qui devraient être mises en œuvre pour atteindre les objectifs universels mentionnés plus haut, mais plutôt d'explorer les chemins qui devraient conduire vers cette finalité. D'autres développeront, sans aucun doute, de telles stratégies et approfondiront le sujet lorsque le contexte deviendra propice.

Garantir à tous une alimentation convenable exigerait des changements radicaux dans la façon dont les aliments sont produits et offerts

L'objectif visant à garantir « *des aliments pour tous* » est probablement de tous le plus complexe car il met en jeu un nombre considérable de paramètres dans de nombreux domaines et disciplines. Cet objectif est par nature une question complexe exigeant une approche globale. D'un côté, nous avons une population mondiale qui devrait croître au moins jusqu'en 2050, pour atteindre vers cette date quelques 9,3 milliards d'habitants, selon les prévisions les plus récentes. D'un autre côté, nous avons des ressources limitées et déclinantes en termes de terres arables et de pâturages, de forêts, d'écosystèmes, d'eau douce, d'environnement marin non pollué et non-endommagé, etc. Qui plus est, nous détruisons nos ressources avec l'épuisement des sols et le surpâturage, la déforestation, la surpêche, la destruction des fonds marins et ainsi de suite. La dite « *révolution verte* » [216] a certes permis d'augmenter considérablement la production de céréales dans la seconde moitié du siècle passé, mais elle a atteint ses limites technologiques, écologiques et humaines. En outre, l'utilisation massive d'intrants agrochimiques - y compris les engrais et les pesticides - nuit à l'environnement, tandis que le développement controversé de toutes sortes d'OGM [217] pourrait également affecter les écosystèmes et la santé à grande échelle. De plus, le réchauffement climatique exacerbe tous les stress écologiques, alors que le dérèglement climatique affectera de plus en plus les cultures, l'élevage et la pêche, obligeant les populations à fuir les zones affectées et à trouver de nouvelles terres pour survivre.

Il y a, en fait, deux problèmes fondamentaux à résoudre dans ce domaine. Le premier, c'est la disponibilité d'aliments en termes physiques : pouvons-nous produire suffisamment d'aliments pour 9,3 milliards d'habitants en 2050 ? Le second, c'est l'accès aux aliments en termes monétaires : comment pouvons-nous nourrir les personnes vivant en dessous du seuil de pauvreté ?

Le premier problème pourrait être résolu, en théorie, grâce à un nouveau rush technologique et à de lourds investissements dans l'agriculture et dans l'agro-industrie, comme le capitalisme aime le faire chaque fois qu'il est confronté à ce genre de problème. Cependant, cette fuite en avant exigerait des dépenses et des investissements supplémentaires répercutés sur les consommateurs finaux en sus de nouveaux risques possibles pour la santé et pour l'environnement. De plus, cela exacerberait les caractéristiques du modèle agricole en place qui expulse les gens des zones rurales et automatise toutes les lignes de production. L'alternative à un rush technologique pourrait consister en un renouveau à grande échelle de l'agriculture traditionnelle, s'accompagnant de changements dans l'habitat et dans la façon dont nous consommons, ce qui conduirait à une vie plus respectueuse de l'environnement si nous choisissons cette voie. Une telle approche n'exclurait pas l'augmentation des rendements et de la productivité pour nourrir deux milliards de personnes de plus vers 2050, mais elle ne suivrait plus le modèle d'une agriculture socialement exclusive et fortement mécanisée et industrialisée. Le problème serait de trouver le *mix* socio-économique et technologique qui permette des rendements plus élevés dans l'agriculture traditionnelle et une réconciliation entre les humains et la nature [218].

Quant aux personnes vivant au-dessous du seuil de pauvreté, il serait concevable de mettre sur pied des programmes de distribution d'aliments semblables à ceux établis pendant les guerres ou au cours d'urgences ou autrefois institutionnalisés dans certains pays dits socialiste ou communistes [219]. Une variante pourrait consister dans la distribution des bons d'achat aux personnes souffrant de de la faim, comme pratiqué par le Programme alimentaire mondial (PAM) [220] dans certains de ses programmes. Chaque personne ou famille souffrant de la faim recevrait une ration périodique d'aliments sous la forme de bons d'achat leur permettant d'acheter de la nourriture dans des magasins commerciaux, des entrepôts publics ou à travers des réseaux ad hoc d'approvisionnement. Cependant, de tels systèmes pourraient s'avérer lourds et bureaucratiques, raison pour laquelle je suggèrerais plutôt un mécanisme d'allocation de revenus dans chaque pays pour traiter la dimension monétaire de l'accès aux aliments, confinant l'approvisionnement physique en denrées alimentaires à des situations où les circuits habituels de distribution ne pourraient pas faire face aux besoins (nous traiterons de cette question dans le chapitre 7, en rapport avec le « revenu de base » et dans le chapitre 12, sous l'angle de l'aide internationale).

Mettre en œuvre des politiques visant à répondre aux besoins alimentaires de base exigera évidemment des approches coordonnées et plurisectorielles, aux niveaux mondial, national et infranational. Une révolution majeure en ce sens consisterait, d'abord, à inverser la tendance actuelle qui consiste à développer des systèmes technologiques à forte intensité de capital, associés à une utilisation intensive des terres par l'agrobusiness. La réponse aux besoins alimentaires de base devrait être associée à une forte relance de l'économie locale et à une renaissance du commerce et des circuits de distribution locaux par opposition au modèle actuel [221], qui dépend lourdement de la production et des circuits de distribution mondiaux dans un environnement de libre-échange mondial (nous y reviendrons dans le chapitre 8 traitant de l'autonomie). En d'autres termes, au lieu d'importer, par exemple, de l'agneau par avion de Nouvelle Zélande ou du soja par cargo d'Argentine nous devrions plutôt élever ou cultiver respectivement ces produits localement lorsque les terres et les conditions climatiques le permettent. L'importation d'aliments devrait satisfaire des besoins réels et non pas les stratégies de commercialisation et de profit des grandes entreprises (autrement dit : importer uniquement lorsque les denrées alimentaires en question ne peuvent être produites localement à un prix raisonnable). Les systèmes de production et de distribution devraient profiter aux économies locales et aux populations concernées. Ceci impliquerait une augmentation de l'auto consommation partout où cela s'avèrerait possible (à savoir : l'auto consommation paysanne, les petits jardins potagers dans des zones semi-urbaines et urbaines, etc.), une renaissance de l'agriculture traditionnelle et des pratiques rurales (c.-à-d. distribuer des terres et promouvoir des petits projets coopératifs pour les paysans dans les pays les moins avancés, réhabiliter les fermes polyvalentes de petite ou moyenne dimension dans les pays industrialisés, etc.) et plus d'autonomie alimentaire, dans la mesure du possible, au moins au niveau national (c.-à-d. des politiques de substitution des importations partout où cela serait possible).

Répondre aux besoins alimentaires de base supposerait également que l'on s'éloigner du modèle de consommation promu dans le monde entier par les grandes entreprises. D'une part, la transformation toujours croissante des aliments et leur distribution mondiale à travers les chaînes de supermarchés sont en train de changer les habitudes alimentaires et la façon dont nous vivons dans le monde entier. D'autre part, la prolifération de l'industrie de la restauration rapide sur l'ensemble de la planète menace la santé d'un nombre croissant de personnes. Ce processus affecte les pays industrialisés tout comme les économies émergentes. Dans un pays comme le Mexique, par exemple, 33,0 % de la population est aujourd'hui obèse et 70,0 % est en surpoids, avec de multiples conséquences pour la santé de la population (c.-à-d. l'augmentation du diabète, des maladies cardiovasculaires, etc.). Par conséquent, répondre aux besoins alimentaires de base ne devrait pas être seulement considéré en termes quantitatifs, mais tout autant en termes qualitatifs. Des politiques devraient être développés pour améliorer le régime alimentaire, diversifier l'alimentation, réduire la consommation excessive de sucre et de céréales, etc. En fait, atteindre l'objectif « *des aliments pour tous* » concernerait une vaste gamme de questions, y compris l'épuisement des ressources naturelles, les systèmes de production alimentaire et les technologies utilisées, la place accordée aux petites et moyennes exploitations agricoles, le degré d'ouverture au commerce extérieur, le rôle des grandes entreprises commerciales et du transport international, le développement des établissements humains, les conséquences pour la santé des populations et ainsi de suite.

Garantir l'eau douce et l'assainissement pour tous dépendra très largement de la gestion judicieuse des ressources

Par opposition à l'objectif :« *des aliments pour tous* », l'objectif :« *l'eau douce et l'assainissement pour tous* » n'exigerait pas des approches complexes. Dans ce domaine, les questions sont assez simples et les réponses possibles fort élaborées. Cependant, cela ne signifie pas que la situation soit sous contrôle et qu'il n'y ait pas de menaces pour l'avenir. Au contraire, la gestion de l'eau est un sujet très sensible et qui plus est une question controversée.

La dimension environnementale est sans aucun doute l'élément le plus complexe et conflictuel de la gestion de l'eau : l'eau douce est de plus en plus rare et l'assainissement de plus en plus un sujet de préoccupation. Face à l'augmentation continue de la population, de pair avec la détérioration de l'environnement et le dérèglement climatique, l'eau douce devient une question de plus en plus sensible. Les eaux souterraines s'épuisent de plus en plus ou se salinisent, les rivières sont de plus en plus contaminées et dépendantes du changement climatique (c.-à-d. de l'ampleur des précipitations, de la fonte des glaciers, etc.) et les précipitations sont de plus en plus irrégulières. En conséquence, la sécheresse et la désertification s'étendent dans différentes parties du monde, principalement en Afrique, alors que les inondations aujourd'hui dévastent périodiquement de vastes régions sur tous les continents. D'autre part, la pollution de l'eau d'origine humaine n'a pas cessé d'augmenter avec les processus d'industrialisation et d'urbanisation. Le traitement des eaux usées est devenu une question majeure dans les zones d'extraction minière ou de développement industriel, alors que la gestion des eaux usées est devenue un problème critique dans toutes les régions métropolitaines. Au total, la gestion des ressources en eau exigera de plus en plus de réponses adéquates pour protéger les ressources, avec une forte implication des gouvernements dans la planification et la supervision du secteur.

La deuxième dimension devant être prise en considération dans ce domaine est la planification et la gestion systématiques des ressources, associées au développement ou à l'entretien de toutes les infrastructures liées à l'eau. Cela exige l'élaboration de plans de développement régionaux ou urbains et l'investissement d'importantes sommes d'argent pour sécuriser et gérer les ressources, y compris le pompage des eaux souterraines, la rétention des eaux dans des barrages grands et petits, le stockage des eaux dans les réservoirs, leur distribution à travers des réseaux et des canalisations, leur élimination par le biais de systèmes d'égout et leur traitement au moyen de stations d'épuration et de fosses septiques. Les technologies utilisées pour recueillir, gérer et traiter les eaux douces sont très développées et maîtrisées de nos jours. Cependant, les infrastructures en rapport avec l'eau exigent généralement d'importants investissements et requièrent souvent des financements publics sous la forme de subventions ou de prêts.

La troisième dimension à prendre en compte est la gestion de l'approvisionnement en eau et du processus d'assainissement. Dans ce domaine, les pratiques sont également assez élaborées et il existe un large consensus sur la manière d'opérer. Ce secteur est typiquement un secteur où les acteurs publics et privés coopèrent et il existe une longue expérience dans ce domaine sur laquelle bâtir. L'approvisionnement en eau et l'assainissement exigent en général d'importants investissements avec une forte participation des banques de développement au niveau international (la Banque mondiale en particulier), de l'État au niveau national et des collectivités locales au niveau infranational. Cependant, si les gouvernements contribuent à la gestion du secteur à travers sa planification et son financement ils ne s'impliquent généralement pas dans la gestion même des installations. La gestion de l'approvisionnement en eau et de l'assainissement est couramment sous-traitée au secteur privé sur la base d'arrangements spécifiques (les concessions de services publics, etc.). Le modèle fonctionne bien et il ne serait pas nécessaire d'en changer.

Le secteur privé devrait répondre aux besoins en logement et en habillement sous l'orientation et avec appui de la puissance publique

Les objectifs : « un logement pour tous » et « des vêtements pour tous » devrait normalement requérir la participation directe du secteur privé pour leur réalisation. Les besoins en logement et en vêtements sont couramment satisfaits par les industries correspondantes et les gouvernements ne sont généralement pas impliqués dans les activités de construction ou dans la production de vêtements et de chaussures. A cet égard, des programmes de fourniture de logements et de distribution de vêtements pourraient être envisagés, comme pour la sécurité alimentaire, mais une intervention publique dans ces secteurs emprunterait nécessairement des dimensions bureaucratiques et ne serait pas efficace. La meilleure option dans ces secteurs consisterait à s'appuyer sur les mécanismes du marché pour la fourniture de logements et de vêtements, laissant aux acteurs privés le soin de produire et de distribuer les biens et les marchandises nécessaires. Cependant, si le marché peut couramment répondre aux demandes solvables de la population il ne peut en revanche corriger les injustices sociales ou fournir aux personnes démunies ce dont elles ont besoin dans ce domaine. Une intervention publique est donc nécessaire en vue de garantir un logement et des vêtements pour les personnes vivant au-dessous du seuil de pauvreté, requérant un dispositif d'allocation de revenus, tout comme pour la sécurité alimentaire (nous y reviendrons dans le chapitre 7, lorsque nous examinerons la question du « revenu de base »).

Néanmoins, s'appuyer sur les mécanismes du marché pour répondre aux besoins en matière de logement et d'habillement ne signifie pas que les gouvernements doivent être complètement absents des secteurs concernés et, en particulier, du secteur de la construction. Outre l'allocation de ressources au profit des groupes défavorisés en vue de garantir un logement à chacun les gouvernements ont de lourdes responsabilités dans le domaine du logement en rapport avec les problèmes d'habitat et d'environnement. Le logement est donc partie intégrante du processus de planification du développement dans son ensemble, sous l'angle sectoriel et sous l'angle régional. Les gouvernements doivent en particulier encadrer le développement du secteur de la construction, en termes quantitatifs comme en termes qualitatifs. L'aspect quantitatif a à voir avec la disponibilité totale de logements pour la population, ce qui se traduit souvent par l'intervention directe ou indirecte de la puissance publique dans le financement du logement et même dans la construction et la gestion des logements sociaux. La dimension qualitative du processus d'encadrement a à voir avec l'organisation physique de l'espace géographique, la gestion de nos ressources (énergie en particulier), la sécurité (normes de construction, en particulier) et la promotion d'un environnement convivial (nous y reviendrons dans le chapitre 6 consacré à l'environnement).

Les gouvernements devraient s'assurer d'un rôle prééminent dans la fourniture des prestations de santé et d'éducation

En ce qui concerne les objectifs : « *la santé pour tous* » et l'« *éducation pour tous* » nous avons déjà souligné certaines particularités des secteurs en question. Tout d'abord, les gouvernements ont une responsabilité majeure sinon exclusive pour ce qui touche à la réalisation des objectifs de santé et d'éducation. Ils ont une telle responsabilité non seulement parce que l'éducation et la santé sont parmi les besoins les plus critiques, mais aussi parce qu'elles sont censées être accessibles à tous. Si l'éducation et la santé ne constituent qu'une activité lucrative pour le secteur privé - l'objet d'une demande solvable - elles forment un devoir pour les gouvernements et de plus une exigence en termes d'égalité. C'est pourquoi le secteur privé ne devrait jouer qu'un rôle subsidiaire dans ces deux secteurs tout en fournissant des services, si cela est autorisé, sous de strictes conditions.

Dans la plupart des pays l'éducation et la santé sont gérés comme des services publics et cela devrait devenir une règle universelle si nous voulons réaliser les objectifs d'éducation et de santé pour tous. Cependant, la qualité des prestations n'est pas la même partout selon la durée des efforts d'éducation et de santé entrepris tout au long des décennies passées (ou même des siècles), selon le professionnalisme des enseignants et des professions médicales, selon la disponibilité d'infrastructures en termes d'écoles et d'hôpitaux et ainsi de suite. En outre, la qualité de ces prestations dépend beaucoup des efforts déployés par les gouvernements et de leur continuité au fil des ans. Des infrastructures bonnes et adéquates alliées à un corps enseignant et à un corps médical convenablement formés et rémunérés ont conduit à des services de haute qualité dans la plupart des pays développés. C'est le cas de la France, en particulier, et de la plupart des pays d'Europe occidentale. À l'opposé, des infrastructures déficientes et des personnels mal formés et mal rémunérés mènent à des résultats désastreux, ce qui est encore malheureusement le cas pour beaucoup de pays en développement.

Le rôle du secteur privé dans les services de santé et d'éducation devrait être contenu et contrôlé pour prévenir une hausse des inégalités et la multiplication des pratiques abusives. Aux États-Unis, par exemple, le secteur privé est prédominant dans les secteurs de l'éducation et de la santé, ce qui constitue une source majeure d'inégalités car seuls les riches ont accès aux prestations de santé et d'éducation de la plus haute qualité tandis que les pauvres et même les classes moyennes sont relégués à des institutions de deuxième ordre qui n'ont pas les ressources nécessaires pour fournir des services de qualité (bien qu'il existe des mécanismes financiers pour que les classes moyennes puissent avoir accès à des services d'une meilleure qualité). Ceci constitue un facteur majeur de ségrégation sociale, qui durera pour toujours si aucune réforme radicale n'est mise en œuvre dans les secteurs concernés [222] . Les pratiques abusives sont également fréquentes, en particulier dans le secteur de la santé avec l'industrie pharmaceutique. Les prix exorbitants imposés par les industries pharmaceutiques combinés à l'usage et au contrôle abusifs des brevets sur les médicaments sont une source majeure de discrimination sociale dans les pays privés de sécurité sociale (c.-à-d. dans les pays les moins avancés et la plupart des pays en développement) et de déficit public pour les régimes d'assurance maladie (c.-à-d. dans la plupart des pays développés). Par conséquent, la santé et l'éducation sont des domaines où la société, et les gouvernements en termes pratiques, devraient exercer un strict contrôle sur la façon dont les acteurs privés se comportent.

Pour conclure, répondre aux besoins fondamentaux de tous, dans le monde, ne serait pas un rêve lointain, car nous savons comment le faire. La question clé, c'est la volonté politique d'aller de l'avant et de mobiliser les ressources nécessaires pour y parvenir. Inverser les priorités , en remplaçant une approche basée sur la redistribution des fruits de la croissance par des stratégies proactives et par des politiques ayant pour finalité de servir les citoyens exigerait immanquablement une révolution culturelle. Mais cela requerrait aussi une confrontation idéologique, comme nous l'analyserons plus loin dans la troisième partie de cet ouvrage.

"Nous, l'espèce humaine, sommes confrontés à une urgence planétaire - une menace pour la survie de notre civilisation qui développe un potentiel destructeur et menaçant, alors même que nous sommes ici réunis. Mais il y a de bonnes nouvelles également : nous avons la capacité de résoudre cette crise et d'éviter le pire de ses conséquences - mais pas toutes - si nous agissons avec audace, détermination et rapidité"

Al Gore

Ancien Vice-Président de États Unis

Conférence prononcée à l'occasion de l'attribution de son prix Nobel (Oslo, 2007)

Chapitre 6 - Restaurons notre environnement

Inverser les priorités signifierait aussi que la protection de la nature et la promotion d'un environnement durable et accueillant soient placés en tête de nos agendas politiques. Mais, avant cela, il nous faut traiter en priorité absolue du problème du réchauffement climatique qui menace notre survie même en tant qu'espèce humaine.

Le réchauffement global de notre planète constitue probablement le plus grand défi auquel l'humanité aura à faire face au cours du vingt-et-unième siècle et sans aucun doute la plus grande menace mondiale à laquelle elle n'ait jamais été confrontée [223]. Pour faire face à cette menace nous devons faire un pas supplémentaire dans la direction d'une gouvernance mondiale, qui consisterait à établir un mécanisme supranational pour contrôler le changement climatique. Des progrès importants ont été accomplis depuis le sommet de la Terre (Rio, 1992), en vue de sensibiliser les gouvernements, les ONG et le grand public à la question, de mettre en place des instruments et des procédures pour surveiller le changement climatique, d'organiser des réunions internationales pour discuter de la question et de fixer des priorités. Au total, un « mécanisme de gouvernance » du climat a été mis en place pour contrer le réchauffement global, ce qui constitue un important acquis, mais ce qui est encore largement insuffisant pour prévenir la menace mondiale qui s'annonce [224]. Au stade où nous en sommes, il n'y a pas limites fixées pour contenir les émissions de gaz à effet de serre, ni de mécanismes établis pour faire respecter ces limites.

Il est donc impératif de nous entendre sur les plafonds d'émissions de gaz à effet de serre (GES) qui sauraient être autorisés et d'imposer des mesures pour les contrôler mondialement. À l'heure actuelle, chaque pays détermine librement et sans restrictions le niveau maximal d'émissions qu'il est prêt à respecter et il n'y a aucun critère objectif sur la contribution requise de chaque pays à l'effort global ni de mécanismes pour contrôler les émissions de GES dans le monde. Tous les pays ont convenu en 2015 de contenir le réchauffement climatique bien au-dessous de 2°C et se sont engagés à réduire les niveaux de leurs émissions à cet effet (Paris, COP 21). Cependant, les engagements consolidés pris en cette occasion sont très au-dessous de ce qui serait nécessaire puisqu'ils mèneraient en fait à une augmentation globale des émissions de GES de l'ordre de 20,0 % entre 2010 et 2030 et amèneraient le monde vers un réchauffement global estimé à 3° C. En outre, la contribution individuelle de chaque pays à l'effort d'ensemble reste une décision unilatérale, soumise à toutes sortes de pressions politiques et économiques internes. Il a été convenu que les contributions seraient périodiquement réexaminées et augmentées dans l'avenir, mais rien ne garantit qu'elles répondent en temps voulu à l'exigence de maintenir le réchauffement mondial en-dessous de 2 °C. Le contrôle du réchauffement mondial est donc tributaire de négociations et de concessions qui sont l'objet de toutes sortes de pressions politiques et économiques et de ballets diplomatiques inconséquents. Par conséquent, aussi longtemps que les niveaux d'émissions de chaque pays seront sujets à marchandages et aussi longtemps que les négociations sur le climat ressembleront à des réunions du genre *bazar* et *tour de Babel* aucun progrès ne sera accompli vers la mise en place d'un cadre universel assorti d'objectifs contraignants.

Les émissions de gaz à effet de serre devraient être strictement et universellement contenues

Pour sortir de cette impasse, la seule solution serait d'établir des normes restreignant universellement les émissions de GES, qui soient à la fois justes et objectives. De tels normes pourraient par exemple consister en un quota mondial annuel d'émission par habitant qui, à son tour, déterminerait des quotas nationaux d'émission pour les pays respectifs. Dans un tel système, le quota d'émission par habitant serait le même dans le monde entier et les plafonds imposés à chaque pays consisteraient en la somme des quotas individuels de sa population [225]. En se basant sur de telles normes, de grands pays avec une large population se verraient attribuer un quota national d'émission élevé, ce qui serait juste car leur population est de grande taille (p. ex. La Chine, l'Inde, etc.). À l'opposé, les petits pays avec une population de petite taille se verraient attribuer un quota d'émission de dimension réduite, ce qui serait également juste car leur population est de petite taille (p. ex. L'Islande, la Barbade, le Bhoutan, etc.). Cependant, le plus gros des efforts devrait être assumé par les pays industrialisés et les économies avancées, qui sont les pays les plus développés mais aussi ceux qui ont le plus contribué au réchauffement de la planète dans le passé et qui sont encore responsables de nos jours d'une grande partie des émissions de GES, ce qui serait également juste. Des économies émergentes, comme la Chine en particulier, seraient également conduites à contenir fermement leurs émissions de GES, car elles contribuent déjà de manière importante au processus de réchauffement de la planète. Et les pays en développement devraient en faire autant dès qu'ils atteindraient les plafonds de leurs quotas nationaux.

Ce qui est ici proposé, en termes concrets, c'est de placer le fardeau du contrôle du réchauffement mondial sur les économies avancées (c.-à-d. les pays du G7/G8 et les États Unis en particulier) et sur les économies émergentes une fois atteint un niveau significatif d'émissions (p. ex. la Chine dans ma démonstration), ce qui serait juste car elles sont directement responsables du désastre mondial qui nous guette mais également efficace parce que seuls ces pays seraient en mesure de contribuer significativement à la maîtrise de la menace dans son ensemble. En tout état de cause, quelles que soient les normes retenues et développées à cet effet, celles-ci devraient être justes, objectives et cohérentes.

Un mécanisme supranational devrait être mis en place pour contrôler le réchauffement mondial

La mise en place d'un mécanisme universel pour le contrôler le réchauffement climatique revêtirait par conséquent deux dimensions :

En premier lieu, l'établissement de limites ou de plafonds d'émissions de GES par pays, qui seraient révisés chaque année pour tenir compte de l'évolution de la menace du réchauffement planétaire.

En second lieu, la création d'une autorité universelle chargée de faire respecter les limites ou les quotas d'émissions de GES, qui surveillerait le

processus de réchauffement mondial et sanctionne-
rait les États qui ne respecteraient pas ces limites.

Un tel mécanisme n'émergerait pas du néant, car il s'appuierait largement sur l'expérience et les organes de la Convention cadre des Nations Unies sur le changement climatique (CCNUCC). En particulier, une masse considérable de connaissances scientifiques, d'analyses stratégiques et de recommandations politiques a été traitée par la mécanique du Groupe d'experts intergouvernemental sur l'évolution du climat (GIEC) [226] . En fait, la mécanique du GIEC et de ses groupes de travail pourrait très bien être convertie en un organe consultatif permanent d'une future Autorité de contrôle du réchauffement climatique, assurant la surveillance du processus de réchauffement global et formulant des recommandations quant aux limites ou quotas d'émissions de gaz à effet de serre à ne pas dépasser. La Conférence des Parties (COP) de la Convention (CCNUCC) pourrait être également facilement convertie en un organe directeur d'une future Autorité de contrôle du réchauffement climatique, approuvant les recommandations formulées par l'organe consultatif et supervisant le travail de l'Autorité en matière de mise en vigueur du contrôle climatique.

Dans le cadre d'un tel mécanisme de surveillance et de contrôle tous les pays participants seraient redevables de rapports périodiques sur les mesures prises et sur les progrès réalisés pour contrôler et limiter les émissions de GES. Un système de récompenses et de sanctions compléterait le mécanisme pour renforcer le contrôle des GES, sur la base duquel les pays seraient récompensés ou sanctionnés selon leur contribution à l'effort global [227] . Un fonds mondial serait également créé pour financer des programmes dans le monde ayant pour objet de réduire le réchauffement global et de promouvoir les énergies propres (en particulier dans les économies émergentes pour éviter la reproduction ou l'extension du processus de réchauffement planétaire causé par les pays industrialisés et les économies avancées dans le passé) [228] . Comme la plupart des initiatives mondiales prises au cours de la seconde moitié du vingtième siècle, le mécanisme serait établi sur la base d'une convention universelle et placé sous les auspices de l'Organisation des Nations Unies. En fait, il prendrait le relai, sous une forme plus institutionnalisée, systématique et contraignante, des instruments et des pratiques développées sous l'égide de la Convention cadre des Nations Unies sur le changement climatique (CCNUCC).

Alors que le mécanisme ici proposé permettrait de s'assurer que le contrôle du réchauffement climatique fasse l'objet d'un suivi international et soit le cas échéant sanctionné sur l'ensemble de la planète, les stratégies, les politiques et les mesures nécessaires pour atteindre cet objectif global seraient nécessairement conçues, décidées et mises en œuvre aux niveaux national et infranational. Cela exigerait de toute évidence la mise en œuvre d'un processus de planification et de programmation aux niveaux national et infranational en vue de contenir les émissions de GES au-dessous des plafonds nationaux d'émission tout en mettant en œuvre le *policy mix* requis pour atteindre cet objectif.

Les stratégies, les politiques et les mesures visant à réduire les émissions de GES consisteraient nécessairement en un *policy mix* spécifique à chaque État, suivant les caractéristiques socioéconomiques de chaque   pays et la nature des émissions. Cependant, quelle que soit la combinaison des mesures envisagées, ce *policy mix* concernerait toujours les émissions de GES de trois secteurs majeurs [229] :

L'énergie, car c'est   la principale source d'émissions de GES ;

L'industrie, car les industries émettent d'énormes quantités de GES ;

Les transports, car nous dépendons considérablement de combustibles émetteurs de GES pour mouvoir tous nos moyens de transport.

Les émissions des secteurs agricole et forestier feraient également l'objet de mesures, mais par le biais d'approches différentes, car les types d'émissions de GES sont d'une nature différente (principalement le méthane et le protoxyde d'azote pour l'agriculture et le dioxyde de carbone pour le secteur forestier) et exigent d'autres genres d'approches. Les problèmes dans ces secteurs sont étroitement liés à la façon dont nous produisons et consommons des aliments dans le monde (agriculture intensive, prédominance des céréales, consommation croissante de viande, etc.) et à la manière dont nous gérons les terres et protégeons les forêts (déforestation en particulier). Ces questions sont abordées dans différentes parties de cet ouvrage.

Le secteur de l'énergie est la principale source de GES, raison pour laquelle nous devrions basculer rapidement et de façon significative vers des énergies propres, mais aussi vers des économies massives en termes de consommation d'énergie.

La transition vers des énergies propres est impérative mais elle exigera du temps

Le processus de substitution d'énergies exigera inéluctablement du temps, car il passe par le développement de nouvelles technologies et par des investissements massifs dans différents domaines sur plusieurs décennies voire plus [230] . En outre, le potentiel des substitutions réalisables   et l'éventail des options possibles entre différentes sources d'énergie sont relativement limités aujourd'hui. En théorie, et idéalement, nous devrions pouvoir remplacer toutes les énergies provenant de sources fossiles (à savoir : le charbon, le gaz et le pétrole, y compris des sources non conventionnelles telles que l'huile de schiste, le gaz de schiste, etc.) par des sources conventionnelles non-fossiles (c.-à-d. l'hydroélectricité et l'énergie nucléaire) et par de nouvelles sources d'énergie renouvelable (p. ex., les éoliennes, l'énergie solaire, l'énergie géothermique, l'énergie marémotrice, la biomasse, etc.).

Dans la pratique, cependant, la portée des substitutions possibles est relativement limitée : le potentiel hydroélectrique est largement exploité et les possibilités restantes en termes de construction de barrages entrent souvent en conflit avec des objectifs environnementaux et de peuplement (en Amazonie par exemple), l'énergie nucléaire est sérieusement limitée en termes d'approvisionnement (étroitesse des réserves d'uranium), de sécurité (risques d'accidents nucléaires) et d'environnement (élimination des déchets radioactifs) et le potentiel des énergies renouvelables est relativement marginal en termes de substitutions massives (en plus d'autres contraintes telles que la disponibilité de terres rares pour l'énergie solaire et éolienne, etc.) [231]. De plus, le développement des énergies renouvelables est limité par des contraintes géographiques (opportunités tectoniques, hydrologie, marées, régimes des vents, etc.) et des problèmes d'irrégularité (vent, soleil, etc.), de stockage (conservation de l'énergie), d'espace (exigences de l'énergie solaire) et de distribution (configuration des réseaux d'électricité). Enfin, certaines sources d'énergie renouvelable comme la biomasse rencontrent également une série de limitations telles que la concurrence avec la production d'aliments (par exemple, les biocarburants contre le maïs et d'autres cultures), les émissions de GES (en partie compensées par la séquestration du carbone) et autres.

L'un dans l'autre, l'évolution vers des sources d'énergie non-fossiles aura inévitablement lieu en raison de l'épuisement relatif des ressources d'énergie fossile, mais cela sera un très long et très lent processus qui n'empêchera pas en soi la menace du réchauffement climatique. Une substitution à 100 % de toutes les sources d'énergie traditionnelles par des énergies modernes à caractère renouvelables exigerait de multiplier ces dernières par dix, ce qui est théoriquement possible mais hautement improbable avant le milieu de ce siècle (à l'heure actuelle, les énergies renouvelables dites modernes ne représentent que 10,0 % de la consommation mondiale). Bien que difficile à prévoir - et encore plus à calculer en termes physiques et monétaires - il semble hautement improbable que nous soyons en mesure d'éliminer toutes les énergies fossiles et de les remplacer toutes par des énergies qui n'affectent pas le réchauffement mondial avant

2030 et même 2050, qui sont les échéances généralement retenues par la communauté scientifique pour prévenir des changements irréversibles dans notre système climatique. Les substitutions d'énergies et le développement de nouvelles énergies à caractère renouvelable ne constituent donc pas l'ultime solution du réchauffement climatique, mais seulement une partie de la solution. Il est donc impératif d'utiliser d'autres leviers. Il va sans dire que nous sommes confrontés là à une urgence à caractère mondial !

Économiser drastiquement l'énergie constitue le seul et unique levier sûr sur le court-moyen terme

En fait, le seul levier que nous pourrions utiliser mécaniquement sur le court terme en vue d'une réduction massive et rapide des émissions de GES serait d'économiser l'énergie et, plus particulièrement, d'économiser l'énergie provenant de sources fossiles. Le potentiel d'économies d'énergies est considérable dans le monde car on en fait de toutes parts un gaspillage colossal. De plus, ce potentiel est particulièrement important dans les pays industrialisés et les économies avancées qui sont précisément ceux qui sont censés réaliser les plus gros efforts. Le gaspillage d'énergie est énorme dans tous les domaines : le chauffage et la climatisation (constructions et installations inadéquates), l'éclairage (éclairage excessif et utilisation abusive par la publicité), les transports (surdéveloppement du transport routier de marchandises, utilisation massive de voitures individuelles, tourisme aérien de masse, etc.) et ainsi de suite. En fait, et comme nous l'analyserons plus loin, nous devons changer radicalement notre façon de vivre, notre manière de consommer et notre façon de gaspiller. Nous avons consommé et gaspillé dans le passé comme s'il n'y avait pas de limites à nos ressources. Mais nous sommes désormais confrontés à une situation nouvelle où les ressources sont de plus en plus rares et où la façon de les gaspiller, en particulier l'énergie, menace l'équilibre de l'ensemble de la Terre et notre propre survie en tant qu'espèce humaine. Changer nos comportements et notre mode de vie est désormais une question de survie.

Cependant, nous ne devons pas seulement changer la façon dont nous vivons, mais aussi la façon dont nous produisons. Les centrales électriques et thermiques sont responsables du quart des émissions mondiales de GES et l'industrie en tant que telle est fautive d'un cinquième additionnel des émissions mondiales. À cet égard toutes les usines et les installations industrielles émettant des GES devraient être soumises à de strictes restrictions et les niveaux de tolérance devrait être réduits continuellement. À cette fin, des normes d'émission et des politiques restrictives devraient être établies mondialement et appliquées partout au niveau national. Les émissions devraient être universellement contrôlées et les abus partout sanctionnés par les autorités nationales. Des mécanismes de flexibilité devraient néanmoins être établis comme cela a été fait jusqu'à présent pour les quotas d'émission au niveau local, national et régional [232] . À cet égard, nous devrions faire le bilan de toutes les expériences locales, nationales et régionales, mais aussi tirer des leçons de leurs limites.

Trois instruments majeurs ont été jusqu'à présent utilisés ou considérés pour réduire les émissions de GES : la réglementation (normes et plafonds d'émission), la fiscalité (taxes sur le carbone pour les combustibles fossiles) et le marché (échange de permis d'émissions). Cependant, l'accent a été mis sur une approche de régulation des marchés, avec l'introduction d'une « *grammaire des marchés* » dans les négociations sur le climat, suite à l'offensive néolibérale d'ensembles des années 90 [233] . Au lieu de renforcer la réglementation des émissions de GES ce processus a contribué au développement de nouvelles possibilités de spéculation sur les marchés. Beaucoup de conjectures se sont développées autour du concept de marché du carbone, sans résultats concrets à ce jour sur les émissions de GES. Cette approche ne s'est pas seulement révélée inefficace, mais également très discutable d'un point de vue éthique car elle alimente la spéculation financière. Par conséquent, la solution devrait définitivement consister dans l'établissement de quotas pertinents et de sanctions appropriées pour faire en sorte que les normes d'émissions de GES soient respectées dans le monde entier et non régulées dans le cadre d'un hypothétique et contestable marché du carbone. En outre, la taxation du carbone devrait être universellement utilisée pour décourager l'utilisation des combustibles fossiles tout en accélérant la transition vers les énergies renouvelables. Une solution drastique pourrait même consister à contenir et même réduire l'extraction de combustibles fossiles (charbon, gaz et pétrole), en supposant que les gouvernements aient l'audace de mettre en œuvre de telles mesures.

Après l'énergie et l'industrie, les transports sont sans conteste le secteur où des changements majeurs devraient intervenir et pourraient être réalisés. Le secteur des transports dépend aujourd'hui, pour une part considérable, de la combustion de carburants, soit sur la base de moteurs à combustion (voitures individuelles, camions, véhicules de transport collectif ainsi que les bateaux et les navires) ou par l'intermédiaire de réacteurs (avions). L'utilisation de la traction électrique sur la base de moteurs appropriés est encore relativement limitée, quoique très efficace pour les transports collectifs (trains, tramways et métros). En outre, les moyens de transport individuels sont aujourd'hui largement prédominants en raison des choix individuels et collectifs qui ont été faits à une époque où l'énergie était abondante et bon marché.

Le succès de la voiture individuelle est étroitement lié à la liberté de mouvement qu'elle offre à ses utilisateurs. Elle a modelé l'espace (villes et banlieues, autoroutes, espaces de de stationnement, etc.), la façon dont nous achetons et consommons (centres commerciaux, supermarchés, etc.), la façon dont nous nous déplaçons (transport vers et en provenance des lieux de travail), la façon dont nous passons nos vacances (migrations annuelles vers les lieux de villégiature) et ainsi de suite. La voiture représente aussi un élément majeur dans la dépense des ménages (achat et entretien, assurances, carburants, etc.) et une source majeure de nuisance (bruit, embouteillages, accidents et pollution, y compris, bien sûr, les gaz à effet de serre). Aujourd'hui, la voiture individuelle est l'élément structurant de nos sociétés de consommation. Elle s'est développée et répandue dans le monde occidental, mais elle envahit également les économies émergentes et se répand sur toute la planète. Au stade où nous en sommes, nous dépendons massivement des voitures mais nous ne pouvons continuer à vivre selon ce modèle, car il n'est plus viable et parce qu'il ne peut être extrapolé au reste de la planète.

S'éloigner du modèle de transport dominant exigera une révolution culturelle, tout comme nous éloigner de notre société de consommation et de ses caractéristiques distinctives partout dans le monde. Cependant, ce changement est impérieux si nous voulons éviter le désastre qui s'annonce, qui se matérialisera inévitablement si nous ne changeons pas notre cours à l'avenir. Pour ce faire, nous devons élaborer un modèle alternatif de transports, de pair avec d'autres modèles d'habitat et façons de vivre (nous y reviendrons plus tard). S'agissant des transports nous devons donner la priorité aux transports collectifs chaque fois que cela est nécessaire et là où cela est approprié. Cela signifie donner la priorité aux métros, aux tramways et aux bus dans les zones urbaines et semi urbaines par opposition à l'utilisation des voitures individuelles.

Cependant, comme les voitures seront toujours requises pour de nombreux types d'usages, nous devrions en même temps donner la priorité à des programmes de location ou de services, ce qui inclurait la traditionnelle location de voitures comme elle est pratiquée aujourd'hui, mais aussi d'autres modes alternatifs d'utilisation tels que la location de véhicules à l'aide d'applications sur la toile (p. ex. Car2Go) ou le covoiturage et les dispositifs de partage (p. ex. BlaBla-Car). Les municipalités devraient également promouvoir l'utilisation massive de mini véhicules dans les villes, détenus et gérés par des organismes publics ou semi-publics, qui seraient disponibles contre paiement sur une base horaire [234]. Par conséquent, au lieu de posséder une voiture individuelle, de payer de grosses sommes d'argent pour l'acheter, l'utiliser et l'entretenir tout en engorgeant les rues et les espaces publics, la plupart des gens loueraient une voiture pour leurs loisirs (par exemple, pour les week-ends, les vacances, etc.) ou utiliseraient des mini véhicules « à la carte » pour leurs besoins de déplacement à courte distance (déplacements, courses hebdomadaires, etc.). En outre, la possession, la location ou l'utilisation gratuite de dispositifs de mobilité individuelle [235] devraient être encouragés pour répondre aux besoins de déplacement à très courte distance (courses quotidiennes, déplacements à la banque, à la poste, etc.).

En même temps, nous devrions nous diriger massivement vers les systèmes de traction et de propulsion sans combustion, à travers l'utilisation des énergies propres et de l'électricité en particulier [236]. De nos jours les trains, les tramways et les métros utilisent couramment la traction électrique. D'autres moyens de transport traditionnels, tels que les autobus, auront de plus en plus recours à la traction électrique. Ces moyens de transport devraient être développés partout où cela s'avère possible. Le plus grand défi, cependant, reste de convertir l'ensemble de l'industrie automobile en la faisant passer des moteurs traditionnels aux technologies de traction électrique, ce qui commence tout juste aujourd'hui avec la vente des premiers véhicules hybrides [237]. Ceci se développerait nécessairement avec le remplacement des flottes conventionnelles existantes par des flottes faisant appel à 100 % à systèmes de traction électriques propres. Cela entrainerait aussi la restructuration de l'ensemble de la chaîne des services, à commencer par les stations-service (bornes de recharge électrique), les garages (réparation et entretien) et ainsi de suite.

La nécessaire réorganisation du transport de marchandises constitue un autre défi dans le secteur des transports. La traction électrique devrait être retenue pour les expéditions petites et légères mais elle ne semble pas être efficace pour le transport de longue distance et pour les charges lourdes. Cependant, l'utilisation systématique des réseaux ferroviaires pour le transport de conteneurs ou de camions permettrait de diminuer considérablement le trafic routier et de réduire   de façon significative les émissions de GES. Des modalités de propulsion mixtes ou hybrides pourraient aussi être envisagées pour le transport maritime, telles que le regain de l'utilisation de voiles. Quant au transport aérien, les alternatives au moteur ou au réacteur à propulsion sont pour ainsi dire inexistantes à l'heure actuelle [238]. La seule solution à court et à moyen terme serait de promouvoir une utilisation plus raisonnable du transport aérien (p. ex., en préférant le transport par train chaque fois que cela est possible, en limitant le recours au fret aérien pour le transport de produits d'outre-mer, en décourageant le tourisme de masse outre-mer, etc.).

Au total, l'on attend beaucoup des technologies qui respectent l'environnement et bien des choses devraient pouvoir être réalisées à travers elles. Cependant, atteindre des résultats tangibles dans ce domaine exigera encore d'importants efforts en termes de recherche fondamentale et appliquée, d'investissements publics et privés, de développement de nouvelles infrastructures et de réseaux appropriés et d'autres facteurs. Cela demandera du temps − pratiquement des décennies - avant que tout cela ne se matérialise et cela ne permettra pas d'éviter en soi la menace du réchauffement à l'échelle mondiale, qui exigera également, comme souligné plus haut, des mesures drastiques d'économie d'énergie sur le court et le moyen termes. Par conséquent, nous ne devrions pas nous laisser bercer par le sermon sur la révolution des technologies vertes et leur triomphe, mais plutôt être conscients qu'arrêter la catastrophe en route exigera des changements radicaux dans la manière dont nous consommons et dans la façon dont nous vivons.

Les gouvernements devraient devenir des acteurs clés dans le contrôle des GES et dans la restructuration de nos systèmes énergétiques

Comme illustré plus haut, les États nationaux et les gouvernements locaux devraient avoir une responsabilité clé dans la mise en œuvre du contrôle des GES ainsi que dans la restructuration et la réorganisation des secteurs concernés. Les instruments à utiliser en tout premier lieu, à cet égard, seraient la règlementation associée à une gamme de sanctions pertinentes (y compris des sanctions appropriées pour les opérateurs économiques qui ne respecteraient pas les règles et les normes). Ceci serait la meilleure modalité car cela ne coûterait pas un centime aux contribuables et cela génèrerait en outre des ressources pour les finances publiques. La règlementation devrait et pourrait être largement utilisée pour imposer des économies d'énergie dans la construction (normes d'isolation thermique, technologies de chauffage et de climatisation, etc.), dans l'éclairage (utilisation de l'électricité pour la publicité, technologies d'éclairage, etc.) et ainsi de suite. Elle devrait aussi être largement utilisée pour contrôler la pollution et les émissions de GES dans l'industrie (normes de pollution tolérée, développement de nouvelles technologies pour la fabrication industrielle, etc.), dans les transports (normes de pollution tolérée, technologies de traction et de propulsion propres, etc.) et ainsi de suite. Une telle règlementation et un tel cadre de normalisation auraient également l'avantage additionnel de décourager l'importation de produits et l'utilisation de technologies qui ne serait pas conformes aux normes et aux objectifs écologiques, bénéficiant par conséquent les industries locales qui les respecteraient. Les grandes sociétés et les entreprises mondialisées n'aimeraient évidemment pas de telles mesures, mais le but ici ne serait de leur plaire mais bien de les contraindre à respecter l'environnement et le cadre établi pour protéger notre avenir commun.

D'autre part, les États nationaux et les collectivités locales devraient assumer une responsabilité majeure dans la promotion de systèmes de transport publics et collectifs, comme ils l'ont fait dans le passé et comme ils devraient le faire encore plus dans l'avenir. Les chemins de fer devraient être gérés et développés par des entreprises nationales ou par des compagnies internationales publiques ou semi-publiques là où cela s'avèrerait nécessaire (des systèmes ferroviaires intégrés pourraient être développés par des pays voisins pour promouvoir l'intégration régionale et le transport international). Des systèmes de transport urbain et suburbain reposant sur des dispositifs collectifs comme les métros, les tramways et les autobus devraient être systématiquement développés et gérés par les collectivités locales, là où cela serait nécessaire, conformément aux plans de développement urbain. Les collectivités locales devraient être de plus en plus impliquées dans le développement et la gestion de systèmes de transport alternatifs tels que des flottes de mini véhicules autonomes propulsés par l'électricité, des parcs de vélos publics et autres systèmes.

Cela nous amène à la question plus vaste de la promotion d'un environnement convivial, qui devrait constituer une toute première priorité dans nos agendas politiques. Par environnement convivial je veux dire un cadre où chacun se sentirait heureux et en harmonie avec son lieu d'existence et son environnement naturel. La communion avec la nature nous a apporté pendant des millénaires cette sensation de bonheur et d'harmonie, même si elle n'était pas exempte de multiples dangers et de catastrophes récurrentes. Cette forme de communion a presque disparu chez la majorité des gens dans les pays industrialisés et les économies avancées, tandis qu'elle est en voie de disparition dans le reste du monde. L'industrialisation, l'urbanisation et la pollution qui sont à l'origine de ce processus détruisent partout la nature et la relation très spéciale que nous avions avec elle. Par conséquent, promouvoir un environnement convivial signifie reconstruire cette relation spéciale que nous avions avec la nature à travers le contrôle du processus d'industrialisation, la maîtrise du cours de l'urbanisation et le contrôle de la pollution, qui sont tous liés, tout en réintroduisant la nature partout où elle a été expulsée ou détruite.

L'industrialisation et l'urbanisation sont étroitement liés, tandis qu'à l'autre extrême l'exode rural alimente le processus. Il s'agit ici d'un long processus qui a débuté de longue date dans le monde occidental avec l'expulsion de la paysannerie et le développement de l'industrie, un cours qui s'est répandue dans le monde entier. Cependant, la propagation de ce cours n'a pas été uniforme et n'a pas affecté tous les pays de la même façon[239] . Promouvoir un environnement convivial signifie que nous devrions changer radicalement les processus d'industrialisation et d'urbanisation dans le monde. Cela signifie en particulier que nous devrions nous écarter du mode d'urbanisation qui prévaut aujourd'hui et que nous devrions consolider les efforts déployés jusqu'ici pour préserver l'environnement et combattre la pollution.

Le processus de migration des zones rurales vers les zones urbaines doit être inversé

Nous devrions d'abord retourner vers les campagnes et nous rapprocher de la nature autant que possible. Le processus de migration des zones rurales vers les zones urbaines doit être inversé. L'objectif cependant ne devrait pas consister à revenir au Moyen Age pour les pays industrialisés ou à l'ère préindustrielle pour le monde en développement, mais plutôt à rechercher un nouvel équilibre entre villes et campagnes, en nous éloignant du développement insoutenable des mégalopoles. Pour ce faire, nous devrions d'abord revitaliser l'espace rural à travers des politiques et des mesures appropriées ayant pour but de soutenir la petite agriculture [240] . La revitalisation du milieu rural, associée à des réseaux de villages et de petites villes, constituerait le premier front pour la reconstruction d'un environnement convivial.

Le deuxième front à considérer dans le monde entier devrait être la création et la consolidation de réseaux de villes moyennes ou de taille légèrement supérieure qui devraient être en mesure d'assumer une double fonction : fournir en aval les services et les installations qui ne peuvent pas être offerts ou gérés à l'échelon des villages et des petites villes et soulager en amont la congestion des vastes mégalopoles grâce à l'offre d'alternatives et de meilleures conditions de vie [241] . En d'autres termes, les réseaux de villes moyennes et de taille supérieure inciteraient les gens à ne pas migrer vers les grandes aires métropolitaines, donneraient des alternatives et de meilleures conditions de vie pour les gens piégés dans les mégalopoles et offriraient un vaste éventail d'activités et de services pour assumer ce rôle. Les villes à ce niveau devraient pouvoir offrir une combinaison optimale d'activités, de services et d'opportunités de travail pour assumer de telles fonctions [242] . Au total, les villes de taille moyenne ou légèrement supérieure devraient pouvoir fournir la base d'une réconciliation entre les humains et la nature.

A l'autre extrême, les aires métropolitaines et les mégalopoles devraient être contenues et des politiques urbaines conçues pour répondre aux besoins de base des populations, mais pas plus que cela [243] . Les gens ne devraient pas être encouragés à vivre ni à rester dans les aires métropolitaines et tous les efforts sur le long terme devraient inciter les gens à revenir dans des villes moyennes ou de taille supérieure ou même à la campagne, lorsque cela s'avère possible [244] . Cependant, pousser les gens à revenir vers un environnement convivial prendra des décennies alors qu'il est nécessaire de répondre dès maintenant à leurs besoins les plus fondamentaux. Des plans et des mesures d'urgence seraient donc nécessaires pour alléger les problèmes à court terme en termes de logement, de disponibilité d'eau potable et d'assainissement, d'accès à l'école et à l'éducation, d'activités professionnelles et ainsi de suite, en particulier pour les pauvres vivant dans des bidonvilles, qui dépendent en grande partie de l'économie informelle pour survivre, souvent sans emploi et fréquemment portés à des activités illicites. Cependant, toutes ces mesures et ces plans devraient être conçus en gardant à l'esprit que la solution ultime est le retour vers un environnement convivial, soit dans des villes moyennes ou de taille supérieure, soit en milieu rural ou semi-rural. Ce faisant et par ailleurs, nous devrions avoir à l'esprit la promotion systématique d'un environnement urbain et architectural plus convivial (plans d'urbanisme et architecture qui facilitent le regroupement familial et l'interaction sociale, comme préconisé dans le chapitre suivant). Dès lors, de nouvelles formes d'habitat devraient être promues de façon à ce que les gens ne vivent plus en communautés ségréguées par classe sociale, race, ethnicité et ainsi de suite (autrement dit, sortir des ghettos pour pauvres, d'un côté, et des ensembles résidentiels murés pour riches, de l'autre).

Contrôler la pollution et faire renaître la nature constituerait d'autre part les pièces complémentaires d'un tel retour d'ensemble vers un environnement urbain et naturel convivial. Beaucoup de choses ont été faites à cet égard et beaucoup sont en train d'être faites en ce moment, mais il faudrait faire bien plus si nous voulons rétablir un équilibre harmonieux entre les humains et la nature.

Le contrôle de la contamination ou, mieux, l'éradication de la pollution exigent encore d'importants efforts

En tout premier lieu nous devons contrôler ou, mieux, éliminer toutes les sources de pollution. Nous avons déjà analysé toutes les mesures qui devraient ou pourraient être prises en rapport avec les gaz à effet de serre (GES). Mais ce qui s'applique avec pertinence pour ces derniers devraient également être considéré et imposé pour toutes les autres émissions, y compris tous les types de gaz toxiques et de particules qui flottent dans l'air. Comme pour les GES, des quotas ou des plafonds d'émissions, des normes de construction ou de fabrication devraient être systématiquement établis et imposés par le biais de mécanismes de surveillance et de sanctions appropriés, comme cela est actuellement fait dans de nombreux domaines (p. ex., pour le dioxyde de soufre, le plomb, les particules fines, les polluants atmosphériques toxiques, etc.).

Maîtriser et arrêter la pollution à la source exigent des règlementations encore plus élaborées, des contrôles encore plus stricts et des sanctions encore plus sévères. Des normes de pollution industrielle devraient être adoptées pour réduire et éliminer progressivement (jusqu'à une « pollution zéro »), si possible, toutes les formes de pollution, qu'elles affectent l'atmosphère, la terre ou l'eau. À cet égard, nous pourrions concevoir des normes universelles à l'échelle mondiale - en établissement des plafonds qui devraient être respectés par tous les pays - associées à des normes régionales, nationales et locales qui pourraient établir des critères encore plus sévères [245] . Ces normes seraient suivies et contrôlées au niveau mondial par le biais de mécanismes appropriés à mettre en place sous l'égide du système des Nations Unies. Ces normes seraient également adoptées et appliquées aux niveaux régional, national et local [246] . En outre, les transferts de déchets toxiques des pays industrialisés vers les pays pauvres devraient être surveillés et sanctionnés.

Le traitement des émissions, des effluents et des déchets, tant dans l'air, dans l'eau que sur la terre, devrait être imposé et en même temps promu. Afin de respecter les normes de pollution les industries auraient à investir davantage dans les installations et les processus requis pour réduire la pollution. Elles auraient également à développer davantage leurs efforts dans le domaine de la recherche et du développement (R&D) pour la fabrication de produits qui économisent l'énergie ou qui fonctionnent avec des énergies propres. Cela ferait partie de la « révolution des technologies vertes », qui est célébrée quotidiennement par les médias qui servent l'ordre mondial, mais tarde à se concrétiser. La transition industrielle vers ces processus et ces produits exigera évidemment d'importants investissements de la part des entreprises. Les gouvernements pourraient subventionner une telle transition, mais je ne vois aucune raison pour demander au contribuable d'appuyer ces efforts quand le même résultat peut être atteint à travers une application plus rigoureuse de la réglementation.

Le traitement des effluents associés aux fortes concentrations de populations dans les aires métropolitaines, exigerait aussi d'énormes investissements, tout particulièrement pour les fleuves et les baies les plus pollués de la planète, situés pour beaucoup dans le monde en développement. Ceci devrait faire partie des plans et programmes de développement urbain à mettre en œuvre là où cela s'impose, et devrait être appuyé par les pays et les communautés locales concernés. Les gouvernements nationaux et locaux devraient financer de tels plans et de tels investissements dans la mesure du possible, mais différentes formes d'aide international nationale devraient également être mobilisées pour traiter cette question dans les pays les plus pauvres. Le traitement des déchets et des ordures exigerait également une attention continue à l'échelle mondiale, en particulier dans les aires métropolitaines du monde en développement, mais pas seulement, comme l'illustrent des villes comme Naples, en Italie, ou Beyrouth, au Liban, qui font face à des troubles sociaux récurrents en rapport avec cette question.

Passer d'une société de gaspillage à une économie circulaire devrait être l'objectif

Enfin, nous devrions mettre en œuvre un ensemble complet de politiques et de mesures pour contenir les déchets et recycler la majeure partie des produits usés. Nous ne devrions plus généralement passer d'une société de gaspillage à une société où toutes les ressources seraient soigneusement gérées, en assurant la promotion de ce que certains économistes appellent une "économie circulaire".

Tout d'abord, nous devrions épargner autant que possible nos ressources naturelles dans les différentes étapes des processus d'extraction-transformation-commercialisation. Cela signifie réduire les déchets de fabrication mais également de commercialisation. Les industries devraient être encouragés à améliorer davantage leurs performances à cet égard et la grande distribution devraient être obligée de trouver des usages pour leurs invendus périssables [247]. Les emballages non biodégradables devraient être encore davantage retirés des circuits de distribution et des normes établies à cette fin (c.-à-d. les plastiques et autres emballages non biodégradables pour l'alimentation et autres produits de consommation). En outre, les politiques de fabrication et de marketing mises en œuvre par les grandes entreprises pour soutenir et élargir leurs débouchés devraient être examinées et réglementées. La durée de vie des produits fabriqués par exemple devrait être considérablement élargie. A cet égard, des normes de durée de vie devraient être établies pour la plupart des produits de consommation pour prévenir toute obsolescence programmée de nature prématurée [248] . Des normes pour la fourniture de pièces de rechange devraient être également établies afin de ne plus être contraints au remplacement forcé de petites pièces par de gros composants [249] . En outre, les services d'entretien et de réparation devraient être encouragés à grande échelle pour prolonger la durée de vie des produits (y compris de petits ateliers comme nous le verrons dans le chapitre 7, qui porte sur l'emploi et les activités). En outre, le secteur des services devrait également contribuer à une meilleure utilisation des ressources et devrait faire l'objet de restrictions pour empêcher les gaspillages abusifs. Ceci devrait être le cas en particulier pour l'industrie de la publicité qui gaspille des quantités considérables d'énergie (affichages de toutes sortes dans les rues, publicité audio-visuelle, etc.), de papier (revues de mode, prospectus de marketing, dépliants, etc.) et d'autres ressources.

En second lieu, nous devrions recycler autant que possible les produits que nous utilisons pour réduire la pression sur les ressources naturelles et prévenir une extension à grande échelle des déchets. Des politiques de recyclage ont été développées dans de nombreux pays et mis en œuvre à différents niveaux, y compris le tri, le dépôt et le ramassage des déchets, d'un côté, et le traitement et le recyclage des déchets, d'un autre côté [250] . Cependant, les processus de collecte devraient être améliorés et les industries du recyclage devrait être davantage encouragées. Le tri des produits jetés par les utilisateurs finaux aux fins du recyclage des déchets continue d'être compliqué et prend du temps (c.-à-d. le tri et l'entreposage des bouteilles, des journaux, des plastiques, etc.). Des processus et des installations plus commodes devraient être développés à cet effet. Le large éventail des possibilités de recyclage est encore largement inexploité. Les industries et les activités dans ce secteur devraient être encouragées et étendues, y compris la promotion d'installations de recyclage dans les pays en développement, encore totalement absentes, en particulier dans les zones rurales.

Le renouveau de la nature devrait constituer le second élément d'une stratégie d'ensemble visant à promouvoir un environnement convivial. Cela concernerait deux dimensions : l'expansion des espaces verts, partout où cela s'avère possible, et la protection de la biodiversité, partout où cela s'avère nécessaire.

La nature devrait être revitalisée et protégée sur toute la planète

Le cours de l'industrialisation et de l'urbanisation a détruit la nature dans de nombreuses parties de la planète et il la dévaste encore dans de nombreuses régions du monde. Nous vivons de plus en plus dans un univers fait de béton, d'acier et de verre, pour les plus riches, et de carton, de plastiques et de tôle ondulée, pour les plus pauvres, en grande partie privés d'arbres, de gazon, de fleurs et d'autres types de végétations. Ceci n'affecte pas seulement notre santé, car les plantes contribuent à notre équilibre d'ensemble en termes de qualité de l'air et d'apport d'oxygène, mais également notre moral et notre équilibre psychologique, car nous avons besoin de plantes et de végétation pour nous sentir heureux. Au total, la destruction de la végétation par le processus d'industrialisation et son expulsion comme résultat de l'urbanisation affectent sérieusement nos vies. Par conséquent, la végétation devrait être soignée et étendue partout où cela s'avère possible.

Nous devrions d'abord réintroduire la dimension écologique et la végétation dans toutes les zones urbaines, quelle que soit la taille des agglomérations, des plus petits villages aux plus grandes mégalopoles. Ceci devrait devenir une priorité absolue dans les plans de développement urbain visant à restructurer les aires métropolitaines et à atténuer les problèmes sociaux qui y règnent. La plantation d'arbres, l'aménagement de parcs et d'espaces verts, le fleurissement des villes et la réintroduction de la nature devrait partout prévaloir. Les collectivités locales devraient prendre toutes les mesures nécessaires pour mettre en œuvre des politiques en ce sens et gérer ainsi qu'entretenir tous les espaces verts et les plantes. Une attention toute particulière devrait être accordée aux aires métropolitaines où la destruction de la nature et l'absence d'espaces verts sont les plus aigus. Dans ces espaces, les gens devraient être encouragés à planter ou à placer des plantes partout où ils le pourraient : sur leurs balcons, dans leurs cours, sur les toits ; bref, partout où cela s'avère possible. L'agriculture urbaine devrait également être encouragée, non seulement pour promouvoir des espaces verts, mais également pour accroître l'autonomie dans les zones urbaines. Beaucoup d'expériences sont actuellement menées dans le monde en ce sens qui mériteraient d'être examinées et étendues [251]. Les potagers domestiques, en particulier, devraient être développés partout où cela s'avère possible.

Cependant, le renouveau de la nature ne devrait pas se limiter aux zones urbaines. Les zones rurales devraient également être protégées et revitalisées. L'agriculture et les forêts devraient être réassociées dans toute la mesure du possible, en s'éloignant du modèle d'agriculture industrialisée qui rase les forêts et les taillis pour exploiter de vastes champs et domaines dédiés à la monoculture. Nous devrions revenir à un modèle qui permette d'assurer un minimum d'autonomie aux agriculteurs et à leur voisinage, associant culture, élevage et activités forestières. En outre, les forêts devraient être protégées et étendues partout où cela s'avère possible, de pair avec la présence de la faune. Cependant, une attention toute particulière devrait être accordée à deux processus qui ont des répercussions mondiales car ils affectent de vastes régions et constituent une menace pour la planète tout entière, je veux dire ici le cours de la déforestation et le processus de désertification.

Le déboisement incontrôlé et sauvage dévaste maintenant de vastes régions de notre planète et contribue pour une large part au processus de réchauffement global [252]. Comme la déforestation constitue aujourd'hui une menace globale pour le monde nous devrions concevoir une réponse mondiale à cette menace. Les gouvernements jusqu'à présent n'ont pas été capables ou désireux de contrôler sérieusement la progression du processus de déforestation dans les régions les plus exposées à cette menace [253] . Ils agissent sous la pression constante des lobbies et des sociétés intéressées par l'exploitation des ressources des régions concernées et sont incapables de résister à cette pression. Comme cette question est de la plus haute importance pour notre avenir commun des mécanismes appropriés devraient être mis en place pour le suivi rigoureux et le contrôle effectif du processus de déforestation sous l'égide du système des Nations Unies [254] . Les pays et les gouvernements concernés ne devraient donc jouir à l'avenir que d'une souveraineté limitée sur les régions placées sous contrôle international, pour autant que cela touche le processus de déforestation. Un tel mécanisme aurait une fonction semblable à celle proposée pour le contrôle du réchauffement global. Il serait établi sous l'égide des Nations Unies et fonctionnerait comme un mécanisme mondial de suivi et de supervision de toutes les questions concernant la déforestation [255] . Les plans de développement, les programmes et projets individuels concernant les zones placées sous la supervision de ce mécanisme devraient être spécifiquement autorisés. Cela serait la seule manière, à mon avis, de contrôler le processus et résister aux intérêts privés dans ce domaine. Un tel mécanisme devrait être établi aussitôt que possible.

La désertification est également une menace mondiale directement liée à la pression que l'homme exerce sur la nature mais aussi très sensible au processus de réchauffement climatique qui affecte la planète. Combattre la désertification exige une approche globale couvrant l'homme, la nature et le climat [256] . Le stress infligé à l'environnement doit être contenu et la seule façon de le contenir serait de limiter la croissance de la population dans ces zones arides qui sont exploitées au-delà de leur viabilité. La croissance de la population devrait être contrôlée autant que possible dans les zones sujettes à désertification et les populations incitées à se déplacer vers des régions capables de les accueillir, si cela est faisable. La désertification devrait en même temps être contenue à travers une série de politiques et de mesures appropriées, y compris par exemple par la plantation à grande échelle d'arbres et d'autres espèces végétales résistantes à la sécheresse, la mise en place de retenues du sable pour fixer les dunes et ainsi de suite. Quant aux facteurs climatiques, la réponse ne peut être que globale et résulter de l'ensemble des efforts entrepris pour contrôler le réchauffement mondial. Les gouvernements ont déjà convenu de lutter contre la désertification, de coordonner leurs politiques et de mettre en place des plans d'action nationaux là où cela s'avère nécessaire [257]. Ces efforts doivent être poursuivis.

Enfin, et à côté de notre combat pour la défense du « *vert* », nous devrions faire de notre mieux pour protéger la faune et la biodiversité en général. Notre environnement naturel est un mélange complexe d'éléments qui se combinent entre eux et qui interagissent en tant que système, impliquant la terre, l'atmosphère et les mers et dans la façon dont ils influent les uns sur les autres par le biais du climat et des phénomènes naturels. Au milieu de tout cela nous avons la vie, allant de la plus petite bactérie aux plus grands mammifères, y compris une espèce très arrogante, les humains, qui prétendent abusivement dominer la nature. Cette vie doit être préservée et choyée pour notre bien-être collectif.

Les espèces sauvages et la biodiversité sont aujourd'hui largement menacées et courent le risque de disparaître totalement pour beaucoup d'espèces et nombre d'écosystèmes. Les processus d'industrialisation et d'urbanisation détruisent les habitats naturels d'innombrables espèces dans le monde entier. De plus, de nombreuses espèces sont exterminées aux seules fins commerciales. Par conséquent, combattre la destruction des habitats naturels, l'extermination massive de certaines espèces et la dévastation de la biodiversité devraient constituer une toute première priorité dans l'agenda de tous les pays. Il existe déjà des conventions et des mécanismes qui traitent de la protection des espèces menacées [258], mais les résultats sont loin d'être satisfaisants car la pression exercée sur les gouvernements par les lobbies et les industries vivant de la chasse, de la pêche et du commerce des espèces menacées est extrêmement forte. De nombreux activistes et des ONG telles que Greenpeace et le World Wild Fund (WWF), contribuent également à cet effort global visant à protéger les espèces vivantes, mais la pression qu'ils exercent de leur côté n'est pas suffisante pour imposer un changement radical aux activités qui contribuent à exterminer la faune et la flore. Beaucoup plus de pression devrait venir de la part des gens et beaucoup plus de sensibilisation devrait être encouragée à cette fin.

Au-delà des espèces sauvages, la conservation des habitats naturels et plus généralement la protection de la biodiversité devraient être promues à plus grande échelle. Beaucoup de politiques, de programmes et de mesures ont été conçus et mis en œuvre à cette fin, mais cela est encore insuffisant. Nous devrions élargir davantage le cadre de protection à cet effet et prendre de nouvelles initiatives, en étroite collaboration avec les populations locales, dans les zones concernées.

En premier lieu, nous devrions établir des mécanismes de contrôle et de surveillance pour la haute mer et les régions polaires, dans l'esprit de ce que j'ai proposé plus haut pour le changement climatique et les forêts tropicales. Le rôle de tels mécanismes, également créés sous les auspices de l'Organisation des Nations Unies, devrait être de surveiller l'état de la haute mer et d'édicter des mesures pour protéger ce milieu naturel. Cela pourrait viser l'interdiction des forages, de l'exploitation minière et des activités de pêche dans certaines parties de la haute mer ou l'imposition de moratoires pour l'exploitation des ressources. De tels mécanismes devraient aussi traiter de la question des deux « continents de glace » qui fondent et disparaissent en ce moment en raison du réchauffement global, je veux dire par là l'Arctique et l'Antarctique. Le statut international et la gestion de ces immenses zones est pour l'instant largement embryonnaire (l'Antarctique), voire inexistant (l'Arctique) [259] face à la menace du réchauffement planétaire. De nouveaux instruments devraient être développés pour prévenir l'exploitation sauvage de leurs ressources ainsi que l'extinction des espèces sauvages qui y vivent.

En second lieu, nous devrions développer davantage les parcs et les réserves naturelles sur toute la planète en vue de protéger la faune et la biodiversité. Ceci devrait être entrepris au niveau national et infranational, avec la participation des gouvernements nationaux et locaux à leurs niveaux respectifs. Les parcs nationaux existent de longue date, principalement pour protéger la nature et à des fins récréatives. Une approche plus élaborée pour la conservation de la nature a été élaborée plus tard par l'UNESCO sous le concept de réserves de la biosphère [260] , qui associe une approche systémique et écologique pour la conservation de certains espaces. Le Fonds pour l'environnement mondial (FEM) [261] a également financé de nombreux programmes pour protéger des écosystèmes menacés ou fragiles. Nous devons faire le bilan de toutes ces expériences pour les étendre à la protection des écosystèmes dans le monde entier et prendre les mesures nécessaires à cette fin.

Pour conclure ce chapitre, je tiens à souligner que les instruments et les méthodologies nécessaires pour traiter des questions d'environnement sont aujourd'hui très élaborés et largement répandus dans le monde. Rien de vraiment nouveau ne devrait être conçu et mis en place à cet égard, sauf à faire le bilan de toutes les expériences menées dans ce domaine et de faire le meilleur usage des approches les plus efficaces. Cependant, deux grandes dimensions de la question environnementale subsistent encore, appelant des changements radicaux dans l'avenir : l'une d'elles est la nécessité d'un mécanisme de gouvernance mondiale pour résoudre les problèmes qui requièrent une approche supranationale et l'autre est l'exigence d'une forte volonté politique pour s'assurer que l'intérêt général prévaut sur les appétits des grandes entreprises privées. Cela rend nécessaire d'importants transferts de souveraineté en faveur de l'échelon mondial pour la simple survie de l'espèce humaine ainsi que de profonds changements dans la façon dont les sociétés sont régies et les citoyens sont impliqués dans le processus de prise de décision (je reviendrai sur ce point, plus loin, dans cet ouvrage). En outre, il nous faut ouvrir de nouveaux espaces aux initiatives de base avec la participation des ONG, de groupes de la société civile et des populations locales, afin qu'ils puissent associer leurs forces pour protéger l'environnement tout en créant de nouvelles opportunités et des moyens de subsistance pour favoriser la biodiversité et promouvoir une utilisation durable de l'environnement, en particulier au niveau local.

> *"Les sociétés dans lesquelles la majorité des gens dépendent pour la plupart de leurs biens et services de la bonne volonté, de la gentillesse ou du talent d'un autre sont appelées sous-développées, tandis que celles dont la vie a été transformée en un processus de commandes sur catalogue d'un magasin général sont appelés avancées."*

Ivan Illich

Outils pour la convivialité (1973)

Chapitre 7 - Redécouvrons la convivialité

Inverser les priorités signifie aussi placer la convivialité au cœur de nos agendas politiques, à la place du travail et de la consommation. Par « convivialité» j'entends, par-là, la possibilité pour les gens de se rencontrer, de se parler, de concevoir ensemble, d'échanger des sentiments et des idées, de prendre soin les uns des autres, de partager des moments chaleureux, de cultiver l'amitié et, *in fine,* de prendre le temps de profiter de la vie [262].

Les sociétés devraient redevenir conviviales, comme elles le furent autrefois dans le monde occidental et comme elles le sont encore dans les différentes parties du monde « sous-développé » [263]. Nous devrions chercher à accroître collectivement notre bonheur plutôt que de faire croître le PIB, comme certains cherchent à le promouvoir [264]. Cependant, et au stade que nous avons atteint dans les sociétés prétendument développées, notre vie tout entière consiste à travailler et à consommer dans un cycle sans fin de consommation et de destruction. Le travail est nécessaire pour consommer davantage et la consommation exige plus de travail dans une spirale sans fin de destruction de nos ressources naturelles. Les individus sont devenus les simples rouages d'une gigantesque machine à consommer qui ne s'arrête jamais. Travailler pour consommer est devenu le mot d'ordre de nos sociétés soi-disant avancées et consommer la perspective ultime qu'elles nous offrent. Toute notre existence est consacrée au travail et à la consommation et le temps nous fait cruellement défaut pour jouir de tous les autres aspects de la vie.

Cependant, et pendant des millénaires, la consommation n'a pas constitué l'horizon fixe de l'humanité - comme cela est le cas aujourd'hui - et elle ne constitue pas encore un but obsessionnel pour de nombreuses sociétés du monde sous-développé (bien que ce virus se répande en elles à un rythme alarmant). Les gens avaient l'habitude de produire ce dont ils avaient essentiellement besoin - la plupart du temps collectivement - et n'étaient pas embarqués dans un processus de consommation sans fin. Les personnes, les familles et les communautés au sens large étaient activement engagées dans la satisfaction de leurs besoins de base, mais elles n'étaient pas obsédées par l'accumulation individuelle de biens matériels. Le travail était en effet nécessaire pour assurer la vie et les besoins de base, mais il n'occupait pas une place centrale dans l'existence des gens comme cela est le cas aujourd'hui dans le monde prétendument développé. De plus, le travail n'était pas vu comme un fardeau individuel et isolé, mais plutôt comme part d'une entreprise collective devant profiter à la société tout entière. En plus de cela, les gens consacraient une part importante de leur vie à des activités ludiques et à des aspirations spirituelles. Il y avait aussi plein de temps pour profiter de la famille, des amis, des voisins et des autres en général. Il y avait également plein de temps pour s'adonner à la contemplation, partager des idées ou faire la fête. Les célébrations religieuses et les fêtes laïques au cours desquelles les gens partageaient et jouissaient de moments de contemplation ou de joie ponctuaient le cycle de chaque année. Les sociétés étaient alors authentiquement conviviales alors qu'elles sont devenues de nos jours fragmentées, autistes, égoïstes et agressives.

Comment les sociétés étaient-elles structurées à l'époque et qu'avons-nous perdu depuis ? Les familles et les ménages étendus, multigénérationnels, constituaient les blocs fondamentaux de la vie sociale : parents, enfants et grands-parents, ainsi que d'autres membres de la famille, vivaient sous le même toit, s'aidaient les uns les autres, frayaient les uns avec les autres et prenaient soin les uns des autres. Maintenant, les familles étendues sont démantelées, avec parents et enfants vivant dans des logements pour individus seuls ou en couple alors que les personnes âgées sont abandonnées à leur sort ou placées dans des maisons de retraite. La communauté était le lieu et le centre de la vie quotidienne : les espaces publics et rituels constituaient les lieux autour desquels l'habitat se structurait et autour desquels la vie sociale, politique et religieuse prenait habituellement place. Le rôle de chaque personne était strictement défini par sa place dans la communauté, par les fonctions qu'elle y assumait et par sa contribution à la communauté. Maintenant, les gens sont entassés dans des bâtiments massifs ou éparpillés dans des banlieues lointaines, les centres commerciaux et les supermarchés ont remplacé les marchés traditionnels et les espaces publics et rituels ont été remplacés par des installations consacrées au divertissement et régies par le profit. Dans cet univers privé d'esprit et d'amour les individus sont condamnés à travailler et à consommer jusqu'à la fin de leurs jours, isolés les uns des autres, mais artificiellement connectés par l'Internet à des amis virtuels et à des mondes irréels.

Si nous voulons restaurer des sociétés conviviales nous devrions d'abord changer notre rapport à notre environnement physique, économique et social. C'est ce que nous avons analysé dans le chapitre 6 (Réhabilitons notre environnement) et c'est ce que nous explorerons plus avant dans les chapitres 8 (Reconstruisons notre autonomie) et 10 (Réinventons la démocratie). La façon dont l'espace physique est détenu, structuré et organisé est fondamental pour notre bien-être. Nous devrions promouvoir une urbanisation et une architecture qui facilite le regroupement familial (pas nécessairement sous le même toit mais de préférence à courte distance) et qui favorise l'échange face-à-face et la communication (c.-à-d. renaissance de espaces communs tels que les parcs, les terrains de jeux, les lieux de réunion publiques pour se détendre, jouer, échanger, etc.). Nous devrions également promouvoir l'économie locale pour permettre aux gens de vivre dans les communautés locales offrant toutes sortes d'opportunités (activités, produits locaux, etc.) et toutes sortes de services (services de réparation et artisanat, commerce de proximité, etc.) tels que proposés dans le chapitre suivant. Nous devrions en outre revoir la façon selon laquelle nous communiquons avec les autres et faisons des choix collectifs, la manière suivant laquelle nous prenons des décisions politiques et cherchons la coopération et le consensus à l'échelle locale et aux niveaux plus élevés, notre rôle, *in fine,* comme citoyens des villes et des sociétés dans lesquelles nous vivons (ce que j'appelle « réinventer la démocratie »). En plus de cela, nous devrions aussi promouvoir une culture de tolérance, d'acceptation de la différence de l'autre, de multiethnicité et le multiculturalisme, sans laquelle une société harmonieuse ne saurait être construite. Cependant, et aussi important que ce qui précède, nous devrions changer radicalement notre rapport au travail, comme exposé dans le présent chapitre.

L'immersion dans une société autiste et névrosée, presque exclusivement consacrée à la consommation et au travail, est le pur produit des mutations consécutives du système capitaliste depuis le dix-neuvième siècle. La désintégration des sociétés rurales et l'avènement de la révolution industrielle dans le monde occidental, tous deux promus par le capitalisme, ont radicalement changé la façon dont les gens se rapportent les uns aux autres. L'exploitation systématique des travailleurs dans un processus sans fin d'accumulation du capital au profit de la bourgeoisie - exhaustivement analysé par Karl Marx [265] et largement illustré par Émile Zola [266] en ces temps là - a détruit le tissu des sociétés traditionnelles (des sociétés où les gens avaient le temps de vivre à d'autres fins que le travail). Depuis le dix-neuvième siècle, la condition de salarié n'a cessé d'augmenter dans tous les secteurs, non seulement dans l'industrie, mais aussi dans tous les autres secteurs (y compris les services), se traduisant par une totale dépendance de l'individu à l'égard du salaire pour vivre et par le sacrifice de tout au profit du travail. Depuis, les travailleuses et les travailleurs - et les salariés en général - ont tous perdu une partie essentielle de leur être : du temps pour se reposer, du temps pour échanger et du temps pour jouir de la vie. C'est pourquoi les revendications en rapport avec le temps de travail ont toujours été aussi importantes que les revendications en matière de salaires dans toute l'histoire des luttes ouvrières et plus récemment dans toutes les revendications du monde du travail (heures de travail, temps de repos, congés, etc.). C'est pourquoi les revendications en rapport avec le temps de travail sont toujours et davantage intenses de nos jours, dans un monde où tous les individus sont emprisonnés par la machine à consommer.

L'une des forces du capitalisme est sa capacité continue à surmonter les crises, à se régénérer et à concevoir de nouvelles façons d'accumuler le pouvoir et la richesse entre les mains d'une minorité de privilégiés. Le capitalisme a profondément changé depuis le dix-neuvième siècle, mais il a aussi inventé de nouvelles manières d'enrégimenter les gens dans son expansion d'ensemble et, en particulier, de soumettre les gens à ses objectifs. À cet égard, la promotion de la société de consommation n'a pas seulement constitué un moyen pour le capitalisme de survivre à la grande dépression économique des années30, mais aussi une manière d'immerger la société tout entière dans son projet. Transformer les employés en consommateurs, comme Henry Ford [267] l'a fait, fut un premier pas dans ce sens entre les deux guerres mondiales. Cependant, embrigader l'ensemble de la société dans un processus sans fin de production et de consommation dans le cadre de l'État-providence a constitué, pour le capitalisme, son plus grand succès après la Seconde Guerre mondiale. Depuis, la société de consommation n'a cessé de s'étendre sur l'ensemble du monde, enrôlant des pays et des sociétés aussi différents que le Brésil et le Mexique sur le continent américain, que la Russie et l'Espagne sur le Vieux continent ou que la Chine et la Corée du Sud sur le continent asiatique. Le modèle s'étend partout dans le monde et, derrière lui, l'aliénation des populations aux modes de vie et aux modes de production qu'il porte en lui. Certes, il y existe encore beaucoup de poches de résistance à ce modèle, allant des peuples indigènes en Amérique latine aux groupes tribaux du continent africain, des communautés hindoues et bouddhistes en Asie aux sociétés musulmanes d'Afrique, du Moyen-Orient et d'Asie. Le rejet du modèle de consommation et de la vision du monde qu'il colporte - tous deux imprégnés par l'Occident - est même violent et extrême dans le cas de l'Islam radical [268]. Cependant, toutes les sociétés du monde sont désormais directement exposées au modèle de consommation et investies par celui-ci.

Au stade où nous en sommes, la société de consommation ne constitue pas un corps homogène et universel sur toute la planète et le capitalisme ne fonctionne pas de la même manière partout. Il y a de nombreuses régions dans le monde où le capitalisme fonctionne et prospère aussi agressivement qu'au cours du dix-neuvième siècle. Ceci est particulièrement le cas pour les populations du monde en développement expulsées du milieu rural et forcées de travailler dans de grandes exploitations, dans les mines ou dans des industries de main-d'œuvre (p. ex. l'industrie de la confection au Bangladesh, les « *maquiladoras* » mexicaines à la frontière avec les États-Unis, etc.). Dans les économies émergentes, les conditions de travail et de rémunération pour une partie de la population sont souvent semblables à celles qui ont prévalu en Europe pendant la révolution industrielle (les mines en Chine ou en Afrique du Sud par exemple). Dans les pays industrialisés et les économies avancées il y a encore des secteurs où les travailleurs sont contraints de travailler dans des conditions misérables (p. ex. les travailleurs migrants dans des ateliers clandestins illégaux, les travailleurs saisonniers dans l'agriculture, etc.). Pour ces populations, le processus d'aliénation et de privation de temps et de liberté dont ils souffrent est semblable à celui qui prévalait en Europe au cours de la révolution industrielle.

Pour les populations pleinement embrigadées dans la société de consommation l'aliénation qui règne chez ces dernières est beaucoup plus subtile et d'une toute autre nature. Les gens sont pris entre le tentation constante de consommer (continuellement alimentée par la publicité et les stratégies de marketing) et le stress permanent imposé par les employeurs qui cherchent le plus haut niveau de performance pour le plus faible coût possible (scientifiquement conçu et promu sur la base de techniques de gestion des ressources humaines en constant développement et toujours plus stressantes, y compris les méthodes d'évaluation du rendement). D'un côté, les salariés sont constamment sollicités pour contribuer au processus de production-consommation dans son ensemble et, de l'autre, ils sont en permanence obligés de travailler à l'extrême limite de leur résistance (un mécanisme de la carotte et du bâton qui assure la progression constante des affaires et l'augmentation continue des profits). Le temps et la liberté sont également des denrées rares et menacées pour ces catégories de travailleurs (nombre d'entre eux en « col blanc »). Ils contribuent avec acharnement à leur propre exploitation à travers leur quête permanente de nouveaux objets et biens personnels et par le biais de leur soumission continue aux rythmes de travail imposés par leurs employeurs.

Cette situation contraste fortement avec la condition vécue par les personnes sous-employées ou par les chômeurs. En fait, une part importante de la population mondiale n'est pas employée du tout ou est largement sous-employée, ce qui constitue une aberration d'un point de vue économique et sociale. De fait, une partie de la population mondiale est de nos jours constamment sur-employée, travaillant sous une pression constante et sous stress, tandis que l'autre partie est en permanence sous-employée ou sans emploi, manquant de ressources et endurant la misère. Comme nous l'avons analysé dans le chapitre 2, le plein emploi est devenu une chimère car la croissance a disparu de la plupart des pays industrialisés et des économie avancées, et même si la croissance venait à être ressuscitée celle-ci serait incapable de créer de l'emploi aux niveaux et aux rythmes requis. Les grandes entreprises ont tendance à tronçonner l'emploi partout où elles le peuvent, alors que l'automatisation, la robotisation et les technologies numériques réduisent dramatiquement les besoins en main-d'œuvre. Même dans les économies soi-disant émergentes l'impact de la croissance sur la création d'emplois est très inférieur aux attentes. Au total, l'emploi est devenu l'apanage d'une fraction restreinte de la population alors que l'autre partie est forcée de vivre sans emploi et dans la précarité. La croissance et l'emploi ne sont donc pas la solution à nos problèmes, mais sont plutôt *le problème*, lui-même. Nous devons donc nous débarrasser d'un modèle qui nous enchaîne au lieu de nous rendre heureux.

Nous devons changer radicalement notre rapport au travail et à la société

Dans les sociétés soi-disant avancées, mais également dans les économies émergentes, nous devrions changer radicalement nos priorités en rapport avec le travail. Nous ne devrions plus vivre pour travailler mais plutôt travailler pour mieux vivre, pour autant que le travail améliore nos vies individuellement et collectivement (mais pas plus que cela). Le travail devrait faire *partie de notre vie*, mais ne devrait pas constituer *toute notre vie*. En outre, nous devrions restaurer la noblesse du travail comme activité contribuant au bien-être individuel et collectif et nous éloigner du salariat, comme condition d'existence, une condition dans laquelle les gens sont obligés de travailler pour la machine à consommer. Nous devrions tous travailler librement parce que nous en avons besoin, et non travailler enchaînés parce que nous y sommes contraints. Le travail devrait être réhabilité comme une valeur collective et comme un moyen de contribuer à notre bien-être général. Chacune ou chacun devrait avoir le droit de s'engager dans un travail qui lui est utile et qui contribue au bien-être général. A l'inverse, la société devrait donner du travail à toutes et à tous, qu'il soit *productif* au sens conventionnel du terme ou tout simplement *utile* dans un sens bien plus large.

Ce faisant, nous devrions consacrer beaucoup plus de temps à toutes les autres activités, entendues ici comme toutes les activités qui ne sont pas strictement liées à une occupation productive ou à une occupation sociale ou utile (je reviendrai sur ces concepts plus loin). Nous devrions consacrer plus de temps à l'épanouissement individuel, c'est à dire plus de temps pour les activités physiques, intellectuelles et spirituelles. Cela signifie plus de temps pour marcher, faire de l'exercice et pratiquer des sports de plein air. Cela signifie aussi plus de temps pour lire, écouter, regarder et réfléchir. Cela signifie en outre plus de temps pour méditer, contempler et rêver. Nous devrions également consacrer plus de temps aux activités collectives, qu'elles soient de nature physique, intellectuelle ou spirituelle. Cela signifie plus de temps pour pratiquer les sports d'équipe ou jouir d'activités de plein air. Cela signifie également plus de temps pour participer à des jeux, discuter de problèmes et partager des idées. Cela signifie en outre plus de temps pour prier ou méditer conjointement. En plus de cela, nous devrions consacrer beaucoup plus de temps pour jouir de la vie dans toutes ses dimensions, y compris en partageant de bons vins, de la bonne chair et de ferventes conversations avec des amis, en partageant des émotions, de l'amour et du sexe avec son ou sa proche ou en partageant encore avec d'autres la folle ambiance d'un carnaval. *Partager* devrait être le but d'une société conviviale, par opposition à *posséder* qui est la finalité de la société de consommation.

Au lieu de cela, notre société de consommation n'offre que des échappatoires individuelles et commerciales à notre dépendance vis-à-vis du travail. Au lieu de nous donner la chance de nous épanouir physiquement nos sociétés de consommation utilisent le sport comme moyen pour réaliser de grosses rentrées d'argent à travers des évènements sportifs [269] qui, combinés au jeu complice des médias dans ce processus, conduisent à l'enrôlement hystérique de masses de gens dans de telles manifestations. Au lieu de nous donner la possibilité de progresser intellectuellement les sociétés de consommation utilisent la culture comme une marchandise pour faire des affaires, enrôlant les sociétés d'édition et les producteurs dans la création de produits stéréotypées ciblant des groupes spécifiques de la population (p. ex. les livres, les albums de musique, les séries de TV, les films, etc.). Au lieu de nous donner la chance d'élever nos esprits, la société de consommation utilise la spiritualité pour faire plus d'argent à travers la promotion de produits et de spectacles dont l'objet est purement commercial.

Au total, le *show business* et les industries du divertissement ont envahi tout l'espace laissé à notre vie privée en dehors du travail, aidés en cela par le boom des technologies de l'information et des communications (c.-à-d. les téléviseurs, les ordinateurs, les tablettes, les téléphones dits intelligents, etc.). Bien que souvent regardés ou vécus collectivement tous ces spectacles, événements et divertissements sont des expédients à la solitude forcée vers laquelle la société de consommation nous pousse. Même les échanges sont pratiqués dans la solitude quand des jeunes se retrouvent autour de la même table, chacune et chacun absorbé par son propre smartphone et échangeant des messages sur Facebook avec de lointains amis virtuels qu'ils ou qu'elles ne rencontreront jamais.

Cependant, retrouver du temps et de l'espace pour la convivialité exigerait que l'on s'éloigne de la sphère oppressive du travail et de la consommation dans laquelle nous sommes tous immergés. Il faudrait pour cela remplir trois conditions :

Premièrement, que tout le monde soit à l'abri du besoin ;

Deuxièmement, que le travail soit équitablement réparti ; et

Troisièmement, que tout le monde soit pourvu d'une activité.

Aussi longtemps que les gens seront obligés de travailler ou même de voler et d'agresser les autres dans le simple but de survivre, aucun progrès significatif ne sera réalisé sur la voie de sociétés conviviales. Par conséquent, libérer les gens du besoin et permettre à chacune et à chacun de satisfaire ses besoins les plus élémentaires est un préalable pour la restauration d'une société conviviale.

La survie dans le passé avait été rendue possible grâce à un ensemble de liens et de mécanismes de solidarité qui fonctionnent encore aujourd'hui dans certaines parties du monde : la famille, le village, la tribu ou même de plus grandes communautés avaient pour habitude d'apporter aide et sécurité à leurs membres lorsque ceux-ci étaient touchés par le malheur. Les religions contribuaient également à atténuer la condition des plus défavorisés par la charité et l'assistance : les ordres caritatifs et les pratiques caritatives dans le monde chrétien ou les sociétés caritatives et la « *zakat* » [270] *dans* le monde musulman, par exemple, constituaient des mécanismes permanents pour aider les pauvres (et continuent à jouer un rôle dans certaines parties du monde). Cependant, ces mécanismes traditionnels ont disparu ou sont partout en voie de disparition avec la désintégration de la famille, la dissolution des communautés de plus grande taille, la montée en puissance de l'urbanisation et, enfin et surtout, avec l'immersion des gens dans une société de consommation gouvernée par l'individualisme. Alors que les sociétés traditionnelles étaient liées par des liens de solidarité, les sociétés soi-disant modernes sont caractérisées par l'individualisme à l'état pur. Les gens sont abandonnés à leur

sort pour faire face aux catastrophes personnelles et fami-
liales.

De nouveaux mécanismes de solidarité devraient
être établis pour nous libérer tous du besoin

Des mécanismes de protection ont certes vu le jour
au cours du vingtième siècle comme fruit des luttes et des revendications sociales et se sont développés et consolidés
dans le cadre de l'État-providence. Plus couramment appelés « sécurité sociale » dans le monde développé, ces mécanismes sont presque inexistants dans le monde sous-développé et encore très rudimentaire dans le monde en développement. Ils couvrent un large éventail de dispositions sociales visant à apporter aux gens des ressources et de la sécurité tout au long de leur vie en matière d'emploi, de retraite, de santé, d'éducation, de logement et ainsi de suite.
Ces systèmes couvrent les risques de chômage et d'invalidité
pour les salariés, le paiement de pensions pour les retraités
et l'octroi d'allocations pour les personnes et les familles défavorisés (logement, éducation, alimentation, etc.).

Cependant, les prestations et les services de sécurité
sociale forment aujourd'hui dans les pays industrialisés et les
économies avancées des systèmes relativement complexes,
coûteux et bureaucratiques, qui manquent de transparence.
Ils sont continuellement attaqués par les forces néoconservatrices et néolibérales, qui aimeraient privatiser la plupart
des systèmes en question et se débarrasser des coûts engendrés par ces derniers. Le secteur privé, en général, et les institutions financières, en particulier, ont les yeux fixés sur les
régimes de retraite et sur les systèmes de santé en vue d'élargir leurs marchés tandis que les adversaires de l'État-providence critiquent ceux-ci continuellement et contestent l'existence même de la sécurité sociale. L'étendue et les formes de
participation de l'État dans la gestion de ces systèmes varient
sensiblement d'un pays à l'autre. Il existe un nombre considérable d'aides et accéder à celles-ci se révèle parfois comme

se frayer un chemin dans la jungle. Cependant, les principes de leur financement sont les mêmes partout, sous différentes modalités : ces mécanismes sont financés sur une base collective - et non privée - et reposent par conséquent sur la solidarité (taxes et contributions). Au total, les systèmes et les institutions de la sécurité sociale contribuent définitivement au bien-être des populations là où ils existent, mais ils ont certainement besoin d'être restructurés et simplifiés pour fonctionner plus efficacement.

Répondre aux besoins fondamentaux sur une base universelle ne relève pas du rêve à l'état pur parce que cela a été pratiquement réalisé dans les pays industrialisés et avancés (systèmes de sécurité sociale) et parce que diverses initiatives ont par ailleurs été lancées en ce sens dans le monde en développement (telles qu'en particulier la très populaire « Bolsa Familia » au Brésil) [271] . Cet objectif devrait être maintenant étendu à l'ensemble du monde - pays développés, pays en développement et pays sous-sous-développés compris - de sorte que plus personne ne soit sujet à la détresse et à la pauvreté. Cependant, il serait en même temps nécessaire de simplifier et de rendre plus transparents les systèmes de prévention et d'assistance sociale là où ils existent, les remplaçant par un mécanisme d'allocation unique pour tout le monde. L'idée de servir à chacune et à chacun une allocation de base unique sur une base universelle n'est pas totalement neuve car de nombreux penseurs ont contribué à promouvoir ce concept depuis un certain temps [272] et parce que cela est par ailleurs intensément débattu dans certains cercles de discussion, notamment en France, sous la dénomination de « revenu de base » [273] . La mise en place d'un « revenu de base » est même à l'étude dans certains pays [274] . Le « revenu de base » est un revenu inconditionnel et universel que chacun et chacune recevrait tout au long de sa vie, quelles que soient ses activités et ses revenus (inconditionnel signifie non soumis à un niveau de revenu ou à des restrictions d'emploi, comme pour la plupart des allocations en ce moment).

L'idée derrière le « revenu de base » - qui est tout à fait simple et séduisante - c'est que nous devrions tous être à l'abri du besoin durant toute notre vie et que notre pays, la nation ou la société à qui nous appartenons, devrait être responsable pour cela. Les gens recevraient tout au long de leur vie un « revenu de base » qui leur assurerait le minimum de ressources nécessaires pour vivre décemment (c.-à-d. sans être obligés de mendier ou de voler). Le deuxième avantage de ce mécanisme serait le remplacement et l'élimination simultanée de toutes les prestations tendant à garantir un revenu minimum dans les systèmes de sécurité sociale existants, avec les économies et les simplifications qui en découleraient (par exemple, les allocations familles, les aides au logement, les allocations de revenu minimum, les pensions minimum de vieillesse, etc.). Un « revenu de base » unique serait offert à tous, sans conditions, remplaçant toutes les indemnités et allocations sociales autrefois établies pour garantir un niveau de subsistance minimal (p. ex. les aides allouées aux personnes privées de pension, les allocations versées aux personnes privées de ressources, les allocations de chômage octroyées aux personnes non couvertes par les systèmes d'assurance-chômage, etc.). Le « revenu de base » n'affecterait pas les mécanismes d'assurance qui continuerait de fonctionner sur la base de contributions spécifiques ou volontaires (assurance maladie, assurance chômage, pensions de retraite, etc.). Le système de sécurité sociale de chaque pays deviendrait alors plus simple, plus efficace et plus transparent. Une telle réforme soulèverait, bien sûr, une vaste quantité de questions en rapport avec l'élimination progressive de l'ancien système, le traitement des droits acquis et le financement du nouveau système (par le biais d'économies budgétaires, certes, mais aussi à travers des augmentations d'impôts et des réformes, vraisemblablement). Mais il ne serait pas impossible de le mettre en œuvre, avec imagination et détermination.

Je suis personnellement partisan du « revenu de base », un concept que je préfèrerais appeler « revenu de solidarité » pour souligner qu'il serait fondé sur la solidarité plutôt que sur le simple octroi d'une aide. Chacune et chacun recevrait son « revenu de solidarité » tout au long de sa vie, à un taux réduit pendant son enfance et au taux plein à l'âge adulte [275] . Il serait basé sur le seuil de pauvreté national afin que personne dans le pays ne souffre de pauvreté et que tous puissent subvenir à leurs besoins les plus élémentaires [276] . Il pourrait même être fixé à un niveau légèrement supérieur au seuil de pauvreté national pour établir un seuil de solidarité de base au lieu de ne refléter que la ligne de pauvreté (disons 10,0 % au-dessus du seuil de pauvreté). Il consisterait en un mécanisme universel accordant à chaque citoyen, voire à chaque résident légalement établi, le droit d'être protégé tout au long de sa vie, quel que soient ses revenus et sa richesse. Il attribuerait une sorte de revenu social à tout le monde, sans restrictions, à côté des ressources que chacune ou chacun recevrait de ses activités. Il empêcherait les personnes de tomber au-dessous du seuil de pauvreté, en raison d'accident, de maladie, de perte de l'emploi ou de passage à la retraite ou chaque fois que leurs ressources tomberaient sous ce seuil. Il fournirait des ressources à toutes les personnes ne pouvant atteindre le niveau fixé comme ligne de solidarité nationale : les pauvres dans les pays en développement et sous-développés et les gens encore ou occasionnellement affectés par la détresse dans le monde développé. Il constituerait en outre le mécanisme monétaire conçu pour répondre aux besoins de base des pauvres dans les pays en développement et les pays sous-développés visé au chapitre 5 (Répondons aux besoins fondamentaux) [277] . Les niveaux du « revenu de solidarité » s'ajusteraient aux seuils de pauvreté de ces pays et par conséquent à leurs niveaux de développement et de génération de revenus respectifs.

L'administration du « revenu de solidarité » devrait revenir au ministère des finances dans chaque pays puisque cette administration est celle-là même qui traite habituellement des questions de revenus. En conséquence, les ministères des finances ne contrôleraient pas seulement les revenus et ne percevraient pas seulement les impôts sur ceux-ci, mais ils verseraient aussi le « revenu de solidarité » à tout le monde, revenu qui serait, lui, exonéré d'impôts. Tout le monde recevrait donc le « revenu de solidarité », quel que soit son revenu, comme règle de base, mais tous ceux dont les revenus dépasseraient le seuil de solidarité national payeraient un impôt sur le revenu, qui serait, lui, progressif, pour financer en partie le dispositif [278] . Ceci constituerait les grandes lignes suivant lesquelles chaque pays élaborerait sa propre législation, qui reflèterait son niveau de développement et l'éventail de ressources disponibles à cette fin. De toute évidence, le montant des allocations et les mécanismes de financement ne seraient pas les mêmes pour des pays en développement ou émergents comme l'Inde, le Brésil ou le Nigeria par opposition aux pays riches mais en partie socialement précaires, comme les pays européens ou les États-Unis [279] . L'objectif ici, encore une fois, n'est pas d'entrer dans les détails mais plutôt de définir les grandes lignes d'un tel mécanisme.

Les gens sceptiques pourraient objecter qu'un tel système viendrait encourager la paresse, l'oisiveté et les abus alors que d'autres pourraient considérer que seul le travail et la coercition sociale permettent de maintenir les sociétés stables et organisées. Je ne partage pas cette vision, car je crois que l'oisiveté n'est pas spécifique à la nature humaine et que le type de contrainte que le travail crée aujourd'hui mène à l'aliénation plutôt qu'à l'épanouissement. Les humains sont imaginatifs, créatifs et entrepreneurs par nature. Ils sont naturellement prompts à l'action et à l'initiative, et non à la paresse (à moins que vous n'abusiez d'eux et les utilisiez comme instrument de travail pour les exploiter). Même quand les gens se contentent de penser, de contempler ou simplement de profiter de la vie, c'est une autre façon pour eux d'être créatifs. Cela dure depuis des millénaires, avant même que le travail n'ait été conçu et structuré comme il l'est aujourd'hui. Par conséquent, libérer les gens du besoin ne les conduirait pas à l'oisiveté. Cela pourrait même créer plus d'espace, plus de temps et plus d'opportunités pour d'autres activités, qu'elles soient ou non productives. À cet égard, les expériences menées à ce jour en rapport avec le concept d'un « revenu de base » tendent à démontrer que loin de favoriser l'oisiveté, l'octroi d'un revenu inconditionnel n'affecte pas l'activité [280] . Les gens continuent de travailler de la même façon ou trouvent de nouvelles façons d'être actifs et créatifs. Au total, la mise en place d'un « revenu de solidarité » universel ne devrait pas constituer une menace pour la cohésion de la société, mais bien au contraire un outil puissant pour libérer les gens du besoin et promouvoir la convivialité et la solidarité.

Le travail devrait être plus équitablement distribué et plus également partagé entre les gens

Retrouver du temps et de l'espace pour la convivialité exigerait en outre que le travail soit plus équitablement distribué et plus également partagé entre les gens. Une société ne peut être harmonieuse et conviviale si une partie de la population est contrainte d'endurer des heures de travail épuisantes, n'a pas le temps de se reposer et n'a pas ou infiniment peu de temps pour profiter de la vie. De plus, contraindre une partie de la population à supporter des rythmes de travail exténuants tout en condamnant l'autre à l'inactivité forcée ou au chômage est une absurdité pure et simple du point de vue économique et social. Cela fonctionne ainsi parce que le système économique tourne de de cette façon et il tourne de cette façon parce qu'il sert les forces économiques qui le gouvernent et ceux qui en tirent profit. C'est la façon dont le capitalisme fonctionne. C'est aussi simple que cela. Par conséquent, inverser les priorités devraient se traduire par partager le travail entre les gens et forcer les entreprises à se conformer à une répartition plus équitable du travail. Elles n'aimeraient pas cela mais, une fois de plus, le but ici n'est pas de plaire aux entreprises et aux individus qui abusent du système, mais bien de construire un monde plus convivial et plus harmonieux.

La réduction de la durée du travail n'est pas du tout quelque chose de nouveau, pas plus que la réglementation des conditions de travail. Cela s'est fait grâce à des décennies de luttes sociales à compter du dix-neuvième siècle et se trouve désormais inscrit dans la législation du travail de la plupart des pays industrialisés et des économies avancées. Cependant, l'ouverture des économies et la mondialisation de l'espace économique ont permis aux entreprises transnationales d'échapper à la législation du travail à travers le redéploiement de leurs activités sur l'ensemble du monde. En outre, les protagonistes des cercles néolibéraux veulent maintenant ramener en arrière les législations sociales sous prétexte d'accroître la compétitivité, un processus appelé par euphémisme « flexibilisation de la législation du travail ». Ce que nous proposons ici c'est strictement l'opposé, à savoir : harmoniser la durée légale du travail et les conditions de travail partout dans le monde selon les normes les plus élevées, de sorte que les entreprises transnationales ne puissent plus « optimiser » leurs coûts sur la base de relocalisations bon marché dûment ciblées. En outre - et c'est bien là le point - cela obligerait les entreprises, en particulier, et les opérateurs économiques, en général, à accroitre les opportunités d'emploi et à réorganiser leur mode de fonctionnement, offrant plus de travail à plus de gens de façon plus équitable et moins abusive.

La réduction de la durée du travail n'est pas seulement un objectif social et une affaire de bien-être pour les salariés, comme cela est encore largement perçu. Cela a également à voir avec la redistribution du travail et le partage des postes de travail entre les personnes, tirant ainsi conclusion des énormes gains de productivité réalisés depuis le dix-neuvième siècle. La répartition du travail, tel qu'elle prévaut de plus en plus de nos jours, est dramatiquement injuste et absurde des points de vue économique et social. Les gens occupant un emploi sont obligés d'endurer de longues et stressantes semaines de travail alors que de moins en moins de gens sont nécessaires pour occuper les postes de travail en raison des progrès constants de la productivité et de la progression de l'automatisation, alimentant ainsi une masse croissante de personnes sans emploi. Suite aux progrès de la productivité la semaine de travail est passée de 80 à 60 heures par semaine au cours du dix-neuvième siècle et à nouveau de 60 à 40 heures par semaine au cours du vingtième siècle. Nombre d'analystes estiment qu'une nouvelle réduction de la semaine de travail de 40 à 20 heures par semaine serait nécessaire pour prévenir une nouvelle intensification du chômage dans le contexte de l'automatisation et de la robotisation croissante de nos économies. Cependant, les employeurs sont très réticents à réduire la durée du travail, pour des raisons d'ordre pratique et des considérations financières. Comme le résume Jeremy Rifkin [281] : « *L'introduction de technologies économisant le travail et le temps de travail a permis aux entreprises d'éliminer en masse des travailleurs, créant une armée de réserve de chômeurs avec du temps libre entre leurs mains plutôt que du temps de loisir à leur disposition. Ceux qui occupent un emploi sont forcés de travailler plus longtemps, en partie pour compenser des salaires et des avantages sociaux réduits. Beaucoup d'entreprises préfèrent employer un effectif restreint sur un plus grand nombre d'heures plutôt qu'un effectif plus large sur des heures moins longues pour économiser le coûts des prestations additionnelles, y compris celles relatives aux soins de santé et aux pensions.* »

Cependant, réduire la durée légale du travail et promouvoir la réingénierie des processus de travail constituerait la meilleure façon d'avancer vers une meilleure répartition du travail entre les gens. Les opérateurs économiques et les administrations devraient être contraints ou encouragés à offrir plus d'emplois sur des plages d'horaires plus réduites et de réorganiser leurs activités en accord avec cette orientation. Ceci est cohérent avec le fait que de plus en plus de tâches sont aujourd'hui automatisées et avec la constatation que la productivité par tête n'a pas cessé de progresser au cours des dernières décennies. Les façons de réorganiser la production et les activités de service sur la base d'horaires de travail plus courts sont infinies [282]. C'est juste une question d'imagination et d'efficacité de gestion dès lors que des limites sont définies, telles que les 35 heures de travail par semaine en France depuis 1998. La mise en œuvre de la semaine des 35 heures en France a sans aucun doute contribué à réduire le chômage au cours de la période 1997-2002 lorsqu'elle fut adoptée, comme analysé dans le chapitre 2 de ce livre (La décomposition de l'emploi). Toutefois, la réduction de la durée hebdomadaire du travail ne constitue qu'un moyen parmi beaucoup d'autres de réduire la durée effective du travail, laissant ouvertes de nombreuses autres pistes pour une réduction du temps de travail et un partage plus équitable de celui-ci (par exemple : la semaine de quatre jours, plus de temps libre sous la forme de congés, de congés sabbatiques, etc.). Tout est question d'imagination et d'organisation.

Les opérateurs économiques haïssent de toute évidence ce type de mesures puisqu'ils sont obligés de revoir leurs schémas de production et parce que de telles mesures limitent la flexibilité dont ils disposaient auparavant pour jouer sur les heures supplémentaires. De plus, cela a un coût si les heures de travail sont réduites et les salaires sont maintenus, comme s'y attendent les salariés (un coût à imputer aux entreprises ou à l'État, selon les politiques adoptées). Néanmoins, l'expérience a prouvé que cela est réalisable et peut être mis en œuvre à très grande échelle. En fait, l'hostilité à la réduction du temps de travail est devenue une question purement idéologique dans le cas de la France, car il a été prouvé que cela peut parfaitement fonctionner pour peu que des changements soient apportés à la manière dont la production est organisée et dont les entreprises sont structurées.

Le cas de la France est très instructif à cet égard parce que ce pays a été le premier à tenter de résoudre le chômage à travers la réduction de la durée légale du travail. Ces mesures ont été fermement défendues par des économistes progressistes, comme Pierre Larrouturou [283] , mais aussi par des responsables politiques, tels que l'ancien ministre de droite, Gilles de Robien, et l'ancien Premier ministre socialiste, Michel Rocard. En 1996, une première loi appelée « loi Robien », sur la réorganisation de la durée du travail, offrit une certaine souplesse aux entreprises pour réduire la durée du travail. En 1998 et en 2000, les lois appelées « Loi Aubry » réduisirent la semaine de travail à 35 heures (contre 39 heures auparavant), offrant en parallèle plus de flexibilité aux entreprises pour fonctionner dans ce nouveau cadre légal. Les jugements sur cette réforme font toujours l'objet de disputes partisanes mais son résultat d'ensemble doit néanmoins être considéré comme positif. Comme conclu dans le « Rapport Romagnan » [284] : « *Les lois Aubry, sur la réduction de la durée du travail à 35 heures par semaine ou 1 600 heures par an, ont créé 350 000 emplois et ont ainsi contribué à réduire le chômage. Elles ont coûté, par année, 2,0 milliards d'euros pour les entreprises et 2,5 milliards d'euros pour les administrations publiques, un peu plus que 12.800 euros par emploi créé, à comparer avec l'indemnisation moyenne nette d'une personne au chômage qui s'élevait à 12.774 euros par an en 2011. C'est la politique de lutte contre le chômage la plus efficace et la moins coûteuse qui ait été menée depuis les années 1970.* »

Au total, la réduction de la durée du travail devrait prendre forme sous toutes ses modalités possibles, y compris la réduction de la journée ou de la semaine de travail calculées sur une base hebdomadaire, annuelle ou pluriannuelle, des crédits de temps accordés pour d'autres activités ou pour des loisirs (périodes de congés sabbatiques, congés supplémentaires, temps pour la formation professionnelle ou pour des études, temps pour s'occuper de la famille, pré-retraites plus précoces, etc.) et autres modalités de diminution de la durée du travail. Nous devrions tous avoir à l'esprit que les avancées technologiques et les gains de productivité élimineront dans l'avenir un nombre considérable d'emplois et que le travail devrait être réorganisé de façon à ce que tout le monde soit pourvu d'une activité et que tout le monde obtienne plus de loisirs. Comme Jeremy Rifkins le souligne à ce propos [285] : « *Le passage d'une société reposant sur l'emploi de masse dans le secteur privé à une société fondée sur des critères non marchands pour l'organisation de la vie sociale exigera un réexamen de notre vision du monde actuel. Redéfinir le rôle de l'individu dans une société dépourvue de travail formel de masse est, peut-être, la question cruciale de l'époque à venir. »*

Tout le monde devrait se voir attribuer une activité et l'économie devrait être réorganisée en conséquence

Récupérer du temps et de l'espace pour la convivialité exigerait finalement que chacun et chacune soit pourvu d'un emploi, ou mieux encore, d'une activité. Offrir une occupation à chacune et à chacun deviendrait une priorité dans nos agendas politiques, et non plus un simple sous-produit du processus de croissance comme on le considère aujourd'hui. En d'autres termes : les politiques de l'emploi ne consisteraient plus à stimuler la croissance tous azimuts puis à essayer ensuite de faire correspondre l'offre et la demande sur le marché du travail, mais plutôt à offrir un travail à chacun et à chacune et à cet effet promouvoir les activités productives et de service en conséquence. J'insiste sur ce point, parce qu'il constituerait une inversion radicale des priorités : *nous ne chercherions plus la croissance pour créer spontanément des emplois pour les gens, mais nous offririons plutôt à chaque personne une activité et nous organiserions et administrerions l'économie et les institutions en vue de cette finalité.* Ce que je propose ici est une authentique révolution qui devrait d'abord prendre forme dans nos propres esprits. Les peuples et les gouvernements ne devraient plus implorer la croissance pour qu'elle leur fournisse de l'emploi, mais plutôt organiser et gérer les économies et les institutions de sorte que chaque personne soit pourvue d'une occupation et puisse librement et efficacement exercer une fonction utile dans la société.

Réorganiser l'économie et les institutions en fonction d'un tel objectif n'est pas une tâche impossible, mais cela exigerait des politiques vigoureuses et constantes à cet effet. De telles politiques devraient se traduire par une évaluation continue de la demande de travail et le lancement constant d'initiatives pour offrir aux demandeurs d'emploi inscrits et aux nouveaux demandeurs de travail des occupations utiles et gratifiantes. Les gouvernements et les autorités locales examineraient et prévoiraient en permanence la demande d'emploi par région et par catégorie et prendraient constamment des initiatives pour créer de nouveaux postes de travail partout où ils se révèleraient utiles pour l'économie et de la société. À cette fin, les administrations en charge du travail et de l'emploi ne se limiteraient plus à recenser des postes de travail pour les demandeurs d'emploi dans le stock des emplois disponibles (comme elles le font aujourd'hui), mais elles impulseraient en outre la création de nouveaux emplois en collaboration avec d'autres administrations et en coopération avec l'ensemble des agents économiques et sociaux. Elles deviendraient des administrations des « *ressources humaines* », en quelque sorte, chargées d'une une *mission proactive*, consistant à promouvoir l'emploi et l'utilisation optimale des ressources humaines. Les autorités chargées de la planification auraient pour responsabilité de prévoir les besoins en postes de travail, aux niveaux national et infranational, en étroite coordination avec les administrations en charge des ressources humaines et de promouvoir des programmes générateurs d'emplois en étroite coopération avec les administrations responsables du développement des secteurs économiques et sociaux.

Conformément à cette nouvelle approche stratégique, l'État et les gouvernements locaux identifieraient et concevraient tout à la fois des programmes générateurs d'emploi et des initiatives visant la pleine satisfaction de nos besoins de base (comme proposé dans le chapitre 5), la réhabilitation de notre environnement (comme analysé dans le chapitre 6) et à la restauration d'une société conviviale (comme examiné dans ce chapitre). Cela aboutirait à la mise en œuvre de vastes programmes et initiatives visant tout à la fois à fournir un travail à chacune et à chacun et à servir les trois axes fondamentaux ci-dessus définis. Au total, les États et les gouvernements locaux devraient être activement impliqués dans la promotion d'initiatives visant à satisfaire tous les besoins humains tout en offrant en même temps un emploi à tout le monde, dans les secteurs marchands et les secteurs non marchands. Ils devraient le faire en étroite coopération avec tous les acteurs économiques et sociaux, qu'ils soient publics ou privés, ou à caractère mixte, y compris les petites et moyennes entreprises qui deviendraient des générateurs d'emplois nouveaux de tout premier plan dans le secteur marchand.

Cela voudrait dire que, dans le secteur marchand, tout le monde - en tant que travailleur indépendant, en tant qu'employé ou comme entrepreneur - contribuerait à fournir les biens et les services collectivement requis par la société. Cela signifierait également que, dans le secteur non- marchand, tout le monde - en tant que fonctionnaire, en tant que travailleur social ou même comme bénévole - contribuerait à fournir l'assistance et les services requis par la société. Il n'y aurait plus de dichotomie radicale entre les secteurs public et privé, entre activités à but lucratif et activités d'intérêt général.   Tout le monde travaillerait dans l'intérêt de la société et toutes les unités productives, de services et d'administration ainsi que tous les travailleurs indépendants et les producteurs exerceraient des activités qui servent la communauté. Cependant, l'offre et la demande (mais non pas le profit) orienteraient les activités productives et de service dans le secteur marchand alors que la société établirait les priorités pour le secteur non- marchand. Au total, le profit ne constituerait plus la force motrice derrière la production de biens et de services mais plutôt le désir de servir la société à travers la fourniture des produits et services nécessaires. Ce que nous décrivons ici, c'est une économie et une société qui ne sont plus gouvernés par le capital et par le profit, mais plutôt par l'intérêt général, en gardant le marché comme mécanisme régulateur et en cherchant un usage optimum des ressources en termes économiques. Cependant, le défi consisterait à remplacer la recherche du profit par la recherche de l'intérêt général, une alchimie qui ne pourrait se produire que si l'économie n'est plus soumise aux intérêts du capital et la société à l'avidité d'une minorité de privilégiés. Il n'y a pas de raison objective pour les employés, les cadres et même les entrepreneurs cherchent exclusivement des profits, mais

pour cela il faudrait que la société de consommation dispa-
raisse et que la croissance ne soit plus rivée dans l'esprit de
chacun.

Le champ des possibilités pour de nouvelles et de
grandes initiatives tendant à répondre aux besoins humains
est immense dans le monde et le potentiel de créations d'emplois à cet égard est également considérable. La question se
résume à valoriser l'immense potentiel humain qui existe
dans le monde et à le mobiliser à cette fin au lieu d'employer
les gens de façon sélective pour les activités axées sur le profit
comme cela se pratique aujourd'hui et quelques autres pour
s'occuper des problèmes sociaux et collectifs. Nous ne men-
tionnerons que quelques exemples dans les domaines que
nous avons déjà explorés plus haut. Les besoins alimentaires
par exemple sont énormes, surtout au vu des pénuries existantes et des besoins découlant de la croissance de la population mondiale. À cet égard, nous devrions massivement retenir ou rapatrier les gens dans les zones rurales (dans la
mesure ou les sols et les ressources s'avèrent appropriés),
nous débarrasser des grandes exploitations et des systèmes
de monoculture (qui expulsent les gens des zones rurales),
relancer les petites et moyennes exploitations agricoles à caractère polyvalent (qui profitent à l'environnement), promouvoir l'agriculture de proximité (en particulier dans la périphérie des zones urbaines) partout où cela s'avèrerait possible. Les besoins en logements dans un environnement urbain convivial et avec les installations d'eau et d'assainissement requises sont également immenses dans le monde. À
cet égard, nous devrions massivement lancer des plans de
développement régionaux et des programmes de construction de logements en vue de donner à tous des conditions de
vie décentes, dans un environnement convivial, tout en prenant en considération notre souci de d'économiser l'énergie
et de restreindre la pollution. Les transports appellent également une révolution complète en termes de moyens et d'organisation. Nous devrions passer massivement aux régimes
de transport collectif et aux technologies de traction électrique chaque fois que cela s'avère possible, y compris à des
systèmes de transport urbain pour déplacements individuels

qui réduisent considérablement les émissions de gaz à effet de serre et ne congestionnent plus le trafic dans les villes. Dans tous ces domaines et dans beaucoup d'autres les États et les gouvernements locaux devraient agir comme promoteurs, encourager les initiatives, soutenir les innovations scientifiques et technologiques, financer les investissements là où cela est nécessaire et soutenir la création d'emplois à travers des formations appropriées et le placement direct, en étroite coopération avec tous les acteurs économiques et sociaux.

L'éventail des possibilités pour de nouvelles et grandes initiatives dans les domaines culturels et sociaux destinées à répondre aux besoins humains et à générer de nouveaux emplois est également immense. Dans ces domaines, les États et les gouvernements locaux devraient examiner et identifier tous les besoins, en commençant par les plus élémentaires et en poursuivant sur les plus élaborés. La santé et l'éducation viennent bien sûr en tête de liste parce que ces secteurs requièrent d'importants investissements de capitaux, mais également un vaste développement des ressources humaines. Le potentiel de créations d'emplois dans ces secteurs est immense, en particulier dans les pays sous-développés et les pays en développement, mais pas seulement dans cette partie du monde (dans des pays développés, comme la France par exemple, beaucoup de régions périphériques manquent désespérément des médecins). Le secteur de l'assistance et de l'aide sociale est aussi un secteur où les besoins sont considérables, notamment en raison du vieillissement de la population dans le monde entier (les besoins en assistance médicale et sociale, en aide-ménagère à domicile et autres besoins similaires croîtront de façon exponentielle dans les années à venir). L'assistance et l'orientation sociales sont également très nécessaires pour les jeunes générations, toutes confrontés à la désagrégation sociale et culturelle de la société et de la famille (beaucoup de jeunes ont besoin d'appui psychologique, d'activités de plein air, etc.). Les activités culturelles et artistiques sont également marginalisées par l'invasion massive de l'industrie du divertissement, alors qu'une multitude d'activités pourrait fleurir dans le sillage d'initiatives locales (ateliers d'art, groupes théâtraux et musicaux, etc.). De fait, il y a une multitude d'emplois et d'activités qui mériteraient d'être développés pour l'avènement d'une société harmonieuse et conviviale.

Il y aurait également un large potentiel de créations d'emplois dans la fonction publique, si nous souhaitions disposer de services efficaces et de meilleure qualité. Les fonctions régaliennes telles que la police, la justice et l'administration pénitentiaire, par exemple, manquent cruellement de fonctionnaires efficaces, compétents et dignes de confiance. Dans de nombreuses régions du monde - développées comme sous-développées - tous ces services sont en sous-effectifs, surchargés et obligés de travailler sous pression, ce qui ne contribue pas à une protection équitable et harmonieuse des citoyens. Les forces de police et de gendarmerie devraient être accrues et dûment formées pour prévenir la délinquance, le nombre de juges et de personnels de justice devrait être augmenté pour rendre des jugements justes et équitables, le personnel des prisons devrait être également augmenté et formé de façon appropriée pour promouvoir un emprisonnement visant la réinsertion sociale plutôt que la répression pure et simple. Il y a aussi beaucoup de postes qui devraient être créés à l'appui de ces services, en particulier pour la diminution de la criminalité et pour la réinsertion sociale des délinquants (appui psychologique, assistance sociale, etc.).

Cependant, les besoins en fonctionnaires efficaces, compétents et dignes de confiance ne se limitent pas aux domaines régaliens de la fonction publique. Dans tous les domaines prioritaires mentionnés plus haut, où l'on s'attendrait à ce que les États et les gouvernements locaux s'investissent de façon croissante, il y aurait des besoins accrus en planificateurs, en décideurs, en gestionnaires, en analystes, en conseillers, en spécialistes et autres catégories de personnels hautement qualifiés. Les emplois exigeant des qualifications moins élevées ou même de faibles qualifications augmenteraient également dans des domaines tels que l'entretien et de nettoyage urbains, le développement d'espaces verts et le ramassage et le traitement des ordures (avec l'exigence de rémunérer correctement les employés et de leur offrir de bonnes conditions de travail, comme cela se pratique aujourd'hui dans la majeure partie des pays socialement avancés). Au total, le potentiel de nouveaux emplois dans la fonction publique traditionnelle pourrait être également fort important.

Pour conclure ce chapitre : il nous faudrait restaurer des sociétés conviviales et bâtir un monde plus chaleureux. La convivialité ne saurait se décréter mais elle exigerait, dans un premier temps, que tout le monde jouisse de conditions de vie décentes, que la société ne soit plus divisée en bataillons surmenés, d'un côté, et en masses désœuvrées, de l'autre, et que chacune ou chacun puisse trouver un travail ou une occupation valorisante. Les politiques à cet effet devraient tendre à créer un « revenu de solidarité » dans chaque pays, afin que tout le monde soit à l'abri du besoin, à réduire de manière significative la durée du travail dans le monde, afin que le travail soit réparti et partagé de façon plus équitable, et à engager les États et les gouvernements locaux dans la génération proactive d'emplois, de façon à ce que tout le monde soit pourvu d'une occupation utile. Alors, les conditions préalables seraient réunies pour promouvoir un monde meilleur : un monde où chacune et chacun ne vivrait plus sous stress ou anxiété, un monde où chacun et chacune aurait du temps pour son développement personnel et ses loisirs, un monde enfin où chacune et chacun pourrait se mêler aux autres pour festoyer et jouir de la vie.

> *« Les sociétés transnationales consti-*
> *tuent une « autorité », déterminée à protéger*
> *ses intérêts commerciaux, sa puissance et ses*
> *profits, au mépris du bien commun. »*

Susan George

Les usurpateurs (2014)

Chapitre 8 - Reconstruisons notre autonomie

Pour atteindre les trois objectifs que nous nous sommes fixés ci-dessus, qui sont la satisfaction des besoins fondamentaux, la réhabilitation de notre environnement et la restauration de la convivialité, nous devrions définitivement revenir aux gens, à leurs besoins et à leurs aspirations et nous débarrasser du cours de la mondialisation dans lequel le capitalisme nous a embarqués. Le capital a transformé la planète en un immense souk où les marchandises peuvent franchir les frontières sans limites, où les investissements peuvent se matérialiser n'importe où et sans contraintes, où les actifs financiers peuvent traverser les frontières sans contrôles, où la force de travail peut être exploitée sans restrictions et où nous devrions quotidiennement célébrer les vertus d'une consommation sans limites.

Ce processus n'est pas encore totalement achevé, mais il est en grande partie réalisé. Le GATT et l'OMC [286] ont largement ouvert les portes à l'accroissement des échanges de marchandises dans le monde entier tandis que de nouvelles négociations sont cours ou se développent pour étendre le commerce des services et la liberté d'investir dans le monde entier. Les zones de libre-échange ont proliféré sur la planète et s'étendent encore dans différentes parties du monde [287] . Les restrictions qui existaient à l'égard de la libre circulation des marchandises, des services et des capitaux sont toutes levées continuellement tandis que la libéralisation et la déréglementation mondiales font sauter les dernières barrières qui protégeaient encore les économies nationales. D'énormes investissements en infrastructures sont également en cours ou envisagés pour permettre le transport de marchandises à travers le monde, telles que de nouveaux canaux de navigation ou des canaux élargis en Égypte et en Amérique centrale pour permettre le transit de plus grands porte-conteneurs ou tels que les chemins de fer en Afrique pour promouvoir le trafic de marchandises (avec des économies émergentes, comme la Chine, qui jouent un rôle de premier plan). Au total, la tendance est à la libéralisation massive et sans restrictions des échanges et des investissements dans le monde au détriment des économies nationales et locales, qui sont de plus en plus exposées à la concurrence internationale et durement frappées par la pénétration incontrôlée des capitaux, des marchandises et services.

Tous ceux qui portent aux nues la mondialisation prétendent aujourd'hui, sans aucune preuve et comme un axiome, que la libéralisation et la déréglementation tous azimuts sont bonnes par principe pour les économies et pour les peuples par voie de conséquence. Cette profession de foi est au cœur de toutes les négociations. Elle est généralement accompagnée par de simulations macro-économiques tendant à démontrer que les objectifs de libéralisation poursuivis généreront plus de croissance et créeront de nouveaux emplois (des simulations construites sur de pures hypothèses et dont l'objet est de justifier la poursuite du démantèlement de toutes les barrières douanières). Les économistes classiques, y compris Adam Smith [288] et David Ricardo [289] , sont même appelés à la rescousse pour exalter les mérites de la division internationale du travail et convaincre tous les protagonistes que l'ouverture sans discriminations et ni restrictions des économies nationales est par nature une bonne chose.

La mondialisation régie par le capital détruit les économies locales et brise le tissu social

Dans le monde réel, cependant, les négociations commerciales ne constituent pas des exercices macro-économiques abstraits en vue de promouvoir la croissance et la création d'emplois mais plutôt de durs marchandages visant à favoriser les exportations et, grâce à elles, à gagner de nouvelles parts de marchés. Les forces réelles qui se tiennent derrière les négociateurs sont les entreprises soi-disant « nationales » et leurs lobbies, qui tendent en fait à devenir de plus en plus « transnationales » dans leurs objectifs et dans leurs façons de penser et de se comporter [290]. En fait, toutes les grandes entreprises pensent *globalement* et agissent *globalement* (*mondialement* pourrait-on dire aussi), même s'ils elles comptent sur leurs gouvernements d'affiliation nationale pour élargir leurs perspectives commerciales et accroître leur pouvoir économique (une affiliation nationale qui tend à être de plus en plus lâche au fur et à mesure qu'elles s'internationalisent). En fait, le but réel de ces négociations est d'ouvrir de nouveaux marchés pour les entreprises concernées. Les gouvernements engagés dans ces négociations servent en fait les intérêts des entreprises et les forces réelles derrière les négociateurs ce sont les entreprises transnationales et leurs lobbies (bien que les gouvernements cherchent à accroître en cette occasion leur propre pouvoir, ce qui est en particulier le cas des États-Unis et de la Chine) [291]. Le résultat de ces négociations, c'est un déclin constant de la souveraineté, car elles mènent à des abandons continus de souveraineté dans des domaines cruciaux pour l'indépendance et le bien-être des populations [292]. C'est ce à quoi se résume, fondamentalement, le processus de mondialisation conduit par le capital.

Si notre intention est bien de construire demain des économies qui servent les gens, et non l'inverse, nous devrions définitivement nous éloigner du présent cours de la mondialisation. Le processus de mondialisation conduit par le capital détruit les économies locales, balaie les activités autochtones et brise les tissus sociaux partout où il a cours. De fait, la mondialisation capitaliste est une calamité aussi dangereuse qu'un ouragan, puisqu'elle brise tout ce qui se trouve sur son chemin. Mettre fin à la mondialisation économique sauvage ou, plus précisément, canaliser et contrôler la mondialisation économique sur la base de politiques appropriées et poser des verrous partout où cela s'avère nécessaire devrait constituer une priorité absolue pour tous ceux qui militent pour des processus de développement endogènes qui servent les gens. Mais soyons clair sur ce point : l'objectif général n'est pas ici de revenir à des systèmes économiques fermés, protégés par toutes sortes de barrières et exclusivement introvertis, mais plutôt de revitaliser les économies nationales et locales et de limiter les flux internationaux à ce qui est vraiment nécessaire et utile pour les économies. L'autarcie n'est pas une solution, pas plus qu'elle n'est souhaitable (c.-à-d. l'autonomie totale, excluant tous flux commerciaux). Nous dépendons tous des importations pour tout ce dont nous avons besoin et que nous ne produisons pas localement. Nous avons tous besoin de thé, de café et de cacao en provenance des régions tropicales si nous vivons dans une zone tempérée, ainsi que de ressources minérales et de pétrole provenant de l'extérieur, pour le moment, si nos pays ne disposent pas de telles ressources. De même, les pays en développement ont besoin d'équipements et de médicaments en provenance des pays industrialisés, aussi longtemps qu'ils ne peuvent les produire localement. Cependant, il est aberrant d'importer de la viande d'agneau par avion de Nouvelle Zélande quand vous pouvez élever localement des agneaux en Europe ou d'importer par avion des fleurs du

Kenya ou l'Éthiopie quand vous pouvez les cultiver dans votre propre pays. Le monde ne devrait pas être transformé en un immense bazar où les entreprises transnationales et les géants de la distribution de masse produisent et déplacent continuellement des milliards de tonnes de produits sur toute la planète pour capter les bénéfices spéculatifs qu'ils peuvent attendre de leur positionnement à l'échelle mondiale. Les échanges commerciaux sont nécessaires mais ils ne devraient pas être convertis en une entreprise spéculative planétaire comme cela est le cas actuellement.

Promouvoir l'autonomie devrait être une toute première priorité pour construire des économies qui servent réellement les gens

Redonner vie aux économies nationales et locales, ou mieux encore, promouvoir l'autonomie devrait être notre toute première priorité si nous voulons nous débarrasser de la mondialisation sauvage et construire des économies qui servent réellement les gens. L'« autonomie » (ou mieux encore la « *self reliance* » en anglais) est un concept qui était au cœur de la réflexion sur le développement dans les années 80 [293]. L'idée derrière ce concept est que nous devrions miser sur nos propres forces, à savoir sur nos ressources existantes et potentielles en termes de ressources naturelles, de ressources humaines, de ressources en capital, de connaissances et de technologies et ainsi de suite. Cela suppose, en outre, que le processus de développement soit durable et ne dépende pas de facteurs ou d'acteurs externes. Par conséquent, l'« *autonomie* » n'est pas « *l'autosuffisance* » tout court. C'est une forme plus élaborée de suffisance dans laquelle les efforts nationaux jouent un rôle décisif pour accroître l'autonomie d'un pays et son indépendance par voie de conséquence. Toutefois, autonomie et indépendance ne veulent pas dire *autarcie* qui, comme nous l'avons souligné plus haut, n'est ni possible ni souhaitable. Bâtir l'autonomie signifie élaborer un ensemble de stratégies et de politiques visant à accroître l'autonomie et donc l'indépendance d'un pays. Un pays, par exemple, peut manquer de pétrole ou de gaz naturel pour satisfaire ses besoins en énergie, mais peut par ailleurs développer des technologies et des politiques alternatives pour assurer son autonomie sur ce plan. L'autonomie, par conséquent, recouvre l'idée de stratégies et de politiques alternatives, par opposition à la dépendance passive.

L'autonomie par ailleurs n'est pas incompatible avec la coopération internationale, bien au contraire. Les pays peuvent concevoir de nombreuses façons d'accroître leur autonomie grâce à la coopération internationale. La coopération régionale et l'intégration économique sont à cet égard des instruments qui augmentent collectivement l'autonomie des pays qui coopèrent. L'Union européenne (UE) est à cet égard l'exemple le plus élaboré d'une coopération et d'une intégration économique régionale, un processus qui commença avec les industries du charbon et de l'acier (la Communauté du charbon et de l'acier), l'énergie atomique (Euratom) et le marché commun (le Marché commun) dans les années 50 et qui continua avec les politiques communes (agriculture, environnement, etc.), la monnaie (la Zone euro) et ainsi de suite. L'Union européenne n'est pas l'unique exemple puisque de nombreux autres pays suivent des approches similaires avec différents niveaux de coopération (par exemple : la Communauté des États Indépendants de l'ex-URSS, l'Alliance bolivarienne pour certains pays d'Amérique latine, etc.). L'approche de la coopération économique régionale est fondamentalement différente de celle d'une zone de libre-échange, qui ne vise qu'à démanteler les obstacles tarifaires et réglementaires et à ouvrir de nouveaux espaces pour l'expansion du commerce transnational.

Le développement de proximité et la relance des économies locales devraient être prioritaires

Tandis que l'autonomie individuelle et collective devrait être une priorité pour le développement et la consolidation des économies nationales, le développement de proximité - ou le développement centré sur l'économie locale - devrait constituer une aspiration constante pour notre processus de développement et pour l'édification d'économies qui servent la population. L'accent mis sur l'économie locale et sur la dynamisation de l'« *économie de proximité* » ont pris une place croissante dans la pensée économique alternative au cours des dernières années, comme une façon différente de concevoir le développement et comme une manière de revitaliser le tissu économique local [294]. Le cours de la mondialisation qui déplace constamment le capital à travers le monde détruit continuellement le tissu des économies locales, soit par la fermeture d'usines et d'autres activités dans les zones affectées par les processus de délocalisation, soit encore par l'implantation de nouvelles usines et autres installations de production dans les zones ou le capital se relocalise. L'expansion de la société de consommation et des modes de vie qui la caractérisent détruisent aussi le tissu même des économies locales y compris, mais pas seulement, l'agriculture traditionnelle, le commerce de détail et les activités artisanales, les petites et moyennes entreprises et une multitude de micro entreprises qui fournissent des services et des produits aux communautés locales. Dans toutes les régions du monde les petites entreprises et les prestataires de services locaux sont balayés par le grand business, un processus aggravé en termes d'emploi par le processus d'automatisation que ce dernier porte en lui. Les supermarchés remplacent des détaillants et les commerçants, les denrées alimentaires en provenance d'outre-mer remplacent des aliments produits localement, les dispositifs jetables remplacent les machines réparables et ainsi de suite. Au total, la production de masse et la commercialisation de masse tuent la production locale, l'artisanat local et le commerce local. Ce processus est absurde car il broie les économies locales et le tissu social qui les accompagne. Il y a urgence à renverser cette tendance car les connaissances et les qualifications, locales et traditionnelles, disparaissent à un rythme alarmant.

La façon dont le gros business, les entreprises transnationales et les géants de la distribution de masse opèrent dans le monde est inhérente à la mondialisation régie par le capital. Comme nous l'avons déjà souligné, leur objectif est d'accroître leurs parts de marchés, leur pouvoir économique et les profits qu'ils réalisent dans le monde entier. À cet effet, ils exigent une levée croissante des barrières commerciales et financières, exploitent la force de travail partout où il est plus facile et moins coûteux de le faire et forcent les États à s'aligner sur les normes fiscales, environnementales et sociales le plus basses. La montée en puissance de ces prédateurs du vingt-et-unième siècle est intimement liée à l'expansion de la société de consommation dans le monde entier et de l'idéologie qui la soutient (j'y reviendrai plus loin). Elle est cimentée par l'assertion et l'illusion que la croissance devrait se poursuivre indéfiniment.

L'impact de ces prédateurs sur les économies locales a été désastreux jusqu'à présent. L'expansion des réseaux d'hypermarchés et de supermarchés a déjà tué ou continue de détruire la majeure partie du commerce de détail qui existait dans les pays industrialisés et les économies avancées (c.-à-d. les épiciers, les bouchers, les boulangers, les marchands de fruits et légumes, mais également des boutiques, des magasins, des marchands de meubles, des quincailleries, etc.) tandis qu'elle menace tout le commerce de détail traditionnel dans les économies émergentes (dans des pays comme l'Inde, par exemple, les épiciers et les commerçants se démènent pour empêcher la pénétration des chaînes de supermarchés étrangères). Les villes qui étaient autrefois approvisionnées par la campagne environnante et par les fermes traditionnelles (parfois appelées « ceinture verte ») sont de plus en plus dépendantes de circuits d'approvisionnement alimentaire lointains (p. ex. pour les céréales, les légumes, la viande, les produits laitiers, etc.) et de la standardisation des produits alimentaires (produits et commercialisés par les entreprises de l'agro-business). Le secteur de l'artisanat et les activités de réparation régressent dans le monde entier sous l'effet des politiques de production massive de biens de consommation, politiques privilégiant les prix cassés, les produits de basse qualité, l'obsolescence accélérée et l'envoi à la casse de tous les dispositifs avariés (appareils électriques, appareils électroniques, etc.).

Les systèmes mondiaux de production manufacturière et les circuits de distribution de masse détruisent les tissus locaux

L'impact de ces processus et de ces politiques sur les sociétés est calamiteux. Des millions d'emplois ont disparu ou sont en voie d'être détruits au nom d'un prétendu progrès et d'une prétendue modernité qui détruisent en fait tous les liens sociaux et économiques qui existaient dans les économies locales. Les gens deviennent tributaires d'un approvisionnement alimentaire qui est de plus en plus sujet aux fluctuations externes et aux pénuries (par exemple, l'approvisionnent en maïs au Mexique, qui constitue l'aliment de base de la population, a dû faire face à une grave crise en raison de la brusque envolée des agro carburants) et qui est de plus en plus standardisé selon des normes de production et de consommation qui encouragent les aliments industrialisés et la malbouffe (aliments transformés, pizzas manufacturées, etc.). Dans le monde en développement, en particulier, les famines périodiques provoquées par les pénuries d'aliments ou par la hausse des prix des denrées alimentaires cohabitent avec d'autres phénomènes tels que l'explosion de l'obésité induite par l'ingestion croissante de malbouffe (c.-à-d. les hamburgers, les hot-dogs, les chips, le coca, les boissons gazeuses, etc.). Les fermes traditionnelles, à l'opposé, ont perdu leurs marchés urbains naturels et contribuent de moins en moins à l'économie locale. Par ailleurs, l'amoncellement d'appareils périmés ou hors d'usage accroît l'accumulation de produits usagés dans les poubelles du monde entier et contribue au processus de pollution d'ensemble.

Si nous voulons redonner vie aux économies nationales et locales afin de relancer les activités sur place, de créer des emplois et de générer des interactions positives entre les acteurs économiques et l'environnement social il nous faudrait promouvoir une stratégie radicalement différente. Une double approche est proposée à cette fin :

En premier lieu, nous devrions protéger les économies nationales contre le dumping généralisé que la mondialisation capitaliste organise dans le monde entier ; et

En deuxième lieu, nous devrions demander aux collectivités et aux gouvernements locaux d'assumer un rôle bien plus proactif dans la promotion des petites et moyennes entreprises et dans la régénération des tissus économiques.

La protection des économies nationales contre le dumping généralisé - tel qu'il est couramment pratiqué aujourd'hui - devrait devenir la règle. Cependant, cette protection devrait être très différente de celle qui prévalait au dix-neuvième siècle et qui a perduré jusqu'au milieu du vingtième siècle. L'objet de la protection en ces temps-là était essentiellement de protéger le décollage et le développement d'industries nationales et, accessoirement, de générer des taxes au profit des États. Le protectionnisme remplit fort bien son rôle à cet effet et dura jusqu'aux années 50, lorsque les gouvernements occidentaux décidèrent de promouvoir la libéralisation des échanges, principalement sous la pression des États-Unis qui cherchaient à tirer pleinement parti de leur nouvelle prédominance économique. Le processus de libéralisation qui s'en est suivi a abouti à l'extrême inverse, à savoir : la transhumance sauvage et incontrôlée de tous les biens et très bientôt de tous les services - pour ne pas mentionner le capital - sur toute la planète. Au point où nous en sommes aujourd'hui, les économies nationales et locales sont totalement exposées à la pénétration des produits et des services étrangers et menacées par la « compétition internationale » (en fait par les grandes sociétés transnationales qui opèrent à grande échelle dans le monde entier). Le remède proposé par les partisans de l'ouverture tous azimuts est d'accroître la compétitivité des économies nationales, ce qui signifie en fait aligner les pays sur les normes les plus basses au plan des réalisations sociales (c.-à-d. sur plus bas salaires, sur les charges sociales les moins élevées, sur les normes de sécurité du travail les plus basses, sur les standards de protection de l'environnement les moins exigeants, sur les taux d'imposition des bénéfices les moins élevés, etc.). Ceci est tout à fait inacceptable et cela devrait nous inciter à rétablir un système de protection : une protection qui aurait pour objet de préserver les acquis sociaux dans les économies avancées tout en contribuant à de nouveaux progrès dans le monde en développement.

La protection des économies nationales contre le dumping généralisé devrait devenir la règle

En règle générale, des produits et les services en provenance de l'extérieur ne devraient pas être autorisés à entrer dans un pays (ou un groupe de pays) et à être commercialisés sur son marché (ou sur leur marché commun) si ces produits et services jouissent d'« avantages concurrentiels » qui les placent significativement au-dessous des standards socio-économique et environnementaux fixés par ce pays (ou par ce groupe de pays dans le cas d'une union économique). Autrement dit, le dumping économique, social et environnemental, y compris d'autres formes de dumping tels que le dumping fiscal, devraient être mis hors la loi. Par exemple, les importations de vêtements devraient être bannies lorsqu'elles s'appuient sur l'exploitation systématique et organisée de forces de travail bon marché et dépourvues de protection (telles que les ouvrières au Bangladesh, qui sont massivement exploitées par les groupes transnationaux de la confection). Les importations de produits industriels fabriqués sur la base d'intenses émissions de GES devraient être contenues ou limitées (en France, par exemple, l'idée de taxer le contenu en carbone des importations progresse).

Des normes internationales devraient être établies à cette fin et les administrations des douanes devraient les contrôler, tout comme cela se pratique couramment avec succès dans le domaine de la sécurité et de l'environnement (c.-à-d. les normes de sécurité et d'environnement établies par chaque pays ou union économique pour contrôler l'importation des produits). Ces normes pourraient inclure, par exemple, le respect d'un plancher minimum de rétribution pour la rémunération des travailleurs employés à produire les biens ou les services, le respect de règles universelles destinées à protéger les travailleurs contre les abus (telles qu'établies par les conventions de l'Organisation internationale du Travail), le respect de plafonds de pollution pour la fabrication de produits qui ont de graves répercussions sur l'environnement et ainsi de suite. Un processus d'établissement de normes de ce type ne devrait pas seulement être promu au niveau national ou régional, mais devrait également être encouragé au niveau universel. Les institutions spécialisées des Nations Unies devraient non seulement continuer à établir des normes universelles dans leurs domaines de compétence respectifs, mais être de surcroît encouragées à élever les normes internationales à cet effet. L'OMC, pour ce qui est de ses mandats, devrait être impliquée dans l'interdiction et la sanction du dumping social et environnemental et dans la promotion de pratiques commerciales équitables en faveur des pays en développement, au lieu de servir les objectifs d'expansion des grandes entreprises dans le monde. En outre, la préférence devrait être accordée à la production locale par opposition aux circuits de production et de commercialisation distants ou d'outre-mer. À cet égard, l'idée d'une « *taxe kilométrique* » imputable aux importations étrangères constitue une idée intéressante qui mériterait d'être explorée plus à fond (plus les importations seraient lointaines, plus elles seraient taxées, pénalisant ainsi le fret maritime et aérien de longue distance) [295].

La revitalisation des économies locales exigerait également que les collectivités et les gouvernements locaux jouent un rôle beaucoup plus actif dans la promotion des petites et moyennes entreprises et dans la régénération des tissus économiques. Les petites et moyennes entreprises jouent en général un rôle fondamental dans la vitalité des économies locales. Elles fournissent des produits et des services nécessaires à leurs régions et même au-delà, promeuvent des initiatives et des activités économiques, créent des emplois *in situ* et engendrent des revenus et de la richesse autour d'elles. Les entrepreneurs privés sont davantage guidés par le désir de créer et d'innover plutôt que par l'aspiration à accumuler des bénéfices (bien que des profits soient nécessaires pour financer leurs activités et garantir leur existence). Les relations de travail sont généralement plus conviviales parce que les entrepreneurs et les employés sont plus proches et ne sont pas exposés aux pressions externes que le capital financier impose aux grandes sociétés. En résumé, elles jouent un rôle très utile pour l'économie et la société dans leur ensemble.

Au stade où nous en sommes, les collectivités et les gouvernements locaux se contentent de se concurrencer les uns les autres pour attirer des investisseurs extérieurs, tout comme le font les gouvernements nationaux pour plaire aux investissements étrangers. Leur approche consiste à offrir des avantages fiscaux et des infrastructures de base à des entreprises extérieures afin de les attirer plutôt que de promouvoir un processus de développement endogène. Leur attitude sur le terrain du développement est purement passive. Ils n'assument pas de rôle proactif pour promouvoir le développement local ni ne mènent de politiques proactives pour soutenir les activités locales. Cela devrait radicalement changer.

Les collectivités et les gouvernements locaux devraient en premier lieu concevoir des plans de développement visant le développement harmonieux et intégré de leurs régions respectives. Ces plans s'appuieraient bien sûr sur les schémas de développement territoriaux auxquels nous nous sommes référés plus haut pour la planification physique et environnementale du processus de développement (plans de développement urbains en particulier). Mais ils incluraient aussi des objectifs économiques et sociaux et, parmi ceux-ci, des objectifs spécifiques pour la relance de l'économie locale et pour la promotion d'activités locales. Le contenu de ces plans de développement régionaux dépendrait évidemment beaucoup de besoins sociaux et des caractéristiques de l'économie locale. Leur mise en œuvre exigerait également des mesures allant bien au-delà de l'offre d'infrastructures nécessaires et de l'octroi d' incitations fiscales. Les collectivités et les gouvernements locaux devraient être impliqués dans le financement même des activités à promouvoir et dans l'apport de tous les appuis nécessaires, y compris la formation des ressources humaines, la promotion des activités de recherche appliquée autour de centres universitaires et de recherche et ainsi de suite. En fait, les collectivités et les gouvernements locaux devraient utiliser tous les instruments politiques existants et toutes les approches sociales pertinentes pour promouvoir un processus de développement intégré au niveau local.

Les collectivités et gouvernements locaux devraient s'impliquer activement dans la promotion des économies locales

Parmi les objectifs poursuivis par de tels plans, la relance de l'économie locale et, en son sein, la réhabilitation de toutes les activités qui contribuaient à structurer le tissu économique local, devraient constituer une priorité absolue. L'activité agricole devrait à nouveau avoir pour finalité d'approvisionner les villes en aliments frais, biologiquement produits. Le commerce de détail devrait à nouveau offrir des produits dont les consommateurs ont besoin à proximité sur une base quotidienne ou hebdomadaire. L'artisanat et les activités de réparation devraient à nouveau offrir les produits et les services dont les gens ont besoin pour répondre à leurs nécessités courantes et ainsi de suite. L'idée, cependant, ne consisterait pas à revenir à l'ancienne configuration agricole, commerciale et de services qui prévalait jusqu'au milieu du vingtième siècle, mais plutôt à promouvoir une infrastructure économique et de services qui réponde aux besoins locaux d'une façon plus humaine et endogène. La production et l'offre de proximité seraient les critères clés par opposition aux systèmes de production, d'importation et de distribution lointains par le biais des chaînes de supermarchés. Toutefois, la production et l'offre de proximité devraient devenir aussi efficaces que le système des supermarchés. À cette fin, la production et l'offre de proximité devraient largement s'appuyer sur des mécanismes de coopération, sur des méthodes efficaces de gestion et sur des technologies avancées.

En s'attaquant à la relance de l'économie locale, les collectivités et les gouvernements locaux devraient accorder une attention toute particulière au développement des « *secteurs à but non lucratif* » : « *l'économie sociale et solidaire* » comme on l'appelle en France. Les secteurs à but non lucratif constituent dans de nombreux pays un important segment de l'économie dans son ensemble, y compris, en particulier, les coopératives, les mutuelles d'assurance et tous types d'associations. Ce segment de l'économie est par définition sans but lucratif parce que les organisations qui le constituent ne recherchent pas des profits, mais cherchent plutôt à servir leurs membres ou à mener des activités sans but lucratif au profit de la société. Les coopératives fédèrent les producteurs individuels et les petites unités de production, offrant des services communs dans des secteurs comme l'agriculture, le commerce, les activités artisanales et bien d'autres. Dans le secteur bancaire, les coopératives occupent souvent une place importante (p. ex., les coopératives de crédit) alors que dans le secteur de l'assurance les sociétés mutuelles jouent également un rôle important. Le secteur associatif est présent dans la plupart des pays sous différentes formes et avec de multiples finalités. Il offre souvent des services, des soins et de l'assistance dans des domaines où les gouvernements ne sont pas présents ou insuffisamment engagés. Il joue un rôle d'intermédiaire pour les services et l'aide que les gouvernements ne veulent pas - ou ne peuvent pas - fournir directement. Dans le monde en développement, les coopératives, les systèmes d'assurance mutuelle et les associations jouent également un rôle fondamental dans le soutien aux petits producteurs, bien qu'avec des ressources très limitées qui mériteraient d'être considérablement accrues. Au total, les secteurs à but non lucratif sont des secteur très dynamiques et extravertis qui doivent être renforcés, car ils sont significativement orientés vers les gens et la plupart du temps localement ancrés.

Enfin, les collectivités et les gouvernements locaux devraient promouvoir massivement des activités et des emplois locaux. En fait, c'est *à ce niveau-là* que les politiques et les mesures proactives de promotion de l'emploi visées au chapitre 7 (Redécouvrons la convivialité) devraient principalement prendre place, car le potentiel pour le l'essor de nouvelles activités repose essentiellement sur le développement de l'économie locale et la satisfaction des besoins sociaux. À cet égard, les collectivités et les gouvernements locaux devraient devenir tout particulièrement actifs en matière de promotion de la microentreprise, d'appui aux entrepreneurs individuels, d'envol d'initiatives du type *start-up* et de développement des petites et moyennes entreprises. Le support aux petites et moyennes entreprises est un domaine où une expérience considérable a été accumulée au cours des années passées et où il existe une surabondance d'instruments et de méthodologies à cet effet. Toutefois, l'accent mis sur ces efforts devrait passer du niveau national au niveau local puisque c'est à ce niveau-là que tous les acteurs et toutes les mesures doivent converger. En outre, le soutien apporté aux petites et moyennes entreprises ne devrait pas être prodigué tous azimuts, mais plutôt se concentrer sur le type d'activités et sur les secteurs jugés nécessaires d'un point de vue économique et social pour mettre en œuvre les plans de développement régionaux. La promotion des petites et moyennes entreprises - y compris la promotion des entreprises de taille intermédiaire - devrait donc constituer une responsabilité clé et une importante activité pour les collectivités et les gouvernements locaux.

En plus d'encourager les activités locales, les collectivités et les gouvernements locaux devraient promouvoir activement et appuyer directement la création d'emplois au niveau local. Ceci devrait être une activité coordonnée et partagée entre tous les échelons décisionnels, qu'ils soient infranationaux (c.-à-d. les États, les provinces, les landers, les régions, etc.) ou situés à la base (c.-à-d. les villes, les villages, etc.), à travers leurs organes de gouvernance respectifs. Les collectivités et les gouvernements locaux devraient promouvoir de nouveaux emplois, autant que nécessaires, pour offrir à chacune et à chacun une activité, comme déjà proposé plus haut (voir chapitre 7). Cela exigerait une double approche : la création d'emplois permanents et leur financement dans le cadre des budgets ordinaires, d'un côté, et l'offre d'emplois temporaires dans le cadre du financement de projets, de l'autre.

Les emplois permanents financés sur des budgets ordinaires consisteraient en des fonctions utiles et en des activités appelées à être menées ou exécutés au niveau local, sur longue durée, en faveur des communautés visées. Cela permettrait de répondre à une vaste demande de services à caractère permanents qui n'est pas satisfaite dans le contexte actuel, au-delà des services de base qui sont actuellement fournis par les gouvernements locaux (c.-à-d. les services administratifs, la police et les pompiers, les services de santé et d'éducation, les services sociaux, etc.). En fait, la demande potentielle pour des services sociaux et de soutien élargis est considérable dans de nombreux domaines comme déjà souligné plus haut (p. ex. les soins aux enfants, les activités parascolaires, le conseil social pour adultes, le développement d'activités culturelles et artistiques, les soins et l'appui pour les personnes âgées, etc.). Il en va de même pour le secteur de l'environnement, qui exigerait, en conformité avec les priorités proposées dans cet ouvrage, un large éventail d'activités à mener et d'emplois permanents à créer, allant du cadre conceptuel et analytique en amont aux niveaux d'exécution et de mise en œuvre en aval (p. ex., des spécialistes de l'environnement, des inspecteurs pour le contrôle des normes, les travailleurs et des techniciens, etc.).

Les emplois temporaires offerts par le canal du financement de projets permettraient de répondre à toutes sortes d'attentes à caractère social, culturel et environnemental qui ne sont généralement pas financées par le canal des budgets ordinaires. Cela pourrait par exemple concerner la réalisation d'études et de recherches dans les domaines intéressant le développement et le bien-être des communautés concernées (p. ex., des études économiques, des enquêtes sociologiques, le développement de systèmes, etc.). Cela pourrait également concerner, par exemple, la préservation ou la restauration de sites et de monuments historiques (p. ex., des études d'architecture et des études archéologiques, des travaux de restauration, etc.). Cela pourrait en outre concerner, par exemple, la préservation ou la restauration d'écosystèmes (p. ex., des études et des enquêtes, des travaux de préservation et de restauration, etc.). Cela pourrait de surcroit concerner, par exemple, la création artistique dans de nombreux domaines (les arts plastiques, la musique, le théâtre, etc.) et ainsi de suite. En fait la liste des besoins et des projets possibles est illimitée. Imaginez seulement ce qui pourrait être fait si nous étions en mesure de mobiliser tous les talents, toutes les énergies et toutes les forces qui sont misérablement gaspillées par le système socio-économique en place. Pensez seulement à toutes celles et à tous ceux qui sont actuellement au chômage, sous-employés, marginalisés ou simplement exclus dans la société actuelle. Pensez seulement à l'énorme gâchis que constitue l'exclusion massive de tant de gens qui pourraient contribuer au bien-être collectif.

Créer et offrir des emplois ou des tâches temporaires à des personnes sans emploi ou sous-employées n'aurait pas les mêmes sens et conséquences que dans le système socio-économique actuel. Les ouvriers et les employés temporaires sont de nos jours des personnes marginalisées, financièrement contraintes d'accepter des tâches et des activités qui sont sous-payées et d'occuper des occupations marginales dans la société. Le travail temporaire aurait un sens complètement différent dans une société où les gens seraient à l'abri du besoin et où un système plancher de ressources permettrait à chacun et à chacune de vivre décemment grâce à la couverture de ses besoins de base (le « revenu de solidarité » visé au chapitre 7). De plus, les gens ne seraient pas piégés dans une situation d'emploi temporaire. Occuper des emplois ou mener des tâches temporaires pourraient parfaitement constituer une étape ou une transition entre différents emplois permanents ou activités régulières, voire plusieurs étapes et transitions entre emplois de toutes sortes (tout comme la reconversion professionnelle dans les systèmes actuels de protection sociale, mais avec une grande différence par rapport aux systèmes actuels parce que les gens ne seraient plus marginalisées par le chômage car ils réaliseraient continuellement des activités sociales utiles). Les gens pourraient même se livrer à des emplois ou à des activités temporaires durant toute une vie, s'ils le souhaitaient. Le système socio-économique dans son ensemble pourrait offrir aux gens la possibilité et la flexibilité de s'adonner à toutes sortes de fonctions et d'activités tout au long de leur vie, s'ils le désiraient.

Les projets locaux pourraient très bien être soit individuels soit collectifs. De simples particuliers, des associations et des organisations non gouvernementales seraient invités à concevoir des projets et à les soumettre aux administrations et aux organes de direction locaux qui les examineraient techniquement, les approuveraient et en suivraient l'exécution en étroite coopération avec les services en charge de l'emploi. Dans ce domaine également, rien de vraiment nouveau ne devrait être inventé ou développé du point de vue méthodologique. La formulation de projets, leur suivi et leur évaluation constituent un domaine où une grande expérience a été accumulée au cours des décennies passées et où il existe déjà des méthodologies très efficaces. Les projets, évidemment, devraient profiter aux communautés et aux populations concernées et seraient évalués de ce point de vue, y compris par les intéressés sur place. Les personnes travaillant dans le secteur des projets seraient soit auto-employées dans leur propre projet, soit collectivement employées dans un projet qui serait exécuté par une association ou par une organisation non gouvernementale. Au total, l'approche par « *projet* » offrirait la possibilité de réaliser des tâches et des activités qui ne seraient pas autrement réalisées par le biais des budgets ordinaires et des emplois permanents. Elle serait fondée sur le principe de l'additionnalité et offrirait la *flexibilité* dont nous avons besoin pour entreprendre des réalisations allant au-delà de de nos besoins courants et utiliser pleinement l'énorme capital humain qui existe sur terre.

Pour conclure la deuxième partie de cet ouvrage nous devons souligner qu'il nous faudrait radicalement inverser nos priorités pour permettre l'avènement d'un monde meilleur. Cette inversion sera tôt ou tard imposée par les circonstances, à savoir par les troubles sociaux et les catastrophes naturelles à venir qui frapperont les peuples dans le monde et qui nous inciteront à chercher des alternatives à notre cours mortifère. Les solutions existent déjà, comme nous l'avons souligné dans les quatre chapitres précédents consacrés aux changements proactifs que nous devrions tous entreprendre. Cependant, ce qui manque encore désespérément c'est la *volonté politique* de nous débarrasser du « *système* » et de remplacer nos mécanismes de gouvernance par des pratiques authentiquement démocratiques qui permettraient de répondre à tous les besoins humains. En outre, nous devrions tirer profit de toutes les avancées positives de la révolution numérique pour bâtir un nouveau monde, un monde où les gens communiqueraient chaque fois plus entre eux et coopèreraient à l'avènement d'une vie meilleure. C'est ce à quoi la troisième partie de cet ouvrage est tout entière consacrée.

Troisième partie

ÉDIFIONS UN NOUVEAU MONDE

> *« A toute époque, les idées de la classe dominante sont les idées dominantes : autrement dit, la classe qui est la puissance matérielle dominante de la société est en même temps la puissance spirituelle dominante. La classe qui dispose des moyens de la production matérielle dispose en même temps, de ce fait, des moyens de la production intellectuelle, si bien qu'en général, elle exerce son pouvoir sur les idées de ceux à qui ces moyens font défaut. »*

Karl Marx

L'idéologie allemande (1845)

Chapitre 9 - Démystifions l'idéologie dominante

Édifier un monde où les besoins fondamentaux seraient satisfaits pour tous, où les gens vivraient en harmonie avec la nature, où des relations conviviales prévaudraient et où l'économie serait au service de la société pourrait sembler une utopie. Cependant, ce rêve lointain pourrait devenir réalité si nous nous battons tous pour lui. Un tel combat, toutefois, exigerait une bataille contre « *le système* » et de son idéologie : un système façonné mondialement par le capitalisme, un système dont nous sommes tous physiquement et mentalement prisonniers.

Au stade où nous en sommes, les gens et les gouvernements sont tous dépendants d'une drogue nommée « *croissance* », captifs du « *système* » et incapables d'envisager des alternatives à nos sociétés consommation. Ils ne peuvent pas s'imaginer que les choses pourraient être faites différemment. Ils sont tous pris au piège d'un système de pensée qui les empêche d'imaginer un autre monde. La croissance est dans l'esprit de tous parce que le capitalisme l'y a implantée et parce que sa machine de propagande la cloue constamment là de toutes les manières possibles. J'ai souligné à maintes reprises que les gens et les gouvernements ne changeront pas leurs comportements, à moins qu'ils n'y soient forcés. Cependant, les tragédies qui s'annoncent imposeront inévitablement des changements dans notre façon de voir le monde et de réagir aux événements. Un nombre croissant de personnes a heureusement pris conscience des dangers à venir et les mouvements de contestation populaires se multiplient, mais leurs voix ne sont toujours pas suffisamment audibles. La fascination pour la croissance, largement partagée par les peuples et leurs gouvernements, étouffe toute tentative d'attirer l'attention de tous sur ce cours mortifère. De plus, la fascination pour la croissance est sans cesse alimentée par le flux de la propagande conçu et diffusé par les intérêts dominants, tous gouvernés par l'argent et le pouvoir.

Des changements se produiront néanmoins dans le monde entier, mais de façon chaotique et par secousses successives en réponse aux catastrophes naturelles, aux émeutes populaires et à tous les fléaux auxquels nous allons faire face dans les années qui viennent. Si nous interprétons correctement les nouvelles et tout ce qui est déjà en train d'arriver autour de nous, nous réalisons inévitablement que notre monde se fissure de toutes parts et qu'il est grand temps de nous préparer pour un autre avenir : notre monde à venir. Nous devons être prêts pour faire face aux prochains bouleversements et avoir en main les réponses pour les affronter.

Les intellectuels et les activistes ont une responsabilité toute particulière à cet égard car les classes politiques et les partis politiques sont faillis et totalement incapables de contrôler la situation (j'y reviendrai). En outre, les gouvernements sont comme des girouettes : ils réagissent uniquement du côté d'où souffle le vent, quand ils ne servent pas servilement l'ordre dominant. Les intellectuels et les activistes doivent donc démystifier l'idéologie dominante, placer sous le feu des projecteurs les intérêts qui se cachent derrière chaque catastrophe et proposer chaque fois des réponses alternatives aux problèmes auxquels nous sommes confrontés, comme contribution à la résolution de l'immense crise mondiale que nous sommes tous en train de vivre.

Toutefois, il est fondamental de comprendre la nature du « *système* », ses objectifs et comment il fonctionne, si nous voulons le démasquer, nous débarrasser de lui et le remplacer par un modèle alternatif, car tel serait notre but final. J'emploie à dessein le terme « *système* » pour désigner le complexe de forces, d'acteurs, d'institutions, de règles, de processus et de croyances qui structure nos économies et régit nos sociétés [296]. Le « *système* » auquel je me réfère ne saurait se réduire au seul capitalisme - qui certes trône en son sein et le façonne continuellement - mais à quelque chose de bien plus vaste qui comprend nos croyances, nos institutions et nos modes de vie [297]. Le « *système* » ne saurait donc se réduire au seul capitalisme, bien que capitalisme joue un rôle critique en son sein. Le « *système* » est cimenté par une idéologie qui assume les fonctions d'un logiciel pour nos économies et pour nos sociétés. Cette idéologie est pour le système comme ce que le sang est pour le cerveau : le sang permet au cerveau de fonctionner, sinon il meurt. L'idéologie dominante est un élément clé pour le fonctionnement du « *système* ». Elle détermine la façon suivant laquelle les gens perçoivent le monde et la façon dont ils se comportent. Elle irrigue le « *système* » et le façonne en permanence selon la manière voulue par le capital. C'est précisément cette idéologie même que nous devons combattre si nous voulons changer la façon dont nos sociétés et nos économies fonctionnent. Comprendre « *le système* » et combattre son idéologie sont les deux priorités socio-politiques que nous devrions poursuivre si nous voulons bâtir un nouveau monde.

Comprendre ce qu'est le capitalisme aujourd'hui est de la plus haute importance pour l'édification d'un nouveau monde

Comprendre ce qu'est le capitalisme aujourd'hui constitue un des principaux obstacles que nous devons surmonter. Le capitalisme auquel je me réfère ici n'est pas le capitalisme du dix-neuvième siècle mais bien les formes beaucoup plus complexes et bien plus sophistiquées d'exploitation des peuples et d'organisation des économie qui règnent aujourd'hui sur toute la planète. Notre perception du capitalisme est encore largement influencée par les analyses développées au cours du dix-neuvième siècle par quelques penseurs éminents et par les écoles de pensée qui se sont développées dans leur sillage, en particulier les marxistes. Les contributions de Karl Marx et de Friedrich Engels à la compréhension du capitalisme ont joué, en particulier, un rôle fondamental en leur temps [298] . Elles sont toujours essentielles pour saisir des concepts tels que les rapports de domination, l'exploitation de la force de travail, le phénomène de l'aliénation, le rôle des superstructures ou les fonctions de l'idéologie dominante. Cependant, le capitalisme décrit par Marx et Engels doit être appréhendé dans le contexte du dix-neuvième siècle et ne saurait être simplement transposé à notre époque sans commettre de graves erreurs d'interprétation (une erreur trop souvent commise par ceux qui restent imprégnés par la vision marxiste du dix-neuvième siècle). Depuis, les formes de la propriété ont changé, la classe ouvrière s'est évaporée, la lutte des classes s'est éclipsée et « l'État bourgeois » a disparu, pour ne citer que quelques dimensions de la question. Il est donc essentiel de ré-analyser le capitalisme à la lumière du vingt et unième siècle pour éviter des fautes et des erreurs d'interprétation (toujours commises par de nombreux analystes socio-économiques et des partis politiques lorsqu'ils essaient de lire et d'interpréter notre époque avec les concepts du dix-neuvième siècle).

Le monde tel que nous le connaissons aujourd'hui est considérablement différent de celui analysé par Marx et Engels au dix-neuvième siècle. Le monde a radicalement changé et les modes de domination sont devenus beaucoup plus sophistiqués. La stratification sociale est profondément modifiée de nos jours. La classe ouvrière industrielle qui existaient auparavant dans le monde occidental s'est évaporée. Une partie de cette classe s'est hissée au rang des techniciens - mieux payés et mieux intégrée dans la société de consommation - alors que l'autre partie a été rejetée vers un immense secteur tertiaire offrant une grande quantité d'emplois mal payés et faiblement qualifiés. Un nouveau sous-prolétariat urbain a vu le jour dans les pays industrialisés et les économies avancées constitué d'employés travaillant à temps partiel ou occupant des emplois mal payés et faiblement qualifiés, de chômeurs et de personnes marginalisées. Au total, la « classe ouvrière » n'existe plus en tant que telle alors que les classes moyennes ont progressivement assumé un rôle croissant. La classe ouvrière occidentale traditionnelle qui a assumait le travail manuel a été remplacée par une nouvelle force de travail disséminée sur différents continents et formant des groupes subordonnés hétéroclites qui jouent des rôles spécifiques dans la nouvelle division internationale du travail. Le nouveau prolétariat se trouve désormais dans les économies émergentes et dans certaines parties du monde en développement, qui sont les zones où l'exploitation de la force de travail s'est déplacée. Cependant, de nouvelles formes d'exploitation sont également apparues dans le monde occidental à travers l'usage de travailleurs migrants ou la multiplication des « boulots de merde » qui brouillent l'image d'ensemble. En conséquence, l'idéologie dominante qui sert le nouvel ordre capitaliste doit s'adresser à un éventail beaucoup plus diversifié de cibles et de groupes sociaux. Le travail idéologique est devenu plus complexe et davantage sophistiqué pour tous les *think tanks* et les institutions qui servent le capitalisme.

Quant au système capitaliste, lui-même, il a profondément changé. Le capitalisme au vingt et unième siècle est un système socio-économique significativement différent de celui analysé par Marx et Engels au dix-neuvième siècle :

La propriété et la direction sont désormais disjoints dans les entreprises ;

Les grandes entreprises sont devenues des sociétés transnationales ;

La consistance du capital est de plus en plus immatérielle ; et

La nature du capitalisme est chaque fois plus spéculative.

La propriété et la direction sont désormais disjoints dans les entreprises

Tout d'abord, la relation entre la propriété du capital et l'exercice de l'autorité dans les entreprises a radicalement changé depuis le dix-neuvième siècle. Les mêmes personnes détenaient, autrefois, la propriété et l'autorité : les propriétaires du capital. Il n'y a plus désormais de cumul clair et direct de la qualité de propriétaire du capital et de l'exercice de l'autorité en une même personne. Pour simplifier les choses, les mines et les usines étaient au dix-neuvième siècle possédées et contrôlées par une seule et même personne, ou par un petit groupe de personnes, avec des visages et des noms clairement identifiables. De nos jours, les entreprises et les groupes sont possédés par des agrégats de personnes, de compagnies et d'institutions et dirigés par un petit groupe de *managers* détenteurs du pouvoir et de l'information [299]. Bien sûr, cela ne s'est pas produit du jour au lendemain. Le processus de concentration et de diversification du capital a pris de multiples formes depuis le dix-neuvième siècle, y compris la constitution de trusts et d'empires industriels, la multiplication des sociétés par actions et l'avènement des entreprises transnationales. Il est certes encore possible d'associer les noms de riches milliardaires à de grands groupes et à de grandes sociétés comme le magazine Forbes le fait périodiquement [300] , mais cela reflète davantage les formes de la participation au capital que l'exercice même de l'autorité au sein des entreprises.

En fait, les droits attachés à la propriété des entreprises sont désormais exercés par un groupe de personnes, de compagnies et d'institutions, y compris de richissimes individus (comme Carlos Slim au Mexique), des familles extrêmement riches (comme les Warren aux États Unis ou les Bettencourt en France) et un large spectre de compagnies (les « *holding* » en particulier) et d'institutions financières (banques, fonds de pension, fonds souverains, etc.). Ces actionnaires exercent conjointement une pression continue sur les entreprises pour obtenir un « *retour* » sur leurs investissements, mais assument rarement la direction des entreprise (sauf pour les créateurs de nouveaux empires, tels que Bill Gates pour Microsoft ou Steve Jobs pour Apple). La direction réelle des entreprises est aujourd'hui exercée par des petits groupes de dirigeants de très haut niveau, formés dans des *business schools* ou dans de prestigieuses universités, recevant des rémunérations élevées et parfois outrageusement hautes et nommés par les actionnaires pour maximiser leurs profits. Ce sont eux les véritables détenteurs de l'autorité dans les entreprises, un pouvoir reposant aujourd'hui sur l'accès à l'information stratégique (plus on est élevé dans la hiérarchie, plus l'on a accès aux informations critiques) et sur l'usage d'un éventail impressionnant d'outils de gestion (allant de la planification, de la programmation et du marketing aux finances, au budget et à la gestion des ressources humaines). Le pouvoir repose de nos jours sur l'information et ceux qui ont accès aux informations critiques sont les véritables détenteurs du pouvoir.

Les grandes entreprises sont devenues des sociétés transnationales

La deuxième dimension critique du processus de transformation du capital est sa « *transnationalisation* ». Le capital au dix-neuvième siècle était appuyé et protégé par l'État-nation (un État à l'époque contrôlé par et au service de la bourgeoisie). L'«État bourgeois » - comme les marxistes l'appelaient - concevait le cadre réglementaire requis pour l'expansion du capital, protégeait celui-ci des concurrents extérieurs au moyen de barrières douanières et façonnait la société à travers une série d'institutions disciplinaires (l'école, la caserne, l'usine, etc.). L'«État bourgeois » contribuait également à l'expansion du capital national par-delà ses frontières à travers la constitution d'empires coloniaux qui assumaient une double fonction : celle garantir l'approvisionnement en matières premières des métropoles et celle d'offrir des opportunités d'expansion commerciale aux industries nationales (comme le commerce du textile pour l'empire britannique).

L'État aujourd'hui ne sert plus le capital « national » et les bourgeoisies nationales sont des espèces en voie de disparition. Il sert plutôt les ramifications mondiales de ce qui fut le capital national tout en s'efforçant en même temps d'atténuer les retombées de la mondialisation sur les populations et sur les systèmes sociaux. Le capital aujourd'hui pense et se comporte « globalement » (tout comme les gens qui le possèdent et l'administrent). Il n'a plus allégeances nationales pour ce qui est de ses intérêts directs. Il se réclame de son affiliation nationale quand cela l'arrange, mais il la nie lorsqu'elle ne sert pas ses intérêts. La planète est devenue une immense plate-forme pour ses opérations et un marché géant pour son expansion. Les pays et les États ne sont plus perçus que comme des alternatives économiques pour l'*optimisation* de ses coûts (par exemple : bas niveaux d'imposition, main d'œuvre bon marché, réglementation douce ou inexistante, etc.) et pour son expansion dans le monde entier (par exemple : nouvelles couches de consommateurs, nouveaux débouchés commerciaux, etc.). Il ne s'appuie sur la machinerie de l'État que pour assurer son expansion (par exemple : la libéralisation du commerce et des services, la régulation de l'économie mondiale, si tant est que cette dernière soit possible, etc.) et promouvoir le cadre règlementaire transnational dont il a besoin pour fonctionner mondialement (garantie des investissements étrangers en particulier). Au total, l'État-nation décline [301] tandis qu'un « *nouvel ordre impérial* » s'étend dans le monde : un ordre conçu pour servir les intérêts des entreprises transnationales tout en veillant à la tranquillité sociale et au contrôle des populations (à travers des politiques de surveillance de masse et des mesures de sécurité généralisées, toutes légitimées par la « guerre contre le terrorisme ») [302] .

La production et la consistance du capital sont de plus en plus immatériels

La troisième grande dimension du processus de transformation du capital est sa croissante dématérialisation (produits, processus et transactions). La façon dont le capitalisme fonctionnait dans le cadre de la première révolution industrielle était principalement caractérisée par la fabrication de produits de consistance physique. Des matières premières étaient extraites et transformées en vue d'en faire des biens matériels et de les vendre ensuite sur les marchés. Comme Marx et Engels l'ont démontré, la valeur ajoutée par le travail physique était en partie confisquée par le capital sous la forme de profits tandis que les travailleurs étaient payés le minimum requis pour garantir la subsistance de la force de travail. Les produits, les processus et les transactions associés à l'accumulation du capital étaient essentiellement de nature physique alors qu'ils tendent à être de plus en plus immatériels dans le monde d'aujourd'hui. Bien que nous continuions à percevoir la production comme un processus impliquant la fabrication et l'utilisation de biens matériels, nous produisons et consommons de plus en plus de produits immatériels. Ceci est en partie dû au fait que le capital élargit de nos jours la sphère du marché à tous les besoins humains et en partie dû au fait qu'un grand nombre de nouveaux produits sont purement immatériels comme conséquence de la révolution numérique.

Le capital, depuis les années 80, élargit agressivement la sphère du marché grâce à la privatisation systématique de tous les services publics, un processus promu par les cercles néolibéraux au sein et en dehors des pays (les entreprises privées convoitent désormais tous les secteurs où des institutions, des entreprises publiques et des sociétés mixtes opéraient dans le contexte de l' État-providence, lorsque celles-ci offraient couramment des services dans les domaines de l'énergie et des transports, des postes et télécommunications, de la finance et des assurances, de la santé et de l'éducation, etc.). Cependant, l'expansion de la sphère marchande affecte aussi des domaines qui étaient strictement personnels jusqu'à une date toute récente, tels que les émotions, les sentiments, la spiritualité, l'amour, le sexe et ainsi de suite. De nouvelles « *industries* » immatérielles se sont développées dans des domaines en rapport avec les besoins intellectuels et émotionnels (par exemple : l'information, le divertissement, etc.). Le support physique est toujours présent (p. ex. la télévision, l'ordinateur, le téléphone intelligent, etc.), mais le contenu immatériel tend à être de plus en plus important en termes de production et de consommation (p. ex. la musique, les films, les livres électroniques et une myriade d'applications allant de la formation et de l'éducation à la location ou à l'acquisition de toutes sortes de commodités, y compris les achats en ligne et les sites de rencontres en ligne). Cette invasion de la sphère marchande dans la vie privée est étroitement liée au développement des technologies de l'information et de la communications (TIC) et à la croissance simultanée des « *industries* » du divertissement. De gigantesques entreprises mondiales ont vu le jour au cours des dernières années, révolutionnant la façon dont nous nous rapportons à la production et à la consommation (p. ex. Google, Amazon, Apple, Facebook et de nouveaux arrivants comme Alibaba, etc.). Les technologies de l'information et de la communication révolutionnent également la façon dont nous travaillons (avec la pratique du travail à domicile par le biais d'ordinateurs connectés à distance, de *smartphones* et de logiciels propres aux entreprises) et la façon dont nous nous échangeons avec les autres (développement des réseaux sociaux mais aussi invasion de notre vie privée par le marketing en ligne et les applications de surveillance sociale). Le travail lui-même devient de plus en plus immatériel du fait de l'automation, de la robotique et des applications bien qu'il demeure aussi oppressif que par le passé, quoi que d'une manière beaucoup plus *soft* et invisible.

La nature du capitalisme est chaque fois plus spéculative

La quatrième dimension du processus de transformation du capital est sa propension croissante à la spéculation. Le capital comme Marx et Engels l'ont observé était essentiellement mu par le processus d'accumulation alors qu'il est maintenant de plus en plus tiré par la spéculation. L'objectif des détenteurs du capital au dix-neuvième siècle était essentiellement de faire des profits et d'accumuler du capital, ce qui à son tour générerait plus de profits et de capital et *in fine* plus de richesse pour les détenteurs du capital. Cela constituait une sorte de cycle « vertueux » pour les entreprises et leurs propriétaires (mais aussi un cercle vicieux pour les travailleurs en termes d'exploitation) qui permit une croissance illimitée des affaires jusqu'à ce que ce cours se fracasse sur le mur d'une de ces crises financières et de surproduction que le capitalisme engendre périodiquement. Cependant, et dans l'ensemble, les bénéfices étaient pour la plupart réinvestis dans des actifs physiques, un processus d'autofinancement qui s'est poursuivi jusqu'à la fin du vingtième siècle. L'accumulation du capital finançait donc « *l'économie réelle* » par opposition à « *l'économie virtuelle* », une économie qui traite de plus en plus les produits immatériels et artificiels qui ont émergé dans le sillage de la déréglementation financière. Une des conséquences majeures de ce processus a été l'explosion de la spéculation financière, un cours qui met en danger « *l'économie réelle* » et qui nous conduit tous au bord d'un abîme financier [303].

La spéculation n'est pas un phénomène nouveau puisqu'elle s'est développée constamment sous différentes formes tout au long de l'histoire. La spéculation, cependant, a atteint de nos jours des niveaux, des volumes et des caractéristiques qui n'ont jamais été vues auparavant. Une part toujours croissante du capital est devenue spéculative et des flux financiers sans cesse croissants de capitaux artificiels et spéculatifs submergent le monde entier [304]. Le processus a commencé, comme nous le savons, avec la déréglementation financière, à partir des années 70, qui a permis, entre autres, un processus de concentration et de fusion spectaculaire d' institutions financières (banques commerciales et banques d'affaires en particulier, qui étaient auparavant sous obligation légale d'être séparées) et un décollage stupéfiant des marchés financiers (y compris des places comme Londres, New York et Tokyo, de pair avec la montée de beaucoup d'autres en Europe et en Asie). La fin du système des parités fixes pour les devises, les nouveaux flux de pétrodollars, la libéralisation croissante des mouvements de capitaux et la déréglementation systématique des transactions financières ont également contribué, à partir de cette période, à ce que nous appelons aujourd'hui la « *financiarisation* » de l'économie. De plus, la finance est devenue une « *industrie* », en soi, avec ses produits, ses processus et de ses stratégies de marketing. Les « *produits* » financiers sont devenus de plus en plus complexes, opaques et volatiles avec l'avènement des produits dérivés (contrats du type « *forward* », « *futurs* », « *swaps* » et contrats dits d'« *option* » en particulier) [305] et avec la pratique de la titrisation (qui permet de transformer en titres toutes sortes de créances, y compris des créances « toxiques ») [306]. La spéculation est devenue une dimension inhérente à tout placement financier (on peut investir dans des actions et des obligations, mais on peut aussi parier sur des récoltes futures, sur d'éventuels ouragans et ainsi de suite). Grâce à la révolution numérique et au développement d'algorithmes spécifiques tous ces « *produits* » sont maintenant négociés continuellement 24 heures sur 24 et 7 jours sur 7 tout autour de la planète [307]. Au total, l'économie mondiale s'est transformée en un immense casino dédié à la spéculation et la spéculation est devenue une dimension intrinsèque du capital.

Inutile de souligner que cela est extrêmement dangereux et préoccupant pour l'avenir.

Pour résumer cette analyse, le capitalisme au vingt et unième siècle est devenu un système où les détenteurs du capital ne l'administrent plus directement mais attendent de lui de forts retours sur investissements. Les principaux protagonistes de ce système dans le monde sont les entreprises transnationales et les institutions financières gérées par de petits groupes de dirigeants hautement rémunérés et entièrement dédiés à l'expansion de leurs entreprises ou de leurs groupes. Le capitalisme aujourd'hui devient de plus en plus immatériel avec l'élargissement de la sphère marchande à toutes les activités et attentes humaines. Mais il devient aussi de plus en plus spéculatif avec la financiarisation de l'économie et la croissance artificielle d'une économie volatile et virtuelle au détriment de l'économie réelle.

Voici en quoi consiste le capitalisme aujourd'hui et voici ce qui structure, façonne et configure « *le système* » dont nous sommes tous prisonniers. Pour parfaire cet emprisonnement, le capitalisme sécrète et diffuse quotidiennement une idéologie qui moule nos cerveaux et dicte nos comportements. Cette gigantesque entreprise de lavage de cerveaux est en quelque sorte sous-traitée à des individus, à des *think tanks*, à des agences, à des médias, aux industries du divertissement et à des institutions qui nous disent quotidiennement ce que nous devons penser, croire et faire. Ces derniers conçoivent et ajustent en permanence l'idéologie dominante et contribuent ensemble, à différents niveaux et dans leurs domaines respectifs, à l'élaboration du « *politiquement correct* » [308] .

Le capitalisme sécrète quotidiennement une idéologie qui moule nos cerveaux et détermine nos comportements

L'énorme machine idéologique qui nous lave le cerveau quotidiennement ne reçoit d'ordres de personne. Pour faire plaisir aux critiques des théorie de la conspiration, je dois admettre qu'il n'existe pas de cercles ou de groupes occultes qui formuleraient en secret ce que nous devrions croire et faire quotidiennement. En fait, cela n'est pas nécessaire. L'énorme machine idéologique qui sert « *le système* » interprète simplement ce que le capital attend de nous et le traduit en concepts, en visions, en analyses et en instructions. Cela mobilise un nombre élevé d'acteurs, y compris des intellectuels, des universitaires, des enseignants, des écrivains, des journalistes, des communicateurs, des producteurs et ainsi de suite, travaillant individuellement ou dans des *think tanks*, des fondations, des agences et des entreprises. Le concert qu'ils jouent n'est pas toujours harmonieux car il y a beaucoup de fausses notes et de contradictions entre les instrumentistes mais, dans l'ensemble, la pensée dominante émerge toujours de la cacophonie suite à une série d'interactions avec le noyau du système capitaliste.

Le noyau de ce système ne se réduit pas à un simple groupe de personnes ou d'entités visibles de tous. Au contraire, il n'y a pas de centre de commandement unique, mais plutôt des « amalgames » d'institutions et de cercles d'influence au niveau des milieux d'affaires et des appareils gouvernementaux. À l'échelle mondiale et dans la sphère des affaires le Forum de Davos est sans aucun doute l'entité la plus largement connue et la plus influente, mais ce n'est pas la seule[309]. Au niveau gouvernemental, le groupe du G7/G8 [310] est aussi le plus connu et le plus influent, auquel il conviendrait d'ajouter le G20 [311], qui inclut en plus les économies capitalistes émergentes (dont la Chine, qui a définitivement embrassé la foi capitaliste pour accroitre son influence dans le monde et satisfaire les aspirations à la consommation de ses classes moyennes émergentes). Ces « amalgames » de puissants hommes d'affaires, de responsables politiques influents et de hauts fonctionnaires sont assistés, ou influencés, par un large éventail de *think tanks* qui les nourrissent d'idées et de concepts et donnent corps à l'idéologie dominante suivant les décisions prises par ces derniers. C'est ainsi que *l'ordre néolibéral* a progressivement émergé au cours des dernières décennies et c'est ainsi qu'il s'est imposé comme la seule alternative à *l'État-providence* qu'il abhorre à l'Ouest et aux expériences communistes faillies à l'Est [312]. C'est également ainsi qu'a émergé une vision du « *marché* » comme stade suprême de la société [313] et qu'ont été ficelées toutes les recettes politiques soutenant l'ordre néolibéral en une formule baptisée : « *le consensus de Washington* » [314].

L'idéologie dominante formulée par cet « amalgame » d'individus et d'entités est diffusée quotidiennement dans les sociétés par toutes sortes de canaux et de propagandistes. Les propagandistes du système capitaliste, en général, et de l'ordre néolibéral, en particulier, ont un accès facile aux médias et aux réseaux de communication, qui sont contrôlés par le capital et sont continuellement à la recherche d'opinions et d'analyses qui consolident « *le système* » (sauf en Chine, je dois le reconnaître, qui est un cas atypique de capitalisme dirigé par l'État et par une « élite » néo-mandarinale). Beaucoup d'entre eux sont comme des *gourous* dans leurs sphères d'influence respectives, se voyant attribuer toutes sortes de reconnaissances (y compris les prix d'économie de la banque de Suède à la mémoire de Nobel), consultés ou interviewés à propos de n'importe quoi, à tout moment, et gratifiés pour cela de rétributions élevées (récompenses diverses, honoraires pour consultations et conférences et ainsi de suite). Cela inclut des écrivains et des philosophes « autoproclamés » (parrainés par des maisons d'édition et les médias), des économistes « courtisans » (beaucoup d'entre eux payés par ou travaillant pour des intérêts financiers et récompensés pour leurs déclarations et leurs publications), des politologues « à la mode » (sollicités par les médias pour donner leur opinion au sujet de tout et de n'importe quoi) et ainsi de suite [315]. Tous ces gens font quotidiennement l'éloge du « *système* » et, derrière « *le système* », l'éloge du capitalisme. D'autres propagandistes œuvrent dans des cercles, des fondations ou des universités de renom qui leur confèrent une sorte de « halo » scientifique et l'autorité de parler au nom de la société. D'autres propagandistes encore travaillent dans des journaux ou dans des chaînes d'information télévisuelles, glorifiant tout ce que le capitalisme et les marchés réalisent dans le monde et condamnant, dénigrant tout ce qui s'y oppose [316]. Certains journaux, comme le Financial

Times et l'Economist en particulier, sont particulièrement caustiques à l'égard des idées qui s'opposent au marché, tandis que certaines chaînes de télévision, comme Fox News par exemple, sont carrément agressives dans l'appui qu'elles prodiguent à l'ordre néoconservateur (car l'ordre néolibéral et l'ordre néoconservateur sont intimement liés, se renforçant mutuellement).

Enfin, vient la manière la plus insidieuse, imperceptible et perfide d'influencer les esprits à grande échelle, je veux dire ici la production audio-visuelle (les films et les séries télévisées auxquels on pourrait également ajouter les jeux électroniques). Les propagandistes de l'industrie du divertissement travaillent sans cesse à la représentation globale de ce que la société est censée être et faire. Cela va du « rêve de la classe moyenne américaine » projeté dans le monde entier par les producteurs (les attentes des classes moyennes et leur mode de vie) à la montée du terrorisme sur toute la planète (qui a fort opportunément remplacé la supposée menace communiste à partir des années 90, entretenant la peur dans les esprits et ouvrant la voie à toutes sortes de mesures de surveillance de masse et de sécurité). Hollywood, en ce sens, est l'entreprise la plus perfide et la plus sophistiquée jamais imaginée pour promouvoir le lavage en masse des cerveaux à l'échelle de la planète.

Ce que « le système » dit et ce que « le système » veut nous faire croire est consigné dans sa propagande quotidienne

Qu'est-ce que tous ces individus et qu'est-ce que cette machine de propagande nous disent ? Quels sont les messages inlassablement répétés et diffusés à travers tous leurs canaux ? Qu'est-ce qu'ils attendent de nous suite à ce lavage continu des cerveaux ?

La réponse est essentiellement de trois ordres. Ils veulent que nous :

Acceptions de plein gré « *le système* » tel qu'il est, c'est à dire tel que façonné et dirigé mondialement par le capitalisme ;

Contribuions à la richesse des grandes entreprises et de la finance, ce qui signifie, en fait, au portefeuille de ceux qui en profitent ;

Nous comportions comme « *le système* » l'attend de nous, c'est à dire comme les rouages soumis de sa mécanique d'ensemble.

Commençons par ce que nous dit la propagande du « *système* », système qui se prétend perpétuel et universel :

Elle nous dit que « *le capitalisme est le seul système socio-économique concevable pour parvenir à la richesse collective et à l'épanouissement individuel, que le socialisme n'a pas réussi à atteindre ce but et qu'il n'existe aucune alternative* ». Cela est faux et trompeur : le capitalisme ne constitue pas la seule voie pour produire des richesses ni le meilleur chemin vers l'épanouissement individuel (le coopérativisme, par exemple, constitue une autre voie). En outre, et comme nous l'avons vu, la richesse et l'épanouissement ne sauraient être réduits à de simples dimensions matérielles et financières. Les besoins, à cet égard, sont beaucoup plus vastes et plus élevés. Le socialisme n'a pas échoué, car le socialisme est une aspiration fondamentale et non pas un système. Ce qui a échoué ce sont les expériences communistes cherchant à construire des sociétés d'abondance sur la base d'économies centralement planifiées. Enfin, oui, il existe des alternatives au

« *système* » en place. C'est, entre autres choses, l'objet même de ce livre.

Elle nous dit également que « *la croissance est le meilleur moyen d'augmenter la richesse et de développer les pays, pour construire des sociétés justes et prospères et amener le monde sous-développé aux portes de l'affluence* ». Cela est également faux et confondant car la croissance ne signifie pas seulement création de richesse mais aussi destruction des ressources naturelles et production de pollution environnementale. Le concept de richesse est aussi ambigu car il sous-entend que l'accumulation de biens matériels mène nécessairement au bonheur, ce qui n'est pas le cas. En outre, la croissance peut le cas échéant contribuer à l'avènement de sociétés prospères et équitables, mais pas nécessairement, car cela exige des politiques de juste répartition ou de redistribution des revenus. Enfin, la croissance ne peut aider le monde sous- développé que lorsque les conditions d'un décollage économique sont réunies (disponibilité de ressources, niveau éducatif, etc.) et que le processus de croissance ne détruit pas les tissus sociaux (urbanisation sauvage, désagrégation culturelle et sociale, etc.).

Elle nous dit en outre *que « la croissance crée des emplois et que la seule façon d'assurer l'emploi est de promouvoir la croissance »*. Cela est également faux et trompeur car la croissance, comme nous l'avons vu, ne crée pas automatiquement d'emplois et lorsqu'elle génère de l'emploi elle le fait à un rythme et à des niveaux bien inférieurs aux besoins. De plus, les politiques des entreprises tendent toutes à comprimer les coûts du travail et à remplacer dans la mesure du possible les humains par des machines et des processus automatisés. Au total, la croissance n'est plus la solution, mais plutôt le problème. Nous ne devons plus percevoir la croissance comme *la réponse* à l'escalade du chômage dans le monde mais plutôt offrir à chaque personne une occupation utile et réorganiser la société et l'économie en conséquence, comme proposé plus haut.

Elle nous dit également que « *la croissance est la seule façon d'améliorer la condition de tous et qu'il vaut mieux augmenter la taille du gâteau plutôt que de le répartir en parts égales* ». Cela est également faux et hypocrite, car la croissance ne profite pas spontanément à tous en l'absence de politiques conçues et mises en œuvre à cet effet. Le cours naturel de la croissance est de concentrer la richesse et le pouvoir entre les mains de quelques-uns, laissant la plus grande partie des gens de côté. Si rien n'est fait pour que cela profite largement aux gens et si rien n'est fait pour corriger les injustices sociales la croissance ne profite qu'a une minorité. La croissance est un processus exclusif si elle n'est pas correctement canalisée.

Elle nous dit enfin que « *la croissance peut se poursuivre indéfiniment et qu'il n'y a pas de limites à la croissance* ». Cela est également faux et dangereux, car la croissance telle qu'elle est poursuivie de nos jours ne peut éternellement durer et nous mène de surcroît au bord d'un cataclysme majeur si nous ne redressons pas la barre à temps. La croissance épuise nos ressources naturelles et celle que nous avons connue dans les pays industrialisés ne peut être extrapolée au reste de la planète. En outre, la croissance menace notre survie même en raison du réchauffement climatique et de la destruction de notre environnement naturel. La croissance ne peut donc pas se poursuivre indéfiniment. Nous devons prendre une autre voie.

Continuons avec ce que nous disent les milieux financiers et les grandes entreprises :

Ils proclament que « *la mondialisation est une opportunité pour les gens sur la planète et que la déréglementation, la privatisation et la circulation sans contraintes des capitaux et des marchandises dans le monde entier apporteront partout la prospérité* ». Cela est totalement faux et prête délibérément à confusion parce que l'objectif des grandes entreprises n'est pas de promouvoir partout la richesse, mais plutôt d'accroître leur propre pouvoir et leur propre patrimoine. Les grandes entreprises voient le monde comme un vaste marché sans frontières pour leur expansion continue. Elles se moquent totalement de l'impact de leur présence dans les pays où elles opèrent et des conséquences de leurs activités sur les sociétés concernées. Les entreprises transnationales détruisent des emplois et en créent de nouveaux partout où cela les arrange, installent des usines polluantes partout où les gouvernements les tolèrent, localisent leurs sièges, leurs départements et leurs unités de production partout où elles paient moins d'impôts et ainsi de suite. Les grandes entreprises et les milieux financiers ne s'intéressent pas aux personnes. Seuls les gains les intéressent.

Ils prétendent aussi que « *le commerce international, libre de toute restriction, est bénéfique aux gens et que la libéralisation des échanges est par nature un processus menant à plus de croissance et plus d'emploi* ». Cela est également faux et trompeur, parce que la libéralisation du commerce n'engendre pas nécessairement de la croissance et de l'emploi. Cela est le cas lorsque de nouvelles perspectives se dessinent pour les exportations, mais cela n'est pas le cas lorsque les importations tuent les industries nationales. Cela n'est pas un jeu « gagnant-gagnant » pour les pays concernés, mais plutôt un jeu « gagnant-perdant » pour tous ceux qui sont impliqués. Les entreprises transnationales le savent parfaitement puisqu'elles incarnent la puissance qui se tient derrière les négociateurs lorsqu'il est question de négociations commerciales et d'accords de libre-échange. Elles ne se préoccupent pas de croissance ni d'emploi, mais plutôt de la conquête de nouveaux marchés.

Ils prétendent en outre que « *les compagnies transnationales devraient opérer librement et s'étendre dans le monde entier afin qu'elles puissent contribuer efficacement à la croissance des pays et au bien-être collectif* ». Cela est faux et hypocrite. Les milieux financiers et les entreprises transnationales ne se soucient aucunement de croissance nationale et de bien-être collectif, mais plutôt de leur propre expansion et leurs profits. Ils s'attendent à ce que les pays mettent en œuvre des politiques du « moins disant » et s'alignent sur le plus petit commun dénominateur en termes de législation du travail, de contrôle environnemental, de réglementation fiscale, etc., comme exigence pour investir. Ils obligent les pays à rivaliser entre eux et exigent même d'être protégés juridiquement contre des politiques sociales et environnementales qui pourraient nuire à leurs profits.

Ils prétendent finalement que « *les flux de capitaux et les investissements contribuent à la prospérité générale du monde et devraient donc se déplacer librement autour de la planète sans restrictions ni taxes* ». Cela est faux et dangereux parce que les flux de capitaux et les investissements profitent uniquement aux pays et aux peuples lorsqu'ils sont correctement acheminés et utilisés, et non lorsqu'ils se déplacent en permanence et sans restrictions à la recherche de profits et quand ils poursuivre uniquement des buts spéculatifs. Au stade où nous en sommes, la spéculation internationale pratiquée par toutes sortes d'acteurs financiers ne rend service qu'à une poignée de gens qui profitent de façon criminelle de la manière dont fonctionne « *le système* » pour s'approprier des fortunes colossales.

Terminons avec ce que la propagande du « *système* » nous dit, dès moment où nous venons au monde et jusqu'au moment même où nous le quittons :

Elle nous dit que « *le bonheur doit être trouvé dans la continuelle accumulation de biens et dans l'incessante consommation de produits, qu'ils soient physiques ou immatériels* » et nous demande de consommer indéfiniment, autant que nous le pouvons. Cela est faux et frustrant parce que la continuelle accumulation de biens et l'incessante consommation de produits ne mène qu'à plus de désillusions car les attentes humaines vont bien au-delà du simple fait de consommer. Ressentir des émotions, cultiver de l'amitié ou exprimer de l'amour sont bien plus importants que de boire une bouteille de champagne millésimé, porter une robe hors de prix ou acheter une voiture flambant neuve. Les entreprises le savent et pour cela nous vendent non seulement le produit mais aussi le rêve qui va avec, grâce à l'emballage et à une publicité grisante. Au-delà des produits les gens achètent ainsi des rêves et des illusions et deviennent constamment frustrés, parce que les sentiments ou l'amour ne peuvent être simplement trouvés dans la dernière robe à la mode ni dans une voiture dernier cri.

Elle nous dit aussi que « *pour être heureux et consommer nous devons gagner de l'argent et nous efforcer d'accumuler de la richesse autant que possible* ». Cela est également faux et trompeur, bien que nous soyons de plus en plus contraints de nous battre pour l'argent, car c'est la seule façon de survivre dans les sociétés menées par le capital. L'argent et la richesse n'engendrent pas le bonheur, pas plus que les biens et les produits ne génèrent la joie. Les peuples ont vécu pendant des millénaires sans l'obsession d'accumuler de l'argent et des biens et beaucoup de gens dans le monde sous-développé vivent encore de ce que la nature leur offre. L'obsession pour l'argent et pour l'accumulation de richesses devient néanmoins universelle car intimement liée à ce que le capitalisme attend de nous, qui est de consommer toujours et encore jusqu'à la fin de nos jours.

Elle nous dit en outre que *"nous devons nous exténuer au travail pour gagner de l'argent et consommer davantage, car c'est la seule façon de profiter de la vie* ». Cela est également faux et trompeur car profiter de la vie ne saurait se réduire au cercle vicieux consistant à « travailler, gagner de l'argent et consommer ». Travailler, gagner de l'argent et consommer ne devraient pas constituer l'horizon ultime de nos vies car il y a beaucoup d'autres aspirations au-delà de ce cours pernicieux qui demandent à être exhaussées. Prendre du temps pour profiter de la vie, libérer les gens du besoin et reconstruire des sociétés conviviales, comme proposé plus haut, devraient constituer d'autres façons de concevoir nos vies et de voir notre avenir. Le travail, tel que considéré et organisé par « *le système* », n'est pas et ne devrait pas être notre ultime perspective.

Elle nous suggère enfin que « *les valeurs suprêmes de nos sociétés doivent être l'individualisme, l'égoïsme et le cynisme, puisque ce sont là les valeurs mêmes qui façonnent et consolidant nos économies productivistes et nos sociétés de consommation* ». Cela est faux et inacceptable parce que les valeurs qui déterminent notre comportement sont encore et heureusement modelées par d'autres aspirations, qui ont à voir avec la générosité, l'altruisme et l'amour. Alors que l'industrie du divertissement et ses productions louent constamment l'image du « gagnant » sans scrupules (par opposition au « perdant ») et encensent continuellement la violence et les comportements prédateurs (par opposition aux approches consensuelles et constructives), nous devrions opposer d'autres visions des sociétés que nous voulons et d'autres valeurs sur lesquelles bâtir, y compris l'attention, le dévouement et la solidarité. Nous devrions tous être motivés par la générosité, par opposition au règne de l'égoïsme.

Pour conclure, au discours idéologique quotidiennement martelé par « *le système* » à travers toutes sortes de canaux et de productions nous devrions opposer une démystification claire et acerbe de ce qu'est le système, de ce qu'il veut et de la façon dont il fonctionne. La confrontation idéologique que nous devons entreprendre devrait commencer par la constante, continuelle et accablante mise à nu du « *système* ». Nous devons démystifier le « *système* », le démasquer et le mettre à nu au grand jour. Ce n'est que lorsque « *la multitude* » [317] comprendra la façon dont il fonctionne et comment nous pourrions le changer que les choses commenceront à évoluer. Aussi longtemps que les gens resteront mentalement captifs du « *système* », aliénés à lui et incapables de concevoir un autre monde, rien ne se passera. Mais aussitôt qu'ils percevront ce à quoi « *le système* » sert et ce qui pourrait le remplacer les choses commenceront à changer. Les gens exigeront des changements radicaux de la part de leurs gouvernements et les dirigeants politiques seront jugés sur leur capacité à changer « *le système* ». Comme souligné plus haut, cela n'arrivera pas du jour au lendemain et de façon spontanée. Cela résultera de crises répétées et successives qui pointent déjà à l'horizon. Les intellectuels et les activistes, comme je l'ai déjà dit, ont une responsabilité particulière à cet égard. Les partis politiques, dans leur immense majorité, sont faillis et totalement incapables de percevoir, analyser, concevoir et promouvoir des alternatives au « *système* » en place. Ils sont totalement soumis à l'ordre dominant : un ordre façonné et renforcé par les intérêts économiques et financiers prédominants, que sont les grandes entreprises et les milieux financiers (et derrière eux tous ceux qui tirent profit du « *système* »). Les intellectuels et les activistes devraient donc être à l'avant-garde du combat et hâter l'heure du changement.

Les intellectuels et les activistes ont pour mission fondamentale de dénoncer le système et de proposer des alternatives

Le rôle des intellectuels dans cette bataille globale devrait être d'une double nature : dévoiler et dénoncer la manière suivant laquelle « *le système* » fonctionne, d'une part, et formuler et proposer des alternatives, d'autre part. C'est précisément ce que j'ai commencé à faire en écrivant cet ouvrage et c'est ce qui devrait être sans cesse poursuivi à grande échelle. Les intellectuels auxquels je me réfère sont évidemment ceux qui rejettent « *le système* », pas ceux qui en font l'éloge et qui en vivent. Les intellectuels qui rejettent « *le système* » devraient s'évertuer à le mettre à nu et à condamner la façon dont il fonctionne. Ils devraient se battre pour trouver des alternatives à la façon dont il fonctionne et proposer des solutions pour s'en libérer. Les intellectuels auxquels je me réfère devraient être d'illustres penseurs, d'éminents chercheurs, des universitaires respectés, des écrivains célèbres, des journalistes de renom et d'autres figures no-toires, mais aussi d'authentiques intellectuels dans toutes les couches de la société et dans tous les secteurs d'activité qui seraient en désaccord avec « *le système* » et souhaiteraient s'en défaire. J'ai bien sûr à l'esprit, parmi les intellectuels engagés, le nom Susan George [318] qui a étudié « *le système* » pendant des années afin d'en pour comprendre le fonction-nement, et Naomi Klein [319] , qui a enquêté sur la façon dont il marche afin de le combattre. Il faudrait assurément ajouter le nom de Noam Chomsky qui a durement critiqué la façon dont « *le système* » fonctionne et qui il sert [320] , même si la plus grande partie de ses travaux et publications vise les in-terventions extérieures des États Unis et les abus de pouvoir commis par cette puissance dans le monde.

Tous les intellectuels auxquels je fais appel ont l'im-mense pouvoir de comprendre ce qui va mal autour de nous et d'imaginer ce qui devrait être fait pour bâtir un autre monde. Ils devraient tous contribuer, conjointement ou indi-viduellement, à la construction de ce nouveau monde alter-natif. Ils devraient sans cesse écrire des papiers, tenir des conférences, animer des débats partout où cela s'avère pos-sible, faisant usage de tous les moyens de communication et de tous les forums envisageables. Ils devraient énergique-ment tirer parti de l'Internet, faire usage des réseaux sociaux, diffuser des analyses et formuler des propositions visant l'avènement d'un nouveau monde. Ils devraient former, en amont, la force dont nous avons âprement besoin pour con-cevoir un monde alternatif.

Le rôle des activistes dans cette bataille globale ne devrait pas être de moindre importance. Leur responsabilité devrait être également de deux ordres : en premier lieu, de dénoncer les méfaits et les injustices engendrés par « *le sys-tème* » et par conséquent, en second lieu, de mettre en évi-dence les excès et le mal qu'il nous cause à tous. Ils devraient se comporter comme les détonateurs des mines requises pour nous débarrasser du « *système* ». Leur mission devrait être d'éveiller l'attention des gens sur ce qui est intolérable dans la façon dont le « *système* » fonctionne, sur la façon dont il manipule les esprits, exploite les gens, concentre la richesse dans les poches d'une poignée d'individus, détruit l'environnement et nous conduit au bord d'un immense cataclysme. Leur mission devrait être d'ouvrir les yeux de l'immense majorité des gens dont les cerveaux sont continuellement lessivés par « *le système* », manipulés par les médias et quotidiennement crétinisés par des films et des séries de télévision stupides et par la crainte d'un « terrorisme » délibérément propagée sur tous les canaux. Ils devraient montrer du doigt ce qui est inacceptable dans la façon dont « *le système* » fonctionne et identifier quelles alternatives devraient être élaborées pour bâtir un monde meilleur. Ils devraient appuyer sur la gâchette qui éveille les esprits et rende les gens conscients qu'il n'est désormais plus possible de continuer comme nous le faisons, que quelque chose doit changer et que nous devrions prendre d'autres chemins. Ils devraient nous alerter sur l'urgence qu'il y a de nous éloigner du « *système* » et de nous acheminer vers un modèle socio-économique alternatif.

Par activistes j'entends toutes les personnes qui, individuellement ou collectivement, s'efforcent d'attirer notre attention sur ce qui ne va pas dans « *le système* ». Certaines d'entre elles sont des personnalités de grande notoriété mais la majorité d'entre elles sont de simples citoyens, fortement motivés et courageux et souvent impliqués dans des initiatives et des manifestations conçues pour attirer l'attention. Beaucoup d'entre elles militent dans des associations et des organisations non gouvernementales impliquées dans la résolution d'enjeux universels tels que la défense de l'environnement (Greenpeace par exemple est le prototype d'organisation pour ce type d'engagement). Le rôle croissant joué par les mouvements spontanés et délibérément non structurés est également à signaler (tels que les mouvements d'« *indignés* » dans de nombreux pays européens et des initiatives comme « *Occupy Wall Street* » aux États-Unis ou encore « *Nuit debout* » en France). Les lanceurs d'alertes pourraient également avoir une influence considérable sur l'opinion publique (tels que Julian Assange avec les fuites organisées de

Wikileaks ou Edward Snowden dans sa dénonciation du rôle de la NSA), tout comme les journalistes engagés dans la recherche de la vérité (comme le Consortium international des journalistes d'enquête).

De nouvelles formes d'activisme se développent aussi dans le sillage de la révolution numérique, utilisant la toile et l'Internet pour protester contre les abus ou lancer des attaques numériques (tels que les « *Anonymous* » derrière le masque de Guy Fawkes) ou mobiliser les gens pour des causes sur l'ensemble de la planète (c'est le cas de la communauté en ligne d'Avaaz, en particulier) [321] . De nouvelles formes de protestation ou de revendication se développent également en dehors de la sphère traditionnelle des partis politiques, comme la création de « collectifs » (c.à.d. de groupes, d'unions) pour des causes spécifiques [322] , le développement de pétitions en ligne pour promouvoir des campagnes et ainsi de suite (un phénomène en développement continu en Europe). De fait, le développement spectaculaire de l'Internet et des technologies de l'information et de la communication a considérablement élargi le champ des communications, permettant tous types d'expressions et de manifestations à travers de nouveaux canaux (p. ex. les sites Web, les courriers électroniques, Facebook, Twitter, WhatsApp, etc.). De nouveaux types de revendications et de nouvelles formes d'expression émergent de toutes parts. Au total, les activistes devraient constituer, en aval, la force dont nous avons besoin pour mettre à bas « *le système* ».

Les ONG progressistes et les forces altermondialistes devraient aussi censurer le système et promouvoir des alternatives

Au niveau international, les organisations non gouvernementales (ONG) progressistes auraient également un rôle critique à jouer. La plupart de ces organisations sont impliquées quotidiennement dans des combats humanitaires, en rapport avec les droits humains ou encore avec l'environnement. Beaucoup d'entre elles sont directement concernés par les grandes questions abordées dans ce livre, allant de la promotion des droits humains dans le monde à la défense de notre planète et de l'environnement. Les ONG scrutent de façon régulière les secteurs dans lesquels elles sont engagées, publient des données et des rapports, mettent en œuvre des programmes et des projets et, pour certaines d'entre elles, entreprennent des actions de sensibilisation à caractère spectaculaire (par exemple, Greenpeace). Les ONG sont des partenaires reconnus de la communauté internationale, participant à ce titre à de nombreuses conférences internationales, mais sont aussi impliquées dans d'innombrables projets et activités sur le terrain. Elles ne représentent pas une force homogène et cohérente en tant que telle, mais plutôt des regroupements de personnes motivées par la promotion d'un monde meilleur. Les ONG progressistes jouent déjà un rôle important dans différents domaines, tels que le respect des droits humains, l'aide humanitaire ou le changement climatique, mais elles pourraient devenir encore plus combattives dans leur façon de procéder (des ONG poursuivant les mêmes buts, par exemple, pourraient s'allier et passer des accords pour atteindre des objectifs communs). Les ONG pourraient censurer et sanctionner les politiques, les pratiques et les comportements qui affectent le bien-être commun (elles pourraient, par exemple, appuyer ou promouvoir des recours collectifs contre des entreprises qui nuisent à l'environnement). Elles devraient systématiquement critiquer la façon suivant laquelle des décisions sont prises ou des projets sont développés au détriment des populations et de la planète (par des campagnes de presse, par exemple). Elles devraient montrer du doigt les dirigeants politiques ou les dirigeants d'entreprises responsables de politiques néfastes et de mesures nuisibles (par exemple, à travers la classification et la publication périodique des leaders et des cadres dirigeants mondiaux les plus nuisibles à la planète). Elles devraient surveiller chaque année le degré de matérialisation des promesses et des engagements pris par les gouvernements à l'occasion de grandes conférences convoquées pour résoudre des problèmes mondiaux tels que le changement climatique (le non-respect des engagements pris, par exemple, devrait faire l'objet d'un suivi systématique et de dénonciations publiques). En résumé, elles devraient agir dans le monde comme les gardiens de l'intérêt général.

D'autres forces hostiles au processus de mondialisation en cours ont également émergé partout dans le monde [323] . Le mouvement improprement dénommé « *antimondialiste* »" [324] , que j'appellerais plutôt « *altermondialiste* », ou mieux encore « *mouvement contre la mondialisation néolibérale* », n'a cessé de se développer en raison de l'expansion agressive de l'ordre néolibéral. Le mouvement altermondialiste - relativement peu structuré et composée d'une myriade de mouvements de protestation de petite, moyenne ou plus large dimension, d'associations et d'ONG de terrain - est toujours à la recherche de sa voie. Le Forum Social Mondial (FSM) qui s'est tenu à Porto Alegre en juin 2001 [325] a constitué un pas important sur la voie de sa structuration, donnant au mouvement une grande visibilité et un agenda commun. Cependant, bien que cette réunion ait été suivie par une série d'autres dans différents pays du Sud, et en Europe également, elle n'a pas réussi à déboucher sur une plate-forme commune pour combattre et mettre un terme à la mondialisation capitaliste. Les réunions du Forum Social Mondial ressemblent davantage à de grands « *happenings* » contre la mondialisation capitaliste, impliquant toutes sortes d'acteurs, plutôt qu'à des assemblées structurées convoquées pour discuter d'un projet commun. Ce qui manque, là-bas, c'est un *corpus doctrinae* - un corps de doctrine - qui rassemblerait cette myriade d'organisations et de mouvements de protestation derrière une analyse cohérente du processus de mondialisation et une plate-forme stratégique d'action pour inverser le processus et construire un monde meilleur. Les intellectuels, une fois de plus, auraient un rôle critique à jouer en ce sens (ce livre, également, devrait apporter une modeste contribution à ce projet d'ensemble). Une fois réunis, tous ces mouvements pourraient devenir une force puissante pour changer le cours actuel de la mondialisation et préparer l'avènement d'un nouveau monde. Le mouvement altermondialiste devrait maintenant dépasser le stade de la protestation pour se transformer en une force ayant pour vocation de changer le monde. Oui, « *un autre monde est possible* ». Cela devrait être notre ambition.

Alors que les peuples et les gouvernements resteront encore un temps prisonniers de nos sociétés dépendantes de la croissance, toutes les forces opposées au cours de la mondialisation capitaliste devraient réunir leurs efforts pour démystifier « *le système* » et proposer des alternatives. Elles devraient de surcroît mettre les gouvernements et les partis politiques sous pression pour imposer, là où cela s'avère possible, les changements nécessaires. Le système ne s'effondrera pas du jour au lendemain, mais il deviendra de plus en plus faible au fur et à mesure que les gens réaliseront que nous sommes dans l'impasse et que nous nous acheminons vers une chute abyssale. Quand la multitude comprendra comment fonctionne « *le système* », ce qu'est son rôle et ce qui pourrait le remplacer alors, et seulement alors, il s'effondrera massivement et spontanément parce que sa force se loge dans nos propres cerveaux. Lorsque nous cesserons d'obéir à ses instructions et refuserons de collaborer avec lui, « *le système* » tombera comme un château de cartes. Cependant, rien ne garantit que « *le système* » chute sans frapper en retour. Il est même prévisible qu'il réagisse agressivement comme il le fait chaque fois qu'un groupe d'activistes environnementaux ou sociaux essaye de mettre en exergue ses excès. L'amalgame entre activistes et terroristes, insidieusement promu par « *le système* » et chaque fois plus inscrit dans les législations et dans les décisions de justice prouve que ce risque n'est pas purement fictif. Il est donc impératif de nous protéger des réactions du « *système* ». C'est pourquoi il est vital de repenser la démocratie et de changer la façon dont elle fonctionne.

> *« On reconnaissait le citoyen à ce qu'il avait part au culte de la cité, et c'était de cette participation que lui venaient tous ses droits civils et politiques. »*

Fustel de Coulanges

La cité antique (1864)

Chapitre 10 - Réinventons la démocratie

Réinventer la démocratie signifie fondamentalement nous éloigner des systèmes pseudo démocratiques qui gouvernent le monde et promouvoir une authentique participation des citoyens aux décisions qui les concernent directement.

La démocratie en termes absolus est plus une aspiration, un idéal, qu'une réalité. Aucun système politique n'est pleinement démocratique et aucun ne l'a jamais été. Quand nous pensons à *la démocratie* nous nous référons inévitablement à la démocratie athénienne, qui constitua la première expérience de démocratie authentique jamais pratiquée dans le monde. Les *citoyens* étaient tous égaux en droits et en exigences. Ils pouvaient tous participer aux processus de décision politique, à savoir au processus menant à l'élaboration des lois et aux prises de décisions concernant leur communauté. Ils pouvaient tous librement exprimer leurs opinions en public et débattre de n'importe quel sujet. Cependant, c'était une démocratie restreinte, en ce sens qu'elle était réduite à ceux qui étaient des citoyens à part entière de la cité, à l'exclusion donc de la plus grande partie de la population (les métèques et les esclaves). En outre, le cadre se limitait à la cité, un cadre qui facilitait la participation pleine et directe des citoyens à la vie politique de leur collectivité, par opposition à des entités plus vastes comme les royaumes et les empires, à cette époque, ou les nations et les États de nos jours. L'*agora* [326] constituait le lieu et le symbole ultime de ce type de démocratie, qui rendait possible la participation directe des citoyens à la vie de leur cité.

La démocratie est par ailleurs associée au concept de la *république,* un système politique qui tire sa légitimité du peuple et des citoyens qui la composent, en vertu du principe qu'ils sont tous libres et égaux en droits. La république est l'opposé de la monarchie, un système politique où le pouvoir est attribué à une seule personne - le monarque - qui gouverne les gens au sein de son royaume ou de son empire (un système politique où la plupart du temps les attributions du monarque sont héréditaires). Le premier prototype de république fut Rome, une cité où tous les citoyens étaient libres et égaux en droits (un privilège cependant réservé à une minorité dont les étrangers et les esclaves étaient exclus, comme à Athènes). Rome s'est progressivement transformée en un système démocratique, mais fortement biaisé par des traits aristocratiques grâce auxquels seules quelques familles détenaient la réalité du pouvoir dans la cité. Bien que *la plèbe* se soit vu attribuer des droits politiques croissants, *les patriciens* au sénat exerçaient en fait le pouvoir réel, avant que l'empereur ne le leur confisque. Comme à Athènes, le *forum* [327] était un lieu de rassemblement de grande importance pour la vie politique de la cité.

Alors que les monarchies prédominèrent au cours de l'antiquité, du Moyen Âge et au début des temps modernes, des systèmes représentatifs émergèrent à partir du dix-septième siècle avec l'avènement des monarchies constitutionnelles. Les *monarchies constitutionnelles* sont une forme hybride de monarchie et de démocratie qui s'est développée comme telle durant les temps modernes. La monarchie britannique constitua la première monarchie constitutionnelle dans le monde, lorsque le Parlement obtint des droits constitutionnels qui limitaient l'autorité royale et octroyaient aux représentants des communes le droit de légiférer et de contrôler le pouvoir exécutif (le *Bill of Rights* de 1689 et les lois qui suivirent). Les systèmes représentatifs se développèrent dans ce contexte constitutionnel ainsi que dans les nouveaux cadres républicains qui émergèrent dans le sillage de la guerre d'indépendance dans les Amériques (1775-1783) et de la révolution française sur le continent européen (1789- 1799).

Les systèmes politiques qui se sont développés au cours du dix-neuvième et du vingtième siècles sont essentiellement des *systèmes représentatifs* au sein desquels les pouvoirs accordés au « peuple » n'ont cessé de croître à travers l'extension du suffrage universel (y compris le droit pour les femmes de voter) et le rôle croissant joué par ses représentants. Les monarchies constitutionnelles ont généralement conservé les monarques à leur tête (mais avec une fonction purement symbolique), tandis que les républiques ont opté en majorité pour des systèmes présidentiels (au sein desquels le président est élu, parfois au suffrage universel, et se voit attribuer un ensemble variable de pouvoirs définis par la constitution). Les constitutions partagent généralement les pouvoirs en trois corps, conformément aux recommandations de Montesquieu [328] : le législatif, l'exécutif et le judiciaire, afin qu'aucun d'eux ne puisse imposer ses vues aux autres (le fameux « équilibre des pouvoirs »). Deux types de régimes démocratiques prédominent aujourd'hui : les *régimes parlementaires* (où le pouvoir exécutif est désigné par parlement) et les *régimes présidentiels* (où le responsable de l'exécutif est directement choisi au suffrage universel). Certains régimes sont mixtes, comme celui de la France.

Sur cette image de fond, les *démocraties populaires* qui ont vu le jour dans la foulée de la révolution soviétique

(1917) et dans le contexte de la guerre froide (1948-1990) sont des régimes politiques atypiques et en déclin au sein desquels le « peuple » est censé exercer le pouvoir directement, alors que dans la réalité il est confisqué par un parti unique au pouvoir (à savoir, le parti communiste). Bien que prédominant encore dans des pays comme la République populaire de Chine, ce système politique tend à se transformer en une bureaucratie élitiste non soumise au contrôle populaire (quand il n'est pas purement et simplement monopolisé par un petit cercle de dirigeants sans scrupules, comme en Corée du Nord). En dehors des démocraties populaires, il existe une série de régimes politiques qui prétendent être démocratiques alors qu'ils n'en portent que le nom (les systèmes clientélistes, les régimes autoritaires et ainsi de suite) et il existe en outre de nombreux régimes qui sont tout simplement dictatoriaux (c.à.d. gouvernés par l'armée ou par d'autres forces). Dans la réalité, il existe beaucoup de régimes politiques dans le monde qui sont très éloignés de, sinon opposés à l'idéal démocratique, surtout et malheureusement dans le monde en développement.

L'avènement des systèmes représentatifs et les progrès du suffrage universel peuvent être considérés comme des avancées significatives dans la façon dont les peuples sont gouvernés et consultés sur les grandes décisions. Toutefois, les démocraties représentatives ont aussi de sérieuses carences car elles ne répondent pas au besoin et au droit fondamental pour chaque citoyen de participer directement aux processus de prise de décision politique qui le concernent directement. Les systèmes politiques qui prévalent aujourd'hui dans le monde sont au mieux des systèmes représentatifs gérés par de petites élites et au pire des régimes autoritaires dépourvus de toute légitimité populaire : rien à voir avec l'idéal de démocratie que nous inspire encore Athènes et rien qui puisse impliquer une authentique participation des gens à la vie politique. Dans la réalité, la plupart des systèmes politiques sont en crise et la démocratie, en particulier, traverse une très grave crise de crédibilité. Ce que l'on a coutume d'appeler « *systèmes démocratiques* » sont en fait des régimes politiques minés par trois grands fléaux : l'introversion des classes politiques, l'appropriation de l'État par les intérêts privés et la perte de crédibilité dans les institutions démocratiques.

Les systèmes démocratiques sont sapés par l'introversion des classes politiques

Le premier des fléaux qui affectent les systèmes démocratiques, c'est l'introversion des « classes politiques » [329] . Les classes politiques ne jouent plus le rôle que l'on attendait d'elles (si tant est qu'elles ne l'aient jamais joué dans le passé). Les « classes politiques » sont devenues dans tous les pays extrêmement égocentrées, autistes et coupées de préoccupations populaires. Ceci est évidemment de nature à miner nos systèmes supposément démocratiques qui reposent fondamentalement sur la *représentation* par opposition à la *participation populaire* directe. Les politiciens, en général, et les dirigeants politiques, en particulier, ont tous, ou presque tous, une unique préoccupation à l'esprit : accéder au pouvoir puis s'y accrocher par la suite. Par conséquent, leurs activités et leurs objectifs politiques sont davantage guidées par leur désir de rester au pouvoir plutôt que par leur détermination à promouvoir des changements structurels et des réformes. Leur vision politique et leur comportement est plus tactique que stratégique. Ils tendent naturellement à privilégier le très court terme contre le long terme, les mesures populaires contre les choix difficiles, bref, la gestion au jour-le-jour contre les changements structurels difficiles à plus long terme.

En conséquence, aussi, le jeu politique se réduit à une arène fermée où seuls les professionnels de la politique, les instituts de sondage et les médias sont admis, tandis que les citoyens sont réduits au simple rôle de téléspectateurs. Comme les politiciens sont extrêmement sensibles aux sondages, les instituts de sondages ont acquis une influence malsaine sur la vie politique des pays, tandis que les médias ont transformé la politique en grand spectacle. Par conséquent, les élections sont devenues un évènement national ou même international, tout comme les Jeux olympiques ou la Coupe du monde de football, au cours duquel les citoyens sont censés exprimer leurs opinions, choisir de temps à autres leurs représentants et leur donner en fait un chèque en blanc pour la conduite des affaires publiques entre deux consultations. De ce fait même, ce qui compte aujourd'hui pour les politiciens c'est de plaire, de paraitre *smart* et attrayant et d'engranger des votes lorsque les élections ont lieu, plutôt que de proposer des alternatives politiques majeures et de répondre aux besoins des citoyens. De plus, ils n' entendent que ce que les médias leur disent et ne prennent en considération que ce que les sondages suggèrent. Ils n'écoutent plus les gens. Ils sont devenus autistes.

Dans de nombreux systèmes soi-disant démocratiques du monde en développement, l'introversion de la classe politique se combine avec les rapports que les dirigeants politiques et leurs partisans entretiennent avec la population. Devenir chef d'État et accéder à des responsabilités gouvernementales signifie souvent monopoliser le pouvoir et la richesse et distribuer des prébendes et des emplois à ceux qui vous soutiennent. Le « *clientélisme* » joue un rôle fondamental dans la vie politique, dans la manière dont les élections se déroulent et dans la façon dont s'exerce le pouvoir. Souvent, il mène à la partition des pays en blocs rivaux luttant pour le pouvoir et souvent à des affrontements politiques entre factions qui s'accusent mutuellement de fraude électorale (une rivalité et des affrontements se combinant avec des facteurs ethniques, religieux et d'autre nature, tout particulièrement en Afrique). Le sort de la population n'est pas ce qui préoccupe foncièrement ceux qui sont impliquées dans la politique. Ils cherchent fondamentalement le pouvoir et les avantages qui en découlent, une quête qui se mêle fréquemment à la corruption et aux pots de vin lorsqu'ils traitent avec le monde extérieur.

Comme les gens n'ont aucune possibilité d'être écoutés par leurs représentants et par leurs dirigeants politiques, sauf en votant occasionnellement de temps à autres, ils sont contraints d'exprimer leur mécontentement par d'autres voies. Par conséquent, manifester dans les rues, entreprendre des grèves, occuper des places publiques ou des bâtiments symboliques et ainsi de suite deviennent la voie la plus courante d'exprimer le mécontentement social et politique, quand cela n'atteint pas le stade d'émeutes, de soulèvements ou d'insurrections. La signature de pétitions écrites et, de plus en plus, de pétitions sur la toile, via l'Internet, se développe comme moyen d'exprimer le mécontentement, d'appeler à des changements ou encore à des mesures. De fait, comme la machine électorale ne fonctionne qu'à intervalles distants et comme les dirigeants politiques et les élus sont devenus autistes, il n'y a plus de vrai dialogue politique et les réponses sont recherchées dans la rue, en dehors de tout cadre institutionnel démocratique.

L'appropriation de l'État par les l'intérêts privés mine les systèmes démocratiques

Le second fléau qui affecte de façon croissante les systèmes démocratiques, c'est l'appropriation de l'État par les intérêts privés. Idéalement et théoriquement les systèmes politiques devraient exclusivement servir les citoyens et leurs aspirations. Dans la pratique, cependant, ils servent de plus en plus les grandes entreprises et les milieux financiers et sont largement influencés par l'idéologie dominante. Ce processus prend trois formes : la constante pression exercée par des intérêts privés sur les gouvernements, l'osmose croissante entre hauts responsables de l'administration et cadres dirigeants du secteur privé et l'influence croissante de l'idéologie néolibérale sur les décideurs.

Les individus, les groupes de pression et les entreprises privées ont toujours essayé d'influencer les autorités publiques, que ce soit dans les anciennes monarchies ou dans les États modernes, de sorte que l'intérêt privé l'emporte sur l'intérêt général. Cependant, influencer ou exercer des pressions sur les gouvernements pour en tirer des avantages s'est transformé en une industrie à part entière dans notre monde moderne. Les prototypes de cette industrie sont les groupes de pression qui se sont développés aux États-

Unis, à savoir les *lobbies* [330] . Les lobbies sont des groupes de pression qui travaillent dans l'ombre du Congrès, à Washington, pour peser sur les décisions politiques et la législation mais aussi pour interdire ou invalider des initiatives publiques qui iraient à l'encontre des intérêts qu'ils servent. Les lobbies emploient des milliers de personnes qui travaillent à temps plein pour influencer les décisions, contacter des fonctionnaires et des membres du Congrès et faire pression sur eux, rédiger des propositions de lois ainsi de suite. Mais ils manipulent également l'opinion publique, lançant d'énormes campagnes de presse pour influencer l'opinion en faveur des intérêts qu'ils défendent. Cependant, les États-Unis n'ont plus le monopole de ce type d'activité. Comme les organes directeurs de l'Union européenne prennent un nombre croissant de décisions, des lobbies se sont développés à Bruxelles dans tous les secteurs liés aux mandats de ces organes (en particulier dans le domaine des négociations commerciales, celui de la réglementation environnementale et dans d'autre domaines). En plus du *lobbying*, en tant que tel, des pressions s'exercent aussi continuellement de la part de puissants groupes d'industries (comme traditionnellement le complexe militaro-industriel, les industries de l'énergie ou l'agrobusiness aux États-Unis) ou de la part des grandes entreprises transnationales. De plus en plus, les choix critiques pour l'avenir de chaque nation sont assujettis aux stratégies et aux plans d'expansion des grandes entreprises. Des gouvernements et même des chefs d'État sont contraints de négocier avec les PDG de grandes entreprises transnationales quand cela affecte l'impact social des délocalisations industrielles ou la prise de contrôle de secteurs d'activité nationaux [331] .

L'osmose croissante entre le secteur privé et l'administration publique contribue par ailleurs largement à l'influence et à la pression que les intérêts privés exercent sur les États. En France, par exemple, de nombreux hauts fonctionnaires rejoignent le secteur privé - où ils sont plus que bienvenus - après avoir servi plusieurs années dans des postes sensibles où ils avaient prise sur le développement et le contrôle du secteur privé. Il ne fait aucun doute que ce processus soit pervers car les fonctionnaires peuvent développer dans les postes qu'ils occupent des attentes de carrières dans le secteur privé ou encore tirer profit de leur expérience et de leur carrière dans l'administration pour influencer les décisions publiques en travaillant plus tard pour le secteur privé. Aux États-Unis, l'influence du secteur privé sur l'Administration est directe puisque de nombreux hauts fonctionnaires et même des secrétaires d'État proviennent de grandes entreprises, en particulier du secteur bancaire (beaucoup d'entre eux, en particulier, proviennent de Goldman Sachs). Les Présidents et Vice-présidents proviennent fréquemment ou entretiennent des liens étroits avec de puissantes industries (p. ex. les présidents Bush père et fils et le vice-président Richard Cheney avec l'industrie pétrolière). Les intérêts privés sont donc directement présents dans l'Administration où ils peuvent, par l'intermédiaire de leurs hommes liges, influencer les politiques publiques au jour le jour. Le comble cependant, dans ces processus, réside dans la désignation opaque et contraire aux principes démocratiques de technocrates liés de près aux intérêts privés au poste de Premier ministre, comme cela s'est produit en Grèce et en Italie dans le sillage de la crise financière et économique de 2008 [332]. Il réside aussi dans l'embauche d'anciens hauts commissaires de l'Union européenne par des intérêts privés (tels que l'embauche en particulier de l'ancien président de la Commission européenne, Jose Manuel Barroso, par Goldman Sachs en 2016).

Cependant, la pression et l'influence, directe ou indirecte, du secteur privé ne sont plus dans la plupart des cas nécessaires car les gouvernements et leurs administrations sont de plus en plus captifs de l'idéologie dominante et, tout particulièrement, de l'idéologie néolibérale. L'idéologie néolibérale s'est infiltrée partout de nos jours : dans les universités, dans les *think tanks*, dans les médias et par conséquent dans les administrations. Les fonctionnaires et les gouvernements sont par conséquent prédisposés à utiliser les grilles d'analyse et les recettes propagées par l'idéologie néolibérale. L'ordre néolibéral règne naturellement sans nécessité de s'imposer lui-même. En outre, son idéologie pénètre internationalement les plus hauts niveaux lorsque les gouvernements et même des chefs d'État participent à des réunions internationales (les réunions du G7/G8 et du G 20, celles de Banque mondiale et du FMI, celles de l'UE, etc.) et à des forums organisés par le secteur privé (comme, en particulier, le Forum annuel de Davos). Au total, les gouvernements et leurs administrations ont été absorbés par l'ordre néolibéral.

Les systèmes démocratiques sont minés par la perte de crédibilité des institutions démocratiques

En raison de ce qui précède, les gens ont perdu confiance dans leurs gouvernements et dans leurs institutions tandis que la crédibilité des systèmes démocratiques est de plus en plus fragilisée, engendrant la troisième grande plaie dont souffrent de ces systèmes. Ceci est illustré par la montée de l'abstention politique et par le manque croissant de confiance dans les partis politiques, d'une part, et par l'incapacité des gouvernements à répondre aux attentes des citoyens avec, comme corolaire, la montée du mécontentement social et politique, d'autre part.

L'abstention politique devient une caractéristique commune de la majorité des systèmes démocratiques. Sauf dans les jeunes démocraties, ou dans les pays confrontés à de soudains ou à d'importants changements politiques, l'abstention augmente partout en raison du scepticisme et de la désillusion croissants des citoyens. Les gens ne croient plus que leur vote apportera les changements désirés une fois que les représentants ou les dirigeants qu'ils auront élus seront au pouvoir. De plus, les gens ne font pas confiance aux partis politiques ni aux promesses qu'ils font régulièrement, car les politiciens élus les oublieront aussitôt qu'ils seront au pouvoir. L'abstention politique est particulièrement élevée au sein des jeunes générations qui ne perçoivent pas les partis, les élections et les institutions politiques comme un mécanisme fiable pour répondre à leurs aspirations. Au total, l'abstention politique a atteint des niveaux extrêmement élevés - souvent plus que 50 % des électeurs inscrits - transformant les résultats des votes et la représentativité des individus élus en des scores insignifiants. Il est devenu fréquent aujourd'hui de voir des présidents et des parlementaires élus avec les voix de moins que 25 % des électeurs inscrits. Cela signifie que des pays sont dirigés et que des décisions sont prises par des dirigeants qui ne représentent même pas le quart des citoyens, ce qui pose non seulement une question de *représentativité*, mais aussi, beaucoup plus grave, une question de *légitimité*.

La tendance que nous venons de décrire se combine avec l'incapacité des partis traditionnels à offrir des alternatives crédibles et attrayantes pour la population. Les partis sont mentalement prisonniers de leurs visions passées et de leurs idéologies respectives, la plupart du temps héritées du dix-neuvième siècle. Cependant, bien que leurs grilles d'analyse et leurs langages expriment encore des visions devenues totalement obsolètes dans le contexte du vingt et unième siècle, leur pratique au jour le jour est en fait largement influencée par l'idéologie dominante et, en particulier, par les visions néoconservatrices et néolibérales du monde. Cette ingérable contradiction les rend tout à fait incapables, d'un point de vue intellectuel, d'offrir aux gens des alternatives politiques crédibles. De plus, la manière dont les partis sont structurés, recrutent des militants et fonctionnent aujourd'hui ne répond plus aux attentes de citoyens qui souhaiteraient s'engager dans l'arène politique. Les partis politiques sont d'énormes machines électorales construites autour d'élections périodiques et de programmes opportunistes. Ils sont organisés comme des armées en campagne, construits autour de structures pyramidales et selon des lignes de commandement verticales, même si leurs dirigeants sont démocratiquement élus et leurs membres périodiquement consultés. Ils ressemblent à des dinosaures en notre vingt et unième siècle, incapables de proposer des alternatives politiques crédibles et de mobiliser les citoyens à cette fin.

Le corollaire de cette situation d'ensemble est la profonde incapacité des gouvernements à répondre aux attentes de la population et, par conséquent, un écart de plus en plus dangereux entre les gouvernements et les citoyens. Comme souligné plus haut, les gouvernements et les institutions, d'un côté, et la population et les citoyens, de l'autre, vivent de plus en plus « sur des planètes différentes ». Les décisions prises par les gouvernements reflètent de façon croissante l'idéologie dominante et consolident de plus en plus un système - *le système* - qui privilégie une poignée de personnes et ceux qui les servent. Parfois les gens protestent et se rendent dans la rue, forçant les gouvernements à prendre des mesures qui soulagent temporairement les problèmes. Cependant, immédiatement après la dissipation des crises, les gouvernements retournent à leurs affaires courantes, ignorant les causes qui avaient provoqué la rébellion. Le divorce entre les gouvernements et la population est presque constant, à l'exception de quelques parenthèses occasionnelles de temps à autres.

En corollaire, aussi, le mécontentement social et politique croît et s'étend. Il se développe dans des espaces destinés à l'affrontement plutôt qu'au dialogue tels que les rues, les places et autres espaces publics, où les foules s'amassent et occupent les lieux. Il prend la forme de manifestations massives ou de désobéissance civile. Il prend aussi de nouvelles dimensions telles que l'utilisation intense de l'Internet et des réseaux sociaux comme nous avons pu le constater lors du dit Printemps arabe (2010- 2012) ou à l'occasion de manifestions et de rassemblements massifs (comme au Brésil en 2013, en Turquie en 2013 ou à Hong Kong en 2014). Les gouvernements envoient régulièrement des forces de police ou même des contingents militaires pour contrôler ou même réprimer les mouvements. Ces mouvements et ces répressions sont quotidiennement présents sur nos écrans de télévision. Ils prolifèrent partout sur notre planète, de temps à autre et d'un endroit à l'autre. Ils font maintenant partie de notre existence quotidienne, même s'ils ne nous affectent pas directement. Ils semblent faire partie de notre vie politique régulière, alors qu'ils ne le devraient pas. Ils expriment un mécontentement profond et en même temps l'incapacité des gouvernements à apporter des réponses appropriées et en temps voulu aux attentes de la population. Ils montrent l'incapacité manifeste de la plupart des gouvernements à répondre aux aspirations du peuple, même dans les soi-disant démocraties. Cette détérioration du fonctionnement régulier des institutions politiques se traduit par des situations où le les gens sont de plus en plus obligés d'exprimer leur rejet total et global des politiques conduites par leurs gouvernements, alors que ces derniers répondent aveuglément avec des mesures de contrôle et de répression. Au total, nous faisons face à un immense problème de *légitimité* : les peuples ne croient plus en leurs gouvernements parce que ces derniers ne les servent pas comme ils le devraient. Ce divorce ne fera qu'empirer tant que ne créerons pas des formes légitimes et authentiques de démocratie.

Au total, il ne fait aucun doute que nos soi-disant systèmes et régimes démocratiques ne répondent pas aux attentes politiques des citoyens ou, plus précisément, que la démocratie représentative a atteint ses propres limites (ou, même, se détériore). Par conséquent, nous devons réinventer les voies et la manière de permettre une véritable et authentique participation des citoyens à la vie politique de leurs communautés. La politique ne devrait pas être une arène ou un domaine réservé aux politiciens. La politique, dans le sens réel et positif du terme, a trait à la gouvernance de la cité (comme le nom *politikos,* le signifie en grec). Nous devons réhabiliter la politique, revenir à son sens premier et la restaurer pour tous les citoyens. En d'autres termes, la politique ne devrait pas être un jeu abstrait et lointain réservé à une minorité d'initiés politiques, mais devrait être la raison d'être de tous les citoyens. Par conséquent, nous ne devrions pas seulement réhabiliter la politique, mais également la redresser au sens noble du terme. Ce projet porte un nom : il s'appelle « *démocratie participative* ».

La démocratie participative devrait être promue partout où cela est possible

L'idée d'une démocratie participative a pris corps ces dernières années, comme moyen d'accroître la participation réelle des citoyens dans les décisions qui les concernent directement, par opposition aux approches représentatives traditionnelles. La démocratie participative [333] ne se confond pas avec la démocratie directe, qui est le système sur la base duquel les décisions politiques sont prises couramment et directement par les citoyens, mais elle repose sur cette dernière de façon implicite, puisque le processus requerrait une participation effective des citoyens. Il n'existe pas de définition reconnue de ce qu'est ou devrait être la démocratie participative, mais le sentiment partagé par beaucoup que la démocratie représentative n'est définitivement pas un système permettant une véritable participation des citoyens à la résolution des questions les concernant de près. Il n'y a pas non plus d'expériences connues ou documentées à cet égard, sauf peut-être l'expérience cubaine de participation des citoyens à la discussion d'enjeux locaux et aux processus de prise de décisions au niveau local par le biais des comités de quartier, des assemblées de coopératives et d'instances similaires (cependant, l'omniprésence du parti communiste dans la sphère politique et son emprise idéologique limitent significativement la portée de cette expérience) [334]. Sauf, peut-être aussi, l'expérience du budget participatif développée par la ville de Porto Alegre (Rio Grande do Sur, Brésil), à travers laquelle les citoyens discutent le budget et prennent des décisions financières concernant les services municipaux et l'infrastructure urbaine [335]. De nouvelles voies et de nouveaux mécanismes doivent donc être encore trouvés pour répondre à ce besoin fondamental.

En fait, *la démocratie participative* (par opposition à la démocratie représentative) reste à inventer et cela devrait être notre but à tous. Cependant, nous devrions être conscients du fait que la démocratie participative ne peut remplacer entièrement *la démocratie représentative*. Il serait irréaliste de croire que les citoyens puissent assister en permanence à des réunions et prendre des décisions 364 ou 365 jours par an. Les gens ont d'autres activités, obligations et aspirations à remplir plutôt que de s'assembler en permanence, de prendre des initiatives politiques ou d'être consultés tout au long de l'année. En outre, nous nous ennuierions très vite si nous devions nous impliquer continuellement dans la politique. Par conséquent, les mécanismes représentatifs devraient être conservés comme moyen d'expédier les affaires courantes (je souligne le terme « *affaires courante"*), alors que des outils de participation devraient être par ailleurs mis en place et développés pour assurer la participation pleine et entière des citoyens aux décisions d'importance majeure. Ceci devrait être l'objectif général et l'équilibre à observer dans le fonctionnement des futures institutions politiques. Nous reviendrons à la question de la représentation dans le chapitre suivant (en examinant le rôle et la forme des organes permanents de gouvernance) pour nous concentrer ici sur les changements majeurs qui devraient intervenir pour assurer une participation pleine et entière des citoyens dans les grandes décisions collectives.

J'identifierais personnellement trois domaines où d'importants progrès pourraient être réalisés sur la voie d'une démocratie participative, sans exclure pour autant d'autres approches ou d'autres mécanismes qui pourraient voir le jour dans ce sens. Ces trois domaines sont :

L'implication directe des citoyens dans la résolution de leurs affaires locales ;

La consultation systématique des citoyens sur les grandes questions les concernant directement ; et

Le recours systématique au référendum pour tous les grands choix à venir.

Si une telle approche devait prévaloir il ne fait pas de doute que nous pourrions collectivement nous acheminer vers une société plus juste, plus harmonieuse et plus conviviale, où les décisions seraient prises par les citoyens et ne serait pas exposées à la cupidité d'une poignée de privilégiés ou à l'insatiable avidité des grandes entreprises.

Impliquer les citoyens dans la résolution de leurs propres affaires, localement, ne devrait pas être une question compliquée. Ceci se fait régulièrement et de façon relativement satisfaisante dans tous les contextes et dans tous les domaines où les gens peuvent et doivent se réunir pour discuter de questions d'intérêt collectif ou prendre des décisions sur des problèmes communs. Ceci couvre en pratique, dans le monde développé, un très large éventail de situations et d'entités - y compris des entreprises privées, des coopératives, des copropriétés, des associations, des écoles, des syndicats, des partis politiques et autres entités - pour le fonctionnement desquelles des assemblées générales, des comités spécifiques et des conseils élus se réunissent régulièrement et prennent des décisions sur une base routinière. Le degré de démocratisation de ces entités n'est certes pas le même puisque dans le cas des entreprises les détenteurs du capital prennent les décisions sur la base des actions qu'ils possèdent, alors que tous les autres organes et institutions sont régis selon le principe qu'un homme ou une femme possède une seule voix. Cependant, il y a là une mine d'expériences, en rapport avec ces pratiques, en termes de délibérations communes, d'examens collectifs et de prises de décisions qui devrait être valorisée au plan des prises de décisions politiques locales. Il en va de même pour les processus de prise de décisions coutumiers pratiqués dans de nombreuses sociétés traditionnelles du monde en développement, à l'occasion de décisions ou d'initiatives d'intérêt collectif pour les communautés locales, selon des modalités qui sont différentes et propres à ces sociétés. Cependant, le principe est le même : les villageois, les membres de coopératives et les membres d'autres communautés locales sont pleinement impliqués dans la résolution des problèmes qui les concernent directement.

Pourquoi de telles approches et de tels mécanismes n'existent-ils plus dans les villages et dans les villes du « monde moderne » - c'est à dire dans les communautés où les gens vivent quotidiennement- alors qu'il était courant pour les citoyens d'Athènes et de Rome de se rencontrer et de discuter de questions communes dans l'*agora* ou au *forum* ? Pourquoi les formes de démocratie directe et participative au niveau local qui ont émergé dans le monde occidental au Moyen-Âge [336] ne se sont pas davantage répandues dans les temps modernes ? Pourquoi une telle approche participative pour les prises de décisions au niveau local n'est pas suivie dans nos sociétés modernes, alors que de nombreuses sociétés traditionnelles d'Afrique, d'Asie ou d'Amérique latine continuent de pratiquer des discussions ouvertes au niveau du village pour parvenir à un accord sur les grandes décisions ? Certes, les époques, le contexte et les échelles des communautés ne sont pas identiques. Néanmoins, les principes restent les mêmes, quel que soit le contexte ou l'échelle : les citoyens devraient être consultés, participer aux discussions et se voir attribuer des pouvoirs pour la conduite des affaires locales. Il n'y a pas de raison, quelle qu'elle soit, pour déléguer toutes les responsabilités à des conseillers municipaux et autres élus, quelles que soient leur compétence et leur dévouement. La citoyenneté ne consiste pas dans, et ne prend pas fin avec l'élection occasionnelle de responsables locaux. Les citoyens devraient intégralement garder leurs droits civiques et en faire usage chaque fois qu'ils voudraient prendre des décisions collectives et aussi loin qu'ils se sentiraient concernés par des questions d'intérêt commun.

Comment organiser une telle participation ? Cela ne devrait pas être compliqué, sauf pour les problèmes d'échelle. Au-delà d'un certain nombre de gens les réunions et les assemblées générales tendent à devenir ingérables ou l'objet de manipulations démagogiques. L'idée de base est de permettre la participation réelle de chaque citoyenne et de chaque citoyen à la vie de son village ou de sa ville, avec la possibilité pour chacune et chacun de s'exprimer et de voter le cas échéant. À cette fin, des comités de quartier devraient être établis au niveau des village (pour les petites collectivités) ou au niveau des quartiers (pour les villes) au sein desquels tout le monde pourrait exprimer son opinion sur les problèmes locaux et sur la façon de les résoudre, voter si nécessaire et désigner des délégués, le cas échéant, avec un mandat précis, pour une question donnée et pour un temps limité, en vue de résoudre la question à un plus haut niveau ou à une échelle collective (p. ex., pour des questions d'intérêt commun lorsque les problèmes concerneraient plusieurs villages ou quartiers). Chaque citoyen ou chaque citoyenne aurait le droit de convoquer une réunion (à condition qu'ils soient appuyés par un minimum d'autres citoyens du même village ou quartier) et de demander un vote sur une question locale (à condition qu'un quorum de participants soit atteint). Enfin, chaque citoyenne ou chaque citoyen pourrait proposer que se tienne un référendum au niveau local (pourvu qu'ils soient appuyés par un minimum de citoyens du même village ou quartier) et exiger que les responsables locaux mettent en œuvre fidèlement les résultats de la consultation populaire. Dans le monde en développement, les processus de participation et de conciliation qui existent déjà sous des formes traditionnelles devrait être renforcés et le cas échéant institutionnalisés en vue de consolider la prise de décisions participative au niveau local. Un tel cours faciliterait la résolution pacifique et transparente des conflits locaux, comme par exemple les conflits environnementaux qui surgissent périodiquement dans différents pays [337]. Il permettrait en outre une authentique participation de tous les citoyens à la discussion et la résolution de tous les problèmes locaux. Il représenterait un pas important à coté et au-delà des mécanismes représentatifs. Les délibérations à la base apporteraient ainsi une contribution importante à la résolution de nombreux problèmes locaux.

En plus de ce qui précède, les citoyens devraient être systématiquement consultés et de manière transparente sur les grands problèmes nationaux qui les concernent directement. Qui pourrait déclencher une telle consultation ? A mon avis deux intervenants : les gouvernements nationaux et les collectivités infranationales, comme cela se pratique actuellement [338], lorsqu'ils estiment nécessaire de procéder à une consultation publique pour traiter de questions émergentes et sensibles, mais aussi les citoyens, lorsqu'ils estiment qu'il est fondamental de s'attaquer à un problème ou de proposer des choix collectifs pour résoudre une question [339]. Comment cela fonctionnerait-il ? Dans le cas d'une « initiative populaire », un nombre relativement élevé de signatures serait nécessaire pour lancer le processus de consultation publique, qui exigerait également d'être ratifiée par un organe judiciaire indépendant pour s'assurer que la consultation est conforme à la constitution du pays concerné et de plus rédigée en des termes suffisamment clairs pour exclure tout conflit d'interprétation (cela permettrait de prévenir une utilisation abusive de la procédure et éviterait un processus inflationniste de consultations publiques qui finirait par tuer le mécanisme). Les gouvernements et les autorités infranationales pourraient également engager des consultations publiques de leur propre initiative, mesurant leur degré d'opportunité et évitant un usage excessif de la procédure, mais ils seraient également soumis au contrôle du même organe judiciaire en cas d'implications constitutionnelles.

L'objet de de telles consultations publiques - liées à un référendum ou simplement ouvertes - ne serait pas limité, sauf s'il viole la constitution du pays ou les droits fondamentaux des citoyens. De telles consultations pourraient aborder toutes sortes de sujets dans tous les domaines, y compris l'économie, la société, les institutions, la culture et ainsi de suite. Certains exemples récents de consultations publiques illustrent la nature et la portée possible de telles procédures. Récemment, par exemple, le président du Parlement français lançait une consultation publique pour examiner dans quelle mesure et dans quels cas l'euthanasie légalisée et contrôlée médicalement pourrait constituer une pratique acceptable pour les Français avant de commencer le débat parlementaire sur cette question. Un autre exemple récent concerne la consultation lancée dans l'Union européenne par le Commissaire européen pour le commerce sur le contenu et les implications des négociations engagées avec les États-Unis sur la libéralisation des échanges (les négociations TAFTA/TTIP). Ces deux exemples illustrent la diversité des questions qui pourraient être traitées sur la base de consultations publiques et la viabilité d'un tel mécanisme dans le contexte d'une approche de prises de décision démocratiques.

À cet égard, l'utilisation croissante de l'Internet et le développement des technologies de l'information et de la communication devraient permettre des changements profonds dans la façon dont les gens participent à la vie politique de leurs pays et communautés respectifs. Actuellement, le bulletin de vote et l'isoloir sont toujours les instruments de prédominance utilisés pour consulter les citoyens sur des questions politiques, mais ils sont excessivement lourds et semblent carrément désuets dans l'ère de la révolution numérique. De plus, leur utilisation dans le monde en développement est fréquemment l'objet de manipulations, d'abus et de contestations (voire même dans les pays développés). La possibilité existe aujourd'hui de pouvoir consulter tout le monde, à la maison ou ailleurs, grâce à des moyens de communication modernes, qu'il s'agisse d'ordinateurs, de tablettes ou de *smartphones*. Chaque citoyen ou chaque citoyenne peut désormais donner son opinion ou voter sur de grandes choix politiques « dans le confort » de sa maison, dans son environnement de travail ou lors de ses déplacements. En fait, il existe un nombre croissant de consultations et de votes qui se déroulent à travers des moyens de communication modernes (consultations par le biais de questionnaires, votes sur des textes, des initiatives, des candidats, etc.). Cependant, il existe encore des limites à un usage croissant des technologies modernes. La première limite tient au fait de ne pas avoir accès à l'Internet ou de ne pas avoir la formation et l'aptitude pratique pour utiliser ces technologies, ce qui est encore le cas pour beaucoup de gens. À présent, des milliards de pauvres sont marginalisés dans leurs sociétés respectives et donc exclus de cette possibilité. Toutefois, cette limite s'effacera progressivement lorsque les populations pauvres progresseront dans le contexte de leur éducation et se familiariseront avec les moyens de communication modernes (à cet égard, l'usage croissant de *smartphones* en Afrique pour toutes sortes de finalités est à la fois surprenant et prometteur). La seconde limite a trait aux technologies en tant que telles. Des procédures de vérifications et de sécurité relativement sûres devraient être élaborées et développées pour la conduite de telles consultations pour prévenir un mauvais usage de ces dernières, la fraude ou l'interprétation partisane des résultats. Le recours à un organe judiciaire indépendant pour conduire et vérifier ces consultations devrait être obligatoire.

Enfin, le recours au référendum devrait être général et systématique pour traiter de grandes questions d'intérêt général à l'échelle d'une nation. Le recours au référendum est une pratique courante en Suisse depuis le dix-neuvième siècle, tandis que des référendums sont organisés de temps à autres dans de nombreux autres pays (France en particulier). L'objet du référendum est de consulter tous les citoyens sur de grandes questions nationales, telles que l'adoption d'une nouvelle constitution (par ex. en France, en 1958) ou sur des choix politiques fondamentaux pour un pays (par exemple l'adhésion à l'UE, le contrôle des rémunérations démesurées ou la limitation de l'immigration dans un pays comme la Suisse). Alors que l'objet des *consultations*, telles qu'examinées plus haut, serait d'orienter les gouvernements ou les organes législatifs sur les choix cruciaux pour la nation et sur les modifications législatives et règlementaires qui en découleraient, l'objet des *référendums* serait quant à lui plus contraignant, puisque l'exécutif et le législatif seraient obligés d'agir en conformité avec ce que les référendums décideraient et de transformer leurs résultats en en lois et en décisions contraignantes. Par le biais des référendums les citoyens expriment directement leur volonté, sans l'intermédiation de représentants. C'est de la démocratie pure et authentique, à condition que le processus ne soit pas détourné de sa finalité.

Comme pour les consultations populaires, le référendum pourrait être déclenché par une décision du gouvernement ou par une initiative populaire signée ou promue par un nombre minimum de citoyens. Comme pour les consultations populaires, les référendums pourraient concerner toutes les questions d'intérêt commun dans tous les domaines, y compris les priorités assignées à l'économie, les changements s'appliquant à la société, les modifications apportées aux institutions et ainsi de suite. Comme pour les consultations populaires les référendums requerraient l'aval d'un organe judiciaire indépendant pour s'assurer que le référendum est conforme à la constitution et rédigé en des termes suffisamment clairs pour prévenir de fausses interprétations. Comme pour les consultations populaires, également, un nombre relativement élevé de signatures serait nécessaire pour déclencher un référendum et éviter en conséquence un recours excessif à cette procédure qui serait de nature à tuer le processus. Comme pour les   consultations populaires, enfin, l'Internet et les technologies de l'information de de la communication pourraient être utilisés à une grande échelle pour faciliter la tenue du référendum, avec les mesures de sécurité et de vérification requises pour prévenir une utilisation contraire à sa finalité, la fraude ou encore une interprétation partisane des résultats. La différence majeure entre les deux procédures est que la consultation serait purement indicative (orientations données aux gouvernements et aux organes législatifs) alors que le référendum aurait un caractère obligatoire. Dans les deux cas, les citoyens exprimeraient directement leur volonté, ce qui constituerait la principale dimension de la démocratie participative.

Comme souligné plus haut, la démocratie participative n'aurait pas pour finalité de remplacer la démocratie représentative, mais de l'améliorer. Elle permettrait aux citoyens de participer directement et plus efficacement aux processus de prise de décisions politiques, chaque fois qu'ils le jugeraient nécessaire et aussi loin qu'ils le décideraient. Toutefois, l'objet et les formes de cette participation ne devraient pas se muer en une camisole de force pour tous les peuples du monde. La démocratie n'est certainement pas un système de « taille unique » pour tous. Une authentique démocratie participative devrait pouvoir répondre aux objectifs politiques, au contexte culturel, aux débats et aux processus traditionnels de prise de décisions de chaque nation (et même de chaque communauté au sein des nations multiculturelles). La combinaison pertinente pour une participation directe des citoyens à la résolution de leurs propres affaires, pour une consultation systématique des citoyens sur les grandes questions les concernant et pour un recours systématique au référendum lors de l'élaboration des grands choix pour l'avenir ne devrait pas être nécessairement   la même partout. En outre, et pour des raisons pratiques, les citoyens n'exerceraient pas ces droits fondamentaux constamment, tout au long de l'année. Les organes représentatifs et les organes dirigeants démocratiquement désignés continueraient à exercer leur rôle tel que défini par les constitutions de leurs pays respectifs, mettant en application les choix effectués par les citoyens et les politiques qui en découlent, outre leur travail au jour le jour et la gestion des affaires courantes. Mais ils le feraient loyalement, en respectant la volonté des citoyens et en travaillant avec sagesse pour la réalisation d'objectifs communs qui respecteraient les attentes de toutes les communautés.

> « *Un homme sage ni se laisse gouverner, ni ne cherche à gouverner les autres : il veut que la raison gouverne seule et toujours.* »

Jean de La Bruyère

Les caractères (1696)

Chapitre 11 - Gouvernons avec sagesse

La gouvernance est devenue un thème récurrent de la littérature néolibérale et la « *bonne gouvernance* » une sorte de préalable pour la bonne gestion de l'économie. Les économistes néolibéraux se gorgent du concept de gouvernance, un concept qui porte sur un domaine et des problèmes pour lesquels ils ne possèdent aucune expertise particulière. Toutefois, « *la bonne gouvernance* », dans leur esprit, ne signifie pas gouverner pour le bien des gens, mais plutôt gérer l'économie et la société en conformité avec les exigences du marché. La « *bonne gouvernance* » pour eux consiste à restreindre l'intervention de l'État, à libéraliser les marchés, le commerce extérieur et les flux de capitaux, à réduire les déficits budgétaires, à promouvoir la flexibilité du travail dans les législations nationales et ainsi de suite. Cela ne signifie pas promouvoir et coordonner des politiques visant à améliorer la condition des gens. Pour eux, la gouvernance a à voir avec la croissance, les résultats et les bénéfices. Elle n'a rien à voir avec le bien-être des gens ni avec l'intérêt général.

L'invasion de la sphère politique par les économistes - ou plus exactement par certaines écoles de pensée - illustre la façon dont les cercles socio-économiques dominants entendent contrôler les sociétés. Alors que les gouvernements devraient gouverner avec sagesse, exclusivement pour le bien des gens, la plupart d'entre eux servent en fait les intérêts d'une toute petite minorité. Il pourrait paraître prétentieux d'exiger des gouvernements qu'ils gouvernent sagement, pour le bien-être de leurs peuples en particulier et pour le bien-être du monde en général. Malheureusement, nous avons constaté tout au long de cet ouvrage que l'immense majorité d'entre eux ne gouvernent pas avec sagesse. La plupart des gouvernements sont prisonniers du « *système* », captifs de l'idéologie dominante, au service des intérêts dominants et dans l'incapacité d'écouter ceux qui les ont élus. Ils sont, au mieux, impuissants et, au pire, nocifs. En outre, la classe politique reste enfermée dans son avidité de pouvoir au lieu d'être motivée par l'idée de servir les gens. Enfin, en plus et au-delà de la politique intérieure, le déclin lent mais continu de l'État-nation soulève de nouvelles questions brûlantes d'identité commune alors que ce qui reste de cet État entrave l'émergence des réponses mondiales dont avons désespérément besoin.

Surmonter cette situation d'ensemble exigerait, de mon point de vue, trois changements majeurs :

Un acheminement universel vers une gouvernance de type collégiale (par opposition à l'exercice individuel du pouvoir) ;

La reconnaissance des identités culturelles au sein des, et entre les États-nations (par opposition à la prédominance exclusive de l'État-nation) ; et

D'importants transferts de souveraineté en faveur d'organes universels pour tous les enjeux mondiaux (par opposition à l'interminable processus de marchandage entre États sur des questions requérant des décisions supranationales).

La collégialité devrait être encouragée comme mode privilégié de gouvernance

La collégialité est probablement le meilleur remède jamais inventé contre l'abus de pouvoir. L'exercice collégial du pouvoir comporte par nature des limites au pouvoir qu'une personne seule pourrait exercer, sans barrières et pour son propre avantage. Cela insuffle aussi de la sagesse dans les processus de prise de décisions, car les organes collégiaux sont contraints de discuter, de partager des idées et prendre des décisions sur une base collective. Cela peut bloquer des prises de position excessives ou freiner des réactions hâtives, puisqu'une décision commune est toujours requise pour se prononcer sur une question. La collégialité génère de la sagesse, raison pour laquelle elle devrait être systématiquement encouragée comme mode de gouvernance.

Les organes collégiaux, en particulier, devraient toujours comprendre un nombre impair de membres afin que les décisions soient prises de façon équilibrée (par opposition au nombre pair de membres qui peut conduire à des situations de parité et à la paralysie l'organe collégial). Les organes de direction collégiaux devraient inclure un minimum de trois membres et ne pas dépasser quinze membres, ou légèrement plus, pour fonctionner efficacement (ceci n'est pas une règle, mais plutôt ce que l'expérience nous apprend). Les instances délibératives collégiales qui sont par nature plus grandes pourraient comprendre beaucoup plus de membres, comme cela est le cas aujourd'hui pour les parlements (il n'y a pas de règle, non plus, mais l'expérience porte à croire que de telles instances ne peuvent efficacement fonctionner au-delà, disons, d'un millier de membres). De plus, les citoyens assumant des responsabilités dans les organes délibérants et exécutifs ne devraient pas cumuler différents mandats et ne devraient pas servir plus de trois fois dans les mêmes fonctions (pour éviter la professionnalisation de la politique). La collégialité devrait devenir la règle aux différents niveaux de gouvernance, y compris pour les collectivités locales, les gouvernements nationaux et les organisations universelles.

La collégialité au niveau local est loin d'être une idée nouvelle car elle fonctionne déjà dans de nombreux pays sous différents noms et formes. Dans les villages et les villes les décisions sont généralement prises par le conseil municipal, quel que soit le contexte et le niveau de développement. La tête du conseil, quel que soit son titre (maire, président, etc.) est généralement davantage un personnage emblématique chargé de mettre en œuvre les décisions du conseil plutôt qu'un chef d'exécutif doté de pouvoirs étendus. Il s'agit généralement d'un *primus inter pares* - pour utiliser la formule romaine - chargé de mettre en œuvre les décisions du conseil, mais qui n'agit pas seul car les autres membres du conseil assument aussi à ses côtés différentes responsabilités. Cependant, la caractéristique prédominante dans la façon dont ces conseils fonctionnent tient au fait que les décisions sont généralement communes. Les conseils municipaux offrent à cet égard un bon exemple de la façon dont la collégialité marche et de comment elle pourrait être étendue aux différents niveaux de gouvernance qui devraient prévaloir dans le monde.

La plupart des pays ont, entre les villages et les villes et l'État-nation, des niveaux intermédiaires de gouvernance qui découlent de leur constitution et de la façon dont ils sont organisés. Dans les États fédéraux, les niveaux intermédiaires sont les États fédérés qui forment la fédération alors que les États unitaires accordent à leurs régions et subdivisions respectives différents niveaux d'autonomie. De nombreux États ont adopté le modèle des États-Unis où chaque État fédéré a sa propre assemblée et son propre gouvernement (p. ex. le Brésil, le Mexique, l'Inde, le Nigéria, etc.). Dans certains de ces pays, la structure de gouvernance est loin d'être collégiale car des gouverneurs détiennent d'importants pouvoirs individuels et sont, en raison de leur position, plus exposés à l'abus de pouvoir et aux détournements de fonds (le cas du Mexique est malheureusement illustratif à cet égard). D'autres États fédéraux, toutefois, ont au niveau des État fédérés une structure de gouvernance beaucoup plus souple et collégiale (c'est le cas, par exemple, des *Bundeslanders* allemands et des cantons suisses, avec leurs assemblées et leurs exécutifs respectifs). Dans les États unitaires, le degré d'autonomie des différentes régions et autres composantes infranationales varie considérablement. Des pays comme le Royaume-Uni ou l'Espagne ont des régions disposant d'un niveau très élevé d'autonomie, régies par des organes législatifs et exécutifs autonomes et nourries d'aspirations à l'indépendance découlant d'une forte identité culturelle (l'Écosse et la Catalogne, en particulier, pour le Royaume-Uni et l'Espagne, respectivement). D'autres pays, comme la France et l'Italie ont des régions et des subdivisions administratives au sein desquelles des conseils délibératifs assument un certain nombre de fonctions, tandis que le gouvernement central conserve certaines prérogatives.

Au total, il existe une multitude de situations et de modèles de gouvernance infranationale dans le monde, entre la collectivité locale constituée par le village ou la ville et le niveau national constitutif de l'État-nation. Cette diversité est nécessaire pour répondre aux différentes questions auxquelles chaque société est confrontée et pour formuler des réponses collectives en termes de stratégies et de politiques. Il n'y a pas de règles et de recettes universelles sur la façon dont les États-nations devraient être subdivisés et gouvernés aux différents niveaux car cela dépend beaucoup des caractéristiques de chaque pays, de sa configuration ethnique, culturelle et historique et de la façon dont ses citoyens souhaitent vivre ensemble. En règle générale, l'État-nation - qu'il soit fédéral ou unitaire - se réserve les fonctions *régaliennes* [340] (la défense, la police, la justice et le droit de frapper monnaie), tandis que les collectivités locales au niveau de la ville ou du village administrent leur propre territoire et fournissent des services locaux (développement urbain et logement, eau et assainissement, services publics, etc.). Entre les deux, et à différents niveaux, les États fédérés, les régions autonomes ou administratives et tous les organes et subdivisions intermédiaires fournissent une gamme ample et variable de services et sont responsables d'un éventail de politiques, à la fois large et flexible, dans tous les domaines socio-économiques.

Toutefois, quelle que soit la répartition des fonctions et des tâches entre les différents niveaux de gouvernance infranationale, l'autonomie et la collégialité devrait devenir partout la règle. L'autonomie permet de se concerter sur les questions locales, rapproche les citoyens des centres de décision et offre beaucoup plus de souplesse aux niveaux intermédiaires. La collégialité fait obstacle à la monopolisation du pouvoir au profit des dirigeants locaux et conduit à des processus de prise de décisions collectifs et responsables. Comme pour les conseillers municipaux, les citoyens élus pour assumer des fonctions dans les corps intermédiaires, qu'ils soient de nature législative ou exécutive, ne devraient pas cumuler différents mandats publics , servir plus de trois fois dans les mêmes fonctions tout en restant responsables devant leurs électeurs par le biais de mécanismes appropriés (tels que, par exemple, la possibilité pour les citoyens de déclencher une consultation locale ou un référendum sur une question précise ou même de voter une motion de censure, ce qui provoquerait de nouvelles élections locales sous certaines conditions).

La gouvernance des « sages » devrait être promue partout et à tous les niveaux

L'évolution vers une gouvernance du type collégiale devrait tout autant concerner, et davantage même, l'État-nation lui-même. Cela affecterait principalement la façon dont les organes exécutifs et législatifs fonctionnent dans chaque pays. Sur la base des changements proposées plus haut - à savoir la participation directe des citoyens aux décisions politiques majeures, une autonomie accrue pour les entités infranationales et une gouvernance collégiale étendue, à tous les niveaux - cela se traduirait les changements suivants :

En premier lieu, les gouvernements ne seraient plus supervisés et dirigés par un seul individu, qu'il soit chef d'État ou de gouvernement. Les gouvernements deviendraient tous collégiaux et fonctionneraient tous comme des organes collégiaux, comme cela se pratique avec succès en Suisse. Les principales fonctions de cet organe collégial - appelons-le "Conseil exécutif national" - seraient de consulter les citoyens sur les grandes questions, de mettre en œuvre les décisions prises par le peuple, d'intervenir sur certains sujets et de superviser le travail quotidien de l'administration. En accord avec les recommandations, précédentes, les « conseils exécutifs nationaux » ne devraient pas comprendre plus de 7 à 9 conseillers [341] , ces derniers ne pouvant cumuler d'autres mandats ni servir plus de trois fois dans leurs fonctions [342] . Chaque conseiller exécutif superviserait un champ d'affaires gouvernementales précis (c.-à-d. les relations extérieures, la défense, la sécurité, l'économie, les affaires sociales, etc.) et superviserait le travail des administrations concernées (chacune dirigée et supervisée par un secrétaire exécutif). Cependant, toutes les décisions seraient prises de façon collégiale - à la majorité qualifiée si nécessaire - et la présidence du Conseil s'exercerait par rotation (le président en exercice assumerait également la fonction représentative de chef de l'État). Les citoyens élieraient directement les conseillers exécutifs sur une liste unique, qui ne serait parrainée par aucun parti politique. Les candidats à l'élection devraient répondre à des normes de probité et de compétences [343] et recueillir un minimum de signatures sur leur nom pour concourir à l'élection (des primaires et des préconsultations pourraient aussi avoir lieu pour sélectionner les candidats). L'idée fondamentale serait que les citoyens choisissent des personnes capables et honnêtes pour gouverner collégialement la nation, en conformité avec à leur volonté : un groupe de « *sages* », femmes et hommes, collectivement en charge de la nation et responsables devant les citoyens. Le processus viserait à exclure de la scène politique les tempéraments cupides et arrivistes, les combats de coqs, les programmes électoraux démagogiques, les promesses jamais tenues, les batailles partisanes et les *shows* médiatiques.

En second lieu, les parlements [344] devrait continuer à exercer leur rôle législatif clé, à savoir discuter et voter les lois (y compris le budget). Cependant, ils devraient remplir ce rôle de façon collégiale et non plus selon des lignes partisanes. Cela suppose l'élimination concomitante des partis de la vie politique des pays, en tant que machines conçues pour mobiliser les gens, promouvoir des programmes, conquérir le pouvoir et distribuer des dividendes politiques et économiques à leurs clients. Les citoyens - selon les mêmes principes et modalités décrits plus haut pour les conseillers exécutifs - devraient élire directement les parlementaires sur une liste unique. Le rôle des parlementaires serait d'interpréter fidèlement la volonté du peuple lors de l'examen et de l'approbation des lois découlant de leur propre initiative, de l'initiative du conseil exécutif ou de l'initiative populaire directe (consultations populaires et référendums). Ils devraient se comporter en hommes et en femmes soucieux de traduire loyalement la volonté populaire. La vie politique des pays ne dépendrait plus de, et ne serait plus canalisée par les partis politiques. La vie politique deviendrait beaucoup plus large et ouverte à toutes sortes d'acteurs : simples activistes ou intellectuels, groupes de citoyens concernés par une question d'intérêt collectif, associations luttant pour une cause ou impliquées dans des activités à but non lucratif, organisations professionnelles et syndicales souhaitant des changements organisationnels, organisations non gouvernementales impliquées dans la résolution de problèmes mondiaux et ainsi de suite.

En troisième lieu, le pouvoir judiciaire continuerait également de s'acquitter de ses fonctions traditionnelles. Il y aurait peu de changements dans la façon dont les tribunaux, les cours et les conseils fonctionnent, car la collégialité a toujours été largement présente dans ces institutions. Le seul changement à cet égard consisterait à remplacer les juges uniques - là où ils existent - par des formations collégiales, le cas échéant. Une fonction nouvelle et importante assignée à la justice, en plus de son rôle traditionnel dans les domaines de la vie privée et de la vie publique, serait de veiller au bon fonctionnement de la démocratie représentative et participative sous tous ses aspects (constitutionnalité et conformité des consultations populaires et des référendums, conformité des nouvelles lois et des décisions administratives avec les mandats confiés par les citoyens aux conseils exécutifs et aux parlements, conformité des élections avec les exigences établies en matière de candidatures, etc.). Certaines dimensions de ces attributions existent déjà dans différents pays pour ce qui concerne la conformité à la constitution (Cour suprême aux États-Unis, Conseil constitutionnel en France, etc.) et la régularité des élections (Tribunal électoral au Mexique, par exemple). Cependant, la présence d'un organe judiciaire indépendant pour veiller à la constitutionnalité, à la régularité et à la sincérité de toutes les consultations populaires devrait faire figure d'exigence générale pour redonner vie à la démocratie selon les orientations que nous venons de décrire.

Enfin, la collégialité devrait également prévaloir aux niveaux internationaux et supranationaux. La collégialité à ces niveaux ne provoquerait pas de révolution dans la façon dont les États se rapportent les uns aux autres, s'agissant là d'une pratique largement répandue dans le monde et d'une expérience pratiquée de longue date. Les relations internationales mettent en jeu, par principe, des États indépendants et égaux en droits au regard du droit international. L'égalité est le corollaire de la souveraineté sur laquelle les relations internationales se sont construites depuis le dix-septième siècle [345]. Certes, tous les États ne sont pas égaux en termes de territoire, de population, de ressources naturelles, de poids économique, de puissance militaire et d'autres critères. En outre, la souveraineté s'érode constamment pour des raisons que nous traiterons plus loin dans ce chapitre. Néanmoins, les relations internationales restent tributaires du concept d'État-nation et l'État-nation restera encore longtemps l'élément central des relations internationales, car il n'existe pas de concept opérationnel alternatif auquel nous puissions nous référer dans contexte actuel. Par conséquent, les relations entre États « pairs » et la collégialité dans les processus de prise de décisions resteront la voie normale pour la conduite des relations internationales dans un avenir prévisible.

Cependant, la collégialité au niveau international se manifeste sous des formes bien différentes. La plus simple et la plus ancienne de ces formes est le congrès ou la conférence, sur la base duquel ou de laquelle les États se réunissent en une occasion particulière pour traiter de questions vastes ou au contraire spécifiques (par exemple, le congrès de Vienne pour réorganiser l'Europe après les guerres napoléoniennes, le congrès de Versailles pour restructurer l'Europe et les colonies après la Première Guerre mondiale et la conférence de San Francisco pour créer l'Organisation des Nations Unies après la Seconde Guerre mondiale). Des conférences sont aussi régulièrement organisées de nos jours pour traiter toutes sortes de questions, allant de la paix (p. ex. les grandes conférences sur la paix qui eurent lieu dans l'après-Seconde Guerre mondiale) au changement climatique (p. ex. la conférence des parties à la Convention cadre des Nations Unies sur le changement climatique). Toutes ces conférences sont comme des organes collégiaux convoqués sur des questions données, où tous les membres ont les mêmes droits souverains et où toutes les décisions doivent être prises à l'unanimité, tout du moins quand il s'agit d'adopter des instruments juridiques à travers la signature et la ratification de traités et d'accords internationaux (qui ne lient, cependant, que les parties signataires). Une des particularités de ces traités et accords de nos jours, c'est qu'ils peuvent créer des organes permanents et des entités qui fonctionnent de façon collégiale, mais qui peuvent également prendre des décisions à la majorité qualifiée. Ceci est en particulier le cas pour l'Union européenne, dont les organes fonctionnent sur la base d'un ensemble assez complexes de règles [346] . En fait, et telle qu'elle évolue en ce moment, l'Union européenne est une combinaison hybride entre une simple union d'États autour d'objectifs partagés et d'institutions communes (par exemple la Communauté du charbon et de l'acier, l'Euratom et le marché commun à ses origines) et un État fédéral à part entière (au sein duquel des organes tels que le Parlement, la Cour de justice, les différents Conseils exécutifs et la Commission préfigurent l'État fédéral).

L'organisation des Nations Unies (ONU) constitue un important exemple de collégialité mais aussi un défi pour les performances mêmes de la collégialité. L'Organisation des Nations Unies (ONU) a été fondée sur les principes de souveraineté et d'égalité de ses États membres, tels que consacrés dans le préambule de sa Charte et dans les différentes parties du traité constitutif [347]. Cependant, la plupart des organes de l'Organisation fonctionnent selon les règles de la majorité qualifiée tout en préfigurant une sorte de gouvernement mondial, en raison de son universalité [348] et des questions qui sont abordées par le biais de ses différents organes. De fait, l'Organisation des Nations Unies a pour vocation de s'attaquer à tous les grands problèmes mondiaux, dont beaucoup requièrent une approche supranationale (nous y reviendrons à la fin de ce chapitre). Les décisions de l'Organisation, telle qu'actuellement structurée, se prennent à la majorité qualifiée dans l'Assemblée générale, qui est l'organe au sein duquel tous les États membres sont représentés et peuvent discuter et approuver des résolutions sur toute question liée aux finalités de la Charte [349]. Il en va de même pour ses différents conseils, comme en particulier le Conseil de sécurité [350] et le Conseil économique et social (ECOSOC) [351], et d'autres organes subsidiaires. A l'Assemblée générale tous les États sont égaux et ont la même voix, ce qui se traduit par le fait que les îles Fidji ou Saint Vincent et les Grenadines, par exemple, ont le même poids que la Chine ou les États-Unis. Cela pourrait sembler absurde, mais cela reflète le principe selon lequel tous les États doivent être représentés, respectés et avoir voix au chapitre. Introduire une représentation proportionnelle en fonction des populations respectives se traduirait par une situation où une poignée de pays très peuplés gouverneraient la planète, ce qui serait inacceptable pour le reste du monde. Un compromis à mi-chemin consisterait probablement à introduire des majorités qualifiées ou pondérées en vertu desquelles les pays possédant de larges populations se verraient attribuer une plus grande influence pour certaines décisions et à l'encontre desquelles les petits pays pourraient éventuellement se prévaloir d'une minorité de blocage. Cela exigerait en tout cas de longues et délicates négociations avant qu'un consensus puisse être trouvé sur ce terrain.

Le cas du Conseil de sécurité est sans doute le plus problématique et le plus sensible car il fait figure d'anomalie à la lumière des principes qui régissent le droit international. L'incongruité se loge dans le soi-disant « *droit de veto* » attribué par la Charte aux cinq membres permanents du Conseil (les "P5"), qui paralyse le Conseil chaque fois qu'un ou plusieurs de ces pays sont en désaccord avec un projet de résolution (une faculté qui reflète l'ordre mondial à la fin de la Seconde Guerre mondiale). De plus, ces cinq pays sont aussi membres permanents du Conseil de sécurité, ce qui leur donne un rôle prédominant et biaise la représentation au détriment des autres pays. Ceci a été et continue d'être l'objet de vives discussions mais aucun accord alternatif n'a pu être trouvé à ce jour [352] . Une solution équilibrée et équitable serait que tous les grands pays se voient accorder le statut de membre permanent (comme, par exemple, la Chine et l'Inde en Asie, les États-Unis et le Brésil en Amérique, l'Union européenne en tant que telle et la Russie en Europe et le Nigéria en Afrique) et que les autres pays désignent conjointement des représentants pour chaque groupe régional. Le « *droit de veto* » serait supprimé sous sa forme actuelle et de nouvelles règles de vote instituées telles que des majorités qualifiées (requérant par exemple l'accord de tous les grands États) et une possible minorité de blocage en fonction des décisions à prendre. Cette nécessaire réforme exigerait cependant de longues négociations avant qu'un consensus puisse être trouvé.

Une gouvernance mondiale éclairée exigerait que les aspirations à plus d'autonomie soient pleinement reconnues

Alors que les États-nations continuent d'être juridiquement des acteurs de premier plan sur la scène internationale, leur rôle, leur pouvoir et leur cohérence interne n'a pas cessé de décliner au cours des quatre dernières décennies. Ce déclin est dû à une série de phénomènes concomitants qui interagissent les uns les autres et qui se renforcent mutuellement [353]. Le déclin de l'État-nation est directement lié au processus de mondialisation et aux politiques associées à ce dernier. À l'origine de ce processus nous avons l'expansion agressive de l'idéologie néolibérale avec l'extension simultanée des politiques néolibérales déjà analysée dans divers chapitres de cet ouvrage. En conséquence, beaucoup d'États ont commis un « *hara-kiri* » en abandonnant tous les instruments économiques et les outils financiers qui leur permettaient auparavant de contrôler et d'orienter leurs économies. La libéralisation des marchés, la déréglementation et la levée de tous les contrôles sont devenus le mot d'ordre d'une gestion appropriée des économies et la mise en œuvre de réformes dans ce sens l'exigence suprême des institutions financières internationales et de toutes les entités qui, idéologiquement ou techniquement, assurent la promotion de ce processus.

En conjonction avec ces politiques, la construction de nouvelles entités internationales, telles que l'Union européenne, a aussi débouché sur des abandons simultanés de souveraineté sans que cela ne se traduise par des transferts ou la création de nouveaux droits et instruments au profit de l'Union. Alors que la plupart des pays de l'UE ont notamment abandonné la possibilité de protéger leur marché intérieur, de contrôler leur monnaie, de conduire leurs politiques de crédit et même de gérer leurs politiques budgétaires, aucun instruments n'a été créé et aucune politique n'a été mise en œuvre pour compenser ces abandons de souveraineté au niveau de l'Union (c'est le cas en particulier de la zone euro, où une nouvelle institution comme la Banque centrale européenne s'est presque exclusivement consacrée aux politiques monétaires). En outre, le cours de la construction européenne est fortement biaisé par l'obsession de poursuivre un processus sans fin de la libéralisation qui affecte toutes les autres dimensions, y compris la définition et la mise en œuvre des politiques sociales. L'UE appuie même des mesures de libéralisation des échanges et des services chaque fois plus larges et incontrôlées lorsqu'elle s'implique dans des négociations commerciales telles que le Partenariat transatlantique de commerce et d'investissement (TTIP), négociations qui sont conduites dans le plus grand secret pour éviter qu'elles ne soulèvent des objections dans l'opinion publique [354] .

Tandis que les États-nations abandonnent leurs droits souverains et renoncent à leurs instruments dans les domaines du développement socio-économique et de la gestion des finances, les entreprises transnationales et mondiales émergent comme de nouveaux et puissants acteurs sur la scène internationale. Ces entités rivalisent pour le pouvoir, non seulement entre elles mais aussi avec les États-nations. Les entreprises transnationales et mondiales ont leurs propres objectifs économiques et financiers qui sont foncièrement différents des objectifs de ces derniers (ils peuvent incidemment et temporairement coïncider avec les objectifs d'un pays ou d'un groupe de pays donné, mais rien de plus). Les entreprises transnationales et mondiales sont par nature des acteurs transnationaux, ce qui signifie qu'elles ne sont pas seulement guidées par des finalités qui n'ont rien à voir avec le développement ou le bien-être des populations, mais qu'elles fonctionnent également sur la base de leurs propres canaux et moyens d'intervention. Elles constituent des entités horizontales, en réseaux, qui fonctionnent par- dessus les États et à travers leurs frontières administratives, avec leurs propres instruments et même leurs propres législations sous la forme de contrats d'entreprise internationaux conçus par des cabinets juridiques privés. De plus, elles prétendent désormais entreprendre des poursuites à l'encontre les États qui nuiraient à leurs intérêts suite à l'adoption ou la mise en œuvre de mesures sociales et environnementales, comme l'illustrent les négociations en cours pour la mise en place de tribunaux d'arbitrage [355] , qui sont le fruit d'un intense *lobbying* de leur part. De ce fait, les sociétés transnationales et mondiales façonnent l'ordre international et moulent nos sociétés par-delà et au-dessus du contrôle que les citoyens pourraient exercer à travers leurs institutions nationales.

D'autres acteurs d'importance croissante sont également apparus sur la scène internationale : du mauvais côté, malheureusement, les réseaux criminels et du bon côté, opportunément, les organisations non gouvernementales. L'expansion des réseaux criminels est devenue un sujet de grande préoccupation au cours des deux dernières décennies, tout particulièrement l'expansion de ceux impliqués dans le trafic de drogue (héroïne, cocaïne, drogues chimiques, etc.), mais aussi de ceux pratiquant d'autres activités illicites (telles que le trafic d'êtres humains, d'organes humains, d'espèces en danger, etc.). Ces réseaux ont leurs propres objectifs criminels, fonctionnent par-dessus les États et à travers leurs frontières et ont leurs propres règles et structures en réseaux. Ils engrangent des bénéfices colossaux et blanchissent d'énormes sommes d'argent, tout en corrompant en même temps à très large échelles une multitude d'individus et d'institutions (à cet égard le Mexique constitue aujourd'hui, malheureusement pour ce pays, l'exemple le plus élaboré de corruption massive de personnes et d'institutions au monde). Ils constituent une menace pour la liberté, la santé et la sécurité des gens. A l'autre extrême, les organisations non gouvernementales (ONG) ont émergé comme des acteurs particulièrement précieux de la scène internationale. Elles sont présentes sur de nombreux fronts, allant des droits de la personne humaine et de l'assistance humanitaire à la protection de l'environnement. Elles forment également des réseaux par-dessus les États et à travers leurs frontières, mais ne sont pas rivales car elles peuvent compléter le rôle des États dans leurs domaines respectifs d'activité. Les ONG sont devenues d'importants alliés des États dans de nombre de domaines : là où des efforts coordonnés et complémentaires sont nécessaires pour faire face à des calamités et à des défis internationaux. Le partenariat des ONG est reconnu comme tel par l'Organisation des Nations Unies qui leur accorde un statut spécial.

En plus et au-delà des nouveaux acteurs, l'expansion mondiale de l'idéologie dominante, de la société de consommation et du mode de vie occidental (pour ne pas dire du mode de vie « américain »), en somme l'expansion mondiale du "*système*", détruit le tissu des sociétés traditionnelles tout comme les fondements culturels des États-nations. Les sociétés traditionnelles - à l'intérieur des États ou à cheval sur plusieurs États - sont attaquées par la « modernité », autrement dit par les valeurs et les comportements matérialistes qui sont associés à la société de consommation et qui détruisent leur tissu culturel et social. Les peuples dans ces sociétés perdent leurs repères culturels et comportementaux - et leurs fondements économiques et sociaux tout à la fois - mais réagissent aussi à la pénétration du « monde moderne » en résistant à ses valeurs et à ses normes et en réaffirmant leur identité culturelle. De nouvelles formes de résistance mondiale se forment même (par exemple chez les peuples indigènes d'Amérique du Sud). Dans le monde musulman, la pénétration des valeurs et des comportements occidentaux est même ressentie comme une agression culturelle, alimentant toutes sortes de ressentiments contre l'Occident et nourrissant l'expansion mondiale de l'Islam radical et du djihadisme [356].

Les États-nations ne sont pas plus à l'abri que les peuples qu'ils sont censés servir lorsqu'ils sont confrontés à l'expansion du « *système* », avec l'invasion de l'idéologie dominante et l'expansion de la société de consommation. Les valeurs sur lesquelles les États-nations sont construits et leurs sociétés structurées, qui sont le fruit de processus historiques longs et complexes, ont tendance à craquer. Comme

« *le système* » n'a pas de patrie et comme il impose universellement une sorte de culture, un mode de vie et un type de société qui n'a pas de racines historiques ni de cohérence culturelle, les gens tendent à perdre leurs repères nationaux et à s'aligner sur une culture mondiale de pacotille qui les prive de leur identité culturelle. Par conséquent, la perte de l'identité culturelle et des points de repère nationaux compte également de façon significative dans les facteurs qui contribuent au déclin de l'État-nation. Ce phénomène de déracinement national est plus ou moins accentué selon la force et la durée passées du processus l'édification nationale. Les États-nations avec un solide passé historique tendent à résister davantage que les États-nations récemment constitués ou imposés par d'autres puissances au cours du dernier siècle. En conséquence, et comme pour les sociétés traditionnelles, les gens tendent à chercher et à récupérer leur identité culturelle dans le passé, sur la base d'affinités communes locales, ethniques, religieuses ou culturelles. Cela conduit à une montée générale des revendications d'autonomie régionale ou locale à laquelle un nombre croissant d'États-nations est aujourd'hui confronté.

Enfin et surtout, beaucoup d'États-nations récents ont été artificiellement créés ou imposés par des puissances externes ou par des acteurs internes. C'est le cas d'une grande partie des États créés au lendemain de la Première puis de la Seconde Guerre mondiale, dans le sillage du processus de décolonisation, et de ceux issus de l'effondrement de l'ancien bloc de l'Est. Si l'on regarde une carte des conflits internes et internationaux dans le monde, il est facile d'identifier les causes des affrontements lorsqu'on les associe à leur contexte historique. En Europe, par exemple, la désintégration de l'ex-Yougoslavie a provoqué une série de conflits régionaux dans les années 90, associés à des revendications d'autonomie et avec des rivalités ethniques ou religieuses (c.-à-d. les guerres en Bosnie, au Kosovo, etc.). Toujours en Europe, l'effondrement de l'ex-URSS a conduit à un enchaînement de conflits à la fin du vingtième et au début du vingt et unième siècles liés aux revendications d'autonomie ou indépendance, elles-mêmes associées à des rivalités politiques et ethniques ou religieuses (les guerres en Géorgie, en Tchétchénie et en Ukraine en particulier). Au Proche-Orient, par exemple, la partition de l'ancien Empire ottoman et la création plus tard de l'État d'Israël ont déclenché un processus sans fin de guerres en raison de la division artificielle de la région, des revendications d'autonomie ou d'indépendance, de l'affrontement entre communautés ethniques et religieuses et de l'intervention militaire de puissances extérieures comme les États-Unis (c.-à-d. le conflit israélo-palestinien, la guerre civile au Liban, les guerres contre l'Irak, la guerre civile en Syrie, etc.). En Asie, le processus de décolonisation s'est traduit par nombre de guerres et de conflits civils faisant suite aux affrontements entre communautés ethniques et religieuses et aux revendications d'autonomie de groupes minoritaires (par exemple, les guerres entre l'Inde et le Pakistan, la guerre civile au Sri Lanka, les rébellions en Indonésie et aux Philippines, etc.). Enfin, l'Afrique a connu un processus continu de conflits de faible intensité, associés à des confrontations ethniques et religieuses, en raison de son découpage artificiel dans le sillage de sa décolonisation (les guerres civiles au Congo, au Rwanda, en Somalie, au Soudan, au Nigéria, au Libéria, en Sierra Leone, en Côte d'Ivoire, etc.).

Si le processus se poursuivait davantage, la partition des États-nations en une myriade de petits États indépendants transformeraient la planète en un monde ingérable. La gestion efficace de notre communauté mondiale exige que les États-nations traditionnels continuent de former la base de notre système de gouvernance, même si beaucoup d'entre eux manquent de consistance (en Afrique, en particulier, où la majorité des pays récemment admis au rang d'États indépendants n'a jamais atteint dans la réalité un niveau significatif de cohérence) et même si leur rôle a considérablement diminué (cas de la plupart des États « historiques », en raison de la mondialisation et de l'expansion du cours néolibéral). Cependant, un réajustement des frontières selon les conditions historiques et politiques locales, tenant compte des affinités ethniques et religieuses, pourrait grandement réduire le cycle continu des guerres et des confrontations politiques dans le monde. En outre, une sage gouvernance de notre monde exigerait aussi que les revendications à plus d'autonomie soient pleinement reconnues et accordées aux communautés qui les réclament. Les États-nations et les gouvernements, par conséquent, devraient faire tout leur possible pour satisfaire les aspirations à plus d'autonomie au niveau infranational, en accordant aux communautés concernées le droit de s'administrer elles-mêmes. Ceci s'appliquerait à tous les États, à commencer par les plus grands et parmi eux la Chine (p. ex. les aspirations de la communauté tibétaine, de la communauté ouïgoure, etc.). En Afrique, où les frontières héritées de la période coloniale ont artificiellement divisé un grand nombre de communautés, un processus consensuel et coordonnée entre États postcoloniaux devrait idéalement prendre place pour redessiner la carte des États et transformer partie d'entre eux en de nouvelles entités fédérales, qui rassembleraient les anciennes communautés traditionnelles. Au Moyen-Orient, où les partitions imposées par les grandes puissances à la fin de la Première Guerre mondiale ont donné naissance à des États artificiels et induit un cycle d'affrontements meurtriers entre communautés ethniques et religieuses, un processus de reconstruction concerté et consensuel devrait idéalement prendre place à partir duquel les communautés concernées édifieraient des États fédérés dans le but de rétablir la paix et la tolérance mutuelle dans la région. Au total, répondre aux aspirations à plus d'autonomie et fédérer les communautés désireuses de vivre ensemble devraient constituer un objectif commun, tandis que les États-nations traditionnel continueraient de former l'épine dorsale du système de gouvernance.

Des transferts de souveraineté en faveur d'organes supranationaux devraient prendre place partout où cela s'avère nécessaire

Enfin, gouverner avec sagesse exigerait d'importants transferts de souveraineté en faveur d'organes supranationaux, dont la mission serait de s'attaquer aux problèmes mondiaux qui sont au-dessus et au-delà des capacités individuelles des États-nations. Les domaines concernés par de tels transferts sont tous ceux qui, par nature, ont un caractère mondial. L'actuelle configuration de l'Organisation des Nations Unies et de sa constellation d'organes et d'agences spécialisés, de pair avec leurs mandats respectifs - en bref « le système des Nations Unies » - offre une image assez fidèle des domaines qui sont d'un intérêt commun pour toutes les nations, même si toutes les questions ne sont pas globales par nature. Dans tous ces domaines, toutes les nations coopèrent à différents degrés et de différentes manières pour le bien de tous. Au minimum, et en dernier recours, des discussions, des négociations et des coopérations ont cours pour résoudre les problèmes courants, formuler des réponses communes et concevoir des mécanismes appropriés. Le domaine de la paix et de la sécurité, qui reste au cœur du mandat des Nations Unies, est par excellence un domaine où les nations coopèrent sur une base continue, même si les résultats de cette coopération peuvent sembler erratiques et incertains. Dans ce domaine, le Conseil de sécurité détient des prérogatives qui sont de nature supranationale, puisqu'il peut mettre en œuvre des opérations de maintien ou d'édification de la paix et imposer des sanctions aux États qui mettraient en danger la paix et la sécurité dans le monde. Dans tous les autres domaines, lorsque des problèmes deviennent mondiaux et ne peuvent être résolus par aucun pays pris isolément, nous pourrions concevoir que des transferts de souveraineté à des organes universels, dotés de pouvoirs et de moyens pour résoudre ces problèmes, prennent place (de tels transferts de souveraineté, cependant, pourraient être décidés sur une base temporaire, jusqu'à ce que les problèmes soient résolus ou contenus).

Les meilleurs exemples de tels transferts, possibles et nécessaires, peuvent être trouvés dans les domaines où les États ne peuvent se protéger seuls, individuellement, de fléaux ou de menaces ou ne peuvent régler seuls une question. Les pandémies, telles que le VIH/SIDA, la grippe aviaire ou porcine ou, plus récemment, la fièvre Ébola sont de bons exemples de domaines où aucun État ne peut se cacher derrière ses frontières et éradiquer seul le fléau. Les migrations de masse dans le contexte de catastrophes naturelles, de guerres et de pauvreté critique ou, dans un autre domaine, les activités illicites transfrontières de réseaux criminels internationaux sont d'autres exemples de domaines où les États ne peuvent faire face, seuls, aux problèmes ou aux menaces et où des approches internationales coordonnées sont nécessaires. Cependant, le domaine où par nature les États ne peuvent résoudre individuellement les questions et sont obligés de coopérer pour résoudre les problèmes est, par excellence, celui de l'environnement.

Jusqu'à présent, la plupart des problèmes mondiaux qui ont été abordés sur la base d'une coopération accrue entre les États-nations. Cependant, cette approche a ses limites car la nécessaire coordination a des difficultés à s'attaquer aux problèmes ou même échoue à les résoudre (p. ex., les migrations de masse, les pandémies, etc.). En outre, la coopération et la coordination se brise sur les egos et les intérêts nationaux, chaque État se cachant derrière ses droits souverains pour échapper aux nécessaires mesures contraignantes (par exemple : les négociations sur le changement climatique), alors que des politiques et des mesures obligatoires seraient nécessaires pour s'attaquer aux problèmes. L'environnement est à cet égard le domaine où des transferts de souveraineté sont par excellence nécessaires et devraient se matérialiser sans tarder si nous voulons éviter la catastrophe majeure qui s'annonce. L'eau, l'air et les espèces naturelles, et tous les éléments naturels en général, y compris leurs interactions sous la forme du dérèglement climatique et des catastrophes naturelles, constituent aujourd'hui une préoccupation commune pour l'humanité et des enjeux mondiaux majeurs pour l'humanité qui doivent être abordés sous l'angle de la supranationalité. Comme examiné en profondeur dans le chapitre 6 de ce livre (Réhabilitons notre l'environnement), des institutions dotées de pouvoirs et de moyens propres devraient être constituées dans le cadre du système des Nations Unies pour contenir les émissions de gaz à effet de serre, pour protéger et administrer les espaces d'intérêt collectif et ainsi de suite. Ces institutions à caractère universel travailleraient bien entendu sous la supervision politique et le contrôle démocratique de tous les États, mais elles seraient dotées de pouvoirs exécutifs propres pour surveiller les domaines placés sous leur sous leur supervision technique et mettre en application les mesures adoptées sur une base collective.

Cependant, nous acheminer vers des transferts croissants de souveraineté et la création d'institutions dotées de pouvoirs supranationaux pour nous attaquer aux grands enjeux mondiaux ne se produira pas spontanément car les États sont, par nature, jaloux de leurs prérogatives. De plus, les États sont sous l'influence de puissants intérêts, d'entreprises géantes, des groupes de pression et même de réseaux criminels, tous opposés à une quelconque forme de contrôle de leurs activités. Les États ne renonceront à leurs prérogatives dans les domaines concernées que lorsqu'ils seront forcés de le faire, soit à la suite de catastrophes majeures, soit comme résultat des pressions exercées par l'opinion publique et, *in fine*, par les citoyens du monde entier. De grandes catastrophes se produiront inévitablement tôt ou tard. Néanmoins, l'opinion publique pourrait anticiper les cataclysmes et forcer les gouvernements à prendre les mesures nécessaires en temps voulu, avant qu'il ne soit trop tard. En ce sens, le travail réalisé par de grandes ONG environnementales (comme Greenpeace, en particulier), par des réseaux citoyens mondiaux (comme Avaaz, en particulier) et par une multitude d'associations, dans de nombreux pays, est fondamental pour promouvoir une nécessaire prise de conscience et faire que des mesures soient prises.

Tout cela exige que de nouvelles initiatives soient prises sur la voie de la supranationalité, comme cela a été fait au lendemain de la Seconde Guerre mondiale avec la création de l'Organisation des Nations Unies et la possible intervention du Conseil de sécurité, chaque fois qu'une situation pourrait mettre en danger la paix et la sécurité internationale. D'autres étapes ont été franchies dans les années 90, lorsque des conflits sont apparus, entraînant de graves violations des droits humains, tels que la guerre civile en Bosnie ou le génocide au Rwanda. A ce moment-là, des ONG comme Médecins Sans Frontières et Médecins du Monde commencèrent à réclamer un droit d'ingérence et même un devoir d'intervention dans les affaires intérieures d'États souverains au titre de l'aide humanitaire [357]. La création de tribunaux internationaux pour l'ex-Yougoslavie et le Rwanda et la création par la suite de la Cour pénale internationale (CPI) en 2002 a fixé de nouvelles limites aux droits souverains et supposément illimités des États et des gouvernements dans leurs affaires intérieures.

Alors que la souveraineté s'impose encore, comme le droit inaliénable de chaque peuple ou nation de décider de son propre destin, un consensus international chaque fois plus net se dessine autour de l'idée que les gouvernements ne devraient plus se prévaloir de leur souveraineté, et se cacher derrière elle, sous prétexte de, ou comme excuse pour faire ce qui leur passe par la tête dans leurs propres pays. Le droit international et les relations internationales s'acheminent clairement vers une interprétation restrictive de la souveraineté lorsqu'elle a à voir avec des préoccupations majeures pour toutes les nations, telles que la paix et la sécurité, les droits humains, les crises humanitaires et autres préoccupations communes. Il est donc temps d'appliquer maintenant ce concept à l'environnement et tout particulièrement au dérèglement climatique. Les États ne devraient plus être autorisés à faire ce qui leur passe par la tête, individuellement, dans un domaine qui est une source d'inquiétude mondiale, pour tous. Ils ne devraient plus être autorisées, en particulier, à contaminer l'atmosphère avec des gaz à effet de serre, à accélérer le dérèglement climatique et à mettre en péril l'avenir de l'humanité. Comme le souligne le vieil adage : « *la liberté des uns s'arrête là où commence celle des autres* ». Cela devrait s'appliquer à la défense de notre patrimoine commun : la Terre.

Une fois de plus, les problèmes économiques, les questions sociales, les défis environnementaux, les questions politiques et autres domaines de préoccupation ne sont pas des questions isolées, qui pourraient être saucissonnées et traitées séparément les unes des autres, mais au contraire des problèmes systémiques et interdépendants qui doivent être abordés d'une manière holistique, comme souligné dans l'introduction de ce livre. C'est pourquoi gouverner avec *sagesse* et *une vision du tout* devrait être de la plus haute importance pour la résolution de tous nos problèmes.

> *« L'histoire des inégalités dépend des représentations que se font les acteurs économiques, politiques, sociaux, de ce qui est juste et de ce qui ne l'est pas, des rapports de force entre ces acteurs, et des choix collectifs qui en découlent ; elle est ce qu'en font tous les acteurs concernés. »*

Thomas Piketty

Le capital au XXIème siècle (2013)

Chapitre 12 - Édifions des sociétés équitables

Contribuer à l'avènement d'un monde nouveau, où les gens seraient à l'abri du besoin, vivraient en harmonie avec la nature, auraient le temps de profiter de la vie, ne dépendraient plus des diktats des marchés, ne seraient plus soumis au lavage de cerveau de l'idéologie dominante, exerceraient directement leurs droits de citoyens et désigneraient des hommes et des femmes sages pour gouverner leurs collectivités est possible, pour peu que l'on construise des sociétés justes. La société actuelle et le système qui prévaut fonctionnent dans le sens diamétralement opposé, parce qu'ils sont conçus pour être injustes. Bâtir des sociétés équitables devrait donc constituer notre objectif d'ensemble.

L'objectif central du « *système* » et de la société qui en découle est de faire de l'argent et d'accumuler richesse et pouvoir entre les mains d'une poignée d'individus. Plus il accumule richesse et pouvoir entre les mains d'une toute petite minorité qui en tire profit, mieux cela fonctionne pour eux. Le sort du reste de l'humanité n'inquiète pas ceux qui tirent profit du « *système* » aussi longtemps que cela n'affecte pas leur image ou que cela ne menace pas leurs privilèges (c'est pourquoi, soit dit en passant, les milliardaires ont été si entreprenants dans la promotion de fondations d'aide et de bienfaisance au cours des dernières décennies). Ils ne se soucient pas des injustices et des menaces potentielles tant qu'elles ne débouchent pas sur des émeutes et des révolutions. Heureusement, pour eux, les révolutions ne sont plus populaires car elles ont été reléguées au magasin des accessoires idéologiques. Nonobstant, les troubles sociaux ne disparaîtront pas pour autant, mais se développeront au contraire dangereusement dans l'avenir, car « *le système* » ne sera plus en mesure de gérer les inégalités croissantes et les tensions sociales qui en découlent. Jusqu'à présent, « *l'augmentation de la taille du gâteau, au lieu de sa division* » a été la réponse du capitalisme à la question des inégalités. Mais cela ne sera plus possible parce que le gâteau n' augmente plus - sauf dans un nombre limité d'économies « émergentes » - et que la croissance en tant que telle menace pour notre survie même en tant qu'espèce humaine. Il est donc grand temps d'aborder la question de la répartition des richesses et des revenus dans le monde

Si nous voulons bâtir les sociétés justes que nous avons esquissées dans ce livre, nous devons inévitablement redistribuer la richesse et les revenus. De plus, nous devons mobiliser des ressources publiques pour les États et les collectivités, de sorte que les investissements et les mesures envisagées dans les chapitres précédents puissent être mis en œuvre. Faire en sorte que les pays et les sociétés fonctionnent de façon différente, plus juste et plus conviviale, exigera, n'en doutons pas, des réformes profondes et d'importants changements dans la façon dont les ressources sont mobilisées et canalisées.

Les questions à résoudre sont essentiellement de trois ordres :

Comment garantir à chacun et à chacune un revenu de solidarité de base et à tous une juste répartition des ressources ?

Comment financer les mesures et les investissements requis pour promouvoir la nouvelle société ?

Comment canaliser des ressources au profit des plus nécessiteux dans les mondes en développement et sous-développé ?

Garantir à tous un revenu de solidarité de base irait bien au-delà de la formule consistant à « prendre aux riches pour donner aux pauvres », comme l'ont pratiqué jusqu'ici la plupart des politiques de redistribution des revenus. Ce dont nous avons besoin à cet effet ce ne sont pas des mesures simples et additionnelles pour prendre l'argent des plus favorisés et le donner aux nécessiteux. Nous n'avons pas besoin de programmes sociaux additionnels et sans cesse nouveaux pour aider ceux qui sont défavorisés. Ce dont nous avons vraiment besoin, c'est d'une véritable révolution dans la façon dont nous concevons et percevons le travail, l'argent et la vie. Nous ne devrions plus travailler pour gagner de l'argent, ou simplement pour survivre, comme c'est le cas pour la majeure partie de l'humanité. Nous ne devrions plus percevoir l'argent comme un instrument conçu pour consommer et accumuler de la richesse, comme c'est le cas dans presque toutes les sociétés. Nous ne devrions plus vivre pour travailler et gagner de l'argent, comme c'est aujourd'hui l'obsession pour la majeure partie de l'humanité.

Le travail, ou mieux, les activités productives et sociales[358] devraient redevenir ce qu'elles ont été pendant des millénaires, à savoir : un moyen de satisfaire nos besoins et d'assumer une fonction utile dans la société. Un prêtre, par exemple, ne « travaille » pas : il prend soin des fidèles. Un soldat ne « travaille » pas : il défend la patrie. Un médecin « ne travaille » pas : il soigne des patients. Un fonctionnaire ne « travaille » pas : il sert les citoyens. Et quand il s'agit d'activités productives, nous devrions percevoir le « travail » d'une façon totalement différente. Un agriculteur, par exemple, ne devrait pas « travailler » : il devrait produire des aliments pour les autres. Ce que nous appelons communément un « travailleur » ne devrait pas « travailler » : il devrait fabriquer des biens pour ceux qui en ont besoin. Un ingénieur ne devrait pas « travailler » : il devrait concevoir ou développer des processus qui profitent à tous et ainsi de suite. En d'autres termes, toutes les activités sont utiles dans une société (sauf, bien sûr, les activités criminelles) et toute personne devrait réaliser au moins une activité utile pour la société, qu'elle soit « productive » ou non. Les personnes ne devraient pas « travailler » et recevoir une rémunération pour cela, mais plutôt se consacrer à des tâches ou à des fonctions qui profitent à tous.

Le revenu et l'argent ne devraient plus dépendre du « travail » mais du rôle social de chacun et de son occupation

Le revenu et l'argent destinés à satisfaire les besoins fondamentaux et, au-delà, à récompenser les activités menées par chacune et chacun ne devaient plus dépendre du « travail » - mesuré en temps ou en intensité - mais du rôle social et de l'occupation exercée - caractérisés comme la fonction que chacun ou chacune assume dans une société donnée. Comme exposé plus haut, dans ce livre, chacun ou chacune devrait se libérer du dénuement, satisfaire ses besoins fondamentaux et recevoir en conséquence un revenu de solidarité de base. Les personnes qui recevraient ce revenu ne devraient pas être considérées comme des « assistés » (comme le prétendraient probablement de sots néoconservateurs), mais simplement comme des êtres humains recevant le revenu minimum qu'ils seraient en droit de percevoir. Au-delà et au-dessus de ce niveau minimal les gens recevraient une rémunération qui les inciterait à mener des activités utiles et les récompenseraient pour la réalisation de tâches auxquelles la société attache de l'importance. Les gens exécutant des tâches pénibles, par exemple, recevraient une rémunération plus élevée. Les personnes travaillant de longues heures seraient également rémunérées en conséquence. Les individus assumant des responsabilités importantes et complexes seraient rémunérés comme tels et ainsi de suite. La société déterminerait, dans la pratique, les niveaux de rémunération qui devraient être accordés à chaque catégorie, ce qui signifie concrètement que l'État fixerait des niveaux de rémunération selon des critères qui seraient démocratiquement établis. Dans ce nouveau schéma, les abus figurant dans l'actuel système de rémunération et d'incitations seraient éliminés, comme en particulier les rémunérations exorbitantes et les privilèges outranciers accordés aux PDG de grandes entreprises, les primes scandaleuses versées aux *traders* et aux gestionnaires financiers et autres catégories d'abus. Les rémunérations privées continueraient certes d'être librement négociées, mais des niveaux maxima de rétribution s'appliqueraient suite à l'imposition des revenus et à l'application de mesures règlementaires [359].

La finalité du revenu ne serait plus de consommer des quantités croissantes et sans fins de biens et de services. Le revenu de solidarité de base et les rémunérations offertes au-dessus de ce niveau offriraient ensemble les ressources nécessaires pour les gens vivent à l'abri du besoin et obtiennent les biens et les services dont ils ont vraiment besoin (c.-à-d. un logement, des équipements domestiques, des moyens de transport appropriés, de la nourriture et des boissons, etc.), plus quelques ressources supplémentaires pour profiter de la vie (p. ex. pour les loisirs, le sport, les voyages, etc.). Cela devrait aller de pair avec des politiques et des mesures ayant pour objet de lutter contre le gaspillage (par exemple, en interdisant les publicités trompeuses ou manipulatrices, en limitant les pratiques de mode abusives, etc.), de promouvoir les économies (par exemple, en économisant l'énergie, en réparant systématiquement les équipements défectueux, en recyclant les matériaux usés, etc.) et d' encourager l'auto-nomie (par exemple, en encourageant les jardins potagers, en produisant de l'électricité domestique, etc.). Les gens obtiendraient l'essentiel, mais plus le superflu, qui en fait n'a que des dimensions ostentatoires. Les gens seraient encouragés à créer, à innover et à partager - à la fois physiquement et intellectuellement - au lieu d'afficher leur ego, pour les plus privilégiés, au moyen de voiture flambant neuves, de bijoux et de Haute Couture.

Comme déjà expliqué dans le chapitre 7 (Redécouvrons la convivialité) les impôts sur le revenu et les services chargés de l'imposition des revenus joueraient un rôle central dans ce nouveau régime de ressources. Les niveaux de progressivité de l'impôt sur le revenu seraient ajustés en tant que de besoin pour fournir les ressources nécessaires au budget de l'État et sabrer en même temps les rémunérations outrancières (c.-à-d. une tranche d'imposition à 100 % s'appliquerait au-delà d'un certain niveau de rémunération). A l'autre extrême, les services chargés de l'imposition des revenus verseraient le revenu de solidarité de base à tous les citoyens, sans exception, un rôle qu'ils remplieraient tout naturellement en leur qualité de contrôleurs des revenu perçus par les citoyens. La charge additionnelle d'ensemble engendrée par la mise en œuvre de ce nouveau droit ne serait pas disproportionnée car elle serait en grande partie contrebalancée par une série d'économies dans les programmes d'assistance, tels que notamment les aides offertes aux personnes sans emploi ou les allocations accordées aux personnes ne disposant pas de ressources, qui sont nombreux dans les pays développés. Quant aux pays en développement ou sous-développés, des économies pourraient être aussi réalisées dans les programmes offrant des aides aux pauvres car le revenu de solidarité de base remplacerait les ressources fournies par ces derniers. Cependant, des ressources supplémentaires seraient sans aucun doute nécessaires pour financer entièrement le dispositif des ressources.

Au total, les gens ne se tueraient plus au travail pour gagner chaque fois plus d'argent, consommer chaque fois plus de produits et générer chaque fois plus de déchets. Ils se consacreraient plutôt à des activités utiles, reconnues et récompensées comme telles par la société. Personne ne serait abandonné dans le besoin, car tout le monde aurait droit au revenu de solidarité de base. Et les gens auraient beaucoup plus de temps pour se fréquenter et profiter de la vie. Cela constituerait le fondement des sociétés justes que nous chercherions à établir.

Cependant, si nous voulons mettre en œuvre les priorités proposées dans la deuxième partie de ce livre nous devrions changer radicalement la manière suivant laquelle la richesse et les revenus sont affectés et distribués dans chaque pays et entre les pays. Les inégalités extrêmes qui règnent et se développent partout devraient être contenues et réduites dans chaque société, mais aussi entre les sociétés elles-mêmes. De nouvelles politiques de redistribution des richesses et des revenus devraient être conçues à cette fin. De même, de nouveaux mécanismes de financement devraient être élaborés et mis en place pour financer les politiques et les investissements pris en considération dans ce livre. Deux sources de financement majeures devraient, en particulier, être mobilisées à cette fin : les ressources fiscales, d'une part, et les ressources financières, de l'autre.

Les systèmes fiscaux devraient être foncièrement réformés pour financer et mettre en œuvre les nouvelles priorités

En premier lieu, une réforme profonde des systèmes fiscaux serait nécessaire pour financer aux niveaux appropriés les investissements publics et les politiques requises pour mettre en œuvre les nouvelles priorités. Une telle réforme concernerait évidemment en priorité l'impôt sur le revenu. Comme expliqué plus haut, le nouveau système d'impôt sur le revenu remplirait une double fonction : celle de financer le budget de l'État et, par la même occasion, celle de financer le revenu de solidarité de base. Ceux dont les revenus dépasseraient le revenu de solidarité de base seraient imposés selon un barème progressif en vigueur alors que les personnes dépourvues de ressources recevraient le revenu de solidarité de base et seraient exemptées d'impôt sur le revenu. En outre, et comme proposé plus haut, l'impôt sur le revenu garantirait l'équité dans le système de rémunération en écrêtant les salaires et les revenus exorbitants. Au total, et en raison de sa double fonction, le nouveau revenu de solidarité de base associé au mécanisme d'imposition des revenus ne génèrerait pas d'importantes ressources nettes, mais il engendrerait toutefois des économies significatives dans tous les programmes sociaux conçus pour indemniser les chômeurs sans couverture sociale et aider les personnes défavorisées, auxquels il serait mis fin [360].

L'imposition des bénéfices devrait également être revue en profondeur pour mobiliser davantage de ressources pour l'État et, en même temps, pour prévenir une rémunération abusive du capital. Les bénéfices réinvestis en capital dans l'entreprise ou en recherche appliquée seraient bien entendu exonérés, mais les bénéfices distribués aux actionnaires seraient limités à un plafond représentant le taux de rendement maximal autorisé pour le secteur ou les activités en question (ce mécanisme constituerait en outre une incitation pour orienter les investissements et la recherche appliquée vers des secteurs ou des activités prioritaires). Les gains spéculatifs, tout particulièrement ceux provenant de la spéculation sur les matières premières, sur les actions et sur les produits financiers seraient tout simplement sabrés. En outre, les transactions financières à caractère spéculatif seraient sensiblement restreintes et imposées à travers l'adoption et la mise en œuvre universelle d'une taxe sur les transactions financières [361]. Au total, l'imposition des profits et de la spéculation financière engendreraient d'importantes ressources additionnelles, alors qu'actuellement ces bénéfices et ces gains bénéficient de toutes sortes d'exemptions, lorsqu'ils n'échappent pas purement et simplement à l'imposition (c.-à-d. l'évasion fiscale, les paradis fiscaux, etc.).

Les taxes sur les ventes (par exemple, la TVA en France), qui constituent dans la plupart des pays une importante sinon la principale source d'imposition, contribueraient également au mécanisme d'ensemble des financements publics. Cela n'exigerait pas de modifications majeures du système qui prévaut dans presque tous les pays. Toutefois, une attention particulière devrait être dans l'avenir accordée à la fixation des tarifs, en vue d'accroître l'équité du système et de faciliter les transformations socio-économiques et écologiques requises. L'échelle de la taxation devrait être revue dans son ensemble en vue d'exempter totalement ou de taxer légèrement les produits de première nécessité (nourriture, médicaments, etc.) alors que la consommation ostentatoire et les produits de luxe (bijoux, Haute couture, yachts, etc.) seraient lourdement taxés, tout comme les consommations nocives (tabac, alcool, etc.). C'est la façon dont les taxes sur les ventes fonctionnent en général, mais pas toujours ni de manière systématique. De plus, seraient exemptées ou faiblement taxées les ventes contribuant aux transitions socio-économique et écologiques requises, telles que notamment la transition vers les énergies propres, alors que les produits qui contaminent lourdement l'environnement serait sévèrement taxés. En d'autres termes, les taxes sur les ventes devraient non seulement apporter d'importantes recettes au budget de l'État, mais également soutenir systématiquement la transition vers une société plus juste et un système socio-économique respectueux de l'environnement.

De nouvelles taxes sur les activités polluantes et sur les émissions de gaz à effet de serre (GES) devraient être mises en place et généralisées pour arrêter le processus du réchauffement climatique et régénérer la nature. Celles-ci devraient en particulier remplacer le système des permis d'émission et des marchés du carbone associé à ces permis, système qui s'avère non seulement inefficace aux fins de limiter les émissions de CO2 mais en plus pervers parce qu'il alimente également la spéculation financière. Les activités économiques et les usages privés qui contaminent l'environnement ou contribuent au réchauffement de la planète devraient être systématiquement et sévèrement taxés comme moyen privilégié pour prévenir la pollution et contenir le réchauffement climatique. La taxation du carbone, en particulier, devraient être appliquée rapidement et partout à des taux et des niveaux qui décourageraient efficacement l'usage continu d'énergies fossiles. Ces taxes constitueraient une source importante et additionnelle de recettes publiques, non seulement pour financer les budgets des États mais aussi pour hâter la transition vers un système socio-économique respectueux de l'environnement.

Les produits importés et les services qui ne respecteraient pas les normes de sécurité, de protection de l'environnement, de conditions du travail et autres normes sociales et environnementales établies pourraient également faire l'objet de restrictions (quotas), de pénalités (taxes) ou d'interdictions pour imposer le respect de ces normes tout en luttant contre les pratiques de dumping. En outre, des « taxes kilométriques » pourrait être créées pour protéger la production locale contre les importations massives de longue distance ou d'outre-mer, comme les pratiquent systématiquement aujourd'hui les chaînes de la grande distribution[362].

La même approche devrait également prévaloir au niveau infranational pour ce qui est des impôts perçus par les collectivités locales. Comme pour le niveau national, les taxes devraient viser à accroître l'équité dans la société et à promouvoir les changements socio-économique et écologiques recherchés. Les impôts fonciers et sur l'habitation, en particulier, devraient être examinés et révisés dans ce sens. Des taux d'imposition élevés pourraient par exemple s'appliquer aux terres improprement administrées ou exploitées, alors que des taux réduits pourraient être appliqués aux terres qui sont correctement utilisées sous l'angle socio-économique et écologique. Les mêmes critères s'appliqueraient au logement : les bâtiments, les appartements et les maisons qui ne seraient pas conformes aux normes énergétiques et écologiques seraient plus taxés que ceux qui respectent la nouvelle réglementation. En outre, la même approche serait suivie pour toutes les taxes ou tarifs perçus par les collectivités locales (c.-à-d. pour la fourniture d'eau et d'électricité, le transport, le stationnement, l'enlèvement des ordures, etc.), qui seraient systématiquement modulés en fonction des objectifs socio-économique et écologiques poursuivis. Ces mesures devraient accroître les ressources allant aux collectivités locales pour la mise en œuvre des politiques et des investissements requis dans les zones qu'elles administrent.

Le financement des investissements requis et la mise hors la loi de la spéculation institutionnalisée devraient guider les réformes dans le secteur financier

En second lieu, le système financier devrait être tout entier réformé en vue de financer les investissements et les changements requis pour mettre en œuvre les nouvelles priorités. Cela exigerait tout d'abord une révision radicale de la façon dont il fonctionne, suite au processus de déréglementation qu'il a connu au cours des décennies récentes. Les banques, les établissements financières et les marchés financiers ne devrait plus pouvoir fonctionner sans restrictions et devraient être soumis à de strictes réglementations. L'objectif d'ensemble serait de mettre fin à la spéculation institutionnalisée et de mobiliser les ressources financières pour la mise en œuvre des investissements nécessaires et des changements socio-économiques envisagés.

Cela couvrirait trois grandes catégories de réformes :

Des changements concernant les opérateurs financiers ;

Des changements liés à la nature des transactions financières ; et

Des changements en rapport avec les taux et les conditions du crédit.

En tête du programme de réformes la distinction entre banques de dépôt et les banques d'affaires, qui a été supprimée dans le cadre du processus de déréglementation, devraient être entièrement restaurée comme règle d'or pour un fonctionnement prudent du système bancaire. La suppression de la distinction entre banques de dépôt et banques d'affaires, qui a permis aux banques de dépôt de spéculer avec l'argent de leurs déposants et aux banques d'affaires d'investir le champ d'activité de ces dernières, doit prendre fin. Les banques de dépôt devraient revenir à leur métier de base, qui consiste à recevoir des dépôts bancaires et à prêter de l'argent, tandis que les banques d'affaires devraient revenir à leur vocation première, qui est d'investir de l'argent dans des affaires et dans des entreprises. En outre, des mesures devraient être prises pour soutenir le développement des institutions financières à but non lucratif qui, par nature, sont guidées par les intérêts de leurs membres plutôt que par l'insatiable quête du profit. Les coopératives de crédit, en particulier, et toutes sortes de régimes mutualistes devraient être encouragés afin de promouvoir des formes de crédit qui aident les personnes plutôt que de les saigner. Les fonds spéculatifs à l'autre extrême, qui sont responsables d'une grande partie des maux qui frappent nos systèmes socio-économiques, devrait purement et simplement être éradiqués.

Les compagnies d'assurance et les fonds de pension - ce que l'on appelle les investisseurs institutionnels, qui forment une grande partie du système financier dans son ensemble - devraient continuer de fonctionner en conformité avec leurs finalités, mais ne devraient plus être autorisés à s'engager dans des activités risquées ou spéculatives. En outre, il conviendrait de mettre fin aux pratiques financières et aux mécanismes qui tendent à capter les gains des entreprises en exigeant des taux de rendement de 15 % ou supérieurs. Des instances et des instruments de régulation devraient être établis à cette fin - là où ils n'existent pas - pour contrôler ces institutions et s'assurer que les intérêts des assurés et des retraités, respectivement, soient dûment protégés tandis que les salariés, à l'autre extrême, ne seraient pas surexploités en raison de l'avidité des actionnaires. En outre, et comme pour les banques, les coopératives et les mutuelles devraient être davantage développées et soutenues, car elles servent d'abord leurs membres plutôt que la recherche généralisée de profits.

Les opérations financières devraient être strictement contrôlées et dûment imposées pour prévenir la spéculation mondiale sur n'importe quoi, partout, à tout moment, et pour éviter dans l'avenir un crash financier ultime. De fait, les transactions financières sont devenues totalement incontrôlées, non seulement du point réglementaire, mais aussi du point de vue opératoire. Des sommes astronomiques circulent maintenant tous les jours autour de la planète, 24 heures sur 24, en des cycles spéculatifs sans fin, la plupart mues par des ordinateurs et par les algorithmes qui leur sont dédiés et seulement guidées par la quête sans fin de profits spéculatifs. De plus, cette recherche de profits vise exclusivement à maximiser les rendements monétaires, qui sont de plus en plus déconnectés de l'économie réelle. En plus de cela, les flux financiers et les marchés sont fortement influencés par des paramètres psychologiques et émotifs qui sont foncièrement irrationnels du point de vue économique. Les dangers et les risques potentiels engendrés par ce cours sont alarmants. De nombreux analystes financiers ont mis en garde les gouvernements et le public en général, mais rien de sérieux n'a été fait jusqu'à présent pour s'attaquer au fond du problème. Un système de régulation supranational devrait donc être mis en place à l'échelle mondiale pour contrôler les flux financiers et les transactions financières, sous l'égide des Nations Unies et sous la supervision possible d'un Fonds Monétaire International (FMI) restructuré et démocratisé [363] . En outre, la mise en place d'une taxe sur les transactions financières - ladite « taxe Tobin » - serait de nature à ralentir considérablement les opérations financières en pénalisant les mouvements spéculatifs à court terme tout en engrangeant en même temps d'importantes recettes fraîches au profit des États ou du système de développement international.

La nature même des transactions financières devraient également être réexaminée à fond. Comme souligné par de nombreux analystes financiers, les transactions financières sont devenues extrêmement et indûment opaques et toxiques. L'opacité et la toxicité des produits financiers ont été, comme nous le savons, au centre de la crise des « *sub primes* », qui a déclenché à son tour le krach financier de 2008 (le plus grand krach que le monde ait connu depuis 1929). Les institutions financières et les opérateurs financiers ont créé et lancé de nouveaux « produits », tout comme les entreprises industrielles conçoivent de nouveaux produits et lancent de nouvelles lignes de production. L'« ingénierie financière » s'est imposée comme une nouvelle ligne d'activité à l'intérieur des banques et ces dernières se sont transformées en une véritable « industrie », tournée vers l'accumulation indéfinie de profits, quels que soient les risques, au lieu d'offrir des services financiers. Dans ce contexte, ce que l'on appelle la *titrisation* constitue la quintessence de ce processus, mélangeant toutes sortes d'actifs allant de créances sous-jacentes courantes à des actifs difficilement recouvrables. Un autre aspect de la dérive croissante des institutions financières est la spéculation quasi-institutionnalisée sur l'avenir, consistant en l'achat et en la vente de produits ou d'actifs à des dates futures, ou encore en l'émission de titres fondés sur des paris climatiques ou autres valeurs imprévisibles [364], qui font partie de la spéculation d'ensemble à laquelle ces institutions contribuent chaque fois plus. Comme conséquence, le monde s'est transformé en un gigantesque casino où les institutions financières, les entreprises géantes et les personnes fortunées jouent 24 heures sur 24.

Les extravagances et les dangers auxquels ont conduit aujourd'hui la déréglementation financière devraient définitivement prendre fin. Tous les produits dits dérivés devraient être soumis à de strictes règles de précaution et les contrats sur futures devraient être rigoureusement contrôlés. Tous les produits financiers « toxiques », risqués ou purement spéculatifs devraient être systématiquement éliminés. Aucun établissement financier ne devrait être autorisé à lancer de nouveaux types de produits sans l'accord préalable du mécanisme de réglementation supranational visé plus haut et les marchés de contrats sur futures devraient être surveillés de très près. L'idée générale serait de soumettre le fonctionnement du système financier dans son ensemble à de strictes règles de précaution, d'éliminer toutes les opérations spéculatives ou à risque et de le ramener à sa finalité d'origine, qui est de répondre aux besoins financiers de la population et des entreprises.

Les autorités nationales devraient strictement réglementer les taux et les conditions du crédit. Le crédit, en général, devrait redevenir ce qu'il était avant le processus de déréglementation : un instrument pour financer les besoins productifs et sociaux et pour répondre aux besoins financiers individuels. Les entreprises, les firmes et les particuliers tout comme les collectivités locales devraient pouvoir accéder rapidement et facilement aux crédits et aux prêts, pour peu qu'ils répondent aux exigences de précaution financière. En outre, les crédits et les prêts devraient pouvoir être offerts à des taux raisonnables (ce qui signifie que les taux soient équitables et non guidés par l'obsession du rendement). De plus, une régulation et une coordination du crédit devrait prendre place à l'échelle internationale. Des mécanismes de régulation devraient être développés à ce niveau, tout comme des politiques de coordination entre les monnaies. Nous devrions revenir à un système de parités fixes et les mécanismes mis en place à travers les accords de Bretton Woods devraient être rétablis et adaptés au contexte international actuel. Et pourquoi pas, à plus long terme, créer une monnaie mondiale et universelle, qui serait administrée par le FMI et qui reposerait sur un panier des devises les plus importantes ? Au total, l'idée générale serait de rétablir une stricte réglementation sur l'ensemble du secteur et sur toutes les transactions en vue de promouvoir un système financier sain et équitable et de servir l'ensemble du système socio-économique, abandonnant radicalement le cours actuel de la déréglementation sauvage.

Enfin, de nouveaux mécanismes devraient être mis en place pour canaliser des ressources vers les plus démunis dans les mondes sous-développé et en développement. Cela prendrait essentiellement deux dimensions :

> La transformation radicale de l'approche fondée sur des contributions volontaires en un mécanisme mondial de financement continu ;

> La transformation radicale de l'approche fondée sur l'aide aux pays en des programmes mondiaux ciblant les plus démunis.

Le niveau de ressources nationales que les pays en développement et les pays sous-développés peuvent raisonnablement espérer pour financer leurs investissements et leurs politiques prioritaires restera inévitablement limité, quelles que soient les réformes budgétaires et autres initiatives financières envisagées à cet effet. De fait, l'aide extérieure demeurera pour longtemps une nécessité jusqu'à ce que les pays concernés acquièrent la capacité de générer eux-mêmes d'importantes ressources additionnelles. Le système d'aide internationale en place, cependant, ne leur permet pas de mobiliser un tel financement sur une base suffisamment régulière et prévisible. En outre, il est fortement biaisé par des considérations politiques et n'est donc pas fondé sur une attribution équitable et transparente des ressources [365] .

Les pays riches devraient financer massivement le développement plutôt que de s'évertuer à contenir l'immigration forcée

L'ensemble du système d'aide international repose actuellement sur les contributions volontaires versées par la communauté dite des donateurs [366] , contributions qui sont et resteront toujours insuffisantes, qui dépendent fortement des intérêts politiques et économiques de ces pays et qui seront toujours régies par ces derniers. En toute rationalité, les pays riches devraient augmenter sensiblement leur aide, car il en va de leur propre intérêt. Cela ne serait pas seulement généreux, mais aussi bien plus payant pour les pays riches d'allouer des quantités massives d'aide aux mondes sous-développé et en développement plutôt que de se protéger derrière des mesures d'immigration sans cesse plus restrictives, des milliers de kilomètres de barrières, de barbelées et d'équipements de surveillance, des forces de police et de contrôle de l'immigration en constante augmentation, des camps et des installations de détention sans cesse élargis, des mesures de déportation en masse et autres dispositions. En outre, l'immigration forcée engendre des coûts supplémentaires en rapport avec les migrants qui réussissent malgré tout à être admis en termes d'emploi, d'investissements sociaux, d'assistance sociale et autres paramètres. Enfin, il existe des limites aux capacités d'absorption et d'intégration de nouveaux migrants par les pays d'accueil, liées à la coexistence problématique de peuples et de communautés qui ne partagent pas les mêmes coutumes,   comportements, croyances, religions et autres dimensions, autant de facteurs qui engendrent des tensions sociales et politiques dans les pays confrontés à une immigration massive et rapide (comme en Europe récemment, en raison de l'énorme arrivée de migrants en provenance du Moyen-Orient et d'Afrique). En outre, la concurrence pour l'accès aux ressources et au marché du travail entre la population du pays hôte et les migrants engendre des tensions sociales et politiques dont l'expression populaire se manifeste sous la forme de heurts ethniques ou religieux. Au total, contenir ou contrôler l'immigration ne constitue pas la solution car des millions et des millions de personnes continueront à forcer les frontières des pays riches, chassés par la misère, les catastrophes naturelles, la guerre et une myriade d'autres facteurs connexes.

Cependant, une augmentation massive de l'aide au développement et de l'aide humanitaire de la part des pays riches a peu de chances de voir le jour bientôt. Les dirigeants de ces pays sont plus préoccupés par les revendications immédiates de leurs administrés et par leur réélection que par les problèmes des mondes sous-développé et en développement. La majorité d'entre eux sont myopes , obsédés par le très court terme et les questions intérieures plutôt que par les problèmes à plus long terme et les questions internationales. De plus, comme l'immigration crée des tensions croissantes à l'intérieur des sociétés, les gouvernements tendent à s'attaquer en priorité au problème de l'immigration - c'est à dire à ses retombées- plutôt que de s'atteler aux défis du développement - c'est à dire aux causes du phénomène. Les pauvres dans les mondes sous-développé et en développement ne quitteraient pas leurs familles, leurs villages, leurs communautés et leurs pays s'ils avaient la perspective d'une vie meilleure dans leur propre pays. Ils migrent parce qu'ils sont forcés de le faire, non parce que cela leur plait et veulent vivre dans des pays supposément développés où la plupart du temps ils doivent forcer des barrières pour entrer et endurer toutes sortes de difficultés pour s'installer. Il serait donc plus rationnel, plus payant et plus avantageux pour tous d'aider les communautés pauvres dans leur propre pays et de leur offrir la possibilité d'y construire un meilleur avenir plutôt que de lutter contre l'immigration illégale et essayer d'intégrer ceux qui finissent, bon gré mal gré, par entrer. Cependant, les dirigeants politiques et l'opinion publique ne perçoivent pas le problème de cette façon-là et il sera extrêmement difficile, sinon impossible, de promouvoir une augmentation substantielle des aides traditionnelles au développement et à l'action humanitaire.

Résoudre la dimension financière de l'aide au développement et de l'aide humanitaire exigerait donc un changement radical dans l'approche. Les contributions volontaires ne répondent pas aux besoins et ne permettront jamais de financer ces besoins. Il est donc impératif de changer radicalement l'approche à travers la création d'un mécanisme de financement mondial qui ne seraient plus dépendant de la bonne volonté des États. Un mécanisme de financement mondial devrait pouvoir avoir recours à des ressources à la fois régulières, importantes et prévisibles. La seule façon de réaliser cela serait soit d'assujettir annuellement les pays riches à des contributions obligatoires en fonction de leur Revenu National Brut (RNB) par habitant, soit d'allouer à ce mécanisme de financement d'importantes ressources de nature fiscale [367] . Le fonds mondial qui recevrait ces ressources sur une base régulière et obligatoire devrait être placé sous l'égide des Nations Unies et les ressources devraient être utilisées selon des directives politiques définies par le Conseil économique et social. Ces dernières seraient dès lors attribuées aux organes du système des Nations Unies [368] chargés de la mise en œuvre des programmes de développement et des programmes d'aide humanitaire, qui donneraient à l'Organisation la possibilité d'orienter sensiblement la manière dont les ressources seraient affectées au profit des populations démunies et mobilisées dans le cadre de vastes programmes de développement ou à caractère humanitaire.

Il faudrait mettre fin à l'approche par pays et développer à la place des programmes mondiaux ciblant les besoins fondamentaux

Le deuxième changement majeur qui devrait être entrepris pour réformer radicalement le système d'aide au développement et d'aide humanitaire consisterait à renoncer à l'approche par pays et à se concentrer sur des programmes mondiaux ciblant les besoins fondamentaux. L'approche par pays a atteint ses limites, outre qu'elle engendre de multiples dysfonctionnements qui compromettent ses finalités mêmes. En plus, l'approche par pays néglige le nécessaire ciblage des plus nécessiteux et fait obstacle la mise en œuvre de programmes prioritaires mondiaux.

L'approche consistant aider individuellement chaque pays a sans aucun doute été bénéfique pour l'émergence et la consolidation des nouveaux États indépendants. L'assistance technique et financière fournie à cet effet a contribué à la promotion d'une plus grande autonomie nationale tout en permettant la création puis le renforcement d'institutions nationales (ce que l'on appelle dans le *jargon* du développement renforcer « *les capacités nationales* » et promouvoir « *la construction d'institutions* »). Des institutions nationales ont été créées, des fonctionnaires, des cadres, des techniciens et d'autres catégories professionnelles ont été formés, des investissements ont été réalisés dans tous types d'infrastructures allant des barrages hydroélectriques et d'irrigation [369] aux routes et aux ports, des programmes ont été lancés et mis en œuvre dans tous les domaines, y compris l'éducation, la santé, le logement, le développement rural intégré et dans bien d'autres domaines [370] . Tous les secteurs ont été promus et toutes sortes de questions ont été abordées. Au total, les retombées ont été importantes. Toutefois, les résultats n'ont pas tous été à la hauteur des objectifs et dans de nombreux cas ils se sont révélés décevants, lorsqu'ils n'ont pas débouché sur des résultats carrément calamiteux.

Les insuffisances de l'approche par pays sont inhérentes à la démarche elle-même. Ce type d'approche se concentre sur les pays et elle est acheminée par le canal des gouvernements, ce qui entraîne dès le départ une forte dépendance à l'égard des intérêts politiques et économiques. Les pays donateurs conditionnent leur aide technique et financière à des critères, à des domaines et à des projets qui répondent à leurs priorités stratégiques et politiques. Même l'assistance technique canalisée par le biais des fonds et programmes des Nations Unies est soumise à des critères et à des pressions de la part des bailleurs de fonds qui la financent. Pire encore, l'aide financière offerte par les institutions de Bretton Woods, notamment par la Banque mondiale d'un côté et par le FMI de l'autre, est lourdement soumise à des conditionnalités politiques, économiques et financières. Comme ces deux institutions sont fortement influencées par l'idéologie dominante et par l'ordre en place, elles ont toutes deux tendance à imposer des programmes, des politiques et des réformes qui obligent les pays bénéficiaires à s'y conformer. Les programmes d'ajustement structurel, en particulier, conjointement imposés et administrés par les deux institutions, constituent à cet égard des instruments puissants et contraignants pour imposer aux pays bénéficiaires les politiques et les réformes que « *le système* » exige d'eux. Au total, les processus de développement et les politiques des pays bénéficiaires sont fortement tributaires de la détermination des pays donateurs et des institutions financières internationales de leur imposer un cours d'action conforme à leurs propres priorités.

Ce biais de l'aide internationale se combine au possible détournement de l'aide par les autorités nationales à des fins politiques ou même de malversation privée. Alors que les pays donateurs et les institutions financières internationales tendent à imposer leurs vues et politiques aux programmes et stratégies mises en œuvre par les pays bénéficiaires, ces derniers tendent tout naturellement à dévier l'aide qu'ils reçoivent en fonction de leurs propres projets et priorités. Dévier l'aide que les pays bénéficiaires reçoivent couramment n'aurait rien en soi de critiquable si le processus était transparent, convenu entre toutes les parties et conforme aux priorités nationales de développement et d'action humanitaire. Cependant, lorsque cela a lieu, cela se passe fréquemment dans l'opacité, en conflit avec les objectifs arrêtés d'un commun accord par les donateurs et les pays bénéficiaires et à des fins qui ne servent pas nécessairement le développement national ou les besoins humanitaires. De telles situations ne constituent pas la règle, mais elles se produisent cependant, ce qui sape la coopération mutuelle entre les parties quand cela n'affecte pas purement et simplement le processus même de développement national. Pire encore, le possible détournement des fonds fournis aux pays bénéficiaires par des fonctionnaires ou des autorités gouvernementales peuvent, dans certains cas, priver les pays et leurs populations des ressources nécessaires et contribuer à corrompre l'appareil d'État. La corruption peut donc mettre en péril les programmes de développement et les interventions humanitaires tout en enrichissant indûment des fonctionnaires sans scrupules. Au total, l'approche par pays a plusieurs implications négatives, en ce sens que l'aide n'atteint pas nécessairement les plus démunis ou, plus précisément, qu'elle ne leur profite que de façon marginale.

Réorienter l'aide internationale vers les plus démunis devraient devrait donc constituer, de mon point de vue, une priorité absolue. Ceci peut seulement se réaliser sur la base de programmes mondiaux ayant pour objet la satisfaction des besoins les plus critiques, non soumis aux intérêts des donateurs ni aux pressions extérieures et non exposés aux détournements de fonds ou même à la malversation. On pourrait même concevoir que 100 % de l'aide internationale puisse être acheminée à travers cette nouvelle modalité, éliminant ainsi les déficiences du système actuel. Ces nouveaux programmes pourraient être conçus, financés et mis en œuvre suivant les priorités proposées dans le chapitre 5 (Répondons aux besoins fondamentaux). Ils devraient être mis en œuvre par le système des Nations Unies, qui a déjà l'expertise, les compétences et l'expérience nécessaires pour exécuter les programmes de développement et d'aide humanitaire de manière efficace et sans parti pris politique.

On pourrait concevoir, par exemple, un « Programme mondial pour l'éradication de la faim », qui ciblerait les 940 millions de personnes qui sont encore aujourd'hui sous-alimentés dans le monde. Un tel programme comporterait deux volets : un volet humanitaire, destiné à soulager la faim tant qu'elle persiste, et un volet de développement, visant à accroître la production alimentaire sur une base durable et équitable. Pour sa composante humanitaire ce programme pourrait aller bien au-delà de ce que le Programme alimentaire mondial (PAM) fait actuellement, qui consiste essentiellement à faire face aux situations d'urgence. Il aurait pour objectif de fournir à chaque personne ou famille des régions sélectionnées les calories et les nutriments de base requis pour soulager la faim (des rations alimentaires périodiques sous la forme de bons d'achat leur permettraient d'acheter des aliments dans des magasins locaux, des entrepôts de distribution publics ou dans des réseaux d'approvisionnement ad hoc). Cela exigerait des opérations combinées avec les autorités nationales et locales, ainsi que des contrôles nécessaires pour prévenir un mauvais usage de l'aide. La composante pour le développement de ce programme consisterait en une série de volets de développement rural intégré pour les plus démunis dans les régions les plus défavorisées du monde. Ces volets mettraient en œuvre un jeu complet et articulé d'investissements et d'activités de développement visant à relancer la petite agriculture, à promouvoir l'agriculture durable, à accroitre l'approvisionnement alimentaire et à fournir des ressources aux petits agriculteurs. Leurs objectifs seraient de permettre aux plus démunis de rester sur leurs terres (ou d'acquérir des terres), de promouvoir l'autosuffisance alimentaire et de fournir à ceux-ci des ressources supplémentaires afin qu'ils puissent améliorer leurs conditions de vie. La FAO [371], qui a une longue et vaste expérience dans ce domaine, devrait jouer un rôle fondamental dans la conception et le soutien à de tels volets. Mais d'autres fonds et agences des Nations Unies avec une expérience pertinente dans le domaine de la nutrition, telles que l'UNICEF [372] et l'OMS [373], contribueraient également à ces volets.

La même approche pourrait être développée dans tous les domaines où des transferts massifs de ressources et d'aide seraient nécessaires pour répondre aux besoins les plus fondamentaux dans le monde. On pourrait concevoir, par exemple, un vaste "Programme mondial pour le logement et l'assainissement" qui permettrait d'atténuer les problèmes rencontrés par le 1,0 milliard de personnes qui vivent aujourd'hui dans des logements précaires et les 2,3 milliards de personnes qui n'ont pas accès à des installations sanitaires convenables. Un tel programme devrait cibler les plus démunis et les zones plus défavorisées dans le monde (taudis en particulier). Il mettrait en œuvre nécessairement de la planification, de la programmation, des approches intégrées et pluridisciplinaires pour le développement de schémas alternatifs d'urbanisme et de logement et exigeraient la participation active des populations concernées. Un programme des Nations Unies tel qu'Habitat [374], qui possède un savoir-faire approfondi sur les interventions dans ce domaine, pourrait être mobilisé à cette fin (de pair avec d'autres organisations possédant une expertise pertinente dans le domaine de l'assainissement telles que l'UNICEF et l'OMS). Dans le domaine de l'approvisionnement en eau potable, par exemple, l'on pourrait aussi concevoir un vaste programme ciblant les 650 millions de personnes qui n'ont pas accès aujourd'hui à une source d'eau potable convenable. Un tel programme financerait les investissements nécessaires pour développer les infrastructures appropriées et les activités pertinentes pour gérer l'eau de façon saine et durable. Le même type d'approche pourrait aussi être développé dans les autres domaines prioritaires, tout particulièrement dans les domaines de l'éducation et de la santé où les investissements et les activités de soutien seraient financés et promus, ciblant les plus démunis dans les régions les plus défavorisées. L'UNESCO [375] et l'OMS, respectivement, auraient évidemment un rôle de premier plan à jouer dans ces domaines.

Ces propositions ne sont que des exemples, des illustrations sur la façon dont on pourrait orienter différemment les ressources vers les plus démunis et de répondre en même temps aux besoins prioritaires fondamentaux. Cela exigerait, en amont, qu'un mécanisme de financement mondial soit créé pour financer sur une base prévisible et massive tous les programmes qui pourraient être établis à cet effet. Cela exigerait en outre, en aval, que les bénéficiaires finaux - c'est-à-dire les populations, les communautés locales, les groupes cibles et autres destinataires de l'aide - participent pleinement à la conception, à la mise en œuvre et à l'évaluation de ces programmes au niveau local, sinon ces programmes ne parviendraient fort probablement pas à atteindre leurs objectifs.

Tous ces programmes seraient créés et développés autour du concept de *ciblage*. Les programmes mondiaux de développement et d'aide humanitaires n'aideraient pas les pays tous azimuts sur la base d'interventions dispersées et non coordonnées (comme le saupoudrage qui prévaut actuellement), mais cibleraient les démunis dans les régions les plus affectées par la misère. En d'autres termes, il n'y aurait plus de « pays bénéficiaires », mais plutôt des « groupes de bénéficiaires » finaux, directement ciblés par-dessus les frontières. Les gouvernements devraient certes s'impliquer dans la mise en œuvre de ces programmes - et les institutions nationales devraient très probablement être renforcées sur la base de programmes de renforcement des capacités institutionnelles et humaines - mais l'idée centrale serait de cibler directement les gens et non plus les pays en tant que tels. Les gouvernements auraient la responsabilité d'intégrer ces programmes dans leurs plans généraux de développement à travers une planification, une programmation, des investissements, des formations et des soutiens techniques adéquats. Cependant, le concept irréductible consisterait à aider gens et non plus les gouvernements. De plus, les collectivités locales, les ONG impliquées dans le développement ou des activités humanitaires et toutes les communautés concernées au niveau local devraient être systématiquement et étroitement associées aux programmes dès le début.

Mettre en œuvre de tels programmes exigerait inévitablement une approche « du haut vers le bas » (*top-down* en anglais), du niveau mondial vers le niveau des bénéficiaires eux-mêmes, à travers l'identification des groupes vulnérables et des populations dans le besoin, la sélection des zones géographiques, la conceptualisation des méthodologies et des outils pertinents et ainsi de suite. Mais cela n'exigerait pas moins une approche « du bas vers le haut » (*bottom up* en anglais) de la part des bénéficiaires eux-mêmes, vers le niveau de conception institutionnel de ces programmes, à travers une véritable participation des populations concernées à l'identification adéquate de leurs besoins réels et à la sélection des moyens les plus pertinents pour répondre à leurs besoins. Ainsi, plutôt que d'«assister les gens » comme dans les approches « du haut vers le bas » qui prédominent aujourd'hui de tels programmes devraient plutôt donner du pouvoir aux gens et leur offrir la possibilité de participer authentiquement à la conception, à la mise en œuvre et à l'évaluation de tous les projets et de toutes activités qui les concernent directement, à travers la promotion systématique d'une approche participative au développement « du bas vers le haut » [376]. Le développement participatif à la base devrait en ce sens et par ailleurs contribuer à l'émergence d'une véritable démocratie participative dans les régions les plus défavorisées des mondes sous-développé et en développement.

Sur le plan institutionnel, et d'un point de vue conceptuel, une nouvelle approche de ce genre entraînerait nécessairement des changements profonds dans la façon dont l'assistance internationale est dispensée et dont le système des Nations Unies fonctionne. Pour mettre en œuvre cela, le système des Nations Unies devrait être complètement restructuré, en gardant tous les personnels, talents et le savoir-faire requis, mais en redéployant ces derniers suivant de nouvelles priorités. Le Programme des Nations Unies pour le développeemnt (PNUD) conserverait sa fonction de coordination centrale, qui est de servir comme l'instrument d'ingénierie et de planification du système des Nations Unies dans le domaine du développement [377] . Cependant, la richesse en personnels et en expérience accumulée par toutes les organisations du système devait être entièrement conservée, mais redéployée suivant des programmes prioritaires au sein d'organes restructurés et renforcés. De plus, un nouveau paradigme de développement fondé sur une participation réelle à la base exigerait un éventail plus large de professionnels et d'experts dans différentes disciplines, formés en approches et en méthodologies participatives pour compléter le cadre actuel des experts en disciplines du développement. Il devrait y avoir une plus grande diversité de voix dans les débats sur le développement et une plus grande attention accordée aux voix locales. Au niveau des pays, toutefois, les mécanismes de coordination existants [378] devraient être maintenus et améliorés pour garantir et suivre la bonne exécution des programmes mondiaux en étroite coopération avec tous les participants (c.-à-d. les gouvernements, les autorités locales, les ONG internationales et locales et, surtout, les populations bénéficiaires par le biais de multiples canaux d'expression formelle et informelle). La restructuration du système des Nations Unies permettrait et compléterait de la sorte l'amélioration globale des mécanismes de gouvernance dans le monde.

Pour clore cette partie de l'ouvrage, il conviendrait de souligner, une fois de plus, qu'aucune des réformes et des perspectives ici proposées ne se matérialisera en l'absence d'une vision claire de ce que devrait être notre avenir et d'une ferme détermination à entreprendre les changements nécessaires. Le mot clé ici se résume, une fois de plus, à la *volonté politique* et la question essentielle reste de *nous débarrasser du « système »,* y compris de sa quête obsessionnelle et dévastatrice de *croissance.* C'est pourquoi les dimensions politiques d'un changement aussi radical sont si importantes car, une fois de plus, l'économie devrait servir les gens et non les gens l'économie.

Conclusion

L'objet de ce livre, au départ, était de s'attaquer au mythe de la croissance et de proposer une alternative à ce mythe dans la façon dont nous vivons et dans la manière dont nos sociétés sont organisées. La thèse centrale de cet essai est que le processus de croissance que nous avons connu dans le monde occidental et vécu dans les trois décennies de l'après-guerre a été un épisode exceptionnel et non réplicable dans l'histoire de l'humanité.

La croissance telle nous l'avons connue dans le monde occidental et au Japon au lendemain de la Seconde Guerre mondiale a constitué un moment exceptionnel dans l'histoire de l'humanité. Les ressources naturelles étaient encore abondantes et bon marché à cette époque, la population mondiale était encore dans les limites du supportable, la distribution des revenus et des ressources était encore juste dans les sociétés occidentales, facteurs qui, tous ensemble, convergeaient vers une croissance soutenue des économies et un accroissement régulier du bien-être dans les sociétés concernées. Cet épisode exceptionnel s'est dissout soudainement au début des années 70, lorsque les prix du pétrole commencèrent à grimper en flèche et , plus généralement, lorsque l'énergie et les ressources minérales commencèrent à se faire rares. Le pacte social non écrit qui assurait une distribution équitable des revenus et plus de bien-être contre une promesse de paix sociale fut brisé et les entreprises, engagées dans une quête sans fin de profits, de compétitivité et d'automatisation, commencèrent à comprimer l'emploi ainsi que les salaires. La conséquence directe de ce cours fut, de façon simultanée, la montée du chômage et le freinage de la consommation sur longue période, déclenchant une crise structurelle du processus de croissance longtemps cachée et lénifiée par un endettement croissant, excessif et chaque fois plus dangereux. La crise mondiale de 2008, à cet égard, marque un tournant, le stade final et le point de non-retour du processus de croissance que les pays industrialisés avaient connu antérieurement pendant quelques décennies exceptionnelles. La croissance ne reprendra jamais plus comme par le passé, de façon significative, l'emploi continuera de décliner, la consommation survivra au prix de pratiques de crédit de plus en plus hasardeuses et les tensions sociales exploseront au sein des sociétés.

Cependant, le capital et les grandes entreprises ne s'effondrent pas pour autant. Dans son infinie capacité de régénérescence le capital a trouvé et développera de nouvelles façons de surmonter cette nouvelle crise fondamentale et structurelle. Sa réponse a consisté dans un premier temps à délocaliser sa production vers les pays à bas salaires, délocalisation suivie par la recherche systématique de sites offrant les plus grands avantages en termes de faibles exigences règlementaires, de faibles normes environnementales, de faibles contraintes fiscales et ainsi de suite. Elle a également consisté à sabrer les salaires et les charges sociales, là où cela était possible , grâce à l'extension généralisée de l'automatisation et de la robotisation et, partout où cela s'avérait possible, en abaissant les normes sociales et celles du travail, aggravant ainsi la crise de l'emploi dans son ensemble, mais ouvrant en même temps de nouvelles pistes pour une augmentation continue des profits. Le capital et les grandes entreprises migrent également vers de nouveaux marchés en expansion dans les économies dites émergentes. Les économies émergentes sont à présent les chaloupes de sauvetage du capitalisme dans le monde avec de nouveaux marchés de consommation gratifiés par de rapides perspectives d'expansion, des niveaux de salaires, des normes environnementales et d'autres contraintes réglementaires encore faibles et une classe moyenne montante associée au nouveau *policy mix* technologique. Ces économies offrent de nouvelles opportunités au capital , lui donnent un nouveau souffle, lui octroient en somme une pause face au déclin général du processus de croissance. Toutefois, cette pause atteindra également ses limites lorsque la rareté de l'énergie et des ressources minérales ralentira l'expansion, lorsque la pollution et la détérioration de l'environnement deviendront insupportables et lorsque les gens exigeront plus de protection et de justice sociale. La Chine est aujourd'hui l'illustration la plus emblématique et problématique de cette évolution.

Par conséquent, quels que soient les changements ou les initiatives que le capital et les grandes entreprises puissent entreprendre dans l'avenir, les problèmes critiques engendrés par un processus de croissance aveugle, sans fin et chaque fois plus problématique ne disparaîtront pas pour autant. Au contraire, les tensions et l'insécurité engendrées par cette folle course à la croissance ne cesseront de se développer. Le chômage et l'exclusion sociale deviendront chaque fois plus insupportables et provoqueront, n'en doutons pas, toutes sortes de révoltes, allant du suicide comme forme de protestation aux manifestations de masse et aux émeutes, comme on le constate déjà aujourd'hui. La concentration de la richesse et du pouvoir entre les mains d'une infime minorité de privilégiés deviendra de plus en plus intolérable pour l'immense majorité des gens contraints de faire face à des situations sociales d'insécurité croissante et d'endurer d'incessantes difficultés. L'épuisement de nos ressources naturelles, la destruction de notre environnement, l'augmentation de la pollution et le bouleversement de notre climat rendront la vie insupportable sur toute la planète. La nouvelle classe dirigeante planétaire - la « *nouvelle oligarchie mondiale* » comme je l'appelle - en est bien sûr consciente et est à la recherche de sorties pour surmonter cet effondrement socio-économique majeur du système capitaliste. Le Forum économique mondial et « *la classe* de Davos » [379] , en particulier, sont fortement engagés, depuis 2009, dans un projet extrêmement ambitieux de réforme du capitalisme et de conception d'un mécanisme de gouvernance mondiale qui supplanterait le système de gouvernance intergouvernementale informel qui s'efforce actuellement d'administrer le monde (une sorte de gouvernement mondial qui ne dirait pas son nom) [380] . D'un autre côté, les gouvernements en place seront de plus en plus contraints de prendre des mesures pour répondre à ces menaces, comme ils tentent encore timidement de le faire aujourd'hui. Cependant, les dirigeants politiques et les technocrates resteront encore longtemps prisonniers de leurs logiciels socio-économique mentaux et insensibles aux initiatives radicales dont nous avons cruellement besoin pour surmonter cette catastrophe historique majeur. Les pressions en la faveur d'une croissance sans fin continueront de prévaloir et les mesures prises pour faire face aux problèmes ne seront jamais à la hauteur des défis. Elles ne constitueront que de cautères sur une jambe de bois, et rien de plus, alors que nous aurions besoin de changer radicalement le cours de cette folle course à la croissance.

Inverser les priorités est donc devenu impératif si nous voulons prévenir le désastre qui s'annonce. Les quatre grandes priorités proposées dans ce livre ne sont pas exceptionnelles ou nouvelles, en ce sens qu'elles devraient répondre à des besoins qui sont universellement reconnus et promouvoir - ou restaurer - des modes de vie qui font défaut à tout le monde ou dont tout le monde rêve. Tous les gouvernements et tous les peuples reconnaissent que les droits humains sociaux fondamentaux devraient être satisfaits. Chaque personne, sans exception, devraient donc avoir droit à l'alimentation, à l'eau, au logement, à l'assainissement, à la santé et à l'éducation. Nous savons comment le faire. Il serait simplement question de financer et de mettre en œuvre les investissements nécessaires et les politiques pertinentes. Nous devons également examiner de toute urgence la détérioration constante de notre environnement, une question qui va bien au-delà de la nécessaire préservation de la nature. Notre planète se transforme chaque jour davantage en une décharge d'ordures, tandis que l'air est de plus en plus irrespirable et l'eau douce de plus en plus rare. Enfin, et surtout, nous réchauffons dangereusement l'atmosphère et préparons une catastrophe planétaire. Nous savons comment traiter ces questions. Il serait simplement question de mettre en œuvre les mesures requises. En outre, chaque personne devrait avoir droit à des conditions de vie décentes et chacun ou chacune devrait avoir non pas un « emploi » - au sens classique du terme - mais plutôt une place et une activité utiles dans la société. Nous ne devrions plus « travailler » pour consommer sans fin, mais plutôt dédier nos talents à des tâches qui sont utiles à tous et consacrer plus de temps à la vie, pour en pour profiter. À cette fin, nous devrions construire des sociétés solidaires et conviviales. Beaucoup d'idées émergent en ce moment. Il serait simplement question de les essayer et de les développer. Enfin, nous devrions promouvoir - ou restaurer - une plus grande autonomie économique, afin de reconstruire des économies et des systèmes socio-économiques qui servent les gens au lieu de les soumettre aux règles d'un marché mondial entièrement façonné et dominé par des entreprises géantes. Nous savons aussi comment le faire. Il serait simplement question de taxer et de réglementer les activités économiques ou - plus précisément - de les « re-réglementer ».

Ceci étant dit : pourquoi ne le faisons-nous pas ? La réponse est très simple : parce que l'ensemble du « *système* » - un système conçu par et au service du capital et des grandes entreprises - ne veut pas que nous le fassions. Parce que « *le système* » tourne précisément dans le sens opposé. L'immense et omniprésente machine idéologique nous empêche de le faire. Cela commence dans nos propres esprits. On nous empêche d'imaginer d'autres modèles, de concevoir des solutions alternatives, de mettre en œuvre d'autres politiques. Toute cette affaire n'est cependant pas de nature *économique* mais définitivement de nature *politique*. L'une des réalisations majeures de cet immense lavage de cerveau est de nous faire croire que ces questions sont purement économiques, qu'elles exigent des approches économétriques complexes, que seuls des économistes devraient s'en occuper et que les simples citoyens ne devraient pas se mêler de la façon dont ces choses fonctionnent. Telle est le mensonge suprême qui est quotidiennement distillé par l'ensemble de l'appareil idéologique et de propagande qui sert le capitalisme. Un mensonge qui consiste à nous faire croire que les problèmes majeurs auxquels nous sommes confrontés sont exclusivement économiques alors qu'en fait, au contraire, ils sont d'abord et avant tout politiques. Une supercherie qui cache le véritable objet du « *système* », qui est de concentrer le pouvoir et la richesse dans les mains d'une poignée d'individus. Ceci est un problème éminemment politique et non un simple problème économique. Et c'est pour cette raison même que troisième partie de cet essai traite des dimensions politiques de toutes les questions abordées.

Si nous voulons édifier un monde meilleur, nous devons d'abord et avant tout rétablir la primauté du politique. *L'économie devrait être au service des gens et non l'inverse.* Si nous voulons répondre aux besoins fondamentaux, réhabiliter notre environnement, restaurer la convivialité et reconstruire notre autonomie, nous devons l'imposer aux acteurs économiques et ne pas laisser les entreprises géantes dicter ce qui leur convient. Mais, une fois de plus, mettre l'économie au service de la société requiert un affrontement idéologique : une bataille contre « *le système* » lui-même, un système qui est entièrement satisfait de la manière dont la politique fonctionne aujourd'hui. Plus les politiciens sont égocentrés et même corrompus, plus les citoyens sont désabusés et écartés des décisions politiques majeures et mieux cela marche pour « *le système* ». La professionnalisation de la politique, la médiatisation de la politique et l'abstention politique contribuent ensemble à déposséder le citoyen de ses droits civiques. Par conséquent, si nous voulons changer la façon dont le « *système* » fonctionne et édifier un monde nouveau, nous devons radicalement changer la façon dont la politique fonctionne aujourd'hui.

Reprendre en mains la politique exigerait que les citoyens soient responsables des choix majeurs qui affectent leur vie. Nous devons à cette fin « réinventer » la démocratie ou, dit en des termes plus modestes, offrir aux gens la possibilité de participer directement aux décisions qui les concernent. La réponse à ce problème se résume à plus de démocratie directe et participative, par opposition à la démocratie représentative et à la professionnalisation de la vie politique qui prévalent aujourd'hui. Par opposition, aussi, à la personnalisation du pouvoir qui prévaut aujourd'hui, nous devrions promouvoir la collégialité comme mode de gouvernance privilégié ; privilégier, en d'autres termes, des systèmes politiques fondés sur la gouvernance collective et sur la contribution d'élus reconnus pour leur sagesse, plutôt que sur des partis politiques invités à conquérir et à conserver indéfiniment le pouvoir, comme cela fonctionne aujourd'hui. Restaurer la politique au sens noble du terme et accroître la participation directe et authentique des citoyens dans les grands choix de leurs sociétés devraient guider toutes les réformes dans ce domaine.

Cependant, édifier un monde meilleur exigerait aussi un changement radical dans la façon dont la richesse et les revenus sont distribués, dont les ressources sont allouées et dont les efforts sont partagés au sein des sociétés et entre les nations comme un tout. Les progrès réalisés tout au long du vingtième siècle et en particulier dans les décennies qui ont suivi la Deuxième Guerre mondiale, pour ce qui est de la distribution des revenus et de la justice sociale, ont été emportés par les révolutions néolibérales et néoconservatrices des années 80. Comme démontré par une multitude d'études et par de nombreux chercheurs, les disparités sociales et la concentration de la richesse entre les mains d'une poignée de gens ont depuis lors grimpé au plafond en raison, entre autres, de la déréglementation tous azimuts des économies et des flux financiers, associée à des politiques fiscales et budgétaires de plus en plus taillées sur mesure pour profiter aux riches. En outre, les ressources mobilisées en faveur des plus démunis et à l'appui des processus de développement demeurent ridiculement faibles par rapport aux besoins. Ce dont nous avons besoin, au total, c'est de changements radicaux dans la façon dont les impôts sont prélevés dans les pays riches, changements assortis de flux massifs de ressources pour soutenir les mondes sous-développé et en développement. Ceci n'est pas une tâche impossible parce que les ressources existent, mais elles sont inéquitablement allouées. Permettre une concentration sans fin de richesse entre les mains d'une infime minorité ne peut conduire qu'à un effondrement social généralisé. Ignorer la misère dans les mondes sous-développé et en développement ne peut mener qu'à une désintégration sociale mondiale. Les ressources existent. La question se résume au fait de les redistribuer.

Certains diront, pour que cela puisse se produire, que l'équilibre des forces dans le monde devrait changer du tout au tout, que les pays riches et puissants devraient renoncer à leurs privilèges et qu'un nouvel ordre international devrait être établi pour que les pays pauvres sortent du dénuement et de la dépendance. De fait, seuls quelques pays dans le monde décident de ce qui devrait être bon ou mauvais pour le reste du monde, même si les États, en tant que tels, ne sont plus les seuls protagonistes de l'ordre international, suite au déclin des États-nations et à la montée concomitante de nouveaux acteurs transnationaux. Le groupe autrefois appelé des pays industrialisés (regroupés au sein du G7/G8) et les économies dites émergentes (désormais représentées dans le G20) décideront surement encore, pour de nombreuses années à venir, du sort de l'ensemble du monde. Il ne fait aucun doute que, parmi eux, l'ancienne superpuissance, les États-Unis, et son nouveau rival dans monde, la Chine, auront un poids décisif dans les affaires du monde. Cependant les États, en tant que tels, ne sont pas des entités transcendantes sans rapport avec les peuples dont ils sont l'émanation et les gouvernements que ces derniers se donnent. Les États sont la projection internationale des nations et, *in fine,* des peuples qui les composent. Si les gens décidaient que leurs États respectifs devraient défendre de nouvelles positions et poursuivre de nouvelles priorités, leurs gouvernements et leurs représentants sur la scène internationale devraient agir en conséquence. La clé pour résoudre les questions internationales majeures analysées dans ce livre se trouve donc entre les mains des peuples : entre les mains des citoyens américains, dans le cas des États-Unis, entre les mains des citoyens chinois, dans le cas de la Chine, et ainsi de suite pour le reste des nations. Changer la manière dont le monde fonctionne doit donc commencer au sein de chaque nation et reposer, *in fine,* sur chaque citoyen. Nous sommes tous responsables de la façon dont le monde devrait changer et nous devrions tous agir pour qu'il change, quelle que soit notre nation d'origine.

Tous les changements que nous avons suggérés peuvent et devraient être mis en œuvre, pour peu que nous nous débarrassions de la croissance et de l'idéologie qui la soutient - une tyrannie profondément enracinée dans nos esprits. Nous devons nous écarter du cours de la mondialisation conduite par un capital à l'avidité sans limites - la planche de salut que « *le système* » a trouvé pour perpétuer sa domination sur les gens et les choses. Nous devrions commencer par l'affrontement idéologique, qui constitue le premier pas requis pour libérer nos esprits. Et nous devrions mobiliser à cette fin tous les intellectuels et tous les activistes qui sont en désaccord avec la façon dont notre monde est régi et exploité. Nous devrions de surcroît mobiliser, derrière eux, tous ceux qui souffrent du « *système* » actuel et qui aspirent à un avenir meilleur. Nous devrions également avoir à l'esprit les alternatives explorées dans ce livre et bien d'autres encore qui restent à identifier et à développer, afin d'avoir *clés en mains* les réponses et les solutions dont nous aurons grandement besoin pour construire un nouveau monde lorsque le nôtre s'effondrera. Il est impossible, à l'heure actuelle, de prévoir quand et comment notre monde actuel s'effondrera. Cela dépendra beaucoup des tensions sociales et politiques qui se développeront au sein des sociétés, entre les pays et sur la planète tout entière, en raison des injustices, des révoltes, des émeutes et des calamités qui se développeront dans un futur proche. Devrions-nous hâter l'agonie de ce monde pour précipiter l'avènement du nouveau ? Devrions-nous préparer des « révolutions », comme celles qui ont emporté l'ancien régime ou défié le nouvel ordre entre la fin du dix-huitième et le début du vingtième siècle ? Je n'en suis pas vraiment certain. Les révolutions ne sont pas le pur produit de plans délibérés. Elles ne peuvent pas être programmées ni décrétées. Les révolutions se produisent lorsque les forces socio-politiques qui sont profondément à l'œuvre dans les sociétés deviennent propices et lorsque les circonstances qui les déclenchent se matérialisent. Des bouleversements se produiront inévitablement dans un proche avenir en raison des multiples tensions, conflits et catastrophes qui se profilent partout. Nous devrons être prêts à tirer le meilleur parti de ces bouleversements, lorsque les circonstances exigeront des changements radicaux, pour édifier un monde meilleur. Tel est le projet. Réalisons-le !

Remerciements

Je tiens à remercier ici tous les anciens collègues, amis et parents qui m'ont aidé à revoir ce livre, à analyser mon texte, à critiquer ses lacunes et à mettre à l'épreuve mes idées. Leur aide m'aura été très utile pour finaliser ce livre et tirer les conclusions qu'il vous livre. Ils ne partagent pas nécessairement mes points de vue et mes analyses sur les questions abordées, ni ma perception idéologique du contexte global, puisque ceux-ci constituent ma contribution personnelle à la résolution de l'immense crise à laquelle nous sommes confrontés. Leur contribution à ce travail, cependant, m'a été extrêmement précieuse, quelles que soient mes positions personnelles sur les questions examinées dans cet essai politiquement très engagé.

Mes remerciements vont tout d'abord, dans l'ordre chronologique, à mes anciens collègues du *Commissariat Général du Plan* (l'organe de planification économique et sociale français, anciennement rattaché aux services du Premier ministre), au sein duquel j'ai commencé ma carrière dans les années 70.

Alain Bosser, ancien Chargé de mission au Commissariat général du plan et, plus tard, Secrétaire général de la *SNECMA* (une grande entreprise publique française du secteur de la construction aéronautique), m'a aidé en particulier à revoir la pertinence du cadre de gestion économique proposé dans mon livre, mais aussi - en tant que militant engagé au service de nombreuses causes depuis sa jeunesse - à mettre à l'épreuve mes vues sur la façon de sortir du carcan de ma mondialisation capitaliste.

Jean-Michel Treille, également ancien Chargé de mission au Commissariat général du plan, Président du GAPSET (une société de conseil française pour le développement du pilotage opérationnel des entreprises) et engagé depuis les années 70 dans les politiques et initiatives relatives au développement de l'informatique et des applications numériques m'a très utilement aidé dans l'évaluation de mon livre sous l'angle de la révolution numérique.

Je leur suis très reconnaissant pour leurs contributions respectives.

Mes remerciements vont également à Christian Sautter, ancien Directeur du *CEPII* (le centre de recherche français de prospective économique internationale), où j'ai travaillé une année sur son invitation en qualité que chercheur invité pour réaliser une étude sur les nouveaux pays industrialisés. Christian Sautter, qui a servi plus tard comme Secrétaire général adjoint à la Présidence de la République, Ministre de l'économie et des finances et Préfet de Paris - parmi bien d'autres responsabilités publiques notables - est actuellement Président de France Active (une association de renom pour la promotion de l'emploi et de l'entrepreneuriat). Je lui suis très reconnaissant pour son examen approfondi de mon livre et pour toutes les suggestions qu'il a faites en rapport avec mes analyses et propositions.

Mes remerciements vont également à Christian Comeliau, l'un de nos plus éminents chercheurs sur l'économie du développement. J'ai rencontré Christian Comeliau lorsqu'il était en mission en Afrique et nous sommes devenus amis plus tard, après mon affectation à Genève comme que Directeur adjoint du Bureau européen du PNUD. À cette époque, il était devenu professeur à l'Institut Universitaire d'Études du Développement (institut de recherche et de formation pour le développement rattaché à l'Université de Genève) et avait publié nombre d'études, après avoir servi comme économiste à la Banque mondiale, à l'OCDE et également au Commissariat Général du Plan. Je lui suis très reconnaissant pour l'analyse très détaillée qu'il a faite de mon livre et pour toutes les suggestions qu'il a faites pour approfondir ses approches.

Je suis également très reconnaissant à mon ancien collègue Brahim Amouri pour sa précieuse contribution à la critique de mon livre. Brahim Amouri était le Représentant régional de la FAO à Tunis quand j'étais le Coordonnateur résident des Nations Unies en Tunisie. En sa qualité d'économiste et d'ancien haut fonctionnaire de la FAO, son expérience et les connaissances qu'il a accumulées dans le domaine de l'alimentation et du développement agricole me semblaient très importantes pour vérifier la pertinence de mes analyses et de mes propositions dans ce domaine. Sa contribution à mon livre a été fort précieuse.

J'ai également eu recours à l'expérience et aux connaissances de deux amis rencontrés après avoir pris ma retraite anticipée, consacrant depuis une partie importante de mon temps à réfléchir et à écrire sur les grands problèmes mondiaux.

Josef Beck, un entrepreneur à l'esprit progressiste, qui a créé et dirigé avec succès des entreprises privées dans différentes parties du monde - y compris en Amérique du Nord et en Amérique latine - en sus de son travail de consultant dans l'Extrême-Orient - y compris en Chine et au Vietnam - m'a nourri de sa vision, comme entrepreneur privé, sur la façon dont le secteur privé pourrait mieux servir la société.

Terry Tatje, ancien professeur d'anthropologie à l'Université d'État de New York, à Buffalo, avec comme spécialités l'anthropologie économique, les études environnementales et la planification urbaine, a vérifié et discuté la pertinence de mes analyses et conclusions et m'a fourni de très précieux conseils.

A tous deux, je tiens à leur exprimer ma profonde gratitude.

J'adresse un remerciement très spécial à ma belle-sœur, Angela Français-Simbuerger, anthropologue, auteur de travaux de recherche sur les communautés traditionnelles d'Indonésie et ancien agent de l'ONU pour le maintien de la paix au Timor Oriental. Il me fallait la perception de l'anthropologue sur les processus de développement et, en particulier, sur l'impact tragique de la mondialisation sur le soi-disant monde en développement. Sa contribution à la défense d'une approche participative du développement a été fondamentale.

Enfin, je tiens à remercier mon oncle, Évariste Nicolétis, pour sa contribution à l'examen de ce livre. J'avais besoin de ses compétences et de ses connaissances, comme polytechnicien et ingénieur des eaux et forêts, pour évaluer la pertinence de mes analyses et de mes propositions sur les questions environnementales. Je suis très reconnaissant de son soutien.

Après avoir passé en revue toutes leurs observations , j'ai été surpris de découvrir qu'ils étaient entièrement d'accord avec les analyses, le constat et les conclusions de la première partie de ce livre, intitulée « L'impasse ». Un tel consensus - partagé par un éminent groupe de talents et de compétences - prouve que mon diagnostic alarmant sur l'état de notre monde est pertinent. Ce faisant, cela devrait plutôt être un sujet de préoccupation pour nous tous ! Sur les deux autres parties, intitulées « Inversons les priorités » et « Édifions un nouveau monde », les vues et les suggestions étaient - comme je m'y attendais - plutôt diverses. Cela suggère qu'il y a beaucoup de chemins possibles pour notre avenir et que nous devrions les explorer pleinement si nous voulons donner naissance à un monde meilleur. J'exprime à tous ma profonde reconnaissance pour l'aide apportée à l'examen de mon texte et pour leurs contributions respectives à cet essai.

Notes

---

[1] Donella H. Meadows, Dennis L. Meadows, Jorgen Randers et William W. Berens III, Les limites de la croissance, New American Library, 1972.

[2] Pablo Servigne et Raphaël Stevens, Comment tout peut s'effondrer, Anthropocène, Seuil, 2015.

[3] Jeremy Rifkin, la fin du travail, Jeremy P. Tarcher/Penguin, 2004.

[4] Thomas Piketty, Capital et idéologie, Éditions du Seuil, 2019.

[5] Rapport Brundtland, Commission mondiale sur l'environnement et le développement (1987).

[6] Quatre associations, Notre Affaire à Tous, la Fondation Nicolas Hulot pour la Nature et l'Homme, Greenpeace France et Oxfam France ont décidé, en 2018, d'attaquer l'État français en justice pour qu'il respecte ses engagements climatiques. Quelle que soit la portée juridique de cette action, sa dimension symbolique et politique est indéniable.

[7] Il existe au moins une institution de recherche internationale qui ait développé des approches systémiques pour analyser les questions socio-économiques et environnementales complexes : l'Institut international pour l'analyse appliquée des systèmes (IIASA ou International Institute for Applied Systems Analysis), situé à Laxenburg, Autriche. Je me suis familiarisé avec ce type d'approche dans les années 70, tout particulièrement avec la méthodologie des *impacts croisés*, lorsque je servais au Commissariat général du plan (l'organe français chargé de la planification du développement). J'ai cherché par la suite à la promouvoir dans les années 90, lorsque j'ai visité cette institution dans le but d'introduire l'analyse des systèmes dans les opérations du Programme des Nations

Unies pour le développement (PNUD). L'IIASA est actuellement fortement engagé dans des analyses systémiques en rapport avec à l'énergie et
le changement climatique. Sur le terrain de la prise de décisions, par ailleurs, les analyses de systèmes et les modèles complexes développés par
le Groupe d'experts intergouvernemental sur l'évolution du climat
(GIEC) constituent, de mon point de vue, la première tentative sérieuse
d'aborder des problèmes majeurs sous l'angle d'une approche systémique.

[8] Edgar Morin, La voie, Fayard, 2011.

[9] Je ne suis pas un économiste de formation ni de profession, mais un
planificateur et un praticien du développement, doté d'une longue expérience dans ces domaines, détenteur d'un doctorat d'État et de diplômes
d'études supérieures en droit public et en sciences politiques et donc familier avec toutes les disciplines sociales en rapport avec ces domaines,
dont l'économie bien entendu.

[10] Jeremy Rifkin, La fin du travail (*The End of Work: The Decline of
Global Labor Force and the Dawn of the Post-Market Era*) Jeremy P.
Tarcher/Penguin, 2004.

[11] Dans la langue de tous les jours et dans le contexte de la guerre froide
le terme « communisme » a été déformé pour désigner indûment des expériences qui ont défiguré le socialisme comme le stalinisme dans l'ex-
URSS ou le maoïsme dans la République populaire de Chine, qui
n'avaient rien à voir avec les thèses de Karl Marx telles qu'exposées dans
son Manifeste communiste. Cependant, comme le cliché est communément utilisé je me référerai à cette utilisation fallacieuse du mot « communisme » pour désigner cette fausse alternative au capitalisme.

[12] J'ai été un militant enthousiaste du parti socialiste français au cours de
mes jeunes années et j'ai même assumé les fonctions de Secrétaire de sa
Commission de la défense nationale du temps où j'étais particulièrement
intéressé par les questions de défense, travaillant étroitement avec
Jean-Pierre Chevènement et Charles Hernu, futures et fameux ministres
de la Défense français.

[13] J'ai rencontré, milité ou travaillé avec des parlementaires, des ministres, des chefs de gouvernement et des chefs d'État, en France lorsque
j'étais politiquement engagé et plus tard, dans différents pays, en ma
qualité de représentant des Nations Unies. Le personnage le plus impressionnant qu'il m'ait été donné de connaitre de près est le président Fidel

Castro, que je considère davantage comme une sorte de moine ou de missionnaire soucieux du sort de l'humanité plutôt que comme un pur produit de la classe politique.

[14] Le terme « durabilité » a été utilisé pour la première fois dans le rapport de la Commission mondiale sur l'environnement et le développement intitulé : « Notre avenir commun » (1987). Son utilisation s'est répandue avec la Conférence des Nations Unies sur l'environnement et le développement (CNUED), également connue sous le nom de Sommet de la Terre (Rio de Janeiro, juin 1992). Bien qu'il soit devenu extrêmement répandu et utilisé sans discernement, il signifie bien ce qu'il veut dire, à savoir que la poursuite de la croissance comme nous la connaissons n'est pas soutenable pour notre environnement et qu'il faudrait nous acheminer vers un développement durable. J'élargirais cependant ce concept pour y inclure tous les autres domaines, y compris l'économie, la société, la culture, la politique et ainsi de suite. L'ensemble de notre processus de croissance et de développement tel que nous le vivons aujourd'hui est insoutenable à l'échelle mondiale.

[15] Le produit intérieur brut (PIB) est une mesure agrégée de la production, égale à la somme des valeurs ajoutées par l'ensemble des unités résidentes engagées dans la production (Glossaire des termes statistiques de l'OCDE). Le PIB peut être subdivisé en «PIB marchand » et « PIB non-marchand ». Les unités productives et les services orientés vers le marché, y compris les entreprises publiques et privées vendant des biens et des services, contribuent à la formation du « PIB marchand » (PIB mesuré aux prix du marché), tandis que les administrations publiques et privées fournissant des services gratuits contribuent à la formation du « PIB non marchand » (PIB mesuré au coût des facteurs). Le PIB est le concept le plus répandu dans le langage courant pour mesurer la production et sa croissance, mais il associe une série de mesures complémentaires et de définitions telles que le PNB (produit national brut), le RNB (revenu national brut), etc. De plus, ces agrégats peuvent être mesurés à prix courants (en valeur), à prix constants (en volume), à parité de pouvoir

d'achat « PPP » (pour corriger les distorsions des taux de change) et ainsi de suite.

[16] Un "proxy" est une variable étroitement corrélée à une autre.

[17] Dominique Meda, La mystique de la croissance : Comment s'en libérer, Champs actuel, Flammarion, 2014.

[18] Jean Gadrey, Adieu à la croissance : Bien vivre dans un monde solidaire, les Petits matins, Alternatives économiques, 2011.

[19] Les rapports sur le développement humain ont été lancés et publiés par le Programme des Nations Unies pour le développement (PNUD) à partir de 1990, pour analyser l'ensemble des dimensions du développement par-delà de la simple croissance. L'économiste Mahbub Ul Haq a fait de cette publication un rapport faisant autorité dans le monde entier avec, en même temps, l'élaboration de l'indice de développement humain (IDH). J'ai personnellement contribué à la conceptualisation de cette publication quand j'ai suggéré l'idée d'un tel rapport à William Draper III, qui était à ce moment-là l'Administrateur du PNUD, et écrit une note à sa demande en date du 30 octobre 1986.

[20] Mieux connu sous le nom de « Forum de Davos », une élégante station de ski en Suisse où les plus hauts dirigeants du monde des affaires, des membres de gouvernements et des économistes et experts de haut niveau au service du système se rencontrent chaque année pour analyser comment va le monde et discuter de ce qui devrait être fait pour promouvoir davantage la mondialisation de l'économie.

[21] Bien que certains chercheurs faisant autorité, comme Angus Maddison, soutiennent avec raison que l'origine du processus remonte aussi loin que le onzième siècle, quand « les villes-États de l'Italie du Nord et, en particulier, Venise ont enclenché le processus de croissance et rouvert le commerce méditerranéen », un processus également lié à l'émergence de centres commerciaux urbains en Flandre (Angus Maddison, Les

contours de l'économie mondiale 1-2030 AD, Oxford University Press, 2007.)

22 Voir : Max Weber, l'éthique protestante et l'esprit du capitalisme.

23 Certains changements importants surviennent généralement avant le décollage visible d'une nouvelle phase, tandis que quelques vestiges caractéristiques de cette phase resteront perceptibles dans la suivante.

24 Il convient de noter, toutefois, que le spectaculaire décollage des pays industrialisés à partir de 1820, a été précédé par une assez longue, lente mais constante augmentation de leur PNB par habitant entre l'an 1000 et 1820. Le PNB par habitant du groupe des pays occidentaux (Europe de l'Ouest et ses « ramifications », c.-à-d. USA, Canada, etc.) plus le Japon a presque triplé entre 1000 et 1820, alors qu'il stagnait dans le reste du monde. En l'an 1000 ce groupe ne représentait que 12,1 % du PNB mondial, tandis que l'Asie (hors Japon) représentait 67,6 % du PNB mondial. En 1973, ce groupe de pays industrialisés atteignait 58,7 % du PNB mondial, tandis que l'Asie (hors Japon) tombait à 16,4 %. La Chine, en particulier, qui représentait 22,7 % du PNB mondial en l'an 1000 était tombée à 4,6 % en 1973 (Source : Angus Maddison, Les contours de l'économie mondiale 1-2030 AD, Oxford University Press, 2007).

25 Par opposition au capitalisme de la première révolution industrielle, celui analysé par Karl Marx, lorsque les propriétaires des mines et des usines pouvaient facilement être identifiés comme individus avec des noms et des visages.

26 Henri Ford, le grand fabricant de voitures aux États-Unis, considérait que des hauts salaires étaient une condition pour la croissance de l'économie et pour la prospérité de sa propre entreprise.

27 Frederik Taylor a développé l'organisation scientifique du travail, à travers laquelle chaque geste de chaque travailleur était analysé, minuté et planifié afin de promouvoir la productivité.

28 Beaucoup d'économistes français se référèrent à cette période comme celle des « trente glorieuses », une expression lancée par l'économiste français Jean Fourastié pour désigner la période allant de la fin de la Seconde Guerre mondiale au premier choc pétrolier (1945-1973), lorsque la

plupart des économies de l'Europe occidentale se remirent de la guerre, grandirent et changèrent à un rythme accéléré.

[29] L'année 1973 fait figure de point de rupture majeur dans l'évolution du monde avec la multiplication par cinq des prix du pétrole qui mit fin à l'ère de l'énergie bon marché. J'ai été personnellement témoin de cette rupture quand je servais au Commissariat général du plan et quand le gouvernement nous demanda d'examiner toutes les voies possibles pour réduire la consommation d'énergie et promouvoir le passage vers des énergies non fossiles.

[30] Sauf dans des scénarios de science-fiction où les humains se lance-raient dans l'exploitation des ressources de l'espace extra-atmosphérique - scénarios dont rêvent déjà certains cercles politiques et milieux d'af-faires - mais qui exigeraient des progrès technologiques spectaculaires et se traduiraient par une exacerbation des contradictions entre les exi-gences d'investissement en termes de capital et les besoins de la popula-tion en termes de distribution de revenus (comme nous le verrons plus loin, ces contradictions pourraient le cas échéant être gérées par le biais d'un accroissement de la répression politique et sociale, ce qui constitue-rait le pire des scénarios possibles).

[31] D'après le scénario démographique central du Département des af-faires économiques et sociales de Nations Unies.

[32] Au point où nous en sommes, la ruée vers les nouvelles sources non conventionnelles d'énergie fossile, comme l'huile de schiste et le gaz de schiste, qui sont en plein essor au Canada et aux États-Unis, ne fera que retarder de quelques décennies le moment où l'ensemble des énergies fossiles ne suffira plus à satisfaire la demande mondiale. Outre les dégâts environnementaux causés par ces industries, les ressources en huile et en gaz de schiste ne représentent qu'une fraction relativement limitée des réserves mondiales (14,0 % pour le pétrole et 30,0 % pour le gaz en 2011). Elles atteindront tôt ou tard leur pic de production, comme pour les res-sources de pétrole et de gaz conventionnelles, et nous reviendrons à la case départ.

[33] Cette décision coïncide en fait avec l'intention des principales compa-gnies pétrolières occidentales d'augmenter significativement le prix du pétrole afin de financer les investissements élevés nécessaires à l'exploi-tation de nouveaux gisements de pétrole dans des conditions de plus en plus difficiles (par exemple : les forages *offshores*, les gisements pétro-liers de l'Alaska, etc.). Rien à voir avec le conte de fées d'une représailles

des États arabes contre Israël et l'Occident à l'occasion de la guerre du Kippour. Cette hausse a répondu à la convergence des objectifs des grandes compagnies pétrolières et des pays exportateurs de pétrole.

[34] Je considérerais plutôt cette nouvelle hausse comme un incident lié à la révolution iranienne plutôt que comme un reflet de la tendance des prix du pétrole à augmenter sur le long terme. Cependant, elle illustre le stress global imposé à l'économie mondiale par une simple source d'énergie en déclin : le pétrole.

[35] Le concept de « pic pétrolier » se réfère au moment où l'extraction du pétrole cessera d'augmenter et commencera à décliner dans le monde, sur la base des réserves prouvées, des technologies connues et des contraintes financières. Tous les experts s'accordent sur le fait que cela se produira inexorablement dans les années à venir, même s'ils sont en désaccord sur la date précise. Certains d'entre eux pensent même que nous avons déjà atteint le « pic pétrolier ». Une excellente illustration de ce concept peut être trouvée sur le site du Club de Rome http://www.clubofrome.org site web . Voir : Ian T. Dunlop, Pic pétrolier et durabilité mondiale.

[36] Extrapolation du concept de « pic pétrolier » à l'ensemble des ressources minérales.

[37] Parmi les plus radicaux et les plus influents promoteurs de l'idéologie néolibérale je mentionnerais Friedrich Hayek (1899-1992) et Milton Friedman (1912-2006) qui ont enseigné à l'Université de Chicago et dont les écrits ont contribué à promouvoir une vision de la société entièrement organisée autour des lois du marché, où le rôle de l'État doit être strictement limité à quelques fonctions de base, y compris l'application de la loi (Hayek) et la gestion de la monnaie (Friedman).

[38] Dans la vision élaborée par Michael Hardt et Antonio Negri l'« Empire » est le système global qui gouverne le monde à l'âge de la mondialisation capitaliste (Michael Hardt et Antonio Negri, Empire, Harvard University Press, 2000). L'« Empire » est régi par un système pyramidal complexe qui comprend trois différents niveaux. Au sommet de la pyramide se tiennent les États-Unis - qui détiennent la suprématie militaire - assistés par un petit groupe de pays et d'institutions qui gèrent l'économie mondiale (le FMI et certains groupes spécialisés comme le G 7, le Club de Paris et le Forum de Davos). Le niveau intermédiaire de la pyramide est constitué par le réseau des entreprises transnationales et par d'autres regroupements d'États, qui structurent et organisent la façon dont le capital fonctionne tout en arbitrant les conflits sociaux. Le niveau inférieur de la pyramide rassemble différents acteurs plus proches des

attentes de la population, tels que des regroupements d'États subordonnés et des organisations de la société civile (allant des églises aux médias et aux grandes organisations non gouvernementales).

[39] Confrontée à un important déficit de la balance des paiements et à une dette publique croissante l'administration Nixon mit unilatéralement fin en 1971 à la convertibilité du dollar en or, ouvrant une nouvelle ère de fluctuation des devises et provoquant l'effondrement du système des parités fixes mis en place après la Seconde Guerre mondiale à travers les accords de Bretton Woods (1944).

[40] Les négociations du GATT (Accord général sur les tarifs douaniers et le commerce) ont débuté en 1946. Elles ont consisté en huit *rounds* de négociations sur les tarifs douaniers et les restrictions non tarifaires jusqu'à la création de l'OMC.

[41] L'OMC (Organisation mondiale du commerce) a été créé en 1995 à travers l'Accord de Marrakech. Elle constitue à présent un forum permanent pour les négociations commerciales et la résolution des différends.

[42] Une dimension préoccupante de ce processus est la pression exercée par les entreprises transnationales et leurs lobbies pour mettre en place des tribunaux d'arbitrage et des mécanismes juridiques qui autoriseraient des poursuites contre les États chaque fois que ceux-ci prendraient l'initiative de limiter ou de contrôler les investissements étrangers et le flux commerciaux pour des motifs sociaux ou environnementaux (l'ISDS en particulier, ou mécanisme de règlement des différends entre États et investisseurs, en français). Des instruments tels que l'Accord multilatéral sur l'investissement (AMI) parrainé par l'OCDE (finalement mort-né) et les partenariats transpacifique (TPP en anglais) et transatlantique (TTIP en anglais) pour le commerce et l'investissement prévoyaient en particulier de telles dispositions (qui ont suivi le sort de ces négociations avortées, sans faire obstacle cependant à de nouvelles initiatives en ce sens dans l'avenir).

[43] Michael Hardt et Antonio Negri, Empire (Ibid.).

[44] D'un point de vue socio-économique le monde ne peut plus être divisé entre « Centre » et « Périphérie » ou « Nord » et « Sud », puisque de nouveaux pays du type « Centre » émergent dans ce que l'on appelait autrefois la « Périphérie » et le « Sud » tandis que d'anciens pays du

« Centre » reculent relativement. Cependant, du point de vue des relations internationales, les deux concepts demeurent encore valables car la puissance militaire et financière reste concentrée dans le « Nord » et dans le « Centre » du système capitaliste, alors que le « Sud » et la « Périphérie » restent économiquement dépendants et souvent gouvernés par des régimes politiques vassaux. Mais ce tableau d'ensemble change aussi très rapidement avec l'émergence de nouvelles puissances économiques et militaires (la Chine en particulier). En fait, nous allons vers un monde multipolaire, tant sous l'angle socio-économique que sous l'angle des relations internationales.

[45] Michael Hardt et Antonio Negri, Empire (ibid.).

[46] Saisir cette nouvelle réalité exigerait l'élaboration de nouveaux instruments statistiques qui iraient au-delà du miroir déformant des statistiques conventionnelles. De nouvelles séries géographiques ou de nouveaux agrégats à des niveaux très décomposés, ou saisissant encore des espaces transfrontaliers, montreraient par exemple des différences extrêmes à l'intérieur d'une même région ou d'un pays ou même de nouvelles problématiques et tendances par-delà des frontières, alors que les statistiques nationales ont tendance à noyer ces réalités dans les moyennes qu'elles publient.

[47] Toute personne désireuse de comprendre comment s'est développée la mondialisation capitaliste depuis les années 1970 devraient lire la remarquable analyse et minutieuse synthèse élaborée par François Chesnais : La mondialisation du capital, Syros, 1997.

[48] Voir : Ariel Français, El crepúsculo del Estado-Nación : una interpretación histórica en el contexto de la globalización (*Le crépuscule de l'État-Nation : une interprétation historique dans le contexte de la mondialisation*), Document de débat No 47 du programme MOST de l'UNESCO (www.unesco.org/most), Paris, 2000.

[49] La Chine contribuait déjà à 17,5 % du PNB mondial en 2008, contre 4,5 % en 1950. Elle est maintenant la deuxième économie du monde après les États-Unis, qui contribuaient à 18,6 % du PNB mondial en 2008. Entre 2001 et 2008, le PNB chinois a été multiplié par 1,9 et son PNB par habitant par 1,8 (Source : Statistiques historiques de l'économie

mondiale - 1-2008 AD, Angus Maddison dans www.ggdc.net/maddison/Historical_Statistics**)**.

[50] L'Asie - moins le Japon - représentait déjà 38,0 % du PNB mondial en 2008, contre 15,4 % en 1950 (source : ibid.).

[51] L'Inde représentait 6,7 % du PNB mondial en 2008, contre 4,2 % en 1950. Son PNB s'est multiplié par 1,7 entre 2001 et 2008 et son PNB par habitant par 1,5 sur la même période.

[52] Entre 1990 et 2008, le taux de croissance annuel du PNB a été de 2,0 % en Europe occidentale, de 2,7 % aux États-Unis (avec des niveaux d'endettement massifs publics et privés de plus en plus élevés) et de 1,2 % au Japon. Au cours de la même période, le PNB par habitant a augmenté de 1,7 % en Europe occidentale, de 1,6 % aux États-Unis et 1,1 % au Japon (Source : ibid.).

[53] Il y avait toutefois quelques exceptions, telles que la domesticité qui servait l'aristocratie et les riches et, avec la montée de la bourgeoisie, les personnes employées dans le commerce et les activités manufacturières promues par cette dernière.

[54] Dans des pays comme le Japon, par exemple, le compromis social a pris d'autres formes, avec un fort engagement des grandes entreprises pour le bien-être de leurs employés, mais le résultat est le même : tout le monde s'attend à avoir un emploi et une forme de sécurité sociale pendant la durée de sa vie.

[55] En fait, « l'emploi salarié » ne représente que 49,9 % (1.570 millions de personnes) du total de l'emploi estimé dans le monde pour l'année 2013 (3.145 millions de personnes). Les « emplois décents » (salaires réguliers associés à une réglementation du travail et à des systèmes de sécurité sociale), comme les désigne l'OIT, sont encore plus rares et essentiellement concentrés dans les économies avancées. Dans le reste du monde, « l'emploi vulnérable » prédomine : 77,4 % de l'emploi total en Afrique subsaharienne, 76,1 % en Asie du Sud, 59,0 % en Asie du sud-est et à 45,8 % en Asie de l'est pour les taux les plus élevés (contre 10,0 %

de l'emploi total dans le groupe des Économies développées et de l'Union européenne).

[56] Le secteur dit « informel » est constitué par un vaste ensemble d'activités non formelles qui comprennent un large éventail de petits emplois et d'activités marginales, allant du cireur de chaussures au vendeur ambulant, du mécanicien travaillant à son compte au maçon occasionnel. Il est informel, par opposition au secteur dit « formel » de l'économie, qui comprend des entités productives ou commerciales qui ont un statut juridique, sont soumises aux règlements, payent des impôts, etc. Selon une estimation de l'OIT pour l'année 2011, le secteur informel représenterait en moyenne 50,0 % de l'emploi total en Asie et en Amérique latine, suivis par l'Afrique avec un taux d'environ 40,0 %.

[57] Quand je servais au Commissariat général du plan (l'organe chargé en France de la planification du développement économique et social), au début des années 70, j'étais chargé, entre autres, de l'emploi industriel et des politiques qui s'y rapportent. La croissance de l'emploi était considérée à ce moment-là comme un simple sous-produit de la croissance économique et l'on supposait à l'époque que l'emploi continuerait de croître avec l'économie (sous réserve du glissement de l'emploi du secteur primaire puis du secteur secondaire vers le secteur tertiaire). Les politiques de l'emploi avaient à voir, simplement, avec la restructuration industrielle et la formation professionnelle, sous l'hypothèse générale que l'économie continuerait continuellement de croitre et de créer de nouveaux emplois.

[58] La « *Financiarisation* » fait référence à l'importance croissante des marchés financiers, des motifs financiers, les institutions financières et les élites financières dans le fonctionnement de l'économie et de ses institutions, à la fois aux niveaux national et international (Financiarisation, intérêts rentier et politiques des banques centrales, Gerald Epstein, Département des sciences économiques et Institut de recherche en économie politique (PERI), University of Massachusetts, Amherst, décembre 2001)

[59] Cependant, cela n'est pas limitée à leurs unités de production car cela concerne également leurs sièges et leurs départements de développement et de soutien de leurs activités (recherche, marketing, logistique, services après-vente, etc.) avec en outre un *mix* d'arrangements de sous-traitance et d'alliances avec d'autres entreprises. « *L'optimisation* » des

localisations, pour toutes les départements et unités fonctionnelles, fait partie de leurs stratégies d'ensemble.

[60] Voir : Jean-Michel Treille, La révolution numérique, Réinventons l'avenir, Ovadia, 2015.

[61] Elles tendent toutes à modifier leur configuration juridique et leur localisation, directement ou indirectement, à travers une série d'écrans faits de sociétés fictives, afin de se soustraire aux l'impôts. C'est ce qu'elles appellent « l'optimisation fiscale ».

[62] Selon la base de données de l'OCDE, les économies du G7 auraient perdu 7,7 millions d'emplois industriels entre 2000 et 2008. Au cours de la même période, les seuls États-Unis auraient perdu 3,8 millions d'emplois industriels et le Japon 2,7 millions d'emplois. Les chiffres pour l'Allemagne, la France et le Royaume-Uni sont respectivement de 0,7, 0,5 et 0,4 millions d'emplois au cours de la même période. La zone Euro (17 pays) dans son ensemble aurait gagné 0,4 millions d'emplois industriels, ce qui illustre l'importance des délocalisations industrielles vers les pays d'Europe de l'Est. Au cours de la même période, le Mexique aurait gagné 1,1 millions d'emplois industriels. Toutefois, les plus impressionnantes créations d'emplois auraient eu lieu en Chine. D'après la base de données de l'OIT (ILOSTAT) la Chine aurait gagné 4,5 millions d'emplois dans les industries manufacturières entre 2003 et 2008 et, à nouveau, 7,7 millions d'emplois dans ce secteur entre 2009 et 2012.

[63] Même les entreprises chinoises transférèrent aujourd'hui une partie de leur production hors de Chine (p. ex. au Bangladesh, au Vietnam, etc.) et dans certains pays d'Afrique (Éthiopie, en particulier), où les salaires sont plus bas.

[64] D'un autre côté, elles engendrent des charges additionnelles pour les consommateurs, car ces derniers doivent supporter le coût des investissement et les frais de fonctionnement correspondants, à travers l'augmentation des prix ou des tarifs.

[65] Sauf dans quelques secteurs où une main-d'œuvre abondante et bon marché est un atout, comme dans l'industrie de la confection au Bangladesh. Dans ce cas-là, les opérateurs transnationaux sont de grandes

marques commerciales (p. ex. H&M, Zara, etc.) plutôt que de firmes industrielles transnationales.

[66] Jeremy Rifkin, la fin du travail, Jeremy P. Tarcher/Penguin, 2004.

[67] Jean-Michel Treille, Ibid.

[68] Une étude réalisée par l'Université d'Oxford sur un échantillon de 700 emplois conclut que 47 % des emplois examinés sont menacés par l'informatisation aux États-Unis et 35 % au Royaume-Uni (Carl Benedikt Frey et Michael A. Osborne dans L'avenir de l'emploi : Jusqu'où peut-on informatiser les emplois ? Septembre 2013). La même méthodologie suggère des taux de l'ordre de 42 % en France, 49 % au Japon et 54 % dans l'Union européenne en tant que telle.

[69] Tels que, par exemple, les emplois liés à la mise en place, au développement et à la maintenance de tous les systèmes de gestion et d'information, les emplois nécessaires pour former et mettre à jour tous les personnels dans l'utilisation des applications propres aux entreprises, les emplois exigeant de nouvelles compétences numériques dans tous les secteurs, allant du transport à la construction, à la santé, à l'éducation et ainsi de suite.

[70] Je sais qu'il s'agit là d'une question controversée, mais je suis convaincu - sur la base de tout ce que j'ai lu et analysé sur le sujet - que le résultat global sera négatif en termes d'emploi net.

[71] Un terme inventé pour singulariser ce segment-là du secteur tertiaire reposant sur des activités fondées sur haut niveau de connaissances qui, selon leurs auteurs, devraient fournir de l'emploi à une part croissante de la population en âge de travailler. Le secteur dit « quaternaire » comprend ces industries fournissant de l'information, des conseils et des services de recherche, tels que l'informatique et les TIC (technologies de l'information et de la communication), du conseil (conseils aux entreprises) et de la R&D (recherche et développement).

[72] L'économie indienne a connu en particulier une période de « croissance sans emplois » quand 5 millions d'emplois furent perdus entre 2004-2005 et 2009-2010, alors que l'économie continuait de croître à un

rythme impressionnant de plus de 8 % par an (Arunav Sinha, 23 août 2015, dans le Times of India).

[73] L'élasticité mesure la relation entre la croissance du PNB et la croissance de l'emploi.

[74] Le Rapport de 2005 sur les indicateurs clés du marché du travail signale, en pourcentages, que pour chaque point (1,00) additionnel de croissance du PNB, l'emploi total dans le monde n'a augmenté que de 0,30 point entre 1999 et 2003 ; une baisse par rapport aux 0,38 point relevés pour la période comprise entre 1995 et 1999.

[75] Emploi mondial et perspectives sociales - Tendances 2015, Organisation internationale du Travail.

[76] Emploi mondial et perspectives sociales - Tendances 2015, (Ibid.).

[77] En 2012 le taux de chômage atteignit 23,6 % de la population active en Grèce et 25,1 % en Espagne en raison de la crise (base de données de l'OCDE.)

[78] Le taux de chômage des jeunes atteignit les 18,0 % dans le groupe des économies développées et de l'Union européenne en 2012 (OIT, Tendances mondiales de l'emploi 2014).

[79] La gravité de la situation est souvent masquée par le ciblage et les concepts statistiques dans ce domaine. Aux États-Unis, par exemple, les gens qui ont abandonné la recherche d'un emploi sont légion et ne sont plus comptabilisés comme chômeurs, ce qui donne une image déformée et optimiste de la situation du chômage dans ce pays. En Allemagne, par exemple, de plus en plus de personnes sont employées à très court terme

et moyennant basses rémunérations, ce qui contribue aussi à sous-estimer la gravité du chômage.

[80] Ce que Keynes recommanda fondamentalement dans le contexte de la Grande dépression des années 30 fut d'accroître les dépenses et de stimuler la demande pour relancer la croissance, tenant compte à cette fin de l'effet multiplicateur des dépenses. La plupart des gouvernements appliquèrent de telles politiques avec de bons résultats dans l'après-guerre (John Maynard Keynes , Théorie générale de l'emploi, de l'intérêt et de la monnaie , publié en 1936.)

[81] Sauf jusqu'à un certain point pour les États-Unis, qui ont dépensé des sommes considérables pour soutenir les entreprises en difficulté et injecté d'énormes quantités de crédits dans l'économie pour faire face à la crise financière de 2008 et relancer la croissance, tout en ayant à faire face à un déficit budgétaire de plus en plus dangereux.

[82] La plupart des prérogatives des États membres dans les domaines économique et financier ont été transférées aux institutions de l'Union européenne - principalement à la Commission européenne, au Conseil européen et au Conseil des ministres, ainsi qu'à leurs multiples organes subsidiaires - et de nombreuses voies d'intervention politique sont maintenant closes au niveau national (par exemple, le commerce extérieur, la monnaie et le crédit pour les membres de la zone Euro et même les politiques budgétaires pour cette dernière catégorie).

[83] Les « politiques d'ajustement structurel » consistent en une combinaison de réformes politiques et de mesures d'austérité visant à réduire le déficit budgétaire et à permettre le remboursement des prêts. Le mécanisme est supporté par le Club de Paris, un organe informel qui réunit le Fonds monétaire international (FMI) et d'autres créanciers publics (gouvernements, institutions financières publiques, etc.). Les pays « sous ajustement » sont contraints de mettre en œuvre les réformes politiques et les mesures d'austérité dictées par ce dernier contre l'octroi de facilités de remboursement et de nouveaux prêts. La plupart du temps, cette

mécanique impose la mise en œuvre de politiques néolibérales et de mesures portant atteinte à l'État providence et au tissu social.

[84] Les gouvernements, les économistes et les technocrates assument comme une évidence qu'une large ouverture des économies et que l'expansion du commerce international sont *de leur propre fait* favorables à la croissance et au développement, ce qui n'est pas du tout prouvé. Ils ont à l'esprit les retombées possibles de l'abstraite division internationale du travail louée par Adam Smith et considèrent cela comme une incontestable certitude. L'ouverture des économies peut seulement profiter à tous si les conditions d'un développement équilibré et harmonieux du commerce entre les nations se réalise sans coûts sociaux pour les populations concernées. En tout état de cause, l'ouverture des économies et le développement du commerce international sont des concepts totalement distincts de la compétitivité d'une économie, qui n'est qu'un concept micro-économique transposé à l'économie d'une nation, comme si une nation n'était rien d'autre qu'une firme se battant pour des parts de marchés.

[85] L'économiste français Pierre Larrouturou, en particulier, ne cesse de rappeler que les gains de productivité ont été considérables au cours des décennies passées et que les heures de travail devraient être plus uniformément réparties dans la population active (Pierre Larrouturou, Pour éviter le dernier crash, Nova Éditions, France, 2012).

[86] Une analyse relativement exhaustive de l'expérience de la semaine des 35 heures a été conduite en 2014 par l'Assemblée nationale française, qui a conclu que les résultats de cette politique ont été globalement positifs en dépit des réactions idéologiques et de la réticence des employeurs (Rapport du Comité d'enquête de l'Assemblée nationale daté du 19 décembre 2014).

[87] Le Conseil d'assistance économique mutuelle (COMECON), qui constituait le mécanisme de coopération central entre les pays autrefois associés à l'URSS.

[88] J'utilise à dessein les termes économie /Pays /monde « en développement » et « sous-développés » pour échapper à la terminologie conventionnelle qui tend à mettre dans le même panier tous les pays non-développés, qui devraient être tous « en développement » selon le *jargon* en vigueur. Comme « sous-développé » a une connotation péjorative, toute la littérature consacrée au développement, à commencer par le langage des Nations Unies et ses rapports, assume que tous les pays non-développés sont « en développement », ce qui n'est définitivement pas le cas. Il y

a une différence considérable entre les pays pauvres et démunis (les « sous-développés », identifiés par la Banque mondiale comme pays les moins avancés ou PMA) et les pays qui commencent à décoller, pour rejoindre le groupe des pays développés/pays avancés.

[89] L'acronyme des BRICS se réfère à : Brésil, Russie, Inde, Chine et Afrique du Sud.

[90] Hong Kong, Taïwan, Singapour et la Corée du Sud, également connus sous le nom de nouveaux pays industriels d'Asie, dont les économies ont décollé dans les années 1970.

[91] L'Indonésie, la Malaisie, les Philippines et la Thaïlande, également connus sous le nom de nouveaux pays exportateurs d'Asie, dont le décollage tiré par les exportations s'est matérialisé dans les années 1990.

[92] Certains pays d'Afrique subsaharienne ont même été qualifiés de «Fauves», avec grand enthousiasme, par les médias qui vénèrent les intérêts de l'ordre post colonial !

[93] Le drame de l'Afrique est remarquablement saisi, avec humour noir, par le chanteur africain Tiken Jah Fakoly, qui montre d'une façon lyrique comment les ressources naturelles du continent sont exploitées par des intérêts étrangers avec la complicité des « élites » post coloniales (écouter en particulier l'album de Tiken Jah Fakoly intitulé « Coup de gueule »).

[94] Le secteur informel représente encore environ 20,0 % de l'emploi total, alors que 28,0 % des jeunes sont au chômage (OIT, Tendances mondiales de l'emploi 2014).

[95] Le cas du Brésil est la plus emblématique de tous. L'économie brésilienne s'est développée tout du long de cycles successifs depuis son origine, y compris les cycle de l'or et des pierres précieuses, de la canne à sucre, du café et du caoutchouc jusqu'à la grande dépression des années 30. Par la suite, le pays s'est industrialisé grâce à des politiques de substitution d'importations systématiques et il s'est tourné vers les exportations à partir des années 1980.

[96] J'ai beaucoup de respect pour la Banque mondiale et pour son personnel, hautement qualifié, qui produisent des rapports et des études scientifiques rigoureuses et alimentent une banque de données tout à fait

unique sur les questions traitant de développement mondial. Toutefois, je suis très critique sur la façon dont ce capital intellectuel est utilisé pour imposer une certaine vision du processus de développement, forcer des réformes structurelles et servir l'ordre néolibéral. Les missions de formulation de projets de la Banque mondiale envoyées sur le terrain se contentent de recueillir des masses de données auprès des administrations locales, en quelques jours, avant de retourner au siège, sans une quelconque idée de la façon dont les gens vivent et de la nature des vrais problèmes (J'en ai été témoin de très nombreuses fois dans différents pays africains). En outre, lorsque la Banque mondiale travaille avec son organisation sœur, le Fonds monétaire international (FMI), elle se contente d'imposer des programmes d'ajustement structurel (PAS) et autres instruments postérieurs tels que les documents stratégiques de réduction de la pauvreté (DSRP) que les deux institutions imposent, avec la communauté des donateurs, pour forcer les pays bénéficiaires à adopter des réformes de libéralisation de leurs économies conformes avec le consensus dit de Washington (J'ai vu au Sénégal, où j'étais en poste de 1986 a 1989, comment ces institutions et la communauté des donateurs s'y prenaient pour dicter leurs conditions à un pays « sous ajustement structurel »).

[97] Le « un dollar par jour" (ou « *one dollar a day* » en anglais) de pauvreté a envahi la littérature liée à la pauvreté et s'est imposé comme un standard incontournable pour la mesure de la pauvreté absolue dans les pays en développement.

[98] Voir en particulier le premier Rapport sur le développement humain de 1990, pour le concept et la mesure du développement humain, et le Rapport sur le développement humain de 1997, pour l'analyse du développement humain sous l'angle de l'éradication de la pauvreté.

[99] L'indice de pauvreté humaine (IPH) est l'inverse, le négatif pourrait-on dire, de l'indice de développement humain (IDH). Il mesure la privation : espérance de vie courte, faible niveau d'éducation et absence de

conditions de vie décentes. Il a inspiré l'indice de pauvreté multidimensionnelle (IPM) et d'autres mesures plus élaborées.

[100] Pour une comparaison systématique des approches de la Banque mondiale et du PNUD voir : Emmanuelle Benicourt, La pauvreté selon le PNUD et la Banque mondiale, dans Exclusions, Études rurales, 2001.

[101] Voir la méthodologie dans : www.iresearch.worldbank.org/PovcalNet.

[102] Pour une critique radicale du concept de ligne de pauvreté internationale et des méthodes de calcul voir : Comment ne pas compter les pauvres, par les professeurs Sanjav Reddy et Thomas Pogge, Columbia University Paper (version finale, octobre 2005).

[103] Sur la méthodologie des parités de pouvoir d'achat voir : Paul Schreyer et Francette Koechlin, Les parités de pouvoir d'achat, mesures et utilisations, Dossiers statistiques, OCDE, mars 2002.

[104] Les objectifs du millénaire pour le développement (OMD) ont été adoptés par les chefs d'État et de gouvernement au Sommet du Millénaire des Nations Unies (septembre 2000) dans le but de réduire l'extrême pauvreté et d'atteindre une série d'objectifs temporels pour l'année 2015. Pour ce qui est de la pauvreté, les objectifs étaient : (1) de réduire de moitié, entre 2000 et 2015, la proportion des gens dont le revenu est inférieur à un dollar par jour et (2) de réduire de moitié, entre 2000 et 2015, la proportion des gens qui souffrent de la faim.

[105] 27,2 % de la population chinoise serait pauvre en 2010, sous la norme du « $ 3.10 par jour », contre 14,7 % en 2008, sous celle du « $ 1,90 par jour ». Le taux de pauvreté pour la population indienne serait aussi haut que 58,0 % de la population en 2011, sous la norme du « $ 3.10 par jour », contre 31,4 % en 2009, sous celle du « $ 1,90 par jour », ce qui paraît plus réaliste lorsque l'on associe ces seuils à d'autres indicateurs (Indicateurs du développement mondial, 2015).

[106] En Chine, par exemple, seuls 6,0 % de la population, soit 80,8 millions de personnes, souffriraient de pauvreté multidimensionnelle contre 11,8 % de la population considérés comme extrêmement pauvres sur la base de la méthodologie du ppp « $ 1,25 par jour" » (ce qui reflète des performances plus élevées dans le domaine de l'éducation, non reflétées dans l'approche monétaire). A l'autre extrême, 55,3 % de la population indienne souffrirait de pauvreté multidimensionnelle, représentant un total de 632,0 millions de personnes, contre seulement 32,7 % de la

population indienne sur la base de la méthodologie du ppp « $ 1,25 par jour » (Rapport sur le développement humain 2014).

[107] En conséquence, la pauvreté en Chine ne représenterait plus que 11,2 % de sa population en 2010 sous la norme du « $ 1,90 par jour », mais cependant encore 27,2 % de sa population sous la norme du « $ 3,10 par jour ».

[108] Les pauvres représentaient encore 21,3 % de la population indienne en 2011 sous la norme du « "$1,90 par jour » et de 58,0 % de la population indienne sous celle du « $ 3.10 par jour ».

[109] Les pauvres en Inde s'élevaient à 260 millions de personnes en 2011 sous la norme du « $1,90 par jour » et 708 millions de personnes sous celle du « $ 3.10 par jour ».

[110] De 50,6 % de sa population en 1990, sous la norme du « $1,90 par jour », à 42,7 % de sa population en 2012.

[111] De 288 millions de personnes en 1990 à 389 millions de personnes en 2012.

[112] La pauvreté touche 67,0 % de la population en 2012 sous la norme du « $ 3.10 par jour », soit 610 millions de personnes.

[113] La pauvreté affectait encore 12,0 % de la population totale en 2012 sous la norme du « $3,10 par jour », ce qui représentait 72 millions de personnes.

[114] Cependant, la pauvreté, le dénuement et la détresse peuvent être vus et ressentis encore plus concrètement lorsque l'on traverse une région dénuée de ressources, lorsque l'on rencontre des gens pauvres et lorsque l'on fait face à la misère, comme je l'ai moi-même vécu dans de nombreux pays : des êtres humains souffrant de la faim, avec juste les os sous la peau, portant des haillons et se déplaçant nus pieds, vivant dans des huttes ou des taudis, au milieu des ordures et des excréments. Les nantis peuvent découvrir tout cela grâce aux documentaires consacrés à ce

thème, sur leurs postes de télévision, mais il est alors facile pour eux de changer le canal et d'ignorer le problème.

[115] La plupart des chiffres et des ratios cités ici proviennent des rapports de la Banque mondiale et du PNUD et certains autres ont pour source les agences spécialisées des Nations Unies.

[116] Au-dessous du minimum de calories alimentaires requises par l'organisme.

[117] Mesuré ici comme la proportion d'enfants de moins de cinq ans en retard de croissance.

[118] Les « sources d'eau potable améliorées » comprennent l'eau courante - sur place - et d'autres sources d'eau potable telles que les fontaines publiques, les puits protégés, les sources d'eau protégées et les systèmes de collecte d'eaux de pluie.

[119] Les « installations sanitaires améliorées » sont supposées garantir, au plan de l'hygiène, la séparation entre excréments et contacts humains, y compris au moyen d'égouts, de fosses septiques, de latrines, de toilettes à compostage et d'autres moyens.

[120] Nombre moyen d'années qu'une personne peut s'attendre à vivre en pleine santé.

[121] Pourcentage de la population de 15 ans et plus qui peut à la fois lire et écrire une simple et courte déclaration.

[122] Population de 25 ans et plus qui a atteint au moins un niveau d'éducation secondaire.

[123] Voir : Nancy Birdsall, L'(indispensable) classe moyenne dans les pays en développement, Centre for Global Development, Washington, 2010 (Document de travail 207). Voir aussi : Homi Kharas et Geoffrey Gertz,

La nouvelle classe moyenne mondiale : De l'Ouest vers l'Est, Wolfensohn Center for Development at Brookings, 2010.

[124] Homi Kharas, La nouvelle classe moyenne dans les pays en développement, Centre de développement de l'OCDE, document de travail et No 285, janvier 2010.

[125] Martin Ravallion, La « classe moyenne » gonflante (mais vulnérable) du monde en développement, Policy Research Working Paper 4816, World Bank, January 2009.

[126] Cité de : Henning Melber, Le battage médiatique autour de la classe moyenne, Development Studies , 6 Feb. 2015.

[127] Martin Ravallion (ibid.).

[128] Les petites bourgeoisies traditionnelles de cette région possèdent des voitures, les téléviseurs, les *smart phones* et autres équipements de base du monde « moderne », mais elles ne dépendent pas de, ni participent à une société de consommation. A l'autre extrême, les individus très riches dans cette région ont un pouvoir d'achat très élevé, mais exclusivement dédié à l'accumulation de biens luxueux et ostentatoire.

[129] Peu de gens peuvent se permettre sur le plan financier d'acheter une voiture ou de consommer comme dans les économies avancées. Ces gens sont essentiellement des fonctionnaires, des employés de sociétés étrangères et des marchands. Ils représentent une très petite minorité dans l'ensemble de la population. En fait les Africains ne courent pas derrière la « modernité » et ils ont raison. Ils aspirent à un autre mode de développement, plus proches de leur culture et de leurs désirs.

[130] Elles ont hérité de la culture occidentale et de la modernité à travers les processus de colonisation et d'immigration. Elles ont également partiellement adhéré aux traditions des peuples autochtones et des esclaves amenés sur le continent américain. Les classes moyennes latino-américaines forment aujourd'hui l'épine dorsale de la partie moderne du sous-continent alors que les peuples autochtones, les descendants d'esclaves

et de populations métissées constituent le gros des masses rurales et suburbaines.

[131] Atteignant des taux aussi élevés que 12,8 % aux États-Unis, 15,0 % en Italie, 15,4 % en France, 17,1 % en Espagne, 18,0 % en Irlande et 20,5 % en Grèce en 2012 (Source : Panorama de la société, les indicateurs sociaux de l'OCDE).

[132] La crise des « *sub primes* », qui consistaient en des prêts hypothécaires à risque proposés à des ménages à faibles revenus, mélangés par la suite avec d'autres actifs financiers, a forcé des millions de citoyens américains à abandonner leurs maisons et a déclenché la crise financière mondiale de 2008 avec l'effondrement du système financier américain.

[133] Comme souligné plus haut, l'administration Reagan aux États-Unis et le gouvernement Thatcher au Royaume-Uni ont joué au cours de cette période un rôle décisif dans la mise en œuvre dans leur pays et dans la promotion dans le monde entier de politiques néolibérales et de mesures au profit des plus riches.

[134] Pour Karl Marx l'Histoire du monde est celle de la lutte de classes, entre oppresseurs et opprimés, entre ceux qui possédaient les moyens de production au cours du dix-neuvième siècle et ceux qui étaient contraints de vendre leur force de travail, c'est-à-dire entre la bourgeoisie et le prolétariat en ce temps-là (Le manifeste communiste).

[135] Ariel Français, l'Islam radical et nouvel ordre impérial (ibid.).

[136] Les dits « milliardaires », périodiquement classés par le magazine Forbes, mais aussi tous ceux qui suivent immédiatement ce classement, même s'ils ne figurent pas dans la liste de ce magazine. Depuis 1987, le magazine américain Forbes recense les personnes les plus riches du monde (nombre de milliardaires, leur nationalité, la valeur nette de leurs actifs et autres caractéristiques). Parmi les 20 milliardaires au sommet du palmarès figuraient en 2015 : Bill Gates (Microsoft), Carlos Slim (télécommunications), Warren Buffett (Berkshire Hathaway), la famille

Walton (Wall-Mart), Liliane Bettencourt (L'Oréal), Bernard Arnaud (LVMH), Jeff Bezos (Amazon) et Mark Zuckerberg (Facebook).

[137] Dans le classement par région, cependant, la région Asie-Pacifique affichait 562 milliardaires, suivie par les États-Unis avec 536 et l'Europe avec 482.

[138] Le ratio moyen de Bloomberg pour les 500 sociétés du Standard & Poor's aux États-Unis indique que les CEO reçoivent en moyenne des rémunérations 204 fois plus élevées que le revenu des travailleurs sans fonctions de supervision et 495 fois plus élevées dans les cent plus grandes entreprises (Eliott Blair Smith et Phil Kuntz, L'écart de rémunération entre CEO et employés, Bloomberg BusinessWeek, 2 mai 2013). Cependant cet écart peut être aussi élevée que 1.795 fois dans le cas de J.C. Penny et 1.135 fois dans le cas de Starbucks !

[139] A titre d'exemple, la nouvelle responsable d'Apple' Shop a reçu 68,0 millions de dollars d'actions lors de sa nomination en 2013, tandis que le PDG de Publicis s'est vu octroyer un bonus de 16,2 millions d'euros en 2012 (Virginie Ballet, Golden hello, parachutes dorés ... Cinq pactoles de patrons, Libération, 23 février 2015.)

[140] Ces prédateurs considèrent aujourd'hui qu'un taux de 15,0 % ou supérieur devrait être la norme. Comme résultat, une part croissante des profits bruts des entreprises alimente les dividendes au détriment de l'investissement et des salaires.

[141] Comme en témoignent les comparaisons internationales faites dans un rapport français sur la part des salaires (Partage de la valeur ajoutée, partage des profits et écart des rémunérations en France, l'INSEE, 13 mai 2009.)

[142] L'indice (ou coefficient) de Gini est un indicateur synthétique d'inégalités de salaires (de revenus, de niveaux de vie...). Il varie entre 0 et 1. Il est égal à 0 dans une situation d'égalité parfaite et il est égal à 1 dans

une situation la plus inégalitaire possible. Entre 0 et 1, l'inégalité est d'autant plus forte que l'indice de Gini est élevé.

[143] Federico Cingano, Les tendances dans l'inégalité du revenu et son impact sur la croissance économique, OCDE, Social, Employment and Migration Working Paper no 163, 2014.

[144] Global Wealth 2014 : Chevauchant une vague de croissance, Boston Consulting Group, juin 2014.

[145] Global Wealth Report 2014, Crédit Suisse Research Institute, avec la collaboration de professeurs Anthony Shorrocks et Jim Davies, octobre 2014.

[146] Changements dans les finances de la famille aux États Unis de 2010 à 2013 : Résultats de l'Enquête sur les finances des consommateurs, Federal Reserve Bulletin, septembre 2014.

[147] La Golden Spike Company, une société créée pour offrir des vols spatiaux privés vers la lune.

[148] C'est le cas entre autres de Bill Gates, avec sa Bill and Melinda Gates Foundation, et plus récemment de Mark Zuckerberg avec sa Chan Zuckerberg Iniciative (CZI).

[149] L'ONG Oxfam a publié à l'occasion de cette réunion un rapport provocateur sur les inégalités dans le monde fondé sur une étude du Crédit Suisse (Global Wealth Report 2014).

[150] Dans ce volumineux ouvrage le Professeur Piketty montre, sur une longue période historique, que la distance entre les plus riches et les autres n'a jamais cessé de développer et qu'à défaut de politiques budgétaires appropriées pour corriger cette tendance les sociétés occidentales

devront faire face à des disparités croissantes en termes de répartition des richesses (Le Capital au 21ème siècle, Éditions du Seuil, 2013).

[151] Le Financial Times a attaqué « Le capital au 21ème siècle » sous le prétexte que le livre contiendrait une série d'erreurs, essayant de discréditer les thèses défendues par Piketty.

[152] En 2008, plus de 60 émeutes de la faim se sont produites dans le monde, dans 30 pays différents, dont 10 se sont traduites par de nombreux morts. La fin de l'année 2010 et le début de l'année 2011 ont coïncidé avec d'autres émeutes de la faim en Afrique subsaharienne ainsi qu'avec de vastes manifestations et des changements de régimes politiques en Afrique du Nord et au Moyen-Orient connus sous le nom de Printemps arabe (Les crises alimentaires et l'instabilité politique en Afrique du Nord et au Moyen-Orient, New England Complex Systems Institute, août 2011).

[153] Un incident mineur lié à la mort de deux adolescents dans les quartiers dits « difficiles » a déclenché des affrontements majeurs entre les jeunes et la police et trois semaines consécutives d'émeutes en novembre 2005, qui se sont traduits par l'incendie de 10.000 véhicules, des bâtiments publics et des écoles saccagés, etc.

[154] Au moins 40.000 migrants ont trouvé la mort dans le monde entre 2000 et 2014, tentant d'atteindre l'Europe, les États-Unis et d'autres pays selon les statistiques de l'Organisation internationale pour les migrations (OIM). En Méditerranée 22.000 personnes sont mortes au total, au cours de cette période, pour cause de noyade, d'asphyxie, de faim ou de froid, fuyant l'Afrique et le Moyen-Orient.

[155] Bien que la « communauté du renseignement » ait été sévèrement critiquée pour ne pas avoir prévu les événements du 11 septembre il existe de nombreux indices qui tendent à prouver qu'elle a effectivement été alertée et que l'Administration Bush - au plus hauts niveaux - n'a délibérément pas pris les mesures nécessaires pour prévenir le drame, en raison sans doute de calculs politiques.

[156] Ariel Français, Islam radical et nouvel ordre impérial : La menace totalitaire, Comprendre le Moyen-Orient, L'Harmattan (Paris), 2007.

[157] Grâce à Edward Snowden, qui a révélé au monde l'ampleur et la sophistication des systèmes de surveillance de masse conçus et développés aux États-Unis par la NSA (National Security Agency), il y a maintenant

une plus grande prise de conscience des dangers engendrés par ces dispositifs. Cependant, et en dépit de cela, tous les gouvernements continuent de développer de tels systèmes et de telles pratiques sous le prétexte de lutter contre le terrorisme.

[158] Aussi connu sous le nom de rapport Brundtland, du nom de la Première ministre norvégienne qui présida la commission (Rapport de la Commission mondiale sur l'environnement et le développement : Notre avenir à tous, transmis à l'Assemblée générale comme annexe au document A/42/427 - Le développement et la coopération internationale : Environnement).

[159] Les organismes génétiquement modifiés sont des organismes dont le matériel génétique a été modifié à l'aide de techniques d'ingénierie génétique (p. ex. les médicaments, les aliments génétiquement modifiés, etc.). Alors que les OGM sont en grande partie incontrôlés aux États Unis ils sont par contre étroitement surveillés et réglementés en Europe. De nombreuses associations environnementales sont contre les OGM en Europe, car elles croient qu'il existe des risques potentiels pour la santé, l'environnement et ainsi de suite, bien que cela ne soit pas encore scientifiquement prouvé. Certains militants environnementaux connus de tous, comme José Bové en France, ont même lancé des campagnes périodiques d'arrachage de cultures d'OGM.

[160] Le Club de Rome, fondé en 1968, est une association indépendante de personnalités du monde politique, économique et de la science partageant une préoccupation commune de l'avenir de l'humanité et de la

planète et impliqués dans des approches pluridisciplinaires et holistiques pour promouvoir un monde meilleur.

161 Donella H. Meadows, Dennis L. Meadows, Jorgen Randers et William W. Berens III, Les limites de la croissance, New American Library, 1972.

162 La conférence recommanda, entre autres, la création du Programme des Nations Unies pour l'Environnement (PNUE) et d'une série d'organes de protection de l'environnement au niveau national.

163 Notre avenir à tous (ibid.).

164 Donella H. Meadows, Dennis L. Meadows et Jorgen Randers : Les limites de la croissance : Mise à jour après 30 ans, publiée sur le site web de Chelsea Green.

165 La force motrice derrière ces scénarios, c'est la croissance exponentielle. Depuis plus d'un siècle le monde a connu une croissance exponentielle dans un certain nombre de domaines, notamment pour sa population et son économie, tout en gratifiant de façon disproportionnée les individus les plus riches. Les limites de la croissance découlent des matières premières et de l'énergie qui sont extraits de la Terre ainsi que de la capacité de la planète à absorber les polluants qui leur sont liés. Les ressources renouvelables telles que les sols agricoles, l'eau et les forêts sont utilisées d'une manière non durable, tandis que les ressources non renouvelables, y compris les combustibles fossiles et les matières premières, sont par définition limités et diminueront inexorablement. Une autre limite à la croissance : ce sont les puits, qui découlent de la capacité de la planète à absorber la pollution et les déchets résultant de l'activité économique humaine.

166 Plus récemment, le Club de Rome a publié un nouveau rapport intitulé : « 2052 : Une prévision globale pour les quarante prochaines années », écrit par Jorgen Randers, l'un des auteurs des « Limites de la croissance ». Le rapport confirme que l'humanité est définitivement en

dépassement et trace un portrait très inquiétant de ce que le monde pourrait devenir d'ici là.

[167] Rapport de l'UNDESA, Organisation des Nations Unies : « Perspectives de la population mondiale : Révision de 2015 »

[168] Rapport de l'UNDESA, Organisation des Nations Unies : « Perspectives d'urbanisation mondiale : Révision de 2014 »

[169] Rapport de l'UNDESA, Organisation des Nations Unies : « Perspectives d'urbanisation mondiale : Révision de 2014 » (Ibid.).

[170] Sauf pour les pauvres qui sont obligés d'utiliser des matériaux occasionnels tels que l'argile, le bois, le carton, le plastique, la tôle ondulée, le chaume et ainsi de suite.

[171] Entre 1990 et 2012, la superficie des forêts dans le monde a perdu 2,2 millions de kilomètres carrés, soit une moyenne d'environ 100 000 kilomètres carrés chaque année.

[172] Les puits de carbone naturels sont les océans, qui absorbent le CO_2 via des processus physico-chimiques et biologiques, et les forêts, qui absorbent le CO_2 via la photosynthèse. Le processus suivant lequel les puits de carbone soustraient le dioxyde de carbone (CO_2) contenu dans l'atmosphère porte le nom de séquestration du carbone.

[173] Au cours des quatre dernières décennies, quelques 760.000 kilomètres carrés de forêt amazonienne ont été détruits, une surface équivalente à deux fois l'Allemagne.

[174] En moyenne, les ressources en eau douce s'élèvent à 6.617 mètres cube par habitant dans le monde, mais elles sont extrêmement faibles dans la région Moyen-Orient et Afrique du Nord (714 mètres cubes par habitant) et très limitées en Asie du Sud (1.194 mètres cube par habitant). En outre, les ressources en eau par habitant diminuent en Amérique latine et en Afrique subsaharienne.

[175] Les espèces menacées dans le monde s'élevaient en 2014 à 4.246 pour les mammifères, à 3.625 pour les oiseaux, à 6.870 pour les poissons et à

13.583 pour les plantes supérieures (Indicateurs de développement dans le monde, Banque mondiale).

[176] L'Indice Planète Vivante (IPV) élaboré par le Fonds mondial pour la nature révèle que la taille de la population de vertébrés (poissons, amphibiens, reptiles, oiseaux et mammifères) a diminué de 52,0 % à l'échelle mondiale entre 1970 et 2010 (Rapport planète vivante 2014, Fonds mondial pour la nature).

[177] L'empreinte écologique mesure la surface (en hectares) nécessaire pour fournir les biens et services écologiques que nous utilisons face à notre biocapacité, qui est la terre effectivement disponible pour fournir ces produits et ces services. La biocapacité tient lieu de point de repère écologique à partir duquel l'empreinte écologique peut être mesurée. La biocapacité tout comme l'empreinte écologique sont exprimés en une unité commune appelée l'hectare global (hag).

[178] En 2010, l'empreinte écologique mondiale était de 18,1 milliards de hag, soit 2,6 hag par habitant. Le biocapacité de la Terre était, elle, de 12,0 milliards de hag, soit 1,7 hag par habitant (WWF, Rapport Planète vivante 2014).

[179] Les grandes entreprises de l'énergie, les lobbies et des instituts de recherche, y compris le Hearthland Institute aux États-Unis, ont secrètement financé depuis des années des papiers et des articles écrits par d'éminents scientifiques et universitaires afin de promouvoir le doute dans l'opinion publique sur le changement climatique, comme dénoncé lors de nombreuses campagnes sur l'environnement et mis en évidence par plusieurs journalistes d'investigation.

[180] Le groupe d'experts intergouvernemental sur l'évolution du climat (GIEC) est l'organe scientifique créé conjointement en 1988 par l'Organisation météorologique mondiale (OMM) et par le Programme des Nations Unies pour l'environnement (PNUE) pour évaluer de façon objective les données scientifiques, techniques et socio-économiques et les connaissances disponibles sur le changement climatique. Le GIEC publie périodiquement un rapport complet sur le changement climatique qui sert de base aux négociations internationales sur le changement climatique. Il s'appuie sur un réseau de quelques 3.000 scientifiques et économistes de tous pays. Il est important de noter que le GIEC n'effectue pas de travaux de recherche, mais procède plutôt à la compilation des connaissances mondiales en rapport avec le changement climatique. Le

lobbies engagés dans le déni du changement climatique ont continuellement essayé de de dénigrer ses travaux.

[181] Le GIEC affirme qu'il est « *très probable* » que l'élévation de la température observée depuis le milieu du dix-neuvième siècle soit due à l'accumulation de gaz à effet de serre provenant de l'activité humaine (avec une probabilité supérieure à 95 %).

[182] Le Protocole de Kyoto est le premier et jusqu'ici le seul accord international ayant obligé les parties signataires à réduire leurs émissions de gaz à effet de serre (en vue de réduire de 5,0 % les émissions mondiales entre 2008 et 2012 par rapport aux niveaux de 1990). Les pays industrialisés se sont engagés à réduire leurs émissions sur la base d'objectifs précis tout au long de la période alors que les pays en développement se sont uniquement engagés à estimer leurs émissions. Des mécanismes de flexibilité ont été prévus tels que l'échange des droits d'émission de CO_2 dans les pays industriels et le financement de projets pour la réduction des émissions de CO_2 dans le monde en développement (le dit *Mécanisme du développement propre*). Cependant, le Protocole de Kyoto n'a pas servi son propos car ses objectifs étaient relativement modestes et parce que les plus gros émetteurs de gaz à effet de serre, comme la Chine, l'Inde et les États-Unis, ne l'ont jamais ratifié.

[183] Les émissions de gaz à effet de serre dans le monde ont atteint 46,0 milliards de tonnes d'équivalent de dioxyde de carbone en 2011, dont : 34,6 milliards pour le dioxyde de carbone, 7,5 milliards pour le méthane, 2,9 milliards pour le protoxyde d'azote et 1,0 milliard pour les autres gaz (Indicateurs du développement, Banque mondiale).

[184] Les plus gros émetteurs, en milliards de tonnes d'équivalent de dioxyde de carbone, ont été en 2011 : la Chine avec 11,5 milliards de tonnes, les États-Unis avec 6,5 milliards de tonnes, l'Inde avec 3,0 milliards de tonnes, la Russie avec 2,5 milliards de tonnes et le Japon avec 1,3 milliards de tonnes (ibid.).

[185] Quatre scenarios illustratifs de concentration (Representative Concentrations Pathways ou RCPs en anglais) ont été simulés sur la base de modèles appropriés, allant d'un très faible niveau de rayonnement (RCP 2.6) à de très fortes émissions de gaz à effet de serre (RCP 8.5), y compris deux scénarios de « stabilisation » dits intermédiaires (RCP 4.5 et RCP 6.0). L'augmentation de la température mondiale à la surface excèderait

vraisemblablement les 2°C dans le RCP 6.0 et le RCP 8.5 et n'excèderait plutôt pas les 2°C dans le RCP 4.5.

[186] D'après l'Organisation météorologique mondiale (OMM) le taux de concentration de CO2 était de 270 ppm au cours de l'ère préindustrielle et n'a jamais dépassé les 300 ppm au cours des millions d'années passées (ppm signifie *partie par million*, mesurant le nombre de molécules de CO2 au sein d'un million de molécules composant l'air). Nous avons atteint en 2015 un niveau de 400 ppm. Une étude réalisée par une équipe de scientifiques dirigée par le climatologue James Hansen a conclu en 2008 que le niveau de concentration à ne pas dépasser pour éviter des perturbations majeures devrait être de 350 ppm, une limite que nous avons dépassée depuis 1990.

[187] À cet égard, le cinquième rapport du GIEC identifie comme risques critiques pour l'avenir ce qui suit :

- Des morts, des blessés, des conditions d'existence ruinées ou bouleversées dans les zones côtières basses et dans les petites îles en raison des tempêtes, des inondations côtières et de la montée du niveau de la mer.

- De graves dégradations et bouleversements des conditions d'existence pour les populations urbaines le plus importantes en raison de l'inondation des terres dans certaines régions.

- Des événements météorologiques extrêmes menant à l'effondrement des réseaux d'infrastructures et des services essentiels comme l'électricité, l'approvisionnement en eau, la santé et les services d'urgence.

- De la mortalité et de la morbidité pendant les périodes d'extrême chaleur, particulièrement pour les populations urbaines vulnérables.

- De l'insécurité alimentaire et un effondrement des systèmes alimentaires liés au réchauffement, à la sécheresse, aux inondations et aux précipitations extrêmes, en particulier pour les populations pauvres.

- La perte de moyens de subsistance et de revenus en milieu rural en raison de l'insuffisance d'accès à l'eau potable et à l'irrigation et de la réduction de la productivité agricole.

- La perte des écosystèmes marins et côtiers, de la biodiversité et des biens et des fonctions liés aux écosystèmes, en particulier pour les communautés de pêcheurs.

- La perte d'écosystèmes terrestres et d'écosystèmes associés aux eaux intérieures, de biodiversité des services fournis par écosystèmes aux conditions d'existence.

[188] Selon le rapport du GIEC les rendements des grandes cultures pourraient diminuer de 2,0 % au cours de chaque décennie à venir, alors qu'une augmentation de 14,0 % par décennie serait nécessaire pour répondre à la demande mondiale.

[189] L'état du climat, Analyse mondiale, 2015, National Oceanic and Atmospheric Administration :   https://www.ncdc.noaa.gov/sotc/global/201513 .

[190] Je n'ai pas assisté, il est vrai, à la réunion de la COP 21, mais j'imagine volontiers comment celle-ci a dû se dérouler, ayant été moi-même témoin dans le passé de dizaines de négociations multilatérales de ce type, avec les félicitations rituelles et mutuelles de tous les délégués pour l'élection du président de séance, répétées religieusement par chaque délégation, alors même que des millions de gens souffrent des problèmes soumis à discussion dans ce genre de réunion. Je dois avouer que j'étais régulièrement scandalisé par ce rituel - peut-être nécessaire pour lubrifier les pourparlers en cours - mais néanmoins choquant dans le contexte des problèmes abordés. Je partage donc intimement le jugement de Greta Thunberg face aux délégués du Sommet sur l'urgence climatique.

[191] Ceux qui ventent le capitalisme ont toujours soutenu qu'il valait mieux augmenter « la taille du gâteau » plutôt que de le diviser en parts égales, comme les régimes communistes seraient censés le faire. En réalité, les systèmes communistes cherchaient également à accroître « la taille du gâteau » par le biais de la croissance, bien qu'ils aient connu plus de succès en termes de couverture des nécessités élémentaires plutôt qu'en

termes de développement de la consommation de masse, comme à l'Ouest.

[192] Programme de développent durable à l'horizon 2030, adopté par les chefs d'État et de gouvernement au Sommet de septembre 2015 (siège de l'ONU, New York).

[193] Des cibles à caractère régional pourraient de même être adoptées à l'échelle supranationale. Toutefois, je verrais ces « régions » comme des espaces de coopération plutôt que comme des entités de planification (à savoir : les groupements politiques, les unions économiques, les zones de libre-échange, etc.).

[194] Ceci a déjà été réalisé pour les Objectifs du millénaire pour le développement (OMD) à travers la définition et le suivi de tous les objectifs de développement retenus (*goals*, en anglais) avec leurs indicateurs connexes, comme reflété dans les rapports annuels sur les objectifs. J'ai personnellement contribué à cet exercice mondial quand j'étais en poste en Tunisie en ma qualité de Coordonnateur résident des Nations Unies, à travers l'élaboration et le suivi du Rapport national de la Tunisie sur les Objectifs du millénaire pour le développement.

[195] L'objet de ce livre n'est pas de fournir une liste exhaustive de toutes les cibles et indicateurs qu'il conviendrait de définir, mais seulement de suggérer les voies que les économistes, les sociologues, les spécialistes de la santé, les statisticiens, etc., devraient emprunter à cet égard, en tenant compte du fait qu'un immense éventail d'instruments et de données existe déjà.

[196] Les géants du *high-tech* seraient sans doute ravis d'une telle cible !

[197] Par « surplus », j'entends l'excèdent de biens et de services produits dans un pays, couramment chiffré dans les comptes nationaux comme l'augmentation du produit intérieur brut (PIB).

[198] Je ferai largement référence ici à l'expérience française, non parce que je suis Français et pourrais croire que les Français sont meilleurs que les autres, mais pour la simple raison que je connais fort bien cette expérience comme praticien du développement, tout particulièrement

comme ancien Chargé de mission au Commissariat général du plan (l'organe gouvernemental chargé en France de la planification du développement, rattaché à l'époque au Premier ministre).

[199] Le cadre juridique que « *la loi* » définit pour organiser une société est une construction humaine résultant de décisions politiques et, *in fine,* de la volonté des citoyens. Les soi-disant « *lois économiques* » sont le résultat d'observations empiriques et de corrélations, plus près des lois de la physique, mais beaucoup moins fiable. L'économétrie, la modélisation et les statistiques ont contribué à les rendre cohérentes et indiscutables aux yeux de beaucoup, mais dans la réalité beaucoup d'affirmations économiques sont discutables et sujettes à interprétations. Appliquer une approche purement et exclusivement économique, à l'économie en particulier et à la société en général, est de mon point de vue une absurdité, car *presque toutes les questions exigent des approches holistiques et des réponses pluridisciplinaires.*

[200] Telles qu'en particulier : les Charbonnages de France (CDF) et la Société nationale Elf Aquitaine (SNEA) dans le secteur des ressources minérales, Électricité de France (EDF), Gaz de France (GDF) et le Commissariat à l'Énergie Atomique (CEA) dans le secteur de l'énergie, la SNECMA, Nord Aviation et Sud Aviation (plus tard fusionnés dans l'Aerospatiale) dans le secteur de l'aéronautique, la Société Nationale des Chemins de Fer (SNCF), Air France et France Telecom dans le secteur des transports et des communications, la Banque de France (la banque centrale) et de nombreuses banques commerciales et compagnies d'assurance.

[201] Les entités publiques sont tous les acteurs publics et semi-publics qui interviennent au niveau de l'État et des collectivités locales, y compris les administrations publiques, les collectivités locales, les organismes publics, les autorités et les institutions publiques, les entreprises publiques, les sociétés d'économie mixte et ainsi de suite.

[202] Par exemple, le prix de services tels que l'eau, l'énergie et les transports pour les utilisateurs pourraient ne pas couvrir entièrement les coûts impliqués, ce qui ne constitue pas en soi la preuve d'une inefficacité, mais bien le résultat d'un choix politique délibéré. Le subventionnement de tels services est une décision politique et non pas la conséquence d'une mauvaise performance économique. Cela ne devrait pas constituer un problème d'un point de vue économique, tant que les coûts impliqués

pour la communauté, la société ou la nation sont clairement identifiés, délibérément acceptés et financé par tous.

[203] Voir en particulier : Christian Comeliau, L'économie contre le développement ? Pour une éthique du développement mondialisé, L'Harmattan, 2010, et Ambigüité des politiques publiques, Privat 2014.

[204] Pour une description complète et une évaluation des outils couramment utilisés tant par les secteurs publics que privé pour prévoir, planifier, programmer, budgétiser, mettre en œuvre et suivre leurs activités voir : Jean-Michel Treille, Les clés de l'avenir, l'ambition industrielle, L'Harmattan, 2012.

[205] Aux États-Unis, par exemple, le processus de planification, de programmation et de budgétisation connu sous le nom de PPBS (*Planning, Progamming and Budgeting System*) dont l'équivalent en France est la RCB (rationalisation des choix budgétaires), a été introduit dans le département de la Défense par Robert McNamara dans les années 60 pour identifier les coûts et affecter les ressources aux programmes majeurs. Aussi connue sous le nom de « *Output budgeting* » cette technique de gestion est largement utilisée par les entreprises et les administrations.

[206] Pour une description concrète de la façon dont la planification du développement opérait en France, se rapporter à : Atreize, la planification française en pratique, Initiation Économique, Les Éditions ouvrières, 1973.

[207] J'insiste ici sur les « *mécanismes du marché* » par opposition au « *marché* » tout court, conçu comme la pierre philosophale de nos économies par les économistes classiques et par les activistes néo-libéraux. L'offre et la demande devraient orienter de façon routinière l'économie de marché, et non *le marché* en tant que tel. *Le marché (ou les marchés)*, érigé en divinité par la pensée économique dominante, doit être au contraire contrôlé toutes les fois où il tente d'imposer sa domination. Dans la réalité, *le marché* (ou *les marchés*) masque des acteurs réels et tangibles dont les objectifs sont de s'approprier la richesse et d'imposer leur domination aux autres.

[208] Prenons l'exemple des chaussures : la planification de la production physique et de la distribution d'une catégorie donnée de chaussures pour des millions de consommateurs (c.-à-d. les types, formes, tailles, couleurs, etc.) est non seulement impossible, étant donné les différents

besoins et les aspirations changeantes des populations concernées, mais aussi une absurdité en termes d'efficacité économique et sociale.

[209] J'ai été témoin personnellement de la façon dont les pénuries systémiques et les marchés noirs prolifèrent dans les pays où l'économie est administrée de manière centralisée par un mécanisme de planification bureaucratique (Cuba par exemple, où j'ai servi en qualité de Coordonnateur résident des Nations Unies, entre 1992 et 1999)

[210] Voir : Christian Comeliau, planifier le développement a-t-il encore un sens ? Populations et développement : une approche globale et systémique, Population et développement, l'Harmattan, 1998.

[211] Abréviation de Comité d'État pour la planification dans l'ex-URSS, qui a inspiré des organes semblables dans les pays membres du COMECON (Conseil d'assistance économique mutuelle).

[212] La France a mis en œuvre dix plans de développement économique et social entre 1946 et 1992. J'ai personnellement participé au suivi du VI ème Plan et à l'élaboration du VII ème Plan en ma qualité de Chargé de mission au Commissariat Général du Plan, l'organe de planification rattaché en ce temps-là au Premier ministre.

[213] Par exemple : l'élaboration de modèles économiques, la conduite d'études prospectives à long terme, la construction de scénarios et la réalisation d'exercices de simulation, la réalisation de projections et de prévisions, en faisant largement usage des comptes nationaux et des statistiques, en sélectionnant des objectifs critiques, en programmant les investissements, en assurant le suivi à l'aide d'indicateurs, etc.

[214] La Délégation à l'aménagement du territoire et à l'action régionale (DATAR), qui est l'autorité française en charge du développement régional et urbain.

[215] Je connais bien les travaux de la DATAR car j'étais chargé, *entre autres,* de la décentralisation industrielle au *Commissariat général du Plan.* De plus, j'ai servi trois ans au Brésil comme Conseiller technique auprès de la CNPU (*Commissao Nacional de Politica Urbana*) - la commission nationale de politique urbaine - et de la SUDENE (*Superintendencia de Desarrollo do Nordeste*) - l'autorité en charge du

développement de la région du Nord-Est - dans le cadre de la coopération franco-brésilienne.

[216] La « *révolution verte* » est un processus - voire une politique - à dimensions technologiques et socio-économiques qui a été délibérément promu dans le monde en développement pour accroître considérablement la production agricole (principalement promu par les fondations Rockefeller et Ford et soutenu par l'US Aid, l'aide américaine). Ce processus a consisté à promouvoir à grande échelle l'irrigation, l'usage d'engrais et la culture de variétés à rendements élevés. En fait, il s'est concentré sur quelques céréales (le maïs, le blé et le riz) et a profité aux propriétaires fonciers en mesure d'obtenir des crédits et de mobiliser des intrants. Les cultures sont principalement destinées à l'exportation, à l'alimentation animale et aux biocarburants. Étroitement lié à la grande agro-industrie et aux industries connexes ce type d'agriculture ne profite pas aux petits agriculteurs, ni répond aux besoins alimentaires des pauvres.

[217] Organismes génétiquement modifiés.

[218] D'après l'Organisation pour l'alimentation et l'agriculture (FAO) une « *nouvelle révolution verte* » pourrait effectivement avoir lieu, grâce à laquelle de hauts rendements pourrait être atteints dans le cadre des pratiques de culture traditionnelles, mais avec des améliorations au plan des variétés cultivées (p. ex., de riz tolérant au sel, de millet et le sorgho résistant à la sécheresse, etc.), des cycles de nutrition des sols (p. ex., la rotation des cultures et le recyclage de la biomasse), de la dépendance à l'égard des ressources génétiques et de la résistance aux maladies (à la place du contrôle chimique et mécanique des parasites), des stratégies de gestion intégrée des cultures (pour lutter contre les ravageurs et les maladies et maintenir la fertilité des sols), y compris au plan de systèmes de culture-élevage mixtes alliant les techniques de l'agriculture traditionnelle aux nouvelles connaissances en matière de culture et d'élevage. Se référer à :

Vers une nouvelle révolution verte, FAO. www.fao.org/docrep/x0262e/x0262e06.htm .

[219] Par exemple à Cuba, où j'ai servi cinq ans, les gens recevaient du gouvernement un livret - la *libreta* - qui leur donnait droit à certaines

quantités de denrées alimentaires de base, comme le poulet, les œufs, l'huile de cuisson, le riz, les haricots, le sucre, le lait, etc.

[220] Le Programme alimentaire mondial (PAM) est le programme des Nations Unies chargé de l'assistance alimentaire d'urgence aux populations touchées par des conflits et des catastrophes naturelles. Il met également en œuvre des programmes spécifiques ciblant différents groupes vulnérables (repas scolaires, vivres contre travail, remise d'espèces et de bons d'achat, etc.).

[221] La production et la distribution des aliments sont aujourd'hui largement contrôlées par les grandes sociétés agro-industrielles telles que Unilever, Nestlé, Kellogg's, etc., d'une part, et par les grandes entreprises de la distribution comme Wall Mart, Carrefour, etc., d'autre part.

[222] Les difficultés rencontrées par l'administration Obama dans la mise en œuvre de sa réforme des soins de santé illustrent bien le problème. Les compagnies d'assurance-santé, en particulier, ont été extrêmement agressives en sabotant la réforme.

[223] Une autre menace mondiale pour l'humanité aurait été la destruction de la couche d'ozone par les substances appauvrissant la couche, principalement les chlorofluorocarbures (CFC) et les hydro chlorofluorocarbures (HCFC) utilisés pour la réfrigération, la climatisation et d'autres usages industriels. Cette menace a été contenue et maîtrisée avec succès grâce à la mise en œuvre du Protocole de Montréal (le Protocole à la Convention de Vienne pour la protection de la couche d'ozone, adopté en 1987), qui visait l'élimination progressive et systématique des substances appauvrissant la couche selon un calendrier contraignant. Suite à cela, la concentration de CFC et d'autres substances appauvrissant la couche d'ozone a décliné dans l'atmosphère et il y a des signes précurseurs de récupération de l'ozone stratosphérique. Le Protocole de Montréal est généralement considéré comme un succès, par opposition au Protocole de Kyoto qui a été plus tard conclu pour contenir le processus de réchauffement mondial et auquel se sont farouchement opposés les principaux pays émetteurs de gaz à effet de serre (les États-Unis en particulier). Le Protocole de Montréal a réussi, car il existait des   alternatives industrielles à l'utilisation des substances concernées et un consensus pour les

remplacer par d'autres substances et procédés ; un cours qui n'a pu voir le jour pour les émissions de gaz à effet de serre (GES).

[224] Le long et laborieux processus conduisant au présent cadre mondial de gouvernance climatique est entièrement et remarquablement analysé par Stefan C. Aykut et Amy Dahan dans : Gouverner le climat ? 20 ans de négociations internationales, Sciences Po, Les Presses, 2014.

[225] Pour avoir une idée du système ici proposé prenons, par exemple, le taux d'émission moyen de CO_2 par habitant dans le monde, qui s'élevait à 4,9 tonnes par habitant en 2011. Sur la base des émissions réelles de CO_2, cette année-là, la Chine a émis 9,0 milliards de tonnes de CO_2 (soit 6,7 tonnes par habitant), les États-Unis 5,3 milliards de tonnes (soit 17,0 tonnes par habitant) et l'Inde 2,1 milliards de tonnes (soit 1,7 tonnes par habitant). En supposant, par exemple, que l'on veuille stabiliser les émissions mondiales sur la base du taux d'émission moyen par tête constaté en 2011, en octroyant à chaque pays un quota standard de 4,9 tonnes de CO_2 par habitant, les quotas nationaux attribués aux trois pays examinés plus haut seraient de 6,6 milliards de tonnes pour la Chine (2,4 milliards de tonnes de moins), de 1,5 milliards de tonnes pour les États-Unis (3,8 milliards de tonnes de moins) et de 6,1 milliards de tonnes pour l'Inde (ce qui laisserait à l'Inde une marge de 4,0 milliards de tonnes d'émissions potentielles, en dessous du plafond qui lui serait attribué). Pour un pays industrialisé de taille moyenne comme la France, qui n'émit que 339,0 millions de tonnes de CO_2 en 2011 (5,2 tonnes par habitant), respecter la limite de 4,9 tonnes de CO_2 par habitant conduirait à réduire ses émissions à 320,0 millions de tonnes, ce qui représente un ajustement mineur (moins 19,0 millions de tonnes). De tels quotas devraient certes être calculés sur le montant total des émissions de GES (c.-à-d. y compris les autres gaz à effet de serre, en équivalent CO_2) et ajustés chaque année en vue de maintenir le réchauffement climatique sous le seuil critique des 2° C (calculs de l'auteur sur la base des émissions de dioxyde de carbone rapportées par la Banque mondiale dans ses Indicateurs de développement dans le monde).

[226] Pour un aperçu complet du rôle du GIEC et de son fonctionnement voir : Stefan Aykut et Amy Dahan (Ibid.).

[227] Ici, également, les normes devraient être justes, objectives et transparentes. Par exemple, les pays dépassant leur quota d'émission seraient sanctionnés en proportion de leurs excès, payant une pénalité à un fonds spécial (en proportion, par exemple, des émissions de GES qui dépasseraient leur quota). Les pays en développement qui émettraient en dessous de leur quota recevraient des récompenses en proportion de leur

contribution au contrôle du réchauffement climatique. (un pays comme l'Inde, par exemple, qui émet déjà de grandes quantités de GES en raison de la taille de sa population mais n'émet encore que de petites quantités par habitant, serait récompensé en vue du développement d'énergies propres, sous la forme de subventions pour le financement de programmes dans ce domaine).

[228] Un tel fonds international recevrait la totalité des pénalités payées par les pays dépassant leurs quotas ainsi que des contributions volontaires. Il financerait des activités de recherche pour lutter contre le réchauffement climatique, des programmes pour développer des énergies propres et pour améliorer la capacité d'adaptation au changement climatique ainsi que des mesures pour faire face aux catastrophes engendrées par le dérèglement climatique. Il serait placé sous la supervision de l'Autorité mondiale et prendrai le relai des fonctions assumées dans le passé par le Mécanisme de développement Propre (MDP) et le Fonds vert pour le climat (FVC), créés sous les auspices de la Convention des Nations Unies sur le changement climatique (CCNUCC).

[229] La ventilation des émissions mondiales de GES par secteur économique est actuellement la suivante : 35,0 % des émissions de GES proviennent du secteur de l'énergie (dont 25,0 % pour la production de d'électricité et de chaleur et 10,0 % pour d'autres utilisations), 21,0 % de l'industrie, 14,0 % des transports et 6,0 % du logement (chauffage et cuisson). L'agriculture, les forêts et les autres utilisations des terres comptent par ailleurs pour 24,0 % des émissions globales (Cinquième rapport d'évaluation du GIEC, 2014).

[230] Une avancée majeure consisterait en la maîtrise et dans le développement de la fusion nucléaire. Cependant, ce n'est à l'heure actuelle qu'une éventualité car les projets de recherche lancés pour tenter de maîtriser cette nouvelle forme d'énergie ne semblent pas susceptibles de déboucher sur des applications industrielles avant 2050. Le principal programme de recherche appliquée, le programme Iter (Cadarache, France), ne serait pas en mesure d'identifier les caractéristiques d'un réacteur expérimental avant 2030 (un programme parrainé par de grands pays, y compris l'Union européenne, les États-Unis, la Russie, le Japon, la Chine et l'Inde).

[231] En 2012, 78,4 % de la consommation d'énergie finale dans le monde provenait toujours des combustibles fossiles, 2,6 % de l'énergie nucléaire et 19,0 % seulement de toutes les énergies renouvelables. Des 19,0 % d'énergies renouvelables seules 10,0% correspondaient à des énergies renouvelables dites modernes alors que 9,0 % provenaient de la biomasse traditionnelle (biomasse solide, brûlée façon inefficace et polluante,

typiquement dans les zones rurales des pays en développement). La ventilation par source d'énergie renouvelable dite moderne était la suivante : 4.2 % pour le chauffage basé sur la biomasse, la géothermie et le solaire, 3,8 % pour l'hydroélectricité, 1,2 % pour l'énergie éolienne, solaire, de biomasse et géothermique et 0,8 % pour les biocarburants (Renewables 2014, Global Status Report, Renewable Energy Policy Network for the 21st Century).

[232] Ces mécanismes consistent en des systèmes autorisant des compensations entre unités émettant des GES, afin que les économies des unes compensent les excès des autres. Dans ces systèmes, généralement appelé « *cap and trade* », une autorité centrale fixe une limite ou un *plafond* pour le volume de polluants qui peut être émis. La limite ou « *cap* » est attribuée ou vendue par l'autorité centrale aux entreprises concernées sous la forme de permis d'émissions, qui donnent le droit d'émettre ou d'évacuer un certain volume du polluant spécifié. Les permis peuvent être négociés entre les entreprises et sur les marchés. Ces systèmes sont largement utilisés ou en cours de développement localement dans une série d'États à l'intérieur des États-Unis (Illinois, neuf États du Nord-Est- dont New York - et Californie), dans une série d'autres pays (Japon, Chine, Corée du Sud, Inde, Australie, Nouvelle Zélande, etc.) et dans l'Union européenne en tant que telle. Globalement, le Protocole de Kyoto a essayé de mettre en place un tel système dans le monde entier, entre toutes les parties signataires, mais le système a été gravement affaibli par la non-participation des grands émetteurs de GES tels que, en particulier, les États-Unis.

[233] C. Stefan Aykut et Amy Dahan (Ibid.).

[234] Nous pourrions concevoir la mise en place, par exemple, de flottes de mini véhicules électriques automatisés sans chauffeur (la dite « voiture autonome ») réservés par le biais de *smartphones* et facturés par cartes de crédit. Google aimerait sans aucun doute cela, en tant que promoteur de futurs véhicules sans chauffeur !

[235] Par dispositifs de mobilité individuelle je veux dire des vélos et des motocyclettes, tels qu'ils existent aujourd'hui, mais aussi des mini

véhicules individuels et tous types de dispositifs de déplacement à être inventés et développés, tous mus par des moteurs électriques.

[236] En théorie l'énergie nucléaire, solaire et éolienne pourraient fournir des solutions alternatives, mais il y a de nombreuses contraintes physiques et économiques dans ces domaines. La recherche appliquée est en route ainsi que le développement d'applications hybrides.

[237] Je ne tiendrai pas compte ici de l'éthanol, car sa production et sa combustion n'ont pas un bilan carbone neutre, en plus d'entrer en conflit avec la production alimentaire et d'induire une déforestation à grande échelle et l'accaparement de terres par de grandes entreprises dans les régions tropicales.

[238] A cet égard, la seule alternative au kérosène classique serait de promouvoir la propulsion à l'hydrogène, ce qui exigerait que l'on puisse produire de l'hydrogène par électrolyse de l'eau dans des conditions économiques acceptables. Cette possibilité est à l'étude.

[239] Le processus d'industrialisation est par nature un processus asymétrique qui se concentre, géographiquement parlant, dans certaines zones, en fonction de la localisation des ressources minérales et naturelles, des caractéristiques des populations, de la position des sites en matière d'échanges et de transports, des infrastructures existantes ou potentielles et ainsi de suite. Les industries se concentrent dans certaines zones, formant des pôles, des plateformes, des grappes ou des bassins d'industrialisation, un processus qui s'est développé tout au long des deux derniers siècles et qui est aujourd'hui totalement incontrôlé en raison du cours de la mondialisation.

[240] Il s'agirait ici d'aider à la relance des petites exploitations agricoles polyvalentes dans les pays industrialisés et les économies avancées et de promouvoir la reprise de l'agriculture traditionnelle associée à des améliorations systémiques et technologiques dans le monde en développement. L'objectif dans ce domaine serait de maintenir autant que possible les gens à la campagne, ce qui exigerait également la consolidation ou le développement de réseaux de petites villes et de villages pour offrir les services et autres installations urbaines dont les gens ont besoin (écoles,

cliniques, marchés, magasins, bureaux de poste, banques, salles de spectacles, etc.).

[241] C'est essentiellement ce que la DATAR a promu en France à travers le développement d'un réseau de « villes moyennes », une politique couronnée de succès que j'ai suivie à l'époque.

[242] Cela exigerait en particulier la fourniture d'une gamme complète de services allant de l'éducation (tous les niveaux, y compris l'université) à la santé (tous les niveaux, y compris de grands hôpitaux), des transports (des services et des moyens de transport efficaces) aux communications (bureaux de poste et infrastructures modernes), de la banque (réseaux de banques) aux administrations (services publics), des commerces (magasins mais également petits commerces revitalisés) aux distractions (théâtres, cinémas et salles de concert, etc.) et ainsi de suite. Cela exigerait également une bonne planification des villes en termes d'usage de sols , de parcs naturels et d'espaces verts, de zones piétonnières, d'artères pour la circulation, d'architecture esthétique et conviviale, de matériaux de construction, d'économies d'énergie et d'équilibre écologique d'ensemble.

[243] J'ai contribué à la formulation de telles politiques visant à contenir les aires métropolitaines au Brésil, lorsque j'appuyais la *Commisao Nacional de Politica Urbana* - CNPU (Commission Nationale pour la politique urbaine) en tant que conseiller technique (1976-1979).

[244] Les initiatives visant à améliorer les conditions de vie dans les aires métropolitaines sont la plupart du temps excessivement chères et ne sont pas rentables par rapport aux alternatives possibles dans les villes moyennes et de plus grande taille en raison, entre autres, du coût des terrains, de la construction, des infrastructures, de l'assainissement, des équipements et ainsi de suite. En termes de coût-efficacité, par conséquent, il vaut mieux offrir des alternatives de vie meilleure dans les villes moyennes ou de plus grande taille pour les gens coincés dans les aires métropolitaines, plutôt que d'engloutir d'importantes sommes d'argent pour améliorer les conditions de vie dans les zones congestionnées.

[245] L'idée serait ici d'établir des normes minimales de contrôle de la pollution partout dans le monde pour limiter le dumping environnemental pratiqué par certains pays et de permettre la mise en place de normes plus exigeantes pour combattre la pollution aux niveaux national et

infranational pour les gouvernements et les pays qui seraient prêts à faire mieux.

[246] Les autorités nationales et locales sanctionneraient les entreprises qui ne respectent pas les normes, ce qui se traduirait par l'infliction de pénalités et même la fermeture d'installations, comme déjà considéré par de nombreuses législations nationales mais timidement appliqué dans la pratique. Les industries qui ne respecteraient pas les normes seraient également sanctionnées à travers l'interdiction de la commercialisation ou de l'importation de leurs produits. En outre, les gouvernements et même de simples citoyens seraient également autorisés à poursuivre en justice les entreprises coupables et à réclamer des indemnités pour les dommages subis (comme cela s'est déjà fait à l'encontre des compagnies pétrolières et des compagnies opérant des *tankers*, mais à une échelle beaucoup plus grande). Les grandes sociétés et les entreprises en général n'aimeraient pas du tout cela mais, encore une fois, l'objectif ici ne serait pas de leur plaire mais plutôt de les obliger à respecter l'environnement.

[247] Ceci se fait pour l'alimentation, occasionnellement et sur une base volontaire. Cela devrait devenir une obligation pour tous les supermarchés et grands magasins d'alimentation.

[248] Les ampoules électriques par exemple sont programmées et fabriquées pour ne durer qu'un certain nombre d'heures et les mêmes pratiques prennent place pour la plupart des produits manufacturés.

[249] Un exemple typique de ces pratiques dans l'industrie de l'automobile consiste dans le remplacement de tout un bloc de phares pour la simple rupture de la pièce en plastique qui le protège des intempéries.

[250] Les matériaux concernés sont principalement les métaux (le fer et l'acier, l'aluminium, le cuivre, etc. provenant de vieilles voitures, d'appareils électrodomestiques, d'emballages, etc.), du papier (journaux et magazines, emballages, etc.), du verre (bouteilles principalement) et du plastique (bouteilles, emballages, etc.).

[251] Par exemple : les jardins sur terrasses, les vergers et potagers sur les toits de bâtiments, des ensembles urbains mêlant petits espaces agricoles et habitations, etc.

[252] La conversion nette de forêts a représenté à elle seule, en 2010, 37 % du total des émissions de GES du secteur Agriculture, Forêts et

Utilisation des Terres sous la forme d'émissions de dioxyde de carbone (CO2). L'agriculture en tant que telle est responsable de 52 % du total des émissions de GES de ce secteur en 2010, sous la forme de gaz autres que le CO2 (méthane et protoxyde d'azote) engendrés par les mutations biologiques associées aux cultures (p. ex. la culture du riz), aux herbages et aux systèmes digestifs du bétail (Source : Émissions de l'agriculture, des forêts et autres utilisations des terres par sources et absorptions par puits, Série des documents de travail de la FAO, mars 2014).

[253] En Indonésie, par exemple, l'« élite » politique, l'armée et les grandes entreprises transnationales profitent largement de la déforestation et, jusqu'à présent, résistent ou contournent toutes les pressions internationales pour arrêter ce processus.

[254] Jusqu'à présent, le seul instrument international adopté par la communauté internationale à cet égard est la Déclaration de principes sur les forêts, qui est un document non contraignant adopté lors du sommet de la Terre (Rio, 1992). Un groupe intergouvernemental sur les forêts a été créé par la suite (1995) pour suivre la question, mais sans aucun pouvoir contraignant.

[255] En termes pratiques une convention internationale établirait le mécanisme, qui comprendrait organe consultatif et un conseil d'administration, à l'image de ce qui serait fait par ailleurs pour l'Autorité de contrôle du réchauffement climatique. Les parties à cette convention internationale décideraient d'un commun accord quelles forêts et quelles régions seraient placées sous la supervision du mécanisme de contrôle, qui recevrait de larges pouvoirs et des moyens pour œuvrer.

[256] Le facteur le plus important dans ce processus est l'homme, qui impose un stress excessif à l'environnement naturel par le biais d'activités allant de la culture, de l'élevage, de la collecte de bois pour la cuisson, de l'utilisation de ressources en eau limitées à d'autres activités, toutes génératrices de pressions sur l'environnement qui sont au-dessus de la capacité de charge de la terre.

[257] La Convention des Nations Unies sur la lutte contre la désertification, signée en octobre 1994 à la suite du Sommet de Rio (1992), est l'instrument mis en place par la communauté internationale pour combattre la désertification et atténuer les effets de la sécheresse par le biais de programmes d'action nationaux qui s'inscrivent dans des stratégies à long

terme, soutenues par la coopération internationale et des accords de partenariat.

[258] La Convention sur le commerce international des espèces de faune et de flore sauvages menacées d'extinction (CITES), en particulier, également appelée Convention de Washington, signée en mars 1973.

[259] Le Traité sur l'Antarctique, signé par 12 États, en décembre 1959, gèle toutes les revendications territoriales sur l'Antarctique, proscrit toute présence et activités militaire et promeut la coopération scientifique dans la région. Au total, 52 États ont adhéré au traité et une série de conventions complémentaires ont été signés pour protéger les espèces en péril, réglementer l'exploitation des ressources minérales et protéger l'environnement. Il n'existe pas, à l'heure actuelle, de mécanisme semblable pour l'Arctique.

[260] L'origine des réserves de la biosphère remonte à la « Conférence sur la biosphère » organisée par l'UNESCO en 1968. Elle consiste en l'établissement d'un réseau mondial coordonné de sites représentant les principaux écosystèmes de la planète au sein desquels les ressources génétiques sont protégées et dans lesquels la recherche sur les écosystèmes, ainsi que la surveillance et les activités de formation prennent place. Il existe plus de 500 réserves de biosphère dans plus de 100 pays.

[261] Le Fonds pour l'environnement mondial (FEM) est un mécanisme de financement international établi dans le cadre du système des Nations Unies en vue de protéger l'environnement mondial et de promouvoir un développement durable. J'ai été personnellement impliqué dans la mise en œuvre de ses activités lorsque j'étais le représentant des Nations Unies à Cuba (1994-1999), à travers un projet de grande envergure visant à protéger la riche biodiversité de l'archipel de Sabana Camaguay.

[262] Le terme convivialité dérive du mot latin « *convivium* », qui signifie banquet. C'est un néologisme créé par Jean Anthelme Brillat-Savarin dans la « Physiologie du goût » (1825), un livre consacré à la gastronomie et à l'art de festoyer et de boire en bonne compagnie. Il est couramment

utilisé aujourd'hui pour désigner une atmosphère où les gens mangent, boivent et conversent de façon chaleureuse.

[263] Dans la plupart des sociétés traditionnelles du monde « sous-développé » les gens se réunissent régulièrement au niveau du village pour discuter de toutes sortes de questions. La vie est aussi ponctuée tout au long de l'année par des fêtes et des cérémonies religieuses. Le travail n'est pas au centre de la vie mais seulement part de celle-ci. La vie n'est pas divisée en « travail » d'un côté et « loisir » de l'autre, car la plupart des activités quotidiennes comportent des éléments des deux. L'entité la plus importante n'est pas l'individu mais la communauté et sa survie est primordiale. Servir la communauté dans toutes ses fonctions et sous tous ses aspects est la priorité de chaque individu tout au long de sa vie.

[264] Le Bhoutan, par exemple, a adopté officiellement une approche appelée « Bonheur National Brut » pour exprimer sa détermination à poursuivre des politiques qui donnent la priorité au bien-être humain plutôt qu'à l'accumulation de biens matériels et d'argent, un concept et un indicateur qui inspirent des travaux de recherche et des débats dans différents cercles s'intéressant au développement.

[265] Karl Marx, Le capital (1867).

[266] Émile Zola, Germinal (1885).

[267] Le pionnier et magnat de l'industrie automobile, Henry Ford, était en faveur de salaires élevés, car des salaires élevés pour ses travailleurs garantiraient aussi des débouchés continus pour ses voitures.

[268] Voir : Ariel Français, Islam radical et nouvel ordre impérial (ibid.).

[269] Le cas du football illustre cela avec les coupes mondiales et continentales transformées en show mondiaux, les clubs de football transformés en produits boursiers, les joueurs de football achetés pour des millions de dollars mais aussi payé des millions de dollars et ainsi de suite. Mais cela s'applique également à tous les autres évènements sportifs, avec au sommet les Jeux Olympiques, qui drainent des milliards de dollars de

publicité et les droits d'auteur et, également, des milliards de dollars de pots-de-vin et de corruption.

[270] La « *zakat* » est un devoir musulman prescrit par le Coran en raison duquel les plus riches doivent aider les plus pauvres.

[271] La "Bolsa Familia", ou allocation de la famille, est un programme lancé par le gouvernement brésilien dans les années 90, qui allouait à l'origine des ressources pour assurer la scolarisation (« Bolsa Escola ») et qui fournirait plus tard des ressources régulières aux familles les plus démunies. On estime qu'un quart de la population brésilienne reçoit aujourd'hui cette allocation universelle.

[272] Parmi les ardents défenseurs de ce concept figurent des économistes progressistes, des sociologues et des responsables politiques convaincus qu'un tel mécanisme permettrait des progrès en termes d'équité et de protection sociales, mais aussi les protagonistes néoconservateurs et néolibéraux engagés sur le terrain du retrait de l'État. Ce concept est également promu par des associations telles que le Basic Income Earth Network (Réseau mondial pour le revenu de base).

[273] Également appelé *revenu universel, revenu inconditionnel, revenu social, revenu à vie, revenu du citoyen, etc.*

[274] En Finlande, par exemple, le système de Sécurité Sociale expérimente en ce moment ce concept en vue d'établir un droit unique qui remplacerait toutes les allocations existantes. En Suisse, d'autre part, un référendum a été organisé en juin 2016 pour l'établissement d'un « revenu inconditionnel de base » suite à une initiative populaire. Bien que le projet ait été rejeté par 77 % des votants il convient cependant de souligner que près d'un quart d'entre eux ont exprimé leur soutien à une proposition résolument révolutionnaire.

[275] En France, par exemple, les promoteurs du concept et des responsables politiques ont suggéré des niveaux de revenu de base de l'ordre de 400 à 850 euros pour les adultes et de 200 à 375 euros pour les mineurs.

[276] Le seuil national de pauvreté pour une personne seule était égal à un revenu mensuel de 980 dollars US aux États-Unis en 2015, de 935 euros (1 250 dollars US) en France en 2011, de 539 roupies (12 dollars US) dans

les zones urbaines et 356 roupies (8 dollars US) dans les zones rurales en Inde, en 2004-2005.

[277] Le « revenu de solidarité » permettrait dans ces pays de satisfaire les besoins fondamentaux aux plans de l'alimentation, du logement et de l'habillement.

[278] Les autres ressources nécessaires au financement « du revenu de solidarité » proviendraient des économies réalisées dans les anciens systèmes de sécurité sociale et de contributions issues d'autres sources fiscales (par exemple : les taxes sur les ventes, l'imposition des bénéfices, etc.).

[279] Comme mentionné plus haut, allouer une allocation égale au seuil de pauvreté consisterait à verser quelques 980 dollars US par mois à un citoyen des États-Unis (sur la base du seuil de pauvreté de 2015) contre 12 dollars US en zone urbaine et 8 dollars US en zone rurale à un citoyen indien (basé sur le seuil de pauvreté de 2004-2005.)

[280] Des expériences pilotes sur le « revenu de base » ont été réalisées aux États-Unis et au Canada (dans les années 1960 et 1970), en Namibie (à partir de 2008) et en Inde (à partir de 2011). Les expériences au Canada et aux États-Unis tendent à prouver que l'octroi d'un « revenu de base » inconditionnel n'aurait aucune incidence sur le travail et l'activité (sauf marginale). Les expériences en Namibie et en Inde montrent des résultats positifs en termes de diminution de la criminalité, de sécurité alimentaire, de réduction de l'absentéisme scolaire et de développement de microentreprises.

[281] Jeremy Rifkin, La fin du travail (ibid.)

[282] Par exemple, l'usine de Hewlett-Packard à Grenoble a adopté une semaine de travail de quatre jours, mais a gardé l'usine en fonctionnement 24 heures par jour et 7 jours par semaine. Les employés, organisés en trois équipes par jour, ont gardé le même salaire en travaillant en moyenne six heures de moins par semaine. La production a triplé car

l'usine a opéré en continu au lieu de travailler cinq jours par semaine (Jeremy Rifkin, ibid.).

283 Pierre Larrouturou : Du temps pour vivre, Flammarion (1996), Pour la semaine de quatre jours, La découverte (1999), etc.

284 Rapport portant le nom de Mme Romagnan, rapporteure de la Commission d'enquête sur l'impact sociétal, social, économique et financier de la réduction progressive du temps de travail (19 décembre 2014).

285 Jeremy Rifkin, La fin du travail (ibid.).

286 Les négociations sur la libéralisation des échanges commerciaux se sont développées au cours du dernier demi-siècle dans le cadre de l'Accord général sur le commerce et les tarifs douaniers (GATT), qui a constitué l'instrument clé du démantèlement des droits de douane et des obstacles non tarifaires, par le biais de huit « *rounds* » de libéralisation des échanges qui se sont tenus de 1946 à 1994. En 1995 un nouveau mécanisme mondial de libéralisation des échanges et de règlement des différends a été mis sur pied grâce à l'accord de Marrakech, menant à la création de l'Organisation mondiale du commerce (OMC). Le champ des négociations s'est progressivement élargi aux biens manufacturés, aux produits agricoles, au commerce des services, à la propriété intellectuelle et même aux investissements par le biais de nouvelles discussions ou de négociations parallèles. Certains accords, qui auraient affecté les choix de développement nationaux et les droits souverains des pays, n'ont pas vu le jour en raison de la résistance de l'opinion publique. C'est le cas en particulier de l'Accord multilatéral sur l'investissement (AMI) négocié secrètement entre 1995 et 1997 dans le cadre de l'Organisation de coopération et de développement économiques (OCDE) et finalement abandonné en 1998.

287 Ce processus a commencé en particulier avec la négociation et la signature en 1994 de l'Accord de libre-échange nord-américain (ALENA) et s'est ensuite élargi avec la négociation d'une série d'accords de libre-échange. Les principales négociations à cet égard ont commencé dans le cadre du Partenariat transpacifique (TPP) en 1998 et dans celui du Partenariat transatlantique de commerce et d'investissement (TTIP) en 2013. Bien que fortement contesté par l'opinion publique et par un large

---

éventail d'ONG et d'activistes les deux accords ont été (TTP) ou sont encore (TTIP) négociés secrètement.

[288] Dans « La richesse des nations » (1776) Adam Smith loue le bien-fondé de la division internationale du travail fondée sur l'avantage absolu de chaque nation.

[289] Dans son essai « Des principes de l'économie politique et de l'impôt » (1817) David Ricardo loue les mérites de la division internationale du travail fondée sur l'avantage comparatif de chaque nation.

[290] Je préfère assurément utiliser le concept d'« entreprises transnationales » plutôt que celui d' « entreprises multinationales », qui est un concept trompeur. Le qualificatif de « multinationales » suggère l'idée trompeuse selon laquelle ces entreprises seraient authentiquement *multinationales* dans leur structure, leur personnel, leur culture, leurs stratégies et ainsi de suite. En fait, elles ne sont pas multinationales mais clairement *transnationales* en ce sens qu'elles n'ont plus d'allégeances nationales, ont leur propre culture et stratégie, opèrent par-dessus les frontières, jouent sur différents tableaux et contre différentes législations et tendent à imposer des comportements de consommation et des modes de vie globaux. En fait elles opèrent au-dessus des nations et ne se soucient en rien des valeurs et des aspirations nationales.

[291] Pour une analyse saisissante sur la façon dont les grandes entreprises et leurs groupes de pression dictent les mandats des négociateurs et imposent leurs choix, surtout dans le cas des négociations sur le TTIP entre l'Union européenne et les États-Unis, voir : Susan George, Les usurpateurs, Comment les entreprises transnationales prennent le pouvoir, Seuil, 2014.

[292] Des 30 chapitres de l'accord sur le Partenariat transpacifique (TPP) six chapitres seulement traitent de questions commerciales traditionnelles. Les autres chapitres traitent de questions non commerciales telles que la réduction des obstacles réglementaires au commerce des grandes entreprise, de choses comme les lois sur la sécurité alimentaire, la législation environnementale, la réglementation bancaire, etc. En outre, ils établissent un mécanisme de règlement des différends entre investisseurs et États sur la base duquel les États pourraient être poursuivis par des sociétés privées et pratiquement contraints de modifier leurs législations et leurs normes nationales dans des domaines tels que le droit du

travail, les normes environnementales, les normes sanitaires, etc. Le TPP a été signé en février 2016, mais la signature de son « *traité compagnon* », le Partenariat transatlantique sur le commerce et l'investissement (TTIP) pourrait prendre des années, si jamais elle se matérialise, car le traité est encore sous le feu d'intenses critiques.

[293] Le terme « *self reliance* » s'est apparemment développé dans le sillage de la Déclaration sur l'établissement d'un nouvel ordre économique international (Résolution 3201 (S-VI) du 1 mai 1974 de l'Assemblée générale des Nations Unies). Elle a guidé les stratégies de coopération multilatérale pour le développement pour de nombreuses années avant l'avènement du concept de « développement durable ».

[294] Il y a une réflexion croissante en France sur ce que l'on appelle « *l'économie de proximité* », avec de nombreux documents et articles portant sur la façon de revitaliser l'économie locale, sur comment recréer des liens économiques et sociaux entre les acteurs locaux, etc. Cependant, il n'existe pas encore une définition reconnue du concept.

[295] Proposition faite par l'économiste français, Frédéric Lordon, dans un article intitulé « Pour en finir avec la crise », publié dans Le Monde diplomatique (août 2012).

[296] J'emploie aussi à dessin le concept de « *système*» pour aller au-delà des controverses stériles du *capitalisme contre le socialisme* dans lesquelles l'idéologie dominante veut nous enfermer. Je l'emploie également à propos pour sortir de la boite idéologique dans laquelle l'orthodoxie marxiste tend à nous confiner lorsqu'elle réduit tout au capitalisme.

[297] Dans la vision marxiste classique : l'État, les institutions, les religions et les autres éléments de la société ne sont que de simples superstructures déterminées par le système capitaliste ; une vision que je ne partage pas entièrement car je crois que ces éléments ont leur propre existence autonome et peuvent, inversement, influencer la façon dont le capitalisme fonctionne.

[298] La pensée socialiste s'est développée tout au long du dix-neuvième siècle autour d'un large éventail d'idées pour mettre fin à l'exploitation du travail et promouvoir des sociétés plus justes, avec des penseurs comme Robert Owen au Royaume-Uni et Saint-Simon, Fourier et Proudhon en France. Cependant, l'analyse la plus rigoureuse et complète de l'émergence et du fonctionnement du système capitaliste est due à Karl

Marx et Friedrich Engels en Allemagne, avec des publications majeures, y compris l'Idéologie allemande (1846), Travail salarié et capital (1849), Théories de la plus-value (1862), Salaire, prix et profit (1865) et Le capital (1867-1894).

[299] Certes, le secteur des petites et moyennes entreprises que nous trouvons dans la plupart des pays est encore caractérisé par sa relation étroite entre la propriété du capital et la direction de l'entreprise. Cependant, même si ce secteur reste important en termes d'emplois et d'activité économique, il ne façonne pas ni ne contrôle l'économie et la société comme le font les grandes entreprises. Les grandes entreprises forment le cœur même du capitalisme aujourd'hui alors que les petites et moyennes entreprises sont subordonnées et relativement marginales en termes de poids économique.

[300] Les milliardaires de Forbes : Liste des 500 personnes les plus riches du monde en 2015 (Magazine Forbes, mars 2015).

[301] Voir : Ariel Français, *El crepúsculo del Estado-Nación : una interpretación histórica en el contexto de la globalización* (Le crépuscule de l'état-nation : une interprétation historique dans le contexte de la mondialisation), Document de débat No 47 du programme MOST de l'UNESCO (www.unesco.org/most), Paris, 2000.

[302] Voir : Ariel Français, Islam radical et nouvel ordre impérial ; La menace totalitaire, Comprendre le Moyen-Orient, l'Harmattan, Paris, 2007.

[303] Pour une analyse approfondie de la déréglementation financière et du processus de mondialisation voir : François Morin, Un monde sans Wall Street ? Seuil, 2011.

[304] En 2007, un an avant le krach financier de 2008, le montant annuel des transactions financières mondiales atteignait 3.424 téra dollars (c.-à-d. des milliers de milliards de dollars) dont : 78 pour les marchés financiers, 1.058 pour les marchés des changes et 2.288 pour les marchés des produits dérivés. Ce montant global était de 63 fois supérieur au PIB mondial pour cette année-là, ce qui illustre l'écart croissant et préoccupant entre « *l'économie financière* » et « *l'économie réelle* ». (Source :

François Morin, la finance globale et sa crise   http://www.financeglo-
bale.fr/La_finance_globale/Orientation.html).

305 Un « *dérivé* » est un contrat qui tire sa valeur de la performance d'une
valeur sous-jacente, qui peut être un actif, un indice ou un taux d'intérêt.
Les dérivés sont utilisés à diverses fins, y compris aux fins de s'assurer
contre les fluctuations de prix, de taux de change et de taux d'intérêts.

306 La « *titrisation* » consiste à regrouper divers types de créances con-
tractuelles comme celles résultant d'hypothèques, de prêts automobiles
ou de transactions sur cartes de crédit et à céder ces actifs et leur rendement financier à des investisseurs sous la forme de titres, qui peuvent
contenir des actifs adossés à des obligations, à des créances hypothécaires ou encore à d'autres types de dettes .

307 En 2007, un an avant le krach financier de 2008, les transactions financières mondiales se sont élevées en moyenne 9,4 téra dollars par jour,
ce qui signifie 9,4 milliers de milliards de dollars par jour (Source : François Morin, ibid.).

308 J'adore cette folle expression, d'origine américaine, parce qu'elle nous
incite à penser ou à nous comporter à l'opposé de ce qu'un esprit sain
ferait ! Quelque chose de « *politiquement correct* » dans le contexte américain n'est pas une chose qui serait immanquablement vraie ou scientifiquement établie, mais plutôt une chose que vous êtes censé penser et
partager avec les autres selon les normes ou à la mode du moment. Vous
êtes « *politiquement correct* » si vous répétez ce que l'on vous dit de penser, et si vous suivez le troupeau, et vous n'êtes pas « *politiquement correct* » si vous exprimez des opinions qui vont à l'encontre des idées pré-
dominantes.

309 Le Forum de Davos est l'entité du monde des d'affaires la plus largement connue et la plus influente, mais il y en a bien d'autres, moins visibles et plus opaques, telles que le groupe Bilderberg, la Commission tri-
latérale et d'autres.

310 Le G7 est le groupe des sept pays les plus industrialisés et économiquement puissants du monde, qui comprend les États-Unis, le Japon,
l'Allemagne, la France, le Royaume-Uni, l'Italie et le Canada (connu
comme G8 lorsque la Russie y participe). Ces pays se rencontrent

périodiquement au niveau des chefs d'État et au niveau ministériel pour discuter de questions économiques et financières à caractère mondial, mais aussi de toutes sortes de questions politiques. La légitimité de ces réunions est contestée et critiquée car elles manquent de fondements démocratiques (par opposition aux réunions qui se tiennent dans le cadre d'institutions multilatérales ou universelles).

[311] Le G20 est un groupe élargi, créé en 1999 pour traiter de questions économiques et financières entre un plus grand nombre de pays, qui inclut un certain nombre d'économies émergentes. Outre les pays du G7, il regroupe également les plus grandes économies émergentes (Brésil, Russie, Inde, Chine et Afrique du Sud) et nombre d'autres économies montantes, plus l'Union européenne en tant que telle. Il se réunit également au niveau des chefs d'État ou de gouvernement, ou au niveau ministériel, mais inclut aussi d'autres protagonistes tels que les gouverneurs des banques centrales et les dirigeants des institutions de Breton Woods (FMI et Banque mondiale).

[312] Des *think tanks* comme la Société du Mont-Pèlerin, en France, ont formulé les fondements de l'offensive néolibérale dans l'immédiat après-guerre. D'autres *think tanks* influents incluent : *l'Institute of Economic Affairs*, le *Centre for Political Studies* et de *l'Adam Smith Institute* au Royaume-Uni, ainsi que la *Heritage Fondation* et le *Manhattan Institute for Policy Research* aux États-Unis. Pour une analyse approfondie de l'influence de ces groupes de réflexion voir : Keith Dixon, Les évangélistes du marché, Raison d'agir, 1998.

[313] Dans un essai provoquant intitulé : La fin de l'histoire et le dernier homme" (Avon Books, 1992), Francis Fukuyama a défendu la thèse selon laquelle avec la démocratie libérale et le capitalisme de marché, libre et sans contraintes, les sociétés auraient atteint dans le monde leur stade suprême de développement.

[314] A proprement parler, le « *consensus de Washington* » se résume aux dix mesures politiques généralement imposée dans les années 80 par la Banque mondiale, le FMI et les pays créanciers aux pays en développement contraints de mettre en œuvre des programmes d'ajustement structurel, y compris les réformes de politique budgétaire, la libéralisation des échanges et des investissements, la privatisation des entreprises

publiques, la déréglementation et ainsi de suite. Depuis, dans un sens plus large et populaire, il désigne l'agenda néolibéral.

[315] En France, par exemple, les économistes sollicités par la télévision, la radio et les journaux pour présenter leurs vues et analyses sur des sujets économiques et sociaux sont toujours les mêmes, presque tous favorables à l'ordre néolibéral et associés à des intérêts privés. Voir en particulier l'article de Mathias Reymond intitulé « Ces économistes qui monopolisent (toujours) les débats » , publié dans l'Observatoire des médias, ACRIMED, le 4 octobre 2012 (http://www.acrimed.org/Mediacritique-s-no5-octobre-decembre-2012-Pedagogies-mediatiques).

[316] Voir en particulier : Fabriquer un consentement ; La gestion politique des médias de masse, de Edward Herman et Noam Chomsky (Pantheon Books, 1988).

[317] La « *multitude* » est un concept développé par Antonio Negri et Michael Hardt dans leur deuxième grand essai (le premier s'appelait : Empire) : Multitude, guerre et démocratie à l'âge de l'Empire (La découverte, 2004). La « *multitude* » désigne toutes les individualités/ subjectivités qui constituent le genre humain, toutes contribuant et en même temps soumises aux nouvelles formes du capitalisme mondialisé. L'essai analyse les relations réciproques entre la « *multitude* » et « *l'Empire* », qui est le système politique qui contrôle la « *multitude* » (système politique en même temps influencé par celle-ci). Le concept de « *multitude* » est beaucoup plus vaste que les concepts de prolétariat, de classe ouvrière et de masses autrefois développés dans la vision marxiste.

[318] Susan George est notamment l'auteur de : Un autre monde est possible, si...(Fayard, 2004), La pensée enchaînée : comment les droites laïques et religieuses se sont emparées de l'Amérique (Fayard, 2007), Leurs crises, nos solutions (Albin Michel, 2010) et Les usurpateurs : comment les entreprises transnationales prennent pouvoir (Seuil, 2014).

[319] Naomi Klein a écrit plusieurs livres de combat, dont : No logo (Actes Sud, 2002), La stratégie du choc : la montée d'un capitalisme du désastre (Actes Sud, 2010) et Tout peut changer : capitalisme et changement climatique (Actes Sud, 2015).

[320] Voir en particulier les ouvrages de Noam Chomsky traitant de la question du pouvoir dans les sociétés : Comprendre le pouvoir : l'indispensable Chomsky (Lux Éditeur, 2008), Fabriquer un consentement : la

gestion politique des médias de masse (Investig Action 2019) et Le profit avant l'homme (Fayard , 2003).

[321] Avaaz réunit plus de 42 millions de citoyens dans le monde et peut lancer des campagnes universelles sur les questions d'intérêt mondial, allant de la dénonciation de violations des droits humains à l'organisation de manifestations dans le monde entier comme la marche des gens pour le climat.

[322] En France, par exemple, le *Collectif Roosevelt* a lancé en 2012 une série d'initiatives visant à promouvoir 15 propositions majeures de réformes allant d'un contrôle plus strict des banques et de la spéculation financière à un meilleur partage du temps de travail, outre la nécessaire réponse au défi climatique.

[323] Cette émergence a vu le jour en novembre 1999, à Seattle (Washington, USA), lorsque des manifestants ont bloqué l'entrée des délégués à la conférence ministérielle de l'Organisation mondiale du commerce, qui a coïncidé avec des manifestations massives et des affrontements de rue avec la police. La protestation de masse de Seattle a donné cours à une série de manifestations de masse au cours des années suivantes à chaque grande conférence traitant de questions économiques mondiales (p. ex. en avril 2000 lors de la réunion du FMI et de la Banque mondiale à Washington, en juin 2001 lors du sommet de l'Union européenne à Göteborg, en juillet 2001 lors du Sommet du G8 à Gênes, etc..).

[324] Le terme « *antimondialiste* » est en fait une expression popularisée par les médias qui servent l'ordre néolibéral pour discréditer tous ceux qui s'opposent à l'expansion sans restrictions du capital dans le monde. Les activistes qui s'opposent au cours de la mondialisation capitaliste sont dépeints comme des individus arriérés, opposés au progrès, lorsqu'ils ne sont pas carrément désignés comme terroristes potentiels, opposés au nouvel ordre mondial.

[325] L'objet de la réunion de Porto Alegre (Brésil) était d'organiser un contre-évènement au Forum économique mondial de Davos (Suisse), proposant des voies alternatives au cours de la mondialisation mue par le capital. Le Forum social mondial (FSM) de Porto Alegre a adopté une Charte de principes quant aux actions appelées à être développées et a été suivi par plusieurs forums internationaux, régionaux et locaux dans

les années suivantes (c.-à-d. à Porto Alegre, à Mombai, à Caracas, à Bamako, à Karachi, à Nairobi, à Belém, à Dakar, etc.).

[326] L'*agora* était la place centrale de l'ancienne cité-État. Le mot signifie littéralement « lieu de rassemblement » ou « assemblée ». L' *agora* était le centre de la vie athlétique, artistique, spirituelle et politique de la cité.

[327] Le *forum* était une place publique dans la cité romaine réservée principalement au commerce de marchandises. En plus de sa fonction de marché, le *forum* était un lieu de rassemblement d'une grande importance sociale pour les discussions et les débats politiques, pour les rendez-vous, pour les réunions, etc.,

[328] Montesquieu, L'esprit des lois (1748).

[329] Par « classe politique », j'entends tous les individus qui vivent de et pour la politique, habituellement dès qu'ils entrent en politique et souvent jusqu'à ce qu'ils cessent toute activité en raison de leur âge. Ils ne forment pas une « classe », au sens strict du terme, mais plutôt une catégorie sociale en soi souvent appelée de la sorte par les universitaires et les médias.

[330] Le *lobbying* est une activité consistant à influencer les décisions prises par des fonctionnaires dans une administration, par des législateurs ou par des membres d'organes de réglementation. Des individus et des groupes organisés, y compris des entreprises, des associations et des groupes d'intérêts, pratiquent couramment cette activité.

[331] En France, par exemple, le président François Hollande a lui-même été contraint de s'impliquer dans les négociations sur la prise de contrôle d'Arcelor par la société indienne Mital (industrie sidérurgique) et d'Alstom par General Electric (ingénierie et industries électriques).

[332] Ceci fut le cas de Lucas Papadémos en Grèce et de Mario Monti en Italie, qui étaient tous deux proches des opérations de Goldman Sachs! Voir : Stephen Foley, A quel prix la nouvelle démocratie ? Goldman Sachs conquiert l'Europe, The Independent, 17 novembre 2011.

[333] Certains préconiseraient l'idée d'une « démocratie directe » plutôt qu'une « démocratie participative », ce qui se traduirait par un exercice

direct de la démocratie par les citoyens. Cependant, une démocratie directe exigerait la participation directe des citoyens dans tout les processus de prise de décision, ce qui ne serait pas réaliste à grande échelle et sur une base continue. Je préfère l'idée de « démocratie participative », qui signifie que les citoyens participeraient pleinement, en tant que de besoin, aux décisions qui les concernent directement (pratiquement toutes les grandes décisions) ; une participation qui n'exigerait cependant pas la mobilisation continue des citoyens.

[334] Voir : Ariel Français, Memorias de Cuba (Souvenirs *de Cuba : succès et échecs de la révolution cubaine*), CreateSpace, 2012.

[335] Voir : Simon Langelier, Le démantèlement du budget participatif de Porto Alegre ? Démocratie participative et communauté politique, L'Harmattan, 2015.

[336] Nombre de villes en Europe obtinrent le privilège d'être gouvernées par elles-mêmes à partir du onzième siècle par le biais de chartes octroyées par les rois ou par les seigneurs. Les bourgeois pouvaient choisir leurs échevins, mais également se réunir en assemblées communales pour discuter de questions d'intérêt commun et prendre des décisions. Nous trouvons encore des traces aujourd'hui de ce système dans des pays comme la Suisse (la *Landsgemeinde*, sur la base de laquelle les gens se réunissent en assemblées communales pour discuter de questions communes dans un certain nombre de cantons et villages) ou dans certains États des États-Unis (le *New England Town meeting*,à travers lequel les citoyens se rencontrent chaque année pour discuter et approuver de nouveaux règlements, des questions financières, etc.).

[337] En France, par exemple, des conflits émergent de temps à autres, impliquant les populations locales, les autorités et les forces de police, suite à la mise en œuvre de projets locaux ne faisant pas l'objet d'un consensus (p. ex. la construction d'un petit barrage dans la localité de Sivens, la construction d'un deuxième aéroport près de la ville de Nantes, etc.).

[338] C'est la situation la plus courante aujourd'hui, puisque bon nombre de constitutions dans le monde permettent aux gouvernements ou à des collectivités infranationales - comme les États dans le cas d'une fédération - de consulter et solliciter l'approbation des citoyens par le biais de

« référendums », à l'occasion de révisions constitutionnelles ou lors de décisions politiques majeures.

[339] Cela s'appelle « initiative populaire » et cela est couramment utilisé en Suisse et dans une série d'États aux États-Unis. En Suisse une initiative populaire doit être appuyée par 100.000 signatures, être ratifiée par la Chancellerie fédérale et examinée par l'Assemblée fédérale (depuis que la procédure existe plus de 200 initiatives populaires ont débouché sur des référendums dont environ 10 % se sont traduites par des changements constitutionnels et législatifs). Aux États-Unis, beaucoup d'États prévoient l'initiative populaire pour réviser leur constitution, approuver de nouvelles lois et rappeler le cas échéant des représentants élus. Cependant, aucune initiative populaire ne saurait être soumise s'il elle devait affecter la constitution ou la législation fédérale.

[340] Les fonctions *régaliennes* correspondent aux domaines où les monarques, dans la monarchie absolue, détenaient des droits et des privilèges exclusifs consistant à lever une armée, maintenir l'ordre par le biais d'une police, rendre la justice et frapper monnaie.

[341] Le Conseil fédéral suisse, par exemple, est composé de sept membres élus par l'Assemblée fédérale pour une période de quatre ans renouvelables.

[342] La durée d'un mandat devrait être de l'ordre de quatre à cinq ans, qui constitue, par expérience, une période cohérente pour concevoir et mettre en œuvre des politiques.

[343] Certaines d'entre elles existent déjà telles que les exigences en matière d'âge, ne pas avoir subi de condamnation en justice, l'obligation pour les candidats de déclarer publiquement leurs revenus ou leur fortune, etc. D'autres pourraient être ajoutées comme l'exigence d'être sain d'esprit, posséder un niveau minimum d'éducation ou avoir fait preuve de capacités de gestion.

[344] Il conviendrait d'envisager l'élimination des systèmes bicaméraux puisque : ils faussent, en premier lieu, la volonté populaire quand les parlementaires ne procèdent pas d'élections au suffrage universel direct (c.-à-d. la Chambre des lords au Royaume-Uni, le Sénat en France, etc.) et ils compliquent, en second lieu, l'adoption de lois et paralysent parfois l'adoption du budget (par exemple, le Sénat aux États-Unis).

[345] Les traités de Westphalie (1648) établirent un nouvel ordre en Europe, basé sur la reconnaissance implicite du fait que tous les États sont

souverains et égaux en droits, ce qui contribua, à l'époque, à l'émergence du droit international tel que nous le connaissons aujourd'hui et à la formation des principes qui régissent les relations internationales.

[346] L'unanimité des 28 États membres de l'Union européenne est encore requise pour les grandes décisions, mais il y a un nombre croissant de décisions qui peuvent être prises à la majorité qualifiée, selon les organes, les secteurs et les questions concernées.

[347] La Charte de l'Organisation des Nations Unies a été adoptée à la conférence de San Francisco (avril-juin 1945), convoquée pour établir un nouveau cadre multilatéral pour la paix et la coopération entre les nations après la Seconde Guerre mondiale et l'échec de l'ancienne Société des Nations. Elle a été ratifiée le 24 octobre 1945 par les États membres (51 États membres à l'origine).

[348] L'Organisation des Nations Unies est maintenant une organisation universelle composée de 193 États membres. Elle intervient dans presque tous les domaines, allant de la paix au développement et à la coopération internationale en général.

[349] A l'Assemblée générale chaque État membre dispose d'une voix et les décisions sur les questions importantes, telles que définies par la Charte, doivent être prises à la majorité des deux tiers des membres présents et votants. Les décisions sur les autres questions sont prises à la majorité simple.

[350] Au Conseil de sécurité, qui est l'organe clé pour le maintien de la paix et les questions de sécurité, les décisions se prennent à une majorité qualifiée de 9 membres sur 15, _mais_ cette majorité doit inclure les voix de tous les membres permanents du Conseil (le soi-disant « _droit de veto_ »). Le Conseil de sécurité est composé de 15 membres, dont 5 membres permanents (les membres du "P 5", à savoir : la Chine, la France, la Russie, le Royaume-Uni et les États-Unis) et 10 membres non permanents élus par l'Assemblée générale.

[351] Au Conseil économique et social (ECOSOC), qui est l'organe traitant de toutes les questions économiques et sociales, les décisions se prennent à la majorité des membres présents et votants. L'ECOSOC est composé de 18 membres élus par l'Assemblée générale.

[352] La réforme du Conseil de sécurité est une question récurrente depuis les années 60. En 1963, le nombre de membres non permanents est passé

de 6 à 10 et un arrangement sur la répartition géographique a été trouvé. Depuis, l'idée d'élargir la qualité de membre permanent à de nouveaux États influents a été discutée périodiquement (p. ex. à l'Allemagne pour l'Europe, au Japon et à l'Inde pour l'Asie, au Brésil pour l'Amérique latine, à l'Égypte et à l'Afrique du Sud pour l'Afrique, etc.). Le « *droit de veto* » fait l'objet de contestations périodiques. Toutefois, aucune réforme majeure n'a vu le jour depuis 1963.

[353] Un processus en partie analysé dans les papiers que j'ai présentés en 1990, d'abord à la Conférence internationale des économistes sur la mondialisation et le développement, à titre personnel, et plus tard lors d'une conférence magistrale à l'Université de La Havane, en qualité de professeur invité. Le dernier de ces papiers a été publié en espagnol par l'UNESCO : Ariel Français, *El crepúsculo del Estado-Nación : una interpretación histórica en el contexto de la globalización* (Le crépuscule de l'État-Nation : une interprétation historique dans le contexte de la mondialisation), Document de débat No 47 du programme MOST, UNESCO (www.unesco.org/most) , Paris, 2000.

[354] En juin 2013 la Commission européenne a été chargée par les États membres de l'UE de négocier le Partenariat transatlantique de commerce et d'investissements (TTIP) - ou encore Traité de libre-échange transatlantique (TAFTA) - qui devrait conduire à la création d'une vaste zone de libre-échange entre l'Union européenne et les États-Unis. Ce projet envisage la création d'un grand marché transatlantique à travers l'élimination de toutes les barrières non tarifaires et le droit accordé aux entreprises transnationales de poursuivre les États lorsqu'elles estiment que des mesures publiques ou des lois affectent leurs intérêts.

[355] Le mécanisme dit de règlement des différends entre États et investisseurs (*ISDS mecanism*, en anglais), en particulier, qui devrait faire partie du Partenariat transatlantique de commerce et d'investissement (TTIP) et qui suscite d'ores et déjà de vives réactions de la part de nombreux mouvements et ONG alarmés par ses retombées possibles sur les législations sociales et environnementales.

[356] Voir : Ariel Français, Islam radical et nouvel ordre impérial (ibid.).

[357] Les « *French doctors* » comme on les a surnommés, avec tout particulièrement le très controversé Bernard Kouchner, fondateur de Médecins Sans Frontières et de Médecins du Monde, avant qu'il n'assume des

fonctions politiques dans des gouvernements français successifs de gauche puis de droite.

358 Je préfère le terme « activités » plutôt que « travail », qui a une connotation négative ou de contrainte. Nous « travaillons » habituellement de nos jours parce que nous sommes contraints de le faire et le travail est oppressif pour la plupart des gens car il exige des efforts, envahit nos vies et nous impose des cadences de production. Les « activités », au contraire, se rapportent à notre vie quotidienne. Elles peuvent être productives, utiles, ludiques ou simplement contemplatives. Elles ne nous sont pas imposées, car nous les menons simplement comme part de notre propre existence.

359 En Suisse, par exemple, certaines mesures contre les rémunérations abusives furent approuvées par référendum en 2013 (« *golden handshakes* » et pratiques connexes), tandis qu'une autre initiative populaire visant à combler les écarts de rémunération et à limiter la rémunération des PDG à douze fois le salaire le plus bas dans l'entreprise fut rejetée cette année-là.

360 En tout état de cause, il convient de noter que l'impôt sur le revenu, malgré son importance, ne constitue généralement pas la principale source de revenus pour les États.

361 La taxe dite « Tobin », initialement proposée par l'économiste James Tobin en 1972 pour ralentir la spéculation internationale sur les marchés des changes internationaux. Depuis, l'idée a été développée et élargie par des économistes, comme Paul Bernd Spahn, ou des ONG, comme ATTAC (Association pour la taxation des transactions financières et pour l'action citoyenne), dans le but de contrôler la spéculation financière ou de créer de nouvelles recettes fiscales qui permettraient de financer les budgets ordinaires ou qui seraient affectées à l'aide au développement ou encore à des fonds de stabilisation. Le taux d'une telle taxe pourrait se situer entre 0,01 % et 0,5 % selon les propositions. Le principe d'une telle taxe a été approuvé par le parlement français (2001) et plus tard par le parlement de l'Union européenne (2012). Toutefois, les modalités de mise en

œuvre de cette taxe font toujours l'objet de discussions et de controverses.

362 Voir taxe proposée dans le chapitre 8 (Reconstruisons notre autonomie).

363 Le Fonds monétaire international (FMI), créé à l'issue de la conférence de Bretton Woods (1944), est l'institution financière mondiale responsable des questions relatives à la coopération monétaire internationale, à la stabilité des taux de change et à l'équilibre des balances des
paiements, une mission qui a conduit cette institution à assumer un rôle
beaucoup plus vaste en supervisant les économies nationales et en impo-
sant des réformes économiques. Les décisions du FMI sont prises sur la
base des quotes-parts détenues par chaque pays dans le Fonds, ce qui
donne en fait une minorité de blocage aux États-Unis qui détiennent plus
de 16,0 % des quotes-parts du Fonds. La « démocratisation » du processus de prise de décisions du FMI constitue aussi un thème de discussions
récurrent (tout comme pour le Conseil de sécurité de l'ONU). Le G 20 est
tombé d'accord sur une réforme qui donnerait en 2010 plus de pouvoirs
aux économies émergentes, mais le Congrès des États Unis n'a toujours
pas ratifié cet accord.

364 Depuis les années 90 de nouveaux produits ont été développés par les
établissements financiers fondés sur les perspectives climatiques et de
possibles catastrophes naturelles. Les compagnies d'assurance, et même
des États, émettent des titres sur les marchés financiers à taux d'intérêt
élevés pour couvrir le risque de catastrophes (c.-à-d. les actifs sont perdus si l'événement se concrétise). Ces produits dérivés, en particulier,
sont appelées « *obligations cat* » et « *dérivés climatiques* ».

365 À l'exception notable des ressources fournies par le Programme des
Nations Unies pour le développement (PNUD), qui ne sont pas condi-
tionnées et sont attribuées sur des critères objectifs (c.-à-d. le revenu national brut par habitant, les pays confrontés à des urgences, etc.).

366 La « communauté des donateurs » fait référence à tous les pays et à
toutes les institutions internationales qui fournissent de l'aide sous la
forme de dons et des *prêts concessionnels* (les prêts ayant un élément de
don d'au moins 25 %). Cela recouvre l'aide bilatérale (pays donateurs) et
l'aide multilatérale (programmes et fonds des Nations Unies, financements de la Banque mondiale et des banques régionales de développement, etc.). L'aide publique au développement (APD) est continuellement suivie et analysée par le Comité d'aide au développement (CAD), un

organe de suivi de l'Organisation de coopération et de développement économiques (OCDE).

[367] Une manière opportune de réaliser cela pourrait consister, entre autres, en l'affectation de toutes les ressources provenant de la nouvelle taxe universelle sur les transactions financières mentionnée plus haut, ce qui permettrait de ralentir la spéculation financière et en même temps de financer l'aide au développement et l'aide humanitaire sur une base mondiale. On pourrait imaginer, par exemple, que l'autorité de régulation chargée de la surveillance des marchés financiers supervise la perception de la taxe et le transfert de son produit à un fonds mondial administré par les Nations Unies.

[368] Le terme « système des Nations Unies » désigne toutes les organisations, agences, fonds, programmes, institutions et organes qui sont directement ou indirectement liés à l'Organisation des Nations Unies (ONU). D'un point de vue opérationnel et aussi loin que les opérations en matière de développement et d'aide humanitaires soient concernées, le système des Nations Unies désigne les départements de l'Organisation elle-même, ainsi que les programmes, fonds et agences spécialisées chargés de ces opérations. Je ne citerai pas ici tous les organes, organismes et institutions qui sont actuellement impliqués dans ces opérations car cela s'avèrerait ennuyeux et inapproprié. Il convient seulement de garder à l'esprit que le système des Nations Unies offre un potentiel unique et exceptionnel de mobilisation et d'expertise dans tous les domaines en rapport avec le développement et l'aide humanitaire.

[369] Les réalisations ayant trait aux barrages hydroélectriques et d'irrigation restent cependant une question controversée car nombre de de ces grands projets n'ont pas été exécutés à l'échelle souhaitable, ont causé des dommages à l'environnement et n'ont pas toujours profité aux populations cibles.

[370] C'est ce que j'ai contribué à promouvoir, à mettre en œuvre et à suivre quotidiennement, durant 25 années, quand je servais l'Organisation des Nations Unies et, en particulier, le Programme des Nations Unies pour le développement (PNUD).

[371] La FAO (l'Organisation pour l'alimentation et l'agriculture) est l'agence spécialisée des Nations Unies chargée de la production

alimentaire et du développement agricole. Elle a une vaste expérience dans tous les domaines du développement rural.

372 L'UNICEF (Fonds des Nations Unies pour l'enfance) est le Fonds des Nations Unies chargé de protéger et d'aider les enfants dans le monde. Il réalise un ensemble complet d'activités liées à la nutrition, aux soins de santé et autres domaines, y compris la salubrité de l'eau et l'assainissement.

373 L'OMS (Organisation mondiale de la Santé) est l'agence spécialisée des Nations Unies chargée de la promotion de la santé et de son suivi dans le monde. Elle joue un rôle clé dans tous les domaines en rapport avec la santé.

374 Habitat (le Programme des Nations Unies pour les établissements humains) est l'organe du système des Nations Unies chargé des questions et des activités en rapport avec les établissements humains. Cet organe a une large expérience dans les domaines du développement urbain et des établissements humains.

375 L'UNESCO (l'Organisation des Nations Unies pour l'éducation, la science et la culture) est l'agence spécialisée des Nations Unies en charge de l'éducation, de la science et de la culture. Elle a joué un rôle clé dans la promotion de l'éducation et possède une vaste expérience dans ce domaine.

376 Cela exigerait des pratiques de formulation et de mise en œuvre des projets allant bien au-delà de la rhétorique abstraite qui prévaut aujourd'hui sous les vocables de « *participation* » et de « *responsabilisation* ». Les bénéficiaires devraient réellement être en mesure de participer, à travers des structures et des processus appropriés, à la conception, à la mise en œuvre et à l'évaluation des projets qui les concernent directement, y compris les femmes, les jeunes, les anciens, les chefs traditionnels, les minorités religieuses et ethniques et d'autres groupes marginalisés et vulnérables. Afin d'encourager l'appropriation locale des projets, les communautés concernées devraient contribuer sous la forme d'apports de matériaux, de travail et de savoir-faire local. Une telle approche « du bas vers le haut » exigerait la participation systématique de nouvelles catégories de professionnels du développement tels que des anthropologues, des sociologues et autres disciplines connexes, dont la

présence serait absolument nécessaire dans les dispositifs d'appui au développement.

[377] Une option pourrait consister à confier au Programme des Nations Unies pour le développement (PNUD) la supervision et la gestion générale des nouveaux programmes mondiaux, mais cela ne serait pas souhaitable, de mon point de vue, car cela surchargerait considérablement cet organe central de coordination. Les nouveaux programmes mondiaux devraient plutôt se développer comme des programmes spécifiquement ciblés et pris en charge par les organes système des Nations Unies concernés (comme aujourd'hui, par exemple le PNUE pour l'environnement, l'ONUSIDA pour le VIH/SIDA, etc.), alors que le PNUD conserverait sa fonction de coordination centrale, qui est de servir comme l'instrument d'ingénierie et de planification du système des Nations Unies dans le domaine du développement et de pivot stratégique pour la coordination des activités opérationnelles du système des Nations Unies pour le développement au niveau des pays.

[378] A savoir : le système du Coordonnateur résident des activités opérationnelles pour le développement du système des Nations Unies - et le cas échéant Coordonnateur humanitaire des Nations Unies - qui est le mécanisme de coordination sur la base duquel les Coordonnateurs résidents ou humanitaires assurent la mise en œuvre effective des activités opérationnelles du système des Nations Unies au niveau des pays, une fonction que j'ai moi-même exercée dans trois pays consécutifs (le Gabon, Cuba et la Tunisie).

[379] Comme Susan George les appelle dans : Les usurpateurs, Comment les entreprises transnationales prennent le pouvoir (Ibid.).

[380] Le Forum économique mondial a lancé en 2009 une initiative majeure intitulée « Initiative de restructuration mondiale » qui vise à établir un mécanisme de gouvernance mondiale. L'initiative est basée sur un rapport monumental de 600 pages et a depuis mobilisé quelques 1.500 experts provenant d'entreprises transnationales, d'institutions financières, du monde universitaire ainsi que des hauts fonctionnaires travaillant dans quelques   80 « conseils pour l'agenda mondial » (Susan George, ibid.).

www.ingramcontent.com/pod-product-compliance
Lightning Source LLC
Chambersburg PA
CBHW070749240726
48654CB00007B/11